中國古典數字工程叢書

黃帝集

三十七卷

新世界出版社

图书在版编目（C I P）数据

黄帝集 / 栾贵明主编. -- 北京：新世界出版社，
2015.11

（中国古典数字工程丛书）

ISBN 978-7-5104-5466-0

Ⅰ. ①黄… Ⅱ. ①栾… Ⅲ. ①黄帝—语录 Ⅳ.
①K827=1

中国版本图书馆CIP数据核字(2015)第264633号

黄帝集

主　　編：欒貴明
責任編輯：張世林
版式設計：陳　飛
封面設計：賀玉婷
責任印制：李一鳴　黄厚清
出版發行：新世界出版社
社　　址：北京市西城區百萬莊大街24號（100037）
總編室電話：+86 10 6899 5424　6832 6679（傳真）
發行部電話：+86 10 6899 5968　6899 8705（傳真）
本社中文網址：http://www.nwp.cn
本社英文網址：http://www.nwp.com.cn
版權部電子信箱：nwpcd@sina.com
版權部電話：+86 10 6899 6306
印　　刷：北京亞通印刷有限責任公司
經　　銷：新華書店
開　　本：710×1000　1/16
字　　數：300千字　　印　　張：31.5
版　　次：2016年1月第1版　2016年1月北京第1次印刷
印　　數：1—4000册
書　　號：ISBN 978-7-5104-5466-0
定　　價：108.00 圓

編輯人員

名譽主編　胡德平

主　　編　欒貴明

副 主 編　張世林　賴永海　田　奕

編　　委　陳　飛　淨　因　修峽榮　蔡慕雷　張怡芳　裴效維

王　梅　王　琦　范業強　寒小風　白小麥　林　滄

陳曉雲　董　磊　崔昌喜　萬春蓮　胡曉鐘　胡竹君

朱　婷　曹世超　胡　敏　李　偉　陳　駿　張駿龍

譚媛媛　李瑞娟　鄭珍珍　秦冀斌　李　東　孫國君

陳瑞榮　周松梅　繆京玉　趙雲英　任　剛　任　紅

張曉光　魏國慶　朱　明　劉偉成　艾　瑩　于俊文

劉叢叢　歐陽志方

校　　對　陳瑞蘭　李進英　李進榮　李　靜　李　杰　周玉蘭

趙麗媛　譚淑苹　劉　培　付蓓瑩　楊萬里

題辭

拾穗靡遺，掃葉都淨，網羅理董，俾求全徵獻，名實相符，猶有待於不恥支離事業之學士焉。

錢鍾書 默存

《管錐編》第三冊八五四頁《總敘》
中華書局一九七九年八月第一版

黃帝小傳

黃帝，姓公孫，一云姓姬。生於軒轅之丘，故曰軒轅氏。國於有熊，故亦曰有熊氏。時蚩尤暴虐天下，兼并諸侯。帝與戰於涿鹿之野，擒蚩尤誅之。諸侯尊為天子，以代神農氏。因有土德之瑞，故號黃帝。命倉頡為史，始制六書；風后衍握奇圖，始制陣法；命隸首定數，而律度量衡以成；命伶倫定律呂，而始有五音；作咸池、雲門、大卷之樂；咨於歧伯而作內經，於是始有醫藥方法，人得以盡年。凡宮室器用衣服貨幣之制，皆始於黃帝。在位百年而崩，年百一十一。其事蹟於《史記》《漢書》《後漢書》《三國志》《宋史》《清史稿》等史書中均有記載。

凡例

甲、緣由

六千五百年中華文化，其核心為漢字記錄之典籍。我們的文化，很好的文化，是一個個中國人所創建；「經史子集」和外來圖書分類法，不足以全面呈現中華文化。「自信開拓萬古之心胸」的錢鍾書先生上列論斷，焦琴有聲，聞風響應。涓涓細流，從者如泉，不舍晝夜。他對文化和電腦聯姻寄以厚望，中國古典數字工程依此邁出艱難一小步。

乙、目標

從一九八五年至今，工程按規劃，首度構建四十萬人組成的人物庫，每位錄載名字號謚、皇朝帝代、年齒爵里、科舉仕途、詩文專著及文獻出處等多項基本信息。其中上自羲農，下迄北宋，已得一萬伍千人存世全集，本叢書依此一一編出，當是本工程副產品之一。預計最終完成會有四萬人左右。以保存為目的，以研討為服務對象的「萬人集」由此而生。

丙、原則

遵從孔子「中庸之為德」「述而不作」之原則，貫徹錢師所謂「做裁縫不做外科醫生」之科學理念，故對於一切爭議兼收並蓄，不捲入爭論，不為人師，不設門派，不下結論，不遮風避雨，不空耗紙墨，惟以盡力提供完整資料為己任。

丁、底本

兼顧良善珍稀和方便通行，構建自主之底本，一律注出而不詳加論述。其它版本之中採納已經驗證之字句灼見，亦注明來源，以示對先輩尊重。而對民族和政治傾向偏執之《四庫全書》等，當慎之又慎，非僅存孤本，一般謝絕採用。歷代文獻及目錄史料當中，有關先秦時期典籍咸少記錄。其文本又經千年學眾搜集、勘定、補充、傳承，面貌多存變化。然太昊、神農、黃帝等九位帝王或他們的時代肇始之功不可泯失。我們考慮到炎黃二集有重大意義，故單獨成書。從太昊氏至夏禹之前，編作《太古帝王集》。本書體例不改，在文字中人名、地名、史實倒置的流轉情狀，特別是語句「現代化」傾向一律不做考證、刪改、修正，我們重申尊重文化發展的通則。

戊、編例

一、秩序

本集所收作品大致分為舊存、新輯、專著三個部分。取清嚴可均氏等遺存著作，再經校核或加載不同版本異文，是為舊存。新輯者，則由本工程從電腦系統逐條搜獲所得。專著部分，則選取通行良善版本或前或後置之，或標卷標之下。

二、標題

編入作品，如舊存標題，儘量沿用。如標題相同，則在其下加添編號。當新舊文字混編時，對於舊存內容，在其標題之下標以「*」，或逕直注出。

三、正文

新得部分取出處最早或版本較優者。例如出自二十四史者，則選用百衲本，並以《叢書集成》等其它版本補充。如果注釋內容偏少，則祇收和注釋相關的正文或將正文移作標題。惟因本集收集文字甚遠，歷數千年流傳，文字數番譯轉，甚至變化不可名狀，多疑有後人所添改。先代鴻儒，偶有鍾情西方文化者，采用考古之行例，甚至司法之定律，將文獻視同文物，將千百年演化視作一時之突變，把文字演化傳承認定為傳說故事，三墳五典八索九丘概歸子虛烏有，從而否定古代文典之可信成分。吾輩祇知忠實於現存珍貴文字，便利專門家做出適當判斷，故編者不做「考辨」。正文以原文為起迄，對該文述及之緣由乃至所引發之後果，作為題下小序、補語或語境存證，多予保留。

四、異文

「異文」包括作者、標題、序言、正文等。其異文或自成門派，或出多家，或載他本，有可供參考者，則於該段正文後，以先本書再他書為序，列作異文，各條異文，以引文為序。當年錢師審讀田奕碩士論文《論宋詞查重》時說，電腦查重，詞比詩難，中比西妙。不必再行手工費力露拙，僅止「盡量提供」足矣，不多寫，不上課。本書另置有「附錄」，收錄較異文繁雜之參考文字，則收於適當位置。專著部分，則以標題或節段為單位，在近處依次記錄異文，並在其下標明出處。異文項僅取必要之文，不取底本之外確知為舛錯之字；更不輕取無版本依據之字，無異作者又無異文者不再引錄。由於本叢書使用電腦編輯，最終將流歸鉅大「數字工程」，因此本書編輯必須適應古籍校、注、疏、箋多樣內容及格式。本書「異文」立「多取數字」為對位原則，俾令笨直之電腦能將異文準確頂入文本，參與多門運算。為適應古籍以及電腦之雙重特性，恰如錢師所言「能幫助人的電腦需要人的更多幫助」也。

五、出處

凡所輯錄文字，均於正文後注為第一出處。出處先注作者朝代、作者姓名，再標作品名稱、卷數章節。而對《太平御覽》《永樂大典》等名籍則不注朝代和作者。若文出多家，第二出處以下不涉文字異同，祇示參見。異文的出處同樣標為雙行小注。若同一出處多條，則於最後一條下標出處，或加「以上」兩字。專著和注作的出處，前置「以下」起始，必用「以上」作結。

六、標點

本書標點採用傳統斷句、依事分段格式，以適古來各式之文體及電腦運作。

七、附錄

每朝每代均存遠貸署名之作，雖文字內容、風格與所屬時代多呈不符，其語句多為歷代所引，但又有留存參觀必要者，作為附錄。某些作品，尚未為歷來學界認同，則在全書最後之「參考書目」中羅列。目錄過繁則加排索引以供參證考索。

己、致歉

今編新集，係藉數字工程之助，統於士人之心智，佐以電腦之良能。惟其首創，或珠遺滄海，或李戴張冠；將欲絕之，奚敢云必。所幸通人大雅，有以諒解。至於指謬正訛，無任歡迎。再版當益趨完善。

庚、追遠

追溯工程創建之初，實承默存先生授命。規模架構，定在厥先；持之三十餘年，略收成效。今此支離輯錄，可見一斑；藉告在天，或堪少慰。欲將為山，功在不捐；繼大匠以先知，庶後來之可述。

黃帝集目錄

卷三十

卷三十一

卷三十二

黄帝内經靈樞卷七

卷三十三

黄帝內經靈樞卷八

卷三十四

黄帝內經靈樞卷九

黄帝集卷一

標*者為舊存

道言其一*

一者。階於道。機於神。（六韜兵道十二）

道言其二*

芒芒昧昧。因天之威。與天同氣。（文子·上仁）

異文從天之威。（文子·符言）與元同氣。（呂氏春秋卷十三·應同　淮南子卷二十·泰族訓　太平御覽卷七七·皇王部二·敘皇王下）從天之道。與玄同氣。（淮南子卷十·繆稱訓）

道言其三*

聲禁重。色禁重。衣禁重。香禁重。味禁重。室禁重。（呂氏春秋·去私）

道言其四*

帝無常處也。有處者。乃無處也。以言不刑蹇。（呂氏春秋·圜道）

道言其五*

厲女德而弗忘。與女正而弗衰。雖惡奚傷。（呂氏春秋·遇合）

道言其六*

四時之不正也。正五穀而已矣。（呂氏春秋·審時）

異文四時之不可正。正五穀而已耳。（洞靈真經·農道篇第八）

政語其一*

日中必熭。操刀必割。（賈誼新書一·宗首）

異文日中必熭。操刀必割。（漢書卷四十八·傳第十八 資治通鑑卷十四·漢紀六·太宗孝文皇帝中）

日中必彗。操刀必割。（文獻通考卷二六五·封建考）

政語其二*

道若川谷之水。其出無已。其行無止。（賈誼新書九·脩政語上）

巾几銘*

毋翕弱。毋倠德。毋違同。毋敖禮。毋謀非德。毋犯非義。（路史·疏仡紀）

異文 黃帝作巾机之法。（後漢書卷四十三·朱穆傳注）

毋違同。毋傲禮。（永樂大典卷八二六九）

金人銘*

我。古之慎言人也。戒之哉。戒之哉。無多言。多言多敗。無多事。多事多患。安樂必戒。無行所悔。勿謂何傷。其禍將長。勿謂何害。其禍將大。勿謂無殘。其禍將然。勿謂莫聞。天妖伺人。熒熒不滅。炎炎柰何。涓涓不壅。將成江河。緜緜不絕。將成網羅。青青不伐。將尋斧柯。誠不能慎之。禍之根也。曰是何傷。禍之門也。強梁者不得其死。好勝者必遇其敵。盜怨主人。民害其貴。君子知天下之不可蓋也。故後之下之。使人慕之。執雌持下。莫能與之爭者。人皆趨彼。我獨守此。眾人惑惑。我獨不從。內藏我知。不與人論技。我雖尊富。人莫害我。夫江河長百谷者。以其卑下也。天道無親。常與善人。戒之哉。戒之哉。（說苑·敬慎）

黃帝鏡銘

故黃帝鏡銘云。

以鏡自照見形容。以人自照見吉凶。（唐・張九齡・進千秋節金鏡錄表）

戒*

余在民上。搖搖恐夕不至朝。（意林卷一引太公金匱）

異文子之居上。搖搖恐夕不至朝。（太平御覽卷四三〇・人事部七一・謹慎）

吾之居民上也。搖搖恐夕不至朝。故為金人。三封其口。曰。古之慎言。（太平御覽卷五九〇・文部六・銘）

余君民上。搖搖恐夕不至朝。故為金人。三緘其口。慎言語也。（太平御覽卷五九三・文部六・誡　永樂大典卷一五〇七三）

丹書戒*

施舍在心平。不幸乃弗聞過。禍福在所密。存亡在所用。下匿其私。用試其上。上操度量。以割其下。上下一日百戰。（路史・疏仡紀）

異文不幸乃弗聞。禍福在所密。（永樂大典卷一三二〇三）

上下一日百戰。下匿其私。用試其上。上操度量。以割其下。（韓非子・揚權第八）

誨顓頊*

爰有大圜在上。大矩在下。汝能法之。為民父母。（呂氏春秋・序意）

黃雀占*

黃帝將興。有黃雀。赤頭。立於日傍。黃帝曰。

黃者土精。赤者火熒。爵者賞也。余當立大功乎。黃雀者。桑也。（太平御覽卷八七二引春秋考異郵）

異文 赤者火榮。（太平御覽卷八七二·休徵部一·日）

赤者火熒。雀者賞萌。余當立。（藝文類聚卷九十九·祥瑞部下·雀）

李法*

壁壘已定。穿窬不繇路。是謂姦人。姦人者。殺。（漢書·胡建傳）

異文 壘壁已具。行不由路。謂之姦人。姦人者。殺。（說苑卷十五·指武）

金鼎文

虞荔鼎譜。金華山黃帝作一鼎。高一丈三尺。大如十石甕。像龍騰雲。百神螭獸滿其中。文曰。

真金作鼎。百神率服。（永樂大典卷一一九五六）

黃帝書其一

子列子居鄭圃。四十年人無識者。國君卿大夫眎之。猶衆庶也。國不足。將嫁於衛。弟子曰。先生往無反期。弟子敢有所謁。先生將何以教。先生不聞壺丘子林之言乎。子列子笑曰。壺子何言哉。雖然。夫子嘗語伯昬瞀人。吾側聞之。試以告女。其言曰。有生不生。有化不化。不生者能生生。不化者能化化。生者不能不生。化者不能不化。故常生常化。常生常化者。無時不生。無時不化。陰陽爾。四時爾。不生者疑獨。不化者往復。其際不可終。疑獨其道不可窮。黃帝書曰。谷神不死。是謂玄牝。玄牝之門。是謂天地之根。綿綿若存。用之不勤。列子卷一·天瑞第一　宋·封演·封氏聞見記卷一·道教

異文谷神不死。是謂玄牝。玄牝之門。是謂天地之根。綿綿若存。用之不勤。老子道德經上篇·六章引此語未言黃帝

黃帝書其二

思士不妻而感。思女不夫而孕。后稷生乎巨跡。伊尹生乎空桑。厥昭生乎溼。醯雞生乎酒。羊奚比乎不荀。久竹生青寧。青寧生程。程生馬。馬生人。人久入於機。萬物皆出於機。皆入於機。黃帝書曰。

形動不生形而生影。聲動不生聲而生響。無動不生無而生有。形必終者也。天地終乎。與我偕終。終進乎不知也。道終乎本無始。進乎本不久。有生則復於不生。有形則復於無形。不生者。非本不生者也。無形者。非本無形者也。生者。理之必終者也。終者不得不終。亦如生者之不得不生。而欲恆其生。畫其終。惑於數也。精神者。天之分。骨骸者。地之分。屬天清而散。屬地濁而聚。精神離形。各歸其真。故謂之鬼。鬼。歸也。歸其真宅。列子卷一·天瑞第一　永樂大典卷七七五六

黃帝書其三

夫信命者亡壽夭。信理者亡是非。信心者亡逆順。信性者亡安危。則謂之都亡所信。都亡所不信。真矣。慤矣。奚去奚就。奚哀奚樂。奚為奚不為。黃帝之書云。至人。居若死。動若械。亦不知所以居。亦不知所以不居。亦不知所以動。亦不知所以不動。亦不以眾人之觀易其情貌。亦不謂眾人之不觀不易其情貌。獨往獨來。獨出獨入。孰能礙之。列子卷六·力命第六

黃帝書其四

謹按。黃帝書。

上古之時。有荼與鬱壘昆弟二人。性能執鬼。度朔山上。立桃樹下。簡閱百鬼。無道理。妄為人禍害。荼與鬱壘縛以葦索。執以食虎。風俗通義祀典第八·桃梗 葦茭 畫虎

異文兄弟二人曰荼與鬱律。度朔山上桃樹下。簡百鬼。鬼妄榾。人則援以葦索。執以食虎。太平御覽卷九六七·果部四·桃

黃帝書其五

若天果如渾者。則天之出入。行于水中。為必然矣。故黃帝書曰。天在地外。水在天外。水浮天而載地者也。抱朴子外篇第一 晉書卷十一·志第一 隋書卷十九·志第十四

異文浮天而載地者。水也。太平御覽卷五八·地部二三·水

黄帝書其六

黄帝書曰。

斗野之正。以應圓象之地。靈寶無量度人上經大法卷二十

黄帝書其七

黄帝書云。

同生魚食。令人奪氣。陰核疼。本草綱目卷二十六·菜部·蒜

黄帝書其八

思邈曰。黄帝書云。

食桃飽。入水浴。令人成淋及寒熱病。本草綱目卷二十九·果部·桃

黄帝書其九

思邈曰。黄帝書云。

丙午日勿食雞雉肉。丈夫燒死目盲。女人血死妄見。野雞肉同家雞子食。成遁屍。屍鬼纏身。本草綱目卷四十八·禽部·雉

黃帝兵決其一*

甲子。從北斗魁第一星起。順數至庚午。在第七剛星。至辛未。還從第六星。逆數至丙子。又從第一星。順數盡六甲。（五行大義第五篇引黃帝兵決）

黃帝兵決其二

革木俱角。尚商。亦以牝牡相和也。宮聲。和以舒。其和博以柔。動脾。商聲。散以明。其和溫以虛。動肺。角聲。防以約。其和靜以清。動肝。徵聲。敗以疾。其和平以均。動心。羽聲。疾以虛。其和短以散。動腎。黃帝兵決云。

兩敵相當。使人去敵營一百二十步。以管注耳聽之。聞隆隆如車。如雷。如鼓聲者。宮也。其將寬和有信。聞金石相和。轟轟擊攻。如鍾磬霹靂聲者。商也。其將威怒好殺。宜數忿之。聞如奔馬炎炮掣裂聲者。徵也。其將猛烈勇敢。難與爭鋒。聞肅肅習習。如動樹木。如人呼愁愁聲者。角也。其將仁恕不可欺。聞滔滔如流水揚波。激氣相笑聲者。羽也。其將貪冒多姦謀。審此五音。以知敵性。候風之聲。亦皆如之。（隋・蕭吉・五行大義卷三・第十四論雜配・第二論配聲音）

黃帝兵法其一*

日月暈。仰視之。須臾。忽有雲氣從傍入者。急隨雲以攻之。大勝。（開元占經卷八引黃帝兵法）

黄帝兵法其二*

熒惑出太白之陰。若不有分軍。必有他急。分大軍也。（開元占經卷二十一引黄帝兵法）

黄帝兵法其三*

太白與辰星俱出東方。西方國大敗。俱出西方。東方國大敗。若客主人俱出軍。在東方。東方軍敗。在西方。西方軍敗。言其表面軍也。在表者不善。不獲已。軍堅守可也。（開元占經卷二十二引黄帝兵法）

黄帝兵法其四

黄帝兵法云。

欲知敵人來時。視之所從來。成上神谷以其勝應之。假令敵人從大小吉魁罸下來。應之以左部青旗。從太一勝天下來。應之以後部黑旗。從明之神功曹木衡下來。應之以右部白旗。從勝傳送魁罸下來。應之以前部赤旗。從徵明神后下來。應之以中部黄旗也。此天道勝也。（北堂書鈔卷一二〇·武功部八·旗一八）

黄帝用兵要法其一*

沈陰。日月俱無光。晝不見日。夜不見月。星皆有雲障之而不雨。此為君臣俱有陰謀。兩敵相圖謀也。若晝陰夜月出。君謀臣。夜陰晝日出。臣謀君。下逆上。（開元占經卷五引黄帝用兵要法）

異文兩敵相當。陰相圖議也。（開元占經卷十一）

黄帝用兵要法其二

日濛濛無光。士卒內亂。（開元占經卷五）

黄帝出軍決其一*

牙旗者。將軍之精。金鼓者。將軍之氣。一軍之形候也。（太平御覽卷三三八）

黄帝出軍決其二

黄帝出軍決曰。

始立牙之日。旗幡指敵。或從風而舉。暉暉。絕日不絕竿。勇氣奔逸。（藝文類聚卷六十·軍器部·牙）

異文始立牙之日。喜氣來應。旗幟指敵。或從風舉。暉暉。終日不繞竿。勇氣奔逸。是謂堂堂之陣。此大勝之徵。（太平御覽卷三三九·兵部七〇·牙）

黄帝出軍決其三

黄帝出軍決曰。

始立牙之日。吉氣來應。旗幡指敵。是謂堂堂之陳。正正之旗。此大勝之征。

黃帝出軍決其四

黃帝出軍決曰。

始立牙之日。喜氣來應。旗幡指敵。或從風來。此大勝之征。以上初學記卷二十二·武部·旌旗第一

黃帝出軍決其五

黃帝出軍決云。

將軍出兵。有所討伐。引兵出城門。望見白雲及白水者。舉白牙旗。五色牙旗隨天氣四時。藝文類聚卷六十·軍器部·牙　太平御覽卷三三九·兵部七〇·牙

異文引兵出城門。望見白雲及白水者。舉白牙旗。赤雲。舉赤牙旗。五色牙旗隨天氣四時雲。北堂書鈔卷一二〇·武功部八·牙十七　北堂書鈔卷一二〇·武功部八·旗十八

黃帝出軍決其六

黃帝出軍決曰。

帝伐蚩尤。乃睡。夢西王母遣道人。披玄狐之裘。以符授之曰。太一在前。天一備後。河出符信。戰

即剋矣。黃帝寤。思其符。不能悉憶。以告風后力牧。風后力牧曰。此兵應也。戰必自勝。力牧與黃帝俱到盛水之側。立壇。祭以大牢。有玄龜銜符。從水中出。置壇中而去。黃帝再拜稽首。受符視之。乃所夢得符也。廣三寸。表一尺。於是黃帝備之以征。即日禽蚩尤。藝文類聚卷九十九・祥瑞部下・龜

異文蚩尤無道。黃帝討之於涿鹿之野。西王母遣道人以符授之。黃帝乃立請祈之壇。親自受符。視之。乃所夢得也。黃帝佩之。即日擒蚩尤。北堂書鈔卷一〇三・藝文部九・符四三・

黃帝伐蚩尤。未克。睡夢西王母令道人被玄狐裘。以符授之。北堂書鈔卷一二九・衣冠部下・裘二三・

黃帝伐蚩尤。未克。西王母遣人被玄狐之裘。以符授之。初學記卷二十六・器物部・裘第八・

黃帝伐蚩尤。未克。夢西王母遣道人披玄狐之裘。以符授之。太平御覽卷六九四・服章部一一・裘

昔者蚩尤揔政無道。殘酷無已。黃帝討之於涿鹿之野。暴兵中原。黃帝仰天歎息。愀然而睡。夢西王母遣人被玄狐之裘。以符授之。太一在前。天一備後。得兵契信。戰則剋矣。黃帝悟思其符。立壇請而祈之。祭以太牢。用求神祐。須臾。玄龜巨鼇銜符出。從水中置壇中而去。黃帝再拜稽首。親自受符。視之。乃所夢也。於是黃帝佩之以攻。即日擒蚩尤。太平御覽卷七三六・方術部一七・符

黃帝出軍決其七

黃帝出軍決曰。

有所攻伐。作五采牙幢。青牙旗引往東。赤牙旗引往南。白牙旗引往西。黑牙旗引往北。黃牙旗引往

中。初學記卷二十二·武部·旌旗第一

異文作五采牙旗。青牙旗引住東。赤牙旗引住南。白牙旗引住西。黑牙旗引住北。黃牙旗引住中。太平御覽卷三三九·兵部七〇·牙

黃帝出軍決其八

黃帝出軍決法曰。

行軍行兵。兩敵相要。地形不便。望見烽火。不得為客。太平御覽卷三三五·兵部六六·烽燧

黃帝出軍決其九

黃帝出軍決曰。

始立牙之日。凶氣先應。旗幟皆垂。或逆風滂浡。牙竿摧折。旗幡絕烈。還繞繳竿。如此。終日勢弱。太平御覽卷三三九·兵部七〇·牙

黃帝出軍訣其一

黃帝出軍訣云。

為將黃色長耳。善為策謀將將。赤色小身。善為變化。北堂書鈔卷一一五·武功部三·將帥四

黄帝出軍訣其二

黄帝出軍訣云。

將有十過。有勇而輕死。有急而心速。有貪而喜利。有仁而不忍於人。有智而心怯。有信而喜信人。有廉潔而不愛人。有智而心緩。有剛而自用。有懦志而喜用人者也。北堂書鈔卷一一五·武功部三·將帥四

附錄 六韜曰。武王問太公曰。論將之道柰何。太公曰。有五才十過。五才者。勇智仁信必也。勇則不可犯。智則不可亂。仁則愛於人。信則不欺人。必則無二。所謂十過者。將有勇而輕死者。有急而心速者。有貪而喜利者。有仁而不忍於人者。有智而心怯者。有信而喜信人者。有廉而不愛人者。有智而心緩者。有剛毅而自用者。有懦而喜用人者。是故。兵者。國之大器。存亡之所由也。太平御覽卷二七三·兵部四·將帥

黄帝出軍訣其三

黄帝出軍訣云。

白虹繞城不匝。從虹所鞅擊之。乃勝也。北堂書鈔卷一五一·天部二·虹霓篇十五

黄帝占軍訣

黄帝占軍訣曰。

攻城。有虹從外南方入飲城中者。從虹攻之勝。白虹繞城不匝。從虹所在乃擊。（藝文類聚卷二·天部下·虹）

異文攻城。有虹從南方入飲城中者。從虹攻之勝。白虹繞城不匝。從虹所在擊之勝。謹守其鈌。賊乃從其地破走。（太平御覽卷一四·天部一四·虹蜺）

攻城有虹。欲攻之勝。（太平御覽卷八七八·咎徵部五·虹蜺）

黃帝占軍氣決其一

黃帝占軍氣決曰。

諸將軍氣如城樓。（藝文類聚卷六十三·居處部三·樓）

黃帝占軍氣決其二

黃帝占軍氣決曰。

都尉氣如合抱之榆。（太平御覽卷二四一·職官部三九·都尉）

黃帝問玄女兵法其一

黃帝玄女之宮戰法曰。

黃帝與蚩尤對。力戰九不勝。黃帝歸於太山。三日三夜。天霧冥冥。有一婦人。人首鳥形。黃帝稽首再拜。伏不敢起。婦人曰。吾所謂玄女者。子欲何問。黃帝曰。小子欲萬戰萬勝。萬隱萬匿。首當何從起。（藝文類聚卷二・天部下・霧　太平御覽卷一五・天部一五・霧）

附錄黃帝玄女戰法曰。黃帝與蚩尤九戰不勝。黃帝歸於太山。三日三夜。霧冥。有一婦人。人首鳥形。黃帝稽首再拜。伏不敢起。婦人曰。吾玄女也。子欲何問。黃帝曰。小子欲萬戰萬勝。遂得戰法焉。（太平御覽卷一五・天部一五・霧）

黃帝問玄女兵法其二

黃帝問玄女兵法曰。

六甲將及夫人姓名服色曰。其將皆著赤幘小冠。帶白綬。絞夫人足。皆各象其禽獸足。凡欲治致神。當於帛上書諸神名。如法祭陰齊事。六日見形。六十日一祭。合諸神祭之。祭法。脯長一九。廣三寸。白茅為籍。編以青絲。籍長二尺四寸。廣六寸。餅棗栗并脯置藉上。柸皆黑。中丹沙九兩。盛米囊九枚。置北斗座上。中為九星六甲坐。外四面十二座。座前一柸。受道者壇東北祭。南向再拜祝。（太平御覽卷五二六・禮儀部五・祭禮下）

異文帶白綬。綬夫人足。皆各象其禽獸足。凡欲招致神。當於帛上書諸神名。如法祭齊事。凡欲致神。當於帛上書神名。祭以白茅為藉。餅棗為脯。置藉上。（以上北堂書鈔卷八九・禮儀部十・祭祀惣下十八）

黄帝問玄女兵法其三

黄帝問玄女兵法曰。

戰鬭之法。乘一跋千。百事不失六神。甲子旬在魁。甲戌旬在勝光。甲申旬在弧。甲午旬在罡中。甲辰旬在功曹。甲寅旬在神后。此六神為戰主也。北堂書鈔卷一一三・武功部一・論兵一

黄帝問玄女兵法其四

黄帝問玄女兵法云。

敵人為圓陣。己以直陣攻之。直陣者。木陣也。敵人為方陣。己以兌陣攻之。兌陣者。火陣也。

黄帝問玄女兵法其五

黄帝問玄女兵法云。

敵人為曲陣。己以圓陣攻之。圓陣者。土陣也。敵人為直陣。己以方陣攻之。方陣者。金陣也。敵人以兌陣。己以曲陣攻之。曲陣者。水陣也。以上北堂書鈔卷一一七・武功部五・陣七

黄帝問玄女兵法其六

黄帝問玄女兵法云。

戰鬬之法。當從九天之上。擊九地之下。眾士默默。人無所見。九天者。春在青龍。夏在朱雀。秋在白虎。冬在玄武。四神為九天。其衡則九地也。北堂書鈔卷一一八·武功部六·攻戰一一

異文戰鬬不法。當從九天之上。擊九地之下。眾士默默。人無見者。四神為九天。其衡為九地。以上太平御覽三二八·兵部五九·占候

黄帝問玄女兵法其七

黄帝問玄女兵法云。

出軍將行屯守。相與數鬬。動作必擊鼓作聲。聽其音。以知己兵強弱也。北堂書鈔卷一二一·武功部九·鼓二四

黄帝問玄女兵法其八

黄帝玄女兵法曰。

禹問於風后曰。吾聞黄帝有負勝之圖。六甲陰陽之道。今安在乎。風后對曰。黄帝藏會稽之山下。其坎深千丈。廣千尺。鎮以盤石。致難得也。禹北見六子。問海口所出。禹乃決江口。鳴角會稽。龍神為見。玉匱浮。禹乃開而視之。中有天下經十二卷。禹未及持之。其四卷飛上天。禹不能得也。其四卷復下陂池。禹不能拯也。禹得中四卷。開而視之。太平御覽卷八二·皇王部七·夏帝禹

異文其圖黄帝藏於會稽之山下。其坎深千丈。闊千尺。鎮以盤石。求之者亡。視之者盲。致難得者也。北堂書鈔卷九六・藝文部二・圖九

禹問於風后曰。吾聞黄帝有負勝之圖。六甲陰陽之道。今在乎。風后曰。黄帝藏於會稽之山。其坎深千尺。鎮以盤石。龍瑞觀禹穴陽明洞天圖經

玄女兵法其一

玄女兵法曰。

凡行兵之道。天地大寶。得者全勝。失者必負。北斗之中。禽有旬始。狀像雄雞。制百兵之母。能得其術。何神不使。九地九天。各有表裏。三奇六合。王威軍事。

玄女兵法其二

黄帝攻蚩尤。三年城不下。募求術士。乃得伍胥。與之言曰。今日余攻蚩尤。三年城不下。其咎安在。伍胥曰。此城中之將。為人必白色商音。帝始攻時。得無以秋之東方行乎。今黄帝為人蒼色角音。此雄軍也。以戰為之。黄帝曰。善。為之若何。伍胥曰。臣請攻蚩尤。三日城必下。黄帝大喜。其中黄直曰。帝積三年。攻蚩尤而城不下。今子欲以三日下之。何以為明。伍胥曰。不如臣言。請以軍法論。黄帝曰。子欲以何時。臣請朱雀之日日正中時。立赤色徵音絳衣之軍于南方。以輔角軍。臣

請以青龍之日平旦時。立青色角音青衣之軍于東方。以輔羽軍。臣請以玄武之日人定時。立黑色羽音黑衣之將于北方。以輔商軍。臣請以白虎之日日入時。立白色商音白衣之將于西方。以輔宮軍。四將以立。臣請為帝以黃龍之日日中。建黃旗於中央以制四方。五軍已具。四面攻蚩尤。三日其城果下。黃帝即封胥。世世不絕。（太平御覽三二八・兵部五九・占候）

黃帝數法

黃帝為法。數有十等。及其用也。乃有三焉。十等者。謂億。兆。京。垓。秭。壤。溝。澗。正。載。三等者。謂上中下也。其下數者。十十變之。若言十萬曰億。十億曰兆。十兆曰京也。中數者。萬萬變之。若言萬萬曰億。萬萬億曰兆。萬萬兆曰京也。上數者。數窮則變。若言萬萬曰億。億億曰兆。兆兆曰京也。（漢・徐岳・數術記遺　北周・甄鸞・五經算術卷上）

異文總有二十三數。謂一。二。三。四。五。六。七。八。九。十。百。千。萬。億。兆。京。姟。秭。壤。溝。澗。正。載也。亦從萬已去。有三等數。謂其下者。十十變之。中者。百百變之。上者。億億變之。（續一切經音義卷二）

數有三等。謂上。中。下。下等數法。十十變之。中等。百百變之。上等。倍倍變之。（大方廣佛華嚴經疏卷十三）

惣有二十三數。謂一。二。三。四。五。六。七。八。九。十。百。千。萬。億。兆。京。垓。

埣。壞。溝。澗。正。載。從壞已去有三等數法。其下者十十變之。中者萬萬變之。上者億億變之。（大方廣佛華嚴經合論卷七十三）

總有二十三數。謂一。二。三。四。五。六。七。八。九。十。百。千。萬。億。兆。京。秭。垓。壞。溝。澗。正。載。從壞已去有三等數法。其下者十十變之。中者萬萬變之。上者億億變之。（大方廣佛華嚴經論卷三十八）

但有二十三數。始從一二。終至正載。謂一至十為十。次有十三數。謂十十為百。十百為千。十千為萬。次億。兆。京。秭。垓。壞。澗。正。載是也。（華嚴會本懸談會玄記卷十五）

億。兆。京。姊。姟。壞。溝。澗。正。載。風俗通云。千生萬。萬生億。乃至正生載。載地不能載也。億分四等。一。以十萬為億。二。以百萬為億。三。以千萬為億。四。以萬萬為億。縱至于載。猶可數而知。（天台四教儀註彙補輔宏記卷七之上）

總有二十三數。謂一。二。三。四。五。六。七。八。九。十。百。千。萬。億。兆。京。姟。秭。壞。溝。澗。正。載也。從萬以去。有三等數法。其下者。十十變之。中者。百百變之。上者。倍倍變之。（法界安立圖卷下之下）

總十四重。謂一至十。一百。二千。三萬。四億。五兆。六京。七垓。八秭。九壞。十溝。十一澗。十二正。十三載。十四從萬數已上。有三等倍法。下等十十變之。中等百百變之。上等倍倍變之。（金光明經照解卷上并序）

共有十三數。謂十十為百。十百為千。十千為萬。億。兆。京。秭。垓。壞。溝。澗。正。

載也。此則十倍之下數也。中等數者。百倍倍之。（彌陀經疏鈔演義定本卷三）

有二十三數。謂一。二。三。乃至十。百（十一數）。千（十二數）。萬（十三即洛叉）。億（十四即俱胝）。兆（十五）。京（十六）。垓（十七）。梓（十八）。壤（十九）。溝（二十）。澗（二十一）。正（二十二）。載（二十三）。（圓覺疏鈔隨文要解卷十一）

黄帝曰其一

黄帝問於伯高曰。

吾欲陶天下而以為一家。為之有道乎。

黄帝曰其二

伯高對曰。請刈其莞而樹之。吾謹逃其蚤牙。則天下可陶而為一家。黄帝曰。

此若言可得聞乎。（以上管子卷二十三・地數第七十七）

黄帝曰其三

黄帝立為天子。十九年。令行天下。聞廣成子在於空同之上。故往見之。曰。

我聞吾子達於至道。敢問至道之精。吾欲取天地之精。以佐五穀。以養民人。吾又欲官陰陽。以遂羣生。（莊子・在宥第十一）

異文敢問至道之要。晉・葛洪・神仙傳卷一・廣成子　太平廣記卷一・神仙一・廣成子

吾欲取天地之精。以養萬物。為之柰何。藝文類聚卷三十六・人部二〇・隱逸上

以佐五穀。以養人民。以遂羣生。為之柰何。唐・王瓘・廣黃帝本行記

以養民人。又欲觀陰陽。混元聖紀卷之二　太上混元老子史略卷中

黃帝曰其四

廣成子曰。而所欲問者。物之質也。而所欲官者。物之殘也。自而治天下。雲氣不待族而雨。草木不待黃而落。日月之光。益以荒矣。而佞人之心翦翦者。又奚足以語至道。黃帝退。捐天下。築特室。席白茅。閒居三月。復往邀之。廣成子南首而臥。黃帝順下風。膝行而進。再拜稽首而問曰。

聞吾子達於至道。敢問治身奈何。而可以長久。莊子・在宥第十一　唐・王瓘・廣黃帝本行記　太平御覽卷七九・皇王部四・黃帝軒轅氏

黃帝曰其五

廣成子蹶然而起。曰。善哉問乎。來。吾語女至道。至道之精。窈窈冥冥。至道之極。昏昏默默。无視无聽。抱神以靜。形將自正。必靜必清。无勞女形。无搖女精。乃可以長生。目无所見。耳无所聞。心无所知。女神將守形。形乃長生。慎女內。閉女外。多知為敗。我為女遂於

大明之上矣。至彼至陽之原也。為女入於窈冥之門矣。至彼至陰之原也。天地有官。陰陽有藏。慎守女身。物將自壯。我守其一。以處其和。故我修身千二百歲矣。吾形未常衰。黃帝再拜稽首曰。

廣成子之謂天矣。莊子・在宥第十一

異文吾子之謂天矣。混元聖紀卷之二　太上混元老子史略卷中

黃帝曰其六

廣成子。古仙也。居崆峒山石室中。黃帝聞而造焉。問其道要。廣成子曰。帝治天下。雲不待族而飛。草木不待黃而落。何足語至道。黃帝退居三日。順風再拜。廣成子曰。至道之精。杳杳冥冥。無視無聽。抱神以靜。形將自正。必請必清。吾將去無窮之門。遊無極之野。太平御覽卷六六三・道部五・地仙

黃帝曰其七

黃帝遊乎赤水之北。登乎崑崙之丘。而南望還歸。遺其玄珠。使知索之而不得。使離朱索之而不得。使喫詬索之而不得也。乃使象罔。象罔得之。黃帝曰。異哉。象罔乃可以得之乎。莊子・天地第十二　藝文類聚卷八十四・寶玉部下・珠妙　萬松老人評唱天童覺和尚頌古從容庵錄五

異文異哉。象罔乃得此珠。牧雲和尚七會餘錄卷一

然則罔像者。可得真聞者之耶也。般若無知論義私記卷中

異哉。罔象。維摩經略疏垂裕記卷八　法蓮華經指掌疏事義　肇論疏卷中　法華大成音義卷一

異哉。罔象乃可得之。智證傳　宗鏡錄卷三十七

黃帝曰其八

北門成問於黃帝曰。帝張咸池之樂於洞庭之野。吾始聞之懼。復聞之怠。卒聞之而惑。蕩蕩默默。乃不自得。帝曰。

汝殆其然哉。吾奏之以人。徵之以天。行之以禮義。建之以大清。夫至樂者。先應之以人事。順之以天理。行之以五德。應之以自然。然後調理四時。太和萬物。四時迭起。萬物循生。一盛一衰。文武倫經。一清一濁。陰陽調和。流光其聲。蟄蟲始作。吾驚之以雷霆。其卒无尾。其始无首。一死一生。一僨一起。所常无窮。而一不可待。汝故懼也。吾又奏之以陰陽之和。燭之以日月之明。其聲能短能長。能柔能剛。變化齊一。不主故常。在谷滿谷。在阬滿阬。塗郤守神。以物為量。其聲揮綽。其名高明。是故鬼神守其幽。日月星辰行其紀。吾止之於有窮。流之於无止。予欲慮之而不能知也。望之而不能見也。逐之而不能及也。儻然立於四虛之道。倚於槁梧而吟。目知窮乎所欲見。力屈乎所欲逐。吾既不及已。夫形充空虛。乃至委蛇。汝委蛇。故怠。吾又奏之以无怠之聲。調之以自然之

命。故若混逐叢生。林樂而无形。布揮而不曳。幽昏而无聲。動於无方。居於窈冥。或謂之死。或謂之生。或謂之實。或謂之榮。行流散徙。不主常聲。世疑之。稽於聖人。聖也者。達於情而遂於命也。天機不張。而五官皆備。此之謂天樂。无言而心說。故有焱氏為之頌曰。聽之不聞其聲。視之不見其形。充滿天地。苞裹六極。汝欲聽之。而无接焉。而故惑也。樂也者。始於懼。懼故祟。吾又次之以怠。怠故遁。卒之於惑。惑故愚。愚故道。道可載而與之俱也。莊子・天運第十四　太平御覽卷五六五・樂部三・雅樂下

異文 吾奏之禮義。達之以人情。一盛一衰。文武經綸。一濁一清。陰陽調和。居於杳冥。或謂之貴。或謂之賤。達於情而遂於性。北堂書鈔卷一〇五・樂部一・樂總一

行之以義禮。建之以太清。太平御覽卷七九・皇王部四・黄帝軒轅氏

吾奏以陰陽之和。燭以日月之明。其聲能長。慮之不知。望之不見。曭然立於四虛之通。倚槁梧而吟。太平御覽卷三九二・人事部三三・吟

吾奏以陰陽之和。燭以日月之明。其聲能短能長。吾慮之不知。望之不見。曭然立於四虛之通。倚槁梧而吟。永樂大典卷二三三七

建之以大情。流充其聲。吾止之物有窮。倘然立於四虛之道。乃至委蛇。故怠。文獻通考卷一二八・樂考

黄帝曰其九

知北遊於玄水之上。登隱弅之丘。而適遭无為謂焉。知謂无為謂曰。予欲有問乎若。何思何慮

則知道。何處何服則安道。何從何道則得道。三問而无為謂不答也。非不答。不知答也。知不得問。反於白水之南。登狐闋之上。而睹狂屈焉。知以之言也問乎狂屈。狂屈曰。唉。予知之。將語若。中欲言而忘其所欲言。知不得問。反於帝宮。見黃帝而問焉。黃帝曰。无思无慮始知道。无處无服始安道。无從无道始得道。

黃帝曰其十

知問黃帝曰。我與若知之。彼與彼不知也。其孰是邪。黃帝曰。彼无為謂真是也。狂屈似之。我與汝終不近也。夫知者不言。言者不知。故聖人行不言之教。道不可致。德不可至。仁可為也。義可虧也。禮相偽也。故曰。失道而後德。失德而後仁。失仁而後義。失義而後禮。禮者。道之華而亂之首也。故曰。為道者日損。損之又損之。以至於无。為无為而无不為也。今已為物也。欲復歸根。不亦難乎。其易也。其唯大人乎。生也死之徒。死也生之始。孰知其紀。人之生。氣之聚也。聚則為生。散則為死。若死生為徒。吾又何患。故萬物一也。是其所美者為神奇。其所惡者為臭腐。臭腐復化為神奇。神奇復化為臭腐。故曰。通天下一氣耳。人故貴一。

黃帝曰其十一

知謂黃帝曰。吾問无為謂。无為謂不應我。非不我應。不知應我也。吾問狂屈。狂屈中欲告我。

而不我告。非不我告。中欲告而忘之也。今予問乎若。若知之。奚故不近。黃帝曰。彼其真是也。以其不知也。此其似之也。以其忘之也。予與若終不近也。以其知之也。（以上莊子・知北遊第二十二）

黃帝曰其十二

黃帝將見大隗乎具茨之山。方明為御。昌寓驂乘。張若謵朋前馬。昆閽滑稽後車。至於襄城之野。七聖皆迷。无所問塗。適遇牧馬童子。問塗焉。曰。若知具茨之山乎。（莊子・徐无鬼第二十四・皇王部四・黃帝軒轅氏　唐・王瓘・廣黃帝本行記　太平御覽卷七九　太平御覽卷六二四・治道部五・政治三）

黃帝曰其十三

曰然。若知大隗之所存乎。（莊子・徐无鬼第二十四　唐・王瓘・廣黃帝本行記）

黃帝曰其十四

曰然。黃帝曰。異哉。小童。非徒知具茨之山。又知大隗之所存乎。請問為天下。（莊子・徐无鬼第二十四　太平御覽卷六二四・治道部五・政治三）

異文非獨知具茨之山。（唐・王瓘・廣黃帝本行記）

異哉。請問天下。（藝文類聚卷三十六·人事部二〇·隱逸上）

黄帝曰其十五

小童曰。夫為天下者。亦若此而已矣。又奚事焉。予少而自遊於六合之內。予適有瞀病。有長者教予曰。若乘日之車。而遊於襄城之野。今予病少痊。予又且復遊於六合之外。夫為天下亦若此而已。予又奚事焉。黄帝曰。

夫為天下者。則誠非吾子之事。雖然。請問為天下。（莊子·徐无鬼第二十四　唐·王瓘·廣黄帝本行記）

異文吾子之事。雖然。請問為天下。（太平御覽卷七九·皇王部四·黄帝軒轅氏）

黄帝曰其十六

精神者。天之分。骨骸者。地之分。屬天清而散。屬地濁而聚。精神離形。各歸其真。故謂之鬼。鬼。歸也。歸其真宅。黄帝曰。

精神入其門。骨骸反其根。我尚何存。人自生至終。大化有四。嬰孩也。少壯也。老耄也。死亡也。其在嬰孩。氣專志一。和之至也。物不傷焉。德莫加焉。其在少壯。則血氣飄溢。欲慮充起。物所攻焉。德故衰焉。其在老耄。則欲慮柔焉。體將休焉。物莫先焉。雖未及嬰孩之全。方於少壯。間矣。其在死亡也。則之於息焉。反其極矣。（列子卷一·天瑞第一）

黃帝曰其十七

黃帝即位十有五年。喜天下戴己。養正命。娛耳目。供鼻口。燋然肌色皯䵳。昏然五情爽惑。又十有五年。憂天下之不治。竭聰明。進智力。營百姓。焦然肌色皯䵳。昏然五情爽惑。黃帝乃喟然讚曰。朕之過淫矣。養一己其患如此。治萬物其患如此。（列子卷二・黃帝第二　太平御覽卷一九・皇王部四・黃帝軒轅氏）

黃帝曰其十八

黃帝既寤。悟然自得。召天老力牧太山稽告之曰。朕閒居三月。齋心服形。思有以養身治物之道。弗獲其術。疲而睡。所夢若此。今知至道不可以情求矣。朕知之矣。朕得之矣。而不能以告若矣。（列子卷二・黃帝第二）

異文朕思有以養身治物之道。弗獲。疲而睡若此。知至道不可以情求。朕得之矣。（太平御覽卷三九七・人事部三八・敘夢）

黃帝曰其十九

黃帝之時。天先見大螾大螻。黃帝曰。土氣勝。（呂氏春秋卷十三・應同　藝文類聚卷九十八・祥瑞部上・祥瑞）

黄帝曰其二十

黄帝曰

道無鬼神。獨往獨來。關尹子・五鑑篇 無上妙道文始真經・五鑑 鑑者心也 群仙要語纂集上・關尹子節要

黄帝曰其二十一

黄帝即位。施惠承天。一道修德。惟仁是行。宇內和平。未見鳳凰。惟思其象。夙寐晨興。乃召天老而問之曰。

鳳象何如。韓詩外傳卷八 藝文類聚卷九十九・祥瑞部下・鳳皇

異文鳳鳥何如。史記卷八十四・列傳第二十四注

鳳皇何如。太平御覽卷九一五・羽族部二・鳳

黄帝曰其二十二

天老對曰。夫鳳象。鴻前麟後。蛇頸而魚尾。龍文而龜身。燕頷而雞喙。戴德負仁。抱忠挾義。小音金。大音鼓。延頸奮翼。五彩備明。舉動八風。氣應時雨。食有質。飲有儀。往即文始。來即嘉成。惟鳳為能通天祉。應地靈。律五音。覽九德。天下有道。得鳳象之一。則鳳過之。得鳳象之二。則鳳翔之。得鳳象之三。則鳳集之。得鳳象之四。則鳳春秋下之。得鳳象之五。

則鳳沒身居之。黃帝曰。

於戲允哉。朕何敢與焉。韓詩外傳卷八 藝文類聚卷九十九・祥瑞部下・鳳皇 初學記卷三十・鳥部・鳳第一 太平御覽卷九一五・羽族部二・鳳

異文於戲盛哉。說苑卷十八・辨物

黃帝曰其二十三

於是黃帝乃服黃衣。戴黃冕。致齋於宮。鳳乃蔽日而至。黃帝降於東階。西面再拜稽首曰。

皇天降祉。不敢不承命。韓詩外傳卷八 太平御覽卷九一五・羽族部二・鳳

異文皇天降茲。敢不承命。說苑卷十八・辨物

黃帝曰其二十四

按堪輿。黃帝問天老事云。

四月。陽建于巳。破于亥。陰建于未。破于癸。是為陽破陰。陰破陽。鄭志卷中・占夢注宋・洪邁・容齋續筆卷七

黃帝曰其二十五

薦。獸之所食艸。从廌从艸。古者神人以廌遺。黃帝曰。

何食何處。說文解字卷十上

黃帝曰其二十六

〔黃帝〕令力黑浸行伏匿。周流四國。以觀無恒。善之法則。力黑視象。見黑則黑。見白則白。地闕十字惡。人則視竟。人靜則靜。人作則作。力黑已布制建極闕五字曰。天地已成。而民生。逆順無紀。德虐無刑。靜作無時。先後無□名。今吾欲得逆順之闕九字以為天下正。靜作之時。因而勒之。為之若何。黃帝曰。

群群闕六字為一囷。無晦無明。未有陰陽。陰陽未定。吾未有以名。今始判為兩。分為陰陽。離為□四闕十二字因以為常。其明者。以為法而微道是行。行法循闕三字牝牡。牝牡相求。會剛與柔。柔剛相成。□牝牡若刑。下會於地。上會於天。得天□之微。時若闕十字寺。地氣之發也。乃萌者蔓。而茲者茲。天因而成之。弗因則不成。□養則不生。夫民之生也。規規生食與繼。不會不繼。無與守地。不食不人。無與守天。是□□贏陰布德。闕四字民功者。所以食之也。宿陽脩刑。童陰□長夜。氣閉地繩者。□以繼之也。不靡不黑。而正之以刑與德。春夏為德。秋冬為刑。先德後刑以養生。姓生已定。而適者生爭。不諶不定。凡諶之極。在刑與德。刑德皇皇。日月相望。以明其當。而盈□無匡。夫是故。使民毋人埶。舉事毋陽察。力地毋陰敝。陰敝者土芒。陽察者奪光。人埶者摐兵。是故。為人主者。時挃三樂。毋亂民功。毋逆天時。然則五穀溜孰。民□蕃茲。君臣上下。交得其志。天因而成之。夫并時以養民功。先德後刑。順於天。其時贏而事絀。陰節復次。地尤復收。正名脩刑。執蟲不出。雪霜復清。孟谷乃蕭此。材〔災〕□生。如此者。舉事將不成。其時絀而事贏。陽節復次。地尤不收。正名施刑。執蟲發聲。草苴復榮。已陽而有陽。重時而無光。如此者。舉事將不行。天道已既。地物乃備。散流相成。聖人之事。聖人不朽。時反是守。優未愛民。與天同道。聖人正以侍待天。靜以須人。不達天刑。不襦不傳。當天時。與之皆斷。當斷不斷。反受其亂。觀。馬王堆漢墓帛書·十大經·觀

黃帝曰其二十七

黃帝問閹冉曰。

吾欲布施五正。焉止焉始。

黃帝曰其二十八

對曰。始在於身。中有正度。後及外人。外內交緩。乃正于事之所成。黃帝曰。

吾既正既靜。吾國家窬不定。若何。

黃帝曰其二十九

對曰。後中實而外正。何□不定。左執規。右執柜。何患天下。男女畢迵。何患於國。五正既布。以司五明。左右執規。以寺逆兵。黃帝曰。

吾身未自知。若何。

黄帝曰其三十

對曰。後身未自知。乃深伏於淵。以求內刑。內刑已得。後□自知屈後身。黄帝曰。

吾欲屈吾身。屈吾身若何。

黄帝曰其三十一

對曰。道同者。其事同。道異者。其事異。今天下大爭。時至矣。後能慎勿爭乎。黄帝曰。

勿爭若何。

黄帝曰其三十二

對曰。怒者。血氣也。爭者。外脂膚也。怒若不發。浸廩是為癰疽。後能去四者。枯骨何能爭矣。黄帝於是辭其國大夫。上於博望之山。談臥三年。以自求也。單才。閹冉乃上起黄帝曰。可矣。夫作爭者凶。不爭□亦無成功。何不可矣。黄帝於是出其鏘鉞。奮其戎兵。身提鼓鞄。以禺之尤。因而禽之。帝箸之明。明曰。

反義逆時。其刑視之尤。反義伓宗。其法死亡以窮。五正。以上馬王堆漢墓帛書·十大經·五正

黃帝曰其三十三

黃帝〔問四〕輔曰。

唯余一人。兼有天下。今余欲畜而正之。均而平之。為之若何。

黃帝曰其三十四

果童對曰。不險則不可平。不諶則不可正。觀天於上。視地於下。而稽之男女。夫天有榦。地有恒。常合□□常。是以有晦有明。有陰有陽。夫地有山有澤。有黑有白。有美有亞。地俗德以靜。而天正名以作。靜作相養。德虐相成。兩若有名。相與則成。陰陽備物。化變乃生。有（闕三字）重。任百則輕。人有其中。物又其刑。因之若成。黃帝曰。

夫民卬天而生。侍地而食。以天為父。以地為母。今余欲畜而正之。均而平之。誰適繇始。（以上馬王堆漢墓帛書·十大經·果童）

黃帝曰其三十五

於是出其鏘鉞。奮其戎兵。黃帝身禺之尤。因而貪之。剝其□革以為干侯。使人射之。多中者賞。劀其髮而建之天。名曰之尤之署。充其胃以為鞫。使人執之。多中者賞。腐其骨肉。投之苦醢。使天下雜之。上帝以禁。帝曰。

毋乏吾禁。毋留吾酭。毋亂吾民。毋絕吾道。止禁留酭。亂民絕道。反義逆時。非而行之。過極失當。擅制更爽。心欲是行。其上帝未先而擅興兵。視之尤共工屈其脊。使甘其箭。不死不生。慤為地程。

黃帝曰其三十六

帝曰。

謹守吾正名。毋失吾恒刑。以視後人。正亂。以上馬王堆漢墓帛書・十大經・正亂

黃帝曰其三十七

黃帝問力黑。

唯余一人。兼有天下。猾民將生。年辯用知。不可法組。吾恐或用之以亂天下。請問天下有成法。可以正民者。

黃帝曰其三十八

力黑曰。然。昔天地既成。正若有名。合若有刑。□以守一名。上捦之天。下施之四海。吾聞天下成法。故曰不多。一言而止。循名复一。民無亂紀。黃帝曰。

請問天下。猷有一虖。

黄帝曰其三十九

力黑曰。然。昔者。皇天使馮下道。一言而止。五帝用之。以朳天地。□楑四海。以褱下民。以正一世之士。夫是故毚民皆退。賢人减起。五邪乃逃。年辯乃止。循名复一。民無亂紀。黄帝曰。一者。一而已乎。其亦有長乎。以上馬王堆漢墓帛書·十大經·成法

黄帝曰其四十

黄帝問力黑曰。大茎氏之有天下也。不辨陰陽。不數日月。不志四時。而天開時。地成以財。其為之若何。馬王堆漢墓帛書·十大經·順道

黄帝曰其四十一

黄帝曰。吾授汝此圖。金匱玉衡經。二子祕之。苟非其人。道不虛行。垂拱無為。而知未明。不出房戶。可知天下。不出戶房。可致真王。明視登明。所臨吉凶。自非至精。此術不通。閉口閉口。禍害不從。泄露道真。其命必窮。異域之法。體道亦同。祕之藏之。勿見愚蒙。天一貴神。位在中宮。據璇璣。把玉衡。統御四時。攬撮陰陽。手握繩墨。位正魁罡。左房右參。背虛向張。四七布列。首羅八方。規

矩乾坤。噓吸陰陽。首五後六。以顯吉凶。青龍主左。係屬角亢。白虎輔右。正在觜參。朱雀在前。翻舞翼張。玄武在後。承德收功。六合廚傳。句陳將軍。螣蛇誅斬。金鉞鏘鏘。天后貴配。太常臺郎。太陰陰將。主錄後宮。天空下賤。主侍帝庭。白虎傷害。審其吉凶。各有部署。不得縱橫。天一統理。中外清明。金木水火。各有列行。不治魁罡。初建戊己。天之本鄉。故能治中。神氣所藏。甲子終癸酉。戌亥孤虛。王父之墓。不在旬中。不治魁罡。是謂重凶。三十六用。金匱玉房。天一最尊。為之主王。將中威神。巍巍堂堂。黃帝金匱玉衡經

黃帝曰其四十二

黃帝將上天。次召其三子而告之曰。

吾昔受此龍首經於玄女。經。章。傳。義十有二緒。蓋吾所口受不傳者。吾今日告汝。汝固能行之乎。內以自輔。外脩黔首。術與賢者。若不能行。則埋之名山三泉之下。慎無妄泄使不神。吾將為汝參會其中。遂其終始。要正之本。同之一首。萬物俱主各自理。義不相干。事不相擾。敬脩其神。以為天寶。天一常居太淵之宮。春遊玉堂。夏遊明堂。秋遊絳堂。冬遊生死之場。其居一也。右玄冥。左明光。背太陰。向正陽。翳華蓋。西乘玉衡。迴璇璣。而臨八方。將四七。使三光。通八風。定五行。令六壬。領吉凶。使旬始。將五嶽。二神受氣。或處陰。或處陽。各盡其正。以處五鄉。金木水火土。上下相當。死生之決。前後相更。子且識之。思念勿忘。口授賢士。無傳洩其章。黃帝龍首經序

黃帝曰其四十三

黃帝問天老曰。

天地所生。豈有食之令人不死者乎。（晉・張華・博物志卷七　藝文類聚卷八十一・藥香草部上・草　太平御覽卷九八九・藥部六・黃精　太平御覽卷九九四・百卉部・草　本草綱目・草部目錄第十二卷）

黃帝曰其四十四

黃帝曰。

灸不三分。是謂徒冤。炷務大也。小弱炷乃小作之。以意商量。（孫真人備急千金要方卷八十九）

黃帝曰其四十五

黃帝曰。

心動目瞬。懸知性命吉凶。天之明。以日月斗為候。人之明。以目為候。以心為主。若能知之。全身保命。（唐・李靖・天老神光經）

黃帝曰其四十六

師曠占曰。黃帝問師曠曰。

吾欲知苦樂善惡。可知否。（藝文類聚卷八十一・藥香草部上・草）

異文吾欲知歲苦樂善惡。太平御覽卷一七・時序部二・閏 太平御覽卷九九四・百卉部一・草

黄帝曰其四十七

師曠占曰。黄帝問師曠曰。

欲知牛馬貴賤。秋葵下。小葵生。牛馬貴。大葵不蟲。牛馬賤。藝文類聚卷八十二・草部下・葵 太平御覽卷九七九・菜茹部四・蓼

黄帝曰其四十八

師曠占曰。黄帝問師曠曰。

杏多實不蟲者。來年秋善。五木者。五穀之先。欲知五穀。但視五木。擇其木盛者。來年益種之。

藝文類聚卷八十五・百穀部五・穀

黄帝曰其四十九

帝乃到峨嵋之山。清齋三月。得與皇人相見。皇人者。不知何世人也。身長九尺。元毛被體。長皆尺餘。髮纔長數寸。其居乃在北山絕巖之下。中以蒼玉為屋。黄金為牀。然千和之香。侍者皆眾仙玉女。座賓三人。皆稱太清仙王。方見皇人。飲以丹華之英。漱以玉井之漿。黄帝匍匐既至。再拜稽首而立。請問長生之道。皇人曰。子既官四海。復欲不死。不亦貪乎。帝曰。

萬兆無主。則相陵暴。今為制法。足以傳後。私心好道。遠涉四海。幸遇道君。願垂哀告。竊見真人食精之經。徒省其文而弗綜其意。挹其辭而不釋其事。乞得教誨。唐・王瓘・廣黃帝本行記 太上太一真一之經

黃帝曰其五十

皇人大驚。良久乃答曰。汝安得聞見。此乃金籙之首篇。上天之靈符。太上之寶文矣。白日昇天。飛步虛空。身生水火。變化無常。此天仙之真。惟有龍胎金液。九轉之丹。守形絕粒。辟除萬邪。役使鬼神。長生久視。乃血脈流宣。腸化為筋。百災不能傷。延期至億千。則惟有真一。食五牙之文。此二事。但使南斗君領錄。參於太常楗籥。自非仙人。四千年一出。約皆不得背科而妄泄也。又西王母秘此書於五城之內。其外衛備有仙樓十二。藏以紫玉之櫝。刻以黃金之札。封以丹芝光華。印以太上中章。其無仙籍者。不得聞知也。子未可聽天音於地耳矣。便可去也。帝答曰。

昔已受神丹於元女。惟未受五牙食真之經。今運會得見道君。既不以授生道。是臣相命不得度世耳。唐・王瓘・廣黃帝本行記

異文黃帝稽首答曰。昔以受神丹於玄女。未及合作。唯未受五芽食真解真經之意耳。幸今遭會得見。道君既不授以生道。是臣相命不得度世耳。如未哀者。復用暫生何為乎。惟乞愍濟元元之心。太上太一真一之經

黄帝曰其五十一

帝鍊石於縉雲之山。有縉雲之瑞。立縉雲之堂。丹丘存焉。帝藏兵法勝負之圖。六甲陰陽之書於苗山。帝又合符瑞於釜山。奉事太乙元君。受易形變化。藏於空同之巖。帝考推步之術於泰山。稽力牧。著體診之訣於歧伯雷公。講氣候於風后。窮律度於容成。救殘傷綴金冶之事。畢該秘要。窮究道真。傳陰符。則内合天機。外合人事。理天下。南洎交阯。北至幽陵。西極流沙。東界蟠桃。帝曰。

吾聞在宥天下。不聞理於天下。我勞天下久矣。息駕元圃。以反余真也。唐·王瓘·廣黄帝本行記

黄帝曰其五十二

文子稱黄帝之言曰。

形有摩而神不化。以不化乘化。其變無窮。沙門不敬王者論·形盡神不滅五其一　六道集卷二　隆興釋教編年通論卷一　弘明集卷五　廣弘明集卷八　集沙門不應拜俗等事卷二　明·梅鼎祚·釋文紀卷八　卷三十七

異文形雖糜而神不化。乘化至變無窮。三論玄義卷上

黄帝曰其五十三

黄帝曰。

食穀者。智而夭。食氣者。神而壽。不食者。不死。唐·司馬承禎·服氣精義論　雲笈七籤卷五十七

黃帝曰其五十四

河圖曰。黃帝云。

余夢見兩龍挺白圖。即帝以授余於河之都。（初學記卷六・地部中・河第三）

異文余夢見兩龍挺日圖。即帝以授余於河之都。覺昧素喜。不知其理。敢問於子。（太平御覽卷七九・皇王部四・黃帝軒轅氏　永樂大典卷一三一三九）

余夢見兩龍授圖。乃齊往河洛而求。有魚折溜而止。魚汎曰圖。跪而受之。（太平御覽卷六一・地部二六・祥瑞）

吾夢兩龍挺白圖。出於河。以授予。敢問於子。（雲笈七籤卷一百）

黃帝曰其五十五

天老曰。天其授帝圖乎。試齋以往視之。黃帝乃齋河洛之間。求象見者。至於翠媯泉。大盧魚折溜而至。乃問天老。

子見中河折溜者乎。（初學記卷六・地部中・河第三）

異文子見天中河流者乎。（太平御覽卷七九・皇王部四・黃帝軒轅氏　永樂大典卷一三一三九）

子見河中者乎。（雲笈七籤卷一百）

黄帝曰其五十六

河圖曰。黄帝曰。

凡人生一日。天帝賜算三萬六千。人賜紀二十。聖人得三萬六千七百二十月。人得三萬六千。一紀主一歲。聖人加七百二十。（初學記卷十七·人部上·聖第一）

異文　又賜紀二千。聖人得三萬六千七百二十。凡人得三萬六千。（太平御覽卷四〇一·人事部四二·敘聖　永樂大典卷二九七三）

黄帝曰其五十七

昔梁惠王問尉繚曰。吾聞黄帝有刑德。可以百戰百勝。其有之乎。尉繚曰。不然。黄帝所謂刑德者。以刑伐之。以德守之。（唐·趙蕤·長短經卷八·雜説·運命二十九）

黄帝曰其五十八

天官之陣曰。背水陣者。為絶軍。向阪陣者。為廢軍。武王之伐紂也。背漳水。向山之阪。以萬二千擊紂之億有八萬。斷紂頭。懸之白旗。紂豈不得天官之陣哉。然而不勝者何也。人事不得也。黄帝曰。

先稽己智者。謂之天子。以是觀之。人事而已矣。（唐·趙蕤·長短經卷八·雜説·運命二十九）

黄帝曰其五十九

黄帝曰。

雄黄化銅。武都者上。西蕃者次。鐵色者上。雞冠者次。沉水銀脚。鐵末上拭了。旋有黄衣生者上。（唐・獨孤滔・丹方鑑源卷上）

黄帝曰其六十

養生經。黄帝問天老曰。

人生上壽一百二十年。中壽百年。下壽八十年。而竟不然者。皆夭耳。（文選卷五十三・養生論注）

黄帝曰其六十一

黄帝云。

食甜瓜竟。食鹽。成霍亂。（葛仙翁肘後備急方卷六）

異文食甜粥竟。食鹽即吐。或成霍亂。（孫真人備急千金要方卷八十）

黄帝曰其六十二

黄帝云。

食生葱即啖蜜。變作下利。食燒葱并啖蜜。擁氣而死。

黄帝曰其六十三

黄帝云。

蓼食過多有毒。發心痛。

異文 食蓼過多有毒（本草綱目·草部目録第十六卷）

黄帝曰其六十四

黄帝云。

食小蒜啖生魚。令人奪氣。陰核疼求死。

黄帝曰其六十五

黄帝云。

生葫合青魚鮓食之。令人腹內生瘡。

黄帝曰其六十六

黄帝云。

霜韭凍不可生食。

黄帝曰其六十七

黄帝云。

薤不可共牛肉作羹食之。成瘕疾。

黄帝曰其六十八

黄帝云。

戴甲蒼耳。不可共豬肉食。害人。

黄帝曰其六十九

黄帝云。

蘩蔞合組鮮食之。發消渴病。令人多忘。

黃帝曰其七十

黃帝云。

李子不可和白蜜食。蝕人五內。

異文李不可和蜜食。食之損五臟。宋・寇宗奭・圖經衍義本草卷三十六

黃帝曰其七十一

黃帝云。

霜葵陳者生食之。動五種流飲。飲盛則吐水。

黃帝曰其七十二

黃帝云。

芥菜不可共兔肉食。成惡邪病。

黃帝曰其七十三

野苣。味苦平。無毒。久服。輕身少睡。黃帝云。

不可共蜜食之。作痔。

黃帝曰其七十四

白苣。味苦平。無毒。益筋力。黃帝云。

不可共酪食。必作蟲。

黃帝曰其七十五

茗葉。味苦。鹹。酸。冷。無毒。可久食。令人有力。悅志。微動氣。黃帝云。

不可共韭食。令人身重。

黃帝曰其七十六

黃帝云。

五月五日勿食一切菜。發百病。

黃帝曰其七十七

黃帝云。

六月。七月勿食茱萸。傷神氣。令人起伏氣。

黄帝曰其七十八

黄帝云。

七月勿食生菱芰。作燒蟲。

黄帝曰其七十九

黄帝云。

八月。九月勿食薑。傷人神。損壽。

黄帝曰其八十

黄帝云。

九月勿食被霜瓜。向冬發寒熱及溫病。

黄帝曰其八十一

黄帝云。

十月勿食椒。損人心。傷血脈。以上孫真人備急千金要方卷七十九

黄帝曰其八十二

黄帝云。

服大豆屑。忌食豬肉。

黄帝曰其八十三

黄帝云。

青小豆合鯉魚鮓食之。令人肝黄。五年成乾痟病。

黄帝曰其八十四

黄帝云。

作麵和豬。羊肉熱食之。不過八九頓。作熱風。令人眉鬚落。又還生。仍希少。

黄帝曰其八十五

黄帝云。

五種黍米。合葵食之。令人成痼疾。

黃帝曰其八十六

黃帝云。

久藏脯臘安米中。滿三月。人不知。食之害人。

黃帝曰其八十七

黃帝云。

暴下後飲酒者。膈上變為伏熱。

黃帝曰其八十八

黃帝云。

食甜酪竟。即食大酢者。變作血瘕及尿血。

黃帝曰其八十九

黃帝云。

一切諸肉。煮不熟。生不斂者。食之成瘕。

黄帝曰其九十

黄帝云。

羊肉共酢食之。傷人心。

黄帝曰其九十一

黄帝云。

烏牛自死北首者。食其肉害人。

黄帝曰其九十二

黄帝云。

白馬自死。食其肉害人。

黄帝曰其九十三

黄帝云。

白犬合海鮋食之。必得惡病。

黄帝曰其九十四

黄帝云。

凡豬肝。肺。共魚鱠食之。作癰疽。

黄帝曰其九十五

黄帝云。

鹿膽白者。食其肉。害人。

黄帝曰其九十六

黄帝云。

生麞肉共蝦汁合食之。令人心痛。

黄帝曰其九十七

黄帝云。

兔肉和獺肝食之。三日必成遁尸。

黄帝曰其九十八

黄帝云。

麡肉共鴇肉食之。作癥瘕。

黄帝曰其九十九

黄帝云。

一切雞肉合魚肉汁食之。成心瘕。

黄帝曰其一百

黄帝云。

食桂竟。食鯉魚肉害人。腹中宿癥病者。食鯉魚肉害人。

黄帝曰其一百一

黄帝云。

魚白目。不可食之。

黄帝曰其一百二

黄帝云。

蟹目相向。足斑者。食之害人。

黄帝曰其一百三

黄帝云。

五月五日。以鱉子共鮑魚子食之。作癉黄。

黄帝曰其一百四

黄帝云。

龜。鱉肉共豬肉食之。害人。秋果菜共龜肉食之。令人短氣。

黄帝曰其一百五

黄帝云。

正月勿食虎。豹。狸肉。傷人神。損壽。

黃帝曰其一百六

黃帝云。

四月勿食蛇肉。鱓肉。損神害氣。

黃帝曰其一百七

黃帝云。

五月勿食麞肉。傷人神氣也。

黃帝曰其一百八

黃帝云。

六月勿食鶩肉。傷人神氣。

黃帝曰其一百九

黃帝云。

六月勿食雁肉。傷人神氣。

黃帝曰其一百十

黃帝云。

七月勿食生蜜。令人暴下。發霍亂。

黃帝曰其一百十一

黃帝云。

八月建酉日食雉肉。令人短氣。

黃帝曰其一百十二

黃帝云。

十一月勿食鼠肉。燕肉。損人神氣。以上孫真人備急千金要方卷八十

黃帝曰其一百十三

思邈曰。黃帝云。

合鱔鮓食。發消渴。令人多忘。本草綱目・菜部目錄第二十七卷

黄帝曰其一百十四

黄帝曰。

金丹之要在乎神水。華池。何謂也。以陰一而制陽一者也。宋・曾慥・道樞卷三十二

黄帝曰其一百十五

山海經曰。蚩尤舉兵伐黄帝。黄帝乃令應龍攻之冀州之野。應龍蓄水。蚩尤請風伯雨師從大風雨。黄帝乃下天女。曰。

風雨止。冊府元龜卷七六九・總録部・自述

異文妖雨止。太平御覽卷三五・時序部二〇・旱

黄帝曰其一百十六

帝王世紀曰。黄帝夢大風吹天下之塵垢皆去。又夢人執千鈞之弩驅羊數萬群。帝寤而歎曰。

風為號令。執政者也。垢去土。后在也。天下豈有姓風名后者哉。夫千鈞之弩。異力者也。驅羊數萬群。能牧民為善者也。天下豈有姓力名牧者也。史記卷一・五帝本紀第一注

異文千鈞之弩。異力能遠。駈羊數萬群。牧民為善。太平御覽卷三七・地部二・塵

風為號令。執政者。垢去土。解清治者。天下豈有姓風名后者也哉。夫千鈞之弩。異力能遠者

也。驅羊數萬群。是能善牧者也哉。天下豈有姓力名牧者乎。冊府元龜卷八九二·總錄部·夢徵　太平御覽卷三九七·人事部三八·敘夢

於公何如。

黃帝曰其一百十七

五十年七月庚申。天霧三日三夜。晝昏。黃帝問天老。力牧。容成曰。

黃帝曰其一百十八

天老曰。臣聞之國安。其主好文則鳳凰居之。國亂。其主好武則鳳凰去之。今鳳凰翔於東郊而樂之。其鳴音中夷則。與天相副。以是觀之。天有嚴教。以賜帝。帝勿犯也。乃召史卜之龜燋。史曰。臣不能占也。其問之聖人。帝曰。已問天老。力牧。容成矣。以上冊府元龜卷二二·帝王部·符瑞

黃帝曰其一百十九

黃帝問風后曰。余欲知河之始開。太平御覽卷六一·地部二六·河

黃帝曰其一百二十

黃帝之初。養性愛民。不好戰伐。而四帝各以方色稱號。交共謀之。邊城日驚。介冑不釋。黃帝歎曰。

君危于上。民安于下。主失于國。其臣再嫁。厥疾之由。非養寇邪。今處民萌之上。而四道亢衡。遞震于師。

黃帝曰其一百二十一

黃帝將適昆虞之丘。中路逢容成子。乘翠華之蓋。建日月之旗。驂紫虬。御雙烏。黃帝命方明避路。謂容成子曰。

吾將釣于一壑。栖于一丘。

黃帝曰其一百二十二

黃帝謂其友無為子曰。

我勞天下矣。疲于形役。請息駕于玄圃。子宜代之焉。能棄我之逸而為君之勞哉。以上太平御覽卷七九·皇王部四·黃帝軒轅氏

黃帝曰其一百二十三

太白陰經曰。陽隊起一至九。陰隊起九至一。隊有五十人。五人火長。五九不失四十五人之數。

卒間容卒。相去二步。隱間容隊。相去一十八步。前後十步。其隊前後。目去亦如之。黃帝曰。

陣間容陣。隊間容隊。曲間容曲是也。（太平御覽卷二九九・兵部三〇・隊伍）

黃帝曰其一百二十四

天陣經曰。風后演握奇圖。黃帝曰。

少則為圓。利為主色。尚玄為乾。

黃帝曰其一百二十五

地陣。黃帝曰。

壯為則方。利為主色。尚黃為坤。（以上太平御覽卷三〇一・兵部三二・陣）

黃帝曰其一百二十六

黃帝受黃。輕四物仙方。一曰鴻光。二曰千秋。三曰萬歲。四曰慈墨。實合作四物。丸用白松脂。大如雞子。服之七年。身壽四萬三千歲。不死。長服之。可與天地相守。黃帝曰。

此四物形狀何似。可得聞乎。太上洞玄靈寳五符序卷中

黄帝曰其一百二十七

黄帝曰。

南斗史佐八大鬼神。名曰皇天使者。各有為直日。來下人間。遍遊于世。營護學道之人。其有清身重法。懇切尊事之者。必能形見。為人勝友。行住坐卧。與人相隨。吉凶之事。必先誡告。萬象潛萌。莫不預曉。能遏未然之禍。堪致無形之福。萬金非重。此法可祕。苟能慈順忠素。不拘名宦。淡然養性。如若不知。止自為己。專於道者。猶須盟歃。方可傳通。脱以此道。輕示庸豎。衒販功能。漏泄神意。凡於授受。各無利益。慎之。勿以傲慢。輕泄反殃。

黄帝曰其一百二十八

黄帝曰。

術者所務。在於潔志一心。專求繫念。靜照觀行。晝夜無怠。拘攝身心。絶於亂想。亂想則心識不澄。心識不澄則境界不明。境界不明則不能鑽微洞幽。妙鑒無象。豈有逸志懈墮而能感物者哉。其能不貪軀命而以專求為務者。若決摩霄之水以注千尋之壑。其易也如此。直有好善之名而無懇志之實者。若引幽澗之泉。倒越中天之嶺。其難也如彼。然世俗䴡事泄慢不勤。猶無功效。況至道冥沖而不

銳志。可以輕致者乎。勉之。務在勤心耳。以上洞神八帝元變經·提綱紀目第一

黃帝曰其一百二十九

黃帝曰。

欲召八史通靈役使鬼神者。必以庚寅日人定時。在齋室之中。以桐板方三寸。背破向建朱塗板上。閉氣以墨書之。令八符當時即成。寢著神室之中。至庚子日置着壇側。當位八方之上。亦當日以朱砂畫八卦符。吞之。見神之後乃止。

黃帝曰其一百三十

黃帝曰

此符乃是真人神仙之所奉行。若術人精心勇切。遵誡敬修。謹依經法。所制清淨。懸之。必能立見鬼神。隨念即至。久服。亦得白日昇天。豈獨通靈而已。以上洞神八帝元變經·服符見鬼第五

黃帝曰其一百三十一

黃帝曰。

人性能通鬼神。而神與人道理有殊。神能告人吉凶。而人塗與鬼神體別。然後聖鑒圖備。盡性窮微。

遂乃闡幽顯用。獎導群俗。敷演術藝。能役鬼神。憑茲利益。以致仙道。凡諸學者。若已證聖。心自明悟。不藉餘緣。其未聖以還。下及凡俗。設有聰明才智之賢。索隱研幽之士。此等適可閑於庶務。體識人倫。凡夫境界。自有限量。肉眼所鑒。何能逆覩要籍神傳。方預不測。是聖人垂文教。役鬼神。欲令學道者。逆覩未萌。坐知萬里。養生避害。以致茲益。可謂仁人之惠。其利博哉。但人鬼之道隱顯。非類而合。理會必難。且以父子君臣言之。若父子情乖。必有凶逆之徵。君臣猜貳。寧無吞殘之戮。況以有形世俗之人。驅策冥潛無形之鬼。斯趣。微哉。難哉。而馭之非易。故略敘持神要用。曉於將來。冀味道之賢。景行斯益。洞神八帝元變經·持神馭伏第十三

黄帝曰其一百三十二

黄帝曰。

聖人保命之最。莫上於身心利害。身心豈過於善惡。善惡所起本心。心法不住攀緣。是用所緣者。名曰。境界。能緣者。名之曰。心。故萬品所起。莫過於心。萌於心者。名曰。行業。行業所標。名曰。善惡。故縱欲為惡。息貪為善。善者能為濟俗出塵之益。惡者必作敗德染穢之資。洞神八帝元變經·誡身保命第十四　雲笈七籤卷八十九

黄帝曰其一百三十三

黄帝曰。

三皇者。則三洞之尊神。大有之祖氣也。（無上祕要卷六・帝王品）

黄帝曰其一百三十四

黄帝曰。

地皇文者。乃生萬物。無所不育。家有此文。富貴之首。求仙行約。此是其母。千變萬化。皆地所受。包含穢匿。能為土主。

黄帝曰其一百三十五

黄帝曰。

人皇文者。皆知死生之錄。識百鬼之名。記萬神姓名。三皇。天文大字。（以上無上祕要卷二十五・三皇要用品）

黄帝曰其一百三十六

黄帝曰。

大洞玉清之文。皆皇上高真所修。不傳地上之士。洞玄上清之經。時當下教。以授至學之士。洞神三皇之書。傳訓下世。鎮化佐國。扶濟兆民。（無上祕要卷三十三・衆聖傳經品）

黄帝曰其一百三十七

黄帝曰。

兆得三皇天書。皆有宿名玄錄。既受神文。必行其法。當先匡濟帝王。解除禍患。使國寧民安。然後乃得隱靖修學。（無上祕要卷四十二・修學品）

黄帝曰其一百三十八

洞神五戒。黄帝曰。

人不持戒。吏兵不附其身。所得無驗。徒勞用心。若不信至道。承事師。若欲使吏兵。防身護命。卻死來生。禳疾延壽。為人消災。救治厄患。存思求微。剋期取驗者。受五戒。第一戒者。目不貪五色。誓正教。學長生。第二戒者。耳不貪五音。願聞善。從無惑。第三戒者。鼻不貪五氣。用法香。遣臭穢。第四戒者。口不貪五味。習胎息。絕惡言。第五戒者。身不貪五綵。履勤勞。以順道。是為五戒。五老帝君各遣一十五神。防護受持者身。

黄帝曰其一百三十九

洞神八戒。黄帝曰。

余嘗閑居。太上垂降。見問經戒。大小始終。余雖受持。多所不了。未測次序。具啟太上。（以上無上祕要卷四十六・洞神戒品）

黄帝曰其一百四十

黄帝曰。

天老以小兆未知天氣。無上祕要卷六十六・沐浴品　太上無極大道自然真一五稱符上經卷下　雲笈七籤卷四十一

黄帝曰其一百四十一

黄帝曰。

一日之忌。夜莫飽食。一月之忌。暮莫大醉。一歲之忌。暮莫遠行。終身之忌。暮莫燃燭。行房。勿得起恨於常。以息怨仇。一切溫食及酒漿。臨上。看不見物影者。勿食。成卒病。若已食腹脹者。急以藥下之。諸熱食鹹物竟。不得飲食冷水。酢漿水。令失聲也。至言總卷三

異文終身之忌。臥莫燃燭。行房。勿得起恨於人。當以自怨仇也。

臨上。看不見物形者。勿食。

諸熱食鹹物竟。不得飲冷水。醉漿水等。令人善失聲也。以上雲笈七籤卷三十五

黄帝曰其一百四十二

黄帝曰。

以雞鳴時。想北斗七星。而天神下不死藥。益壽不老。雲笈七籤卷二十四

黃帝曰其一百四十三

帝服齋於中宮。於洛水上。坐玄扈石室。與容光等觀。忽有大鳥銜圖置於帝前。帝再拜受之。是鳥狀如鶴。而雞頭鸞喙。龜頸龍形。駢翼魚尾。體備五色。三文成字。首文曰。慎德。背文曰。信義。膺文曰。仁智。天老曰。是鳥麟前鹿後蛇頸。背有龍文。足履正。尾繫武。有九苞。一曰包命。二心合度。三耳聰達。四舌屈伸。五采色備。六冠鉅銳鉤。七金目鮮明。八音激揚。九腹大。一名。鶠。其雄曰。鳳。其雌曰。凰。高五六尺。朝鳴曰。登晨。晝鳴曰。上祥。夕鳴曰。歸昌。昏鳴曰。固常。夜鳴曰。保長。皆應律呂。見則天下安寧。黃帝曰。是鳥遇亂則去。居九夷矣。雲笈七籤卷一百

黃帝曰其一百四十四

王母授帝七昧之術。帝曰。何謂七昧。宋・陳葆光・三洞群仙錄卷之十三

黃帝曰其一百四十五

黃帝曰。人之服食。必先五味。五肉。五菜。五果。皆須調候得所。量體而進。熟則益人。生則傷臟。此食時

之義也。宋・袁淑真・黄帝陰符經集解卷中

黄帝曰其一百四十六

黄帝曰。

一者階於道。幾於神。用之在機。顯之在世。成之在君。宋・蕭真宰・黄帝陰符經解義

黄帝曰其一百四十七

黄帝曰。

一人之五藏。各有神府。各修道治。煉氣存神。去邪歸吾。正道可見也。上清黄庭五藏六府真人玉軸經

黄帝曰其一百四十八

黄帝曰。

觀天之道。執天之行。盡矣。金籙齋投簡儀

黄帝曰其一百四十九

黄帝曰。

壯火食氣。少火生氣。氣得溫而養也。（上清靈寶大法卷六　靈寶無量度人上經大法卷六十九）

黃帝曰其一百五十

黃帝曰。

效七政運虛之道。奪陽鍊陰也。（金・王吉昌・會真集卷一・坎離氣變還元）

黃帝曰其一百五十一

黃帝曰。

知之修鍊。謂之聖人。

黃帝曰其一百五十二

黃帝曰。

五藏之氣會於胃。而氣所由生也。（以上元・陳致虛・上陽子金丹大要卷三）

黃帝曰其一百五十三

黃帝曰。

一陰一陽之謂道。偏陰偏陽之謂疾。

黄帝曰其一百五十四

又曰。

兩者不和。若春無秋。若冬無夏。因而和之。是謂聖度。聖人不絕和合之道。但貴於閉密。以守天真也。以上元・李鵬飛・三元延壽參贊書卷一

黄帝曰其一百五十五

黄帝曰。

外不勞形於事。內無思想之患。以恬愉為務。以自得為功。形體不敝。精神不散。可壽百數也。元・李鵬飛・三元延壽參贊書卷二

黄帝曰其一百五十六

黄帝曰。

在天為玄。在人為道。元・劉惟永・道德真經集義卷一

黄帝曰其一百五十七

黄帝曰。

動以營身謂之魂。

黄帝曰其一百五十八

黄帝曰。

所謂生氣之原。謂十二經之根本。以上元·劉惟永·道德真經集義卷十五

黄帝曰其一百五十九

黄帝曰。

太古百皇。闢基文籀。遽理微萌。

黄帝曰其一百六十

黄帝曰。

聖人索頗作天。索易以地。俯仰而象。遠近而物。浩而功。然而立。

黄帝曰其一百六十一

黄帝曰。

天地宜盡門。地道距水澈。

黄帝曰其一百六十二

黄帝曰。

觀上古聖。驅駟玄化。劈楷萬業。徒得為懋訓。以上永樂大典卷一四七〇八引易乾坤鑿度

黄帝曰其一百六十三

黄帝燕居之暇。登啟明之臺。六聖侍焉。天老。力牧。大鴻。太山稽。隰朋。張若。語以無為之道。長生修真之要。黄帝曰。

若謁紫府君於青丘。甯先生於青城。太和君於炎洲。天真皇人於峨嵋。問五牙三一之旨。飛升長生之妙。力而行之。未能盡解。且人之受生。形骸血肉。塊然之有也。道之為用。虛無沖澹。泊然之無也。以有質之礙。證無形之道。其可得乎。七域修真證品圖

黃帝曰其一百六十四

黃帝曰。

一氣既分。陰陽得位。五行配定。六甲生焉。

黃帝曰其一百六十五

黃帝曰。

六甲六丁。神女名字。先以淨水滌淨穢氣。然後乃得啟卷。禱祝看之。若有觸犯。即殃及九祖。長後三官。亦且殘首毀形。不得妄有。漏泄於非道人。從吾所戒。萬願從心矣。此事傳者如常。如事嚴師。慎口勿傳。一不枉殺生命。常行陰德。慈心救物。常慎行此。口勿雜言。但祭而使之。預知未來之意。察萬萬里之驗。委曲之旨。舉止一一並知。若有事占而問之。立知之矣。以上靈寶六丁秘法

黃帝曰其一百六十六

昔蚩尤作亂。黃帝與蚩尤頻戰不尅。帝曰。

吾聞伏羲在位無兵治。天下廓清。乾坤康泰。天下安寧。今蚩尤一庶人也。伐而無徵。攻之不克。吾之過也。告敬未息目前。靈寶六丁秘法·祭醮六丁符法

黃帝曰其一百六十七

黃帝曰。

六丁神各有名字不同。若欲使之。各呼名字。皆神驗也。（靈寶六丁秘法·六丁隱遁法局）

異文 六丁玉女。常自隨各有知。若欲使之。各呼其名。自可神驗。（黃帝太一八門入式卷下）

黃帝曰其一百六十八

黃帝曰。

六丁玉女神。能長能短。能有能無。虔心占而問之。萬事從心。亦占千里身。萬里消息。若要物。任意所為。並皆立至矣。此法遇者。令人宅清吉。五毒災難不近。求仙得仙。求官得官。子孫興旺。不衰微細。並皆得之。若要使時雨下人間。當直欲要知凶吉。占而問之。必有神驗矣。丁丑玉女神。事如君王法。慎勿口傳。勿惡語罵詈辱之。但祭而虔之。先知未來之事。意察萬里之驗。委曲書信之意旨也。或有急難口舌之事。皆召而問之。可知之矣。夫學道者。不遇此法。無以得成矣。古者。各將達士不廢者。皆得此文祭而祀之。並得仙也。此法貴重。萬金不傳。父子不相視。真秘文之妙訣耳。（靈寶六丁秘法·後序）

黃帝曰其一百六十九

黃帝曰。

自甲子時至癸酉時。十時中有風逆起。不能行軍。大不祥也。須是看西面風起。被頭赤足。皂衣仗劍。正立念咒七遍。其風自轉。咒曰。逆風賊風。大吉多凶。神氣相和。上下相通。避我避我。回我返英。急急如律令。太上六壬明鑑符陰經卷三

黄帝曰其一百七十

黄帝曰。

奉事六丁人。欲得長生者。皆當六丁之日。不得淫慾殺生。更能存守中正。精氣內外。即不過六會。六丁獻汝還丹。常因事而成道身。為地仙乃得長生。如欲要安邦安國。行師闖外。百戰百克。奉事六丁人。若至六會神出現。其分明見其形像。勿起私心。即當虔誠恭敬。不得妄想。邪心犯之者。立殺其身。六丁能乎進退。以致守城戰敵。出奇八陣之法。兼能攻敵國之密。事及知敵人之心。舉措之謀。無所不通。凡有行持。建業立功。以至起工。婚嫁賭賽。祈雨求風。伐賊破廟。去毒殺怪。屠龍驅虎。無所不驗。治病除害。此法其中。自有條格。奉事人不願長生。欲求富貴者。即六丁驅運財寶。理會造化。如奉杞人。欲知父母存亡。叩而立至。可知存亡。如要自知前程之事。與夫長短。叩之六丁。能報至實。凡有舉為。自有報應。遇大會甲子。第一會服符。第二會不必服。如第一會起首服符。但一句服六道。六會服三十六道。如第一會服六六三十六道符。第二會不必服。依式祭之。如一年不及六大會。二年祭足。亦得其小會。不缺也。秘藏通玄變化六陰洞微遁甲真經卷中

黄帝集卷二

黄帝內經素問卷一・上古天真論篇第一

昔在黄帝。生而神靈。弱而能言。幼而徇齊。長而敦敏。成而登天。迺問於天師曰。余聞上古之人。春秋皆度百歲。而動作不衰。今時之人。年半百而動作皆衰者。時世異邪。人將失之邪。

異文春秋皆百歲。而動作不衰。

年始半百動作皆衰者。時世異耶。將人之失耶。以上梁・陶弘景・養性延命錄卷上　雲笈七籤卷三十二

歧伯對曰。上古之人。其知道者。法於陰陽。和於術數。食飲有節。起居有常。不妄作勞。故能形與神俱。而盡終其天年。度百歲乃去。今時之人不然也。以酒為漿。以妄為常。醉以入房。以欲竭其精。以耗散其真。不知持滿。不時御神。務快其心。逆於生樂。起居無節。故半百而衰也。夫上古聖人之教下也。皆謂之虛邪賊風。避之有時。恬惔虛无。真氣從之。精神內守。病安從來。是以志閑而少欲。心安而不懼。形勞而不倦。氣從以順。各從其欲。皆得所願。故美其食。任其服。樂其俗。高下不相慕。其民故曰。朴。是以嗜欲不能勞其目。淫邪不能惑其心。愚智賢不肖不懼於物。故合於道。所以能年皆度百歲。而動作不衰者。以其德全不危也。

異文起居有度。不妄動作。故能形與神俱。盡終其天命。壽過百歲。以好散其真。不知持滿。

逆於陰陽。治生起居。無節無度。（以上梁・陶弘景・養性延命錄卷上　雲笈七籤卷三十二）

溺於生樂。起居無節。（宋・俞琰・易外別傳）

夫上古聖人之數也。下皆為之。虛邪賊風。避之有時。恬淡虛無。其心真氣從之。

是以其心閑安而不懼。形勞而不倦。氣順欲從。

高下相慕。故曰。其民朴。

賢愚不能懼於物。故合於道數。故能年度百歲而動作不衰者。以德全而不危也。（以上范倫然・至言總卷二）

帝曰。人年老而無子者。材力盡邪。將天數然也。

岐伯曰。女子七歲。腎氣盛。齒更髮長。二七而天癸至。任脈通。太衝脈盛。月事以時下。故有子。三七腎氣平均。故真牙生而長極。四七筋骨堅。髮長極。身體盛壯。五七陽明脈衰。面始焦。髮始墮。六七三陽脈衰於上。面皆焦。髮始白。七七任脈虛。太衝脈衰少。天癸竭。地道不通。故形壞而無子也。丈夫八歲。腎氣實。髮長齒更。二八腎氣盛。天癸至。精氣溢寫。陰陽和。故能有子。三八腎氣平均。筋骨勁強。故真牙生而長極。四八筋骨隆盛。肌肉滿壯。五八腎氣衰。髮墮齒槁。六八陽氣衰竭於上。面焦髮鬢頒白。七八肝氣衰。筋不能動。天癸竭。精少腎藏衰。形體皆極。八八則齒髮去。腎者主水。受五藏六府之精而藏之。故五藏盛乃能寫。今五藏皆衰。筋骨解墮。天癸盡矣。故髮鬢白。身體重。行步不正而無子耳。

帝曰。有其年已老而有子者。何也。

岐伯曰。此其天壽過度。氣脈常通而腎氣有餘也。此雖有子。男不過盡八八。女不過盡七七。而天地之精氣皆竭矣。

帝曰。夫道者年皆百數。能有子乎。

岐伯曰。夫道者能卻老而全形。身年雖壽。能生子也。

黄帝曰。余聞上古有真人者。提挈天地。把握陰陽。呼吸精氣。獨立守神。肌肉若一。故能壽敝天地。无有終時。此其道生。中古之時。有至人者。淳德全道。和於陰陽。調於四時。去世離俗。積精全神。游行天地之閒。視聽八達之外。此蓋益其壽命而強者也。亦歸於真人。其次有聖人者。處天地之和。從八風之理。適嗜欲於世俗之閒。無恚嗔之心。行不欲離於世。被服章。舉不欲觀於俗。外不勞形於事。內无思想之患。以恬愉為務。以自得為功。形體不敝。精神不散。亦可以百數。其次有賢人者。法則天地。象似日月。辯列星辰。逆從陰陽。分別四時。將從上古。合同於道。亦可使益壽而有極時。

異文　故能壽敝天地。無有終時。永樂大典卷二九四九

象以日月。辨星辰逆順。初學記卷十七・人部上・賢第二

黄帝內經素問卷一・四氣調神大論篇第二

春三月。此謂發陳。天地俱生。萬物以榮。夜臥早起。廣步於庭。被髮緩形。以使志生。生而勿殺。

予而勿奪。賞而勿罰。此春氣之應養生之道也。逆之則傷肝。夏為寒變。奉長者少。夏三月。此謂蕃秀。天地氣交。萬物華實。夜臥早起。無厭於日。使志無怒。使華英成秀。使氣得泄。若所愛在外。此夏氣之應養長之道也。逆之則傷心。秋為痎瘧。奉收者少。冬至重病。秋三月。此謂容平。天氣以急。地氣以明。早臥早起。與雞俱興。使志安寧。以緩秋刑。收斂神氣。使秋氣平。無外其志。使肺氣清。此秋氣之應養收之道也。逆之則傷肺。冬為飧泄。奉藏者少。冬三月。此謂閉藏。水冰地坼。無擾乎陽。早臥晚起。必待日光。使志若伏若匿。若有私意。若已有得。去寒就溫。無泄皮膚。使氣亟奪。此冬氣之應養藏之道也。逆之則傷腎。春為痿厥。奉生者少。天氣。清淨光明者也。藏德不止。故不下也。天明。則日月不明。邪害空竅。陽氣者閉塞。地氣者冒明。雲霧不精。則上應白露不下。交通不表。萬物命故不施。不施則名木多死。惡氣不發。風雨不節。白露不下。則菀槀不榮。賊風數至。暴雨數起。天地四時不相保。與道相失則未央絕滅。唯聖人從之。故身無奇病。萬物不失。生氣不竭。逆春氣。則少陽不生。肝氣內變。逆夏氣。則太陽不長。心氣內洞。逆秋氣。則太陰不收。肺氣焦滿。逆冬氣。則少陰不藏。腎氣獨沈。夫四時陰陽者。萬物之根本也。所以聖人春夏養陽。秋冬養陰。以從其根。故與萬物沈浮於生長之門。逆其根。則伐其本。壞其真矣。故陰陽四時者。萬物之終始也。死生之本也。逆之則災害生。從之則苛疾不起。是謂得道。道者。聖人行之。愚者佩之。從陰陽則生。逆之則死。從之則治。逆之則亂。反順為逆是謂內格。是故聖人不治已病。治未病。不治已亂。治未亂。此之謂也。夫病已成而後藥之。亂已成而後治之。譬猶渴而穿井。鬬而鑄錐。不亦晚乎。

異文夏三月。此謂蕭季。

使志毋怒。使英華成秀。

此夏氣之應也。養生之道也。

秋為痻瘧。冬至重疾。以上太平御覽卷二二·時序部七·夏中

使志若伏若匪。永樂大典卷二九五三

黃帝內經素問卷一·生氣通天論篇第三

黃帝曰。夫自古通天者。生之本。本於陰陽天地之閒。六合之內。其氣九州。九竅。五藏十二節皆通乎天氣。其生五。其氣三。數犯此者則邪氣傷人。此壽命之本也。蒼天之氣。清淨則志意治。順之則陽氣固。雖有賊邪。弗能害也。此因時之序。故聖人傳精。神服天氣。而通神明。失之。則內閉九竅。外壅肌肉。衛氣散解。此謂自傷氣之削也。陽氣者。若天與日。失其所則折壽而不彰。故天運當以日光明。是故。陽因而上。衛外者也。因於寒。欲如運樞。起居如驚。神氣乃浮。因於暑。汗煩則喘喝。靜則多言。體若燔炭。汗出而散。因於濕。首如裹。溼熱不攘。大筋緛短。小筋弛長。緛短為拘。弛長為痿。因於氣。為腫。四維相代。陽氣乃竭。陽氣者。煩勞則張。精絕。辟積於夏。使人煎厥。目盲不可以視。耳閉不可以聽。潰潰乎若壞都。汩汩乎不可止。陽氣者。大怒則形氣絕。而血菀於上。使人薄厥。有傷於筋縱。其若不容。汗出偏沮。使人偏枯。汗出見溼。乃生痤疿。高梁之變。

足生大丁。受如持虛。勞汗當風。寒薄為皶。鬱乃痤。陽氣者。精則養神。柔則養筋。開闔不得。寒氣從之。乃生大僂。陷脈為瘻。留連肉腠。俞氣化薄。傳為善畏及為驚駭。營氣不從。逆於肉理。乃生癰腫。魄汗未盡。形弱而氣爍。穴俞以閉。發為風瘧。故風者。百病之始也。清靜則肉腠閉拒。雖有大風苛毒。弗之能害。此因時之序也。故病久則傳化。上下不并。良醫弗為。故陽畜積病死。而陽氣當隔。隔者當寫。不亟正治。粗乃敗之。故陽氣者。一日而主外。平旦人氣生。日中而陽氣隆。日西而陽氣已虛。氣門乃閉。是故暮而收拒。無擾筋骨。無見霧露。反此三時。形乃困薄。

異文陷脉為瘻。留連肉腠。（宋·洪邁·容齋四筆卷八）

岐伯曰。陰者。藏精而起亟也。陽者。衛外而為固也。陰不勝其陽。則脈流薄疾。并乃狂。陽不勝其陰。則五藏氣爭。九竅不通。是以聖人陳陰陽。筋脈和同。骨髓堅固。氣血皆從。如是則內外調和。邪不能害。耳目聰明。氣立如故。風客淫氣。精乃亡。邪傷肝也。因而飽食。筋脈橫解。腸澼為痔。因而大飲。則氣逆。因而強力。腎氣乃傷。高骨乃壞。凡陰陽之要。陽密乃固。兩者不和。若春無秋。若冬無夏。因而和之。是謂聖度。故陽強不能密。陰氣乃絕。陰平陽祕。精神乃治。陰陽離決。精氣乃絕。因於露風。乃生寒熱。是以春傷於風。邪氣留連。乃為洞泄。夏傷於暑。秋為痎瘧。秋傷於溼。上逆而欬。發為痿厥。冬傷於寒。春必溫病。四時之氣。更傷五藏。陰之所生。本在五味。陰之五宮。傷在五味。是故。味過於酸。肝氣以津。脾氣乃絕。味過於鹹。大骨氣勞。短肌。心氣抑。味過於甘。心氣喘滿。色黑。腎氣不衡。味過於苦。脾氣不濡。胃氣乃厚。味過於辛。筋脈沮弛。精神乃央。是故。謹和五味。骨正筋柔。氣血以流。湊理以密。如是則骨氣以精。謹道如法。長有天命。

異文凡陰陽之道。陽密乃固。宋・謝采伯・密齋筆記卷五　宋・周密・癸辛雜識後集・祕固

黃帝內經素問卷一・金匱真言論篇第四

黃帝問曰。天有八風。經有五風。何謂。

歧伯對曰。八風發邪。以為經風。觸五藏。邪氣發病。所謂得四時之勝者。春勝長夏。長夏勝冬。冬勝夏。夏勝秋。秋勝春。所謂四時之勝也。東風生於春。病在肝。俞在頸項。南風生於夏。病在心。俞在胸脅。西風生於秋。病在肺。俞在肩背。北風生於冬。病在腎。俞在腰股。中央為土。病在脾。俞在脊。故春氣者。病在頭。夏氣者。病在藏。秋氣者。病在肩背。冬氣者。病在四支。故春善病鼽衄。仲夏善病胸脅。長夏善病洞泄寒中。秋善病風瘧。冬善病痹厥。故冬不按蹻。春不鼽衄。春不病頸項。仲夏不病胸脅。長夏不病洞泄寒中。秋不病風瘧。冬不病痹厥。飧泄而汗出也。夫精者。身之本也。故藏於精者。春不病溫。夏暑。汗不出者。秋成風瘧。此平人脈法也。故曰。陰中有陰。陽中有陽。平旦至日中。天之陽。陽中之陽也。日中至黃昏。天之陽。陽中之陰也。合夜至雞鳴。天之陰。陰中之陰也。雞鳴至平旦。天之陰。陰中之陽也。故人亦應之。夫言人之陰陽。則外為陽。內為陰。言人身之陰陽。則背為陽。腹為陰。言人身之藏府中陰陽。則藏者為陰。府者為陽。肝。心。脾。肺。腎五藏皆為陰。膽。胃。大腸。小腸。膀胱。三焦六府皆為陽。所以欲知陰中之陰。陽中之

陽者。何也。為冬病在陰。夏病在陽。春病在陰。秋病在陽。皆視其所在為施鍼石也。故背為陽。陽中之陽。心也。背為陽。陽中之陰。肺也。腹為陰。陰中之陰。腎也。腹為陰。陰中之陽。肝也。腹為陰。陰中之至陰。脾也。此皆陰陽表裏。內外雌雄。相輸應也。故以應天之陰陽也。

帝曰。五藏應四時。各有收受乎。

岐伯曰。有。東方青色。入通於肝。開竅於目。藏精於肝。其病發驚駭。其味酸。其類草木。其畜雞。其穀麥。其應四時。上為歲星。是以春氣在頭也。其音角。其數八。是以知病之在筋也。其臭臊。

南方赤色。入通於心。開竅於耳。藏精於心。故病在五藏。其味苦。其類火。其畜羊。其穀黍。其應四時。上為熒惑星。是以知病之在脈也。其音徵。其數七。其臭焦。

中央黃色。入通於脾。開竅於口。藏精於脾。故病在舌本。其味甘。其類土。其畜牛。其穀稷。其應四時。上為鎮星。是以知病之在肉也。其音宮。其數五。其臭香。

西方白色。入通於肺。開竅於鼻。藏精於肺。故病在背。其味辛。其類金。其畜馬。其穀稻。其應四時。上為太白星。是以知病之在皮毛也。其音商。其數九。其臭腥。

北方黑色。入通於腎。開竅於二陰。藏精於腎。故病在谿。其味鹹。其類水。其畜彘。其穀豆。其應四時。上為辰星。是以知病之在骨也。其音羽。其數六。其臭腐。故善為脈者。謹察五藏六府。一逆一從。陰陽表裏。雌雄之紀。藏之心意。合心於精。非其人勿教。非其真勿授。是謂得道。以上正文據宋人補注黃帝內

經素問見叢書集成影印本

黃帝集卷三

黃帝內經素問卷二・陰陽應象大論篇第五

黃帝曰。陰陽者。天地之道也。萬物之綱紀。變化之父母。生殺之本始。神明之府也。治病必求於本。故積陽為天。積陰為地。陰靜陽躁。陽生陰長。陽殺陰藏。陽化氣。陰成形。寒極生熱。熱極生寒。寒氣生濁。熱氣生清。清氣在下。則生飧泄。濁氣在上。則生䐜脹。此陰陽反作。病之逆從也。故清陽為天。濁陰為地。地氣上為雲。天氣下為雨。雨出地氣。雲出天氣。故清陽出上竅。濁陰出下竅。清陽發腠理。濁陰走五藏。清陽實四支。濁陰歸六府。水為陰。火為陽。陽為氣。陰為味。味歸形。形歸氣。氣歸精。精歸化。精食氣。形食味。化生精。氣生形。味傷形。氣傷精。精化為氣。氣傷於味。陰味出下竅。陽氣出上竅。味厚者為陰。薄為陰之陽。氣厚者為陽。薄為陽之陰。味厚則泄。薄則通。氣薄則發泄。厚則發熱。壯火之氣衰。少火之氣壯。壯火食氣。氣食少火。壯火散氣。少火生氣。氣味辛甘。發散為陽。酸苦涌泄為陰。陰勝則陽病。陽勝則陰病。陽勝則熱。陰勝則寒。重寒則熱。重熱則寒。寒傷形。熱傷氣。氣傷痛。形傷腫。故先痛而後腫者。氣傷形也。先腫而後痛者。形傷氣也。風勝則動。熱勝則腫。燥勝則乾。寒勝則浮。溼勝則濡寫。天有四時五行。以生長收藏。以生寒暑燥溼風。人有五藏。化五氣。以生喜怒悲憂恐。故喜怒傷氣。寒暑傷形。暴怒傷陰。暴喜傷陽。厥氣上行。滿脈去形。喜怒不節。寒暑過度。生乃不固。故重陰必陽。重陽必陰。故曰。冬傷於寒。春必溫病。春傷於風。夏生飧泄。夏傷於暑。秋必痎瘧。秋傷於溼。冬生欬嗽。然乎。

異文地氣上為寒。（太平御覽卷三四・時序部一九・寒）

帝曰。余聞上古聖人。論理人形。列別藏府。端絡經脈。會通六合。各從其經。氣穴所發。各有處名。谿谷屬骨。皆有所起。分部逆從。各有條理。四時陰陽。盡有經紀。外內之應。皆有表裏。其信然乎。

異文別藏府。正絡脈。經合遇六合。各從其經。氣穴所發。各有處所。各有分部逆順。（范倫然・至言總卷二）

歧伯對曰。東方生風。風生木。木生酸。酸生肝。肝生筋。筋生心。肝主目。其在天為玄。在人為道。在地為化。化生五味。道生智。玄生神。神在天為風。在地為木。在體為筋。在藏為肝。在色為蒼。在音為角。在聲為呼。在變動為握。在竅為目。在味為酸。在志為怒。怒傷肝。悲勝怒。風傷筋。燥勝風。酸傷筋。辛勝酸。南方生熱。熱生火。火生苦。苦生心。心生血。血生脾。心主舌。其在天為熱。在地為火。在體為脈。在藏為心。在色為赤。在音為徵。在聲為笑。在變動為憂。在竅為舌。在味為苦。在志為喜。喜傷心。恐勝喜。熱傷氣。寒勝熱。苦傷氣。鹹勝苦。中央生溼。溼生土。土生甘。甘生脾。脾生肉。肉生肺。脾主口。其在天為溼。在地為土。在體為肉。在藏為脾。在色為黃。在音為宮。在聲為歌。在變動為噦。在竅為口。在味為甘。在志為思。思傷脾。怒勝思。溼傷肉。風勝溼。甘傷肉。酸勝甘。西方生燥。燥生金。金生辛。辛生肺。肺生皮毛。皮毛生腎。肺主鼻。其在天為燥。在地為金。在體為皮毛。在藏為肺。在色為白。在音為商。在聲為哭。在變動為欬。在竅為鼻。在味為辛。在志為憂。憂傷肺。喜勝憂。熱傷皮毛。寒勝熱。辛傷皮毛。苦勝辛。北方生寒。寒生水。水生鹹。鹹生腎。腎生骨髓。髓生肝。腎主耳。其在天為寒。在地為水。在體為骨。在藏為腎。在色為黑。在音為羽。在聲為呻。在變動為慄。在竅為耳。在味為鹹。在志為恐。恐傷腎。思勝恐。寒傷血。燥勝寒。鹹傷血。甘勝鹹。故曰。天地者。萬物之上下也。陰陽者。血氣之男女也。左右者。陰陽之道路也。水火者。陰陽之徵兆也。陰陽者。萬物之能始也。故曰。陰在內。陽之守也。陽在外。陰之使也。

帝曰。法陰陽柰何。

岐伯曰。陽勝則身熱。腠理閉。喘麤為之俛仰。汗不出而熱。齒乾。以煩寃腹滿死。能冬不能夏。陰勝則身寒。汗出身常清。數慄而寒。寒則厥。厥則腹滿死。能夏不能冬。此陰陽更勝之變。病之形能也。

帝曰。調此二者柰何。

岐伯曰。能知七損八益。則二者可調。不知用此。則早衰之節也。年四十。而陰氣自半也。起居衰矣。年五十。體重。耳目不聰明矣。年六十。陰痿。氣大衰。九竅不利。下虛上實。涕泣俱出矣。故曰。知之則強。不知則老。故同出而名異耳。智者察同。愚者察異。愚者不足。智者有餘。有餘則耳目聰明。身體輕強。老者復壯。壯者益治。是以聖人為無為之事。樂恬憺之能。從欲快志於虛无之守。故壽命无窮。與天地終。此聖人之治身也。天不足西北。故西北方陰也。而人右耳目不如左明也。地不滿東南。故東南方陽也。而人左手足不如右強也。

異文人年四十而養。陰氣自半也。

同出而異者。智者察其同。愚者察其愚。愚者不足。智者有餘。則耳目聰明。身體輕強。年老復壯。壯者益理。是以聖人為無為。事無事。樂恬淡。無縱欲快志。得虛無之守。故壽命無窮。與天地終。此聖人之理身也。以上雲笈七籤卷三十五

帝曰。何以然。

歧伯曰。東方。陽也。陽者。其精并於上。并於上則上明而下虛。故使耳目聰明而手足不便也。西方。陰也。陰者。其精并於下。并於下則下盛而上虛。故其耳目不聰明而手足便也。故俱感於邪。其在上則右甚。在下則左甚。此天地陰陽所不能全也。故邪居之。故天有精。地有形。天有八紀。地有五里。故能為萬物之父母。清陽上天。濁陰歸地。是故天地之動靜。神明為之綱紀。故能以生長收藏。終而復始。惟賢人上配天以養頭。下象地以養足。中傍人事以養五藏。天氣通於肺。地氣通於嗌。風氣通於肝。雷氣通於心。谷氣通於脾。雨氣通於腎。六經為川。腸胃為海。九竅為水注之氣。以天地為之陰陽。陽之汗。以天地之雨名之。陽之氣。以天地之疾風名之。暴氣象雷。逆氣象陽。故治不法天之紀。不用地之理。則災害至矣。故邪風之至。疾如風雨。故善治者。治皮毛。其次治肌膚。其次治筋脈。其次治六府。其次治五藏。治五藏者。半死半生也。故天之邪氣。感則害人五藏。水穀之寒熱。感則害於六府。地之溼氣。感則害皮肉筋脈。故善用鍼者。從陰引陽。從陽引陰。以右

治左。以左治右。以我知彼。以表知裏。以觀過與不及之理。見微得過。用之不殆。善診者。察色按脈。先別陰陽。審清濁而知部分。視喘息聽音聲而知所苦。觀權衡規矩而知病所主。按尺寸觀浮沈滑濇。而知病所生以治。無過以診。則不失矣。故曰。病之始起也。可刺而已。其盛。可待衰而已。故因其輕而揚之。因其重而減之。因其衰而彰之。形不足者。溫之以氣。精不足者。補之以味。其高者。因而越之。其下者。引而竭之。中滿者。寫之於內。其有邪者。漬形以為汗。其在皮者。汗而發之。其慓悍者。按而收之。其實者。散而寫之。審其陰陽。以別柔剛。陽病治陰。陰病治陽。定其血氣。各守其鄉。血實宜決之。氣虛宜掣引之。

異文形不足者。補之以氣。本草綱目卷三十五・木部・厚朴

黃帝內經素問卷二・陰陽離合論篇第六

黃帝問曰。余聞天為陽。地為陰。日為陽。月為陰。大小月三百六十日成一歲。人亦應之。今三陰三陽不應陰陽。其故何也。

歧伯對曰。陰陽者。數之可十。推之可百。數之可千。推之可萬。萬之大。不可勝數。然其要一也。天覆地載。萬物方生。未出地者。命曰。陰處。名曰。陰中之陰。則出地者。命曰。陰中之陽。陽予之正。陰為之主。故生因春。長因夏。收因秋。藏因冬。失常則天地四塞。陰陽之變。其在人者。亦數之可數。

帝曰。願聞三陰三陽之離合也。

歧伯曰。聖人南面而立。前曰。廣明。後曰。太衝。太衝之地。名曰。少陰。少陰之上。名曰。太陽。太陽根起於至陰。結於命門。名曰。陰中之陽。中身而上。名曰。廣明。廣明之下。名曰。太陰。太陰之前。名曰。陽明。陽明根起於厲兌。名曰。陰中之陽。厥陰之表。名曰。少陽。少陽根起於竅陰。名曰。陰中之少陽。是故三陽之離合也。太陽為開。陽明為闔。少陽為樞。三經者不得相失也。搏而勿浮。命曰。一陽。

帝曰。願聞三陰。

歧伯曰。外者為陽。內者為陰。然則中為陰。其衝在下。名曰。太陰。太陰根起於隱白。名曰。陰中之陰。太陰之後。名曰。少陰。少陰根起於涌泉。名曰。陰中之少陰。少陰之前。名曰。厥陰。厥陰根起於大敦。陰之絕陽。名曰。陰之絕陰。是故三陰之離合也。太陰為開。厥陰為闔。少陰為樞。三經者不得相失也。搏而勿沈。名曰。一陰。陰陽曈曈積傳為一周。氣裏形表而為相成也。

黃帝內經素問卷二·陰陽別論篇第七

黃帝問曰。人有四經十二從。何謂。

歧伯對曰。四經應四時。十二從應十二月。十二月應十二脈。脈有陰陽。知陽者知陰。知陰者知陽。凡陽有五。五五二十五陽。所謂陰者。真藏也。見則為敗。敗必死也。所謂陽者。胃脘之陽也。別於陽者。知病處也。別於陰者。知死生之期。三陽在頭。三陰在手。所謂一也。別於陽者。知病忌時。別於陰者。知死生之期。謹熟陰陽。無與眾謀。所謂陰陽者。去者為陰。至者為陽。靜者為陰。動者為陽。遲者為陰。數者為陽。凡持真脈之藏脈者。肝至懸絕急。十八日死。心至懸絕。九日死。肺至懸絕。十二日死。腎至懸絕。七日死。脾至懸絕。四日死。曰二陽之病發心脾。有不得隱曲。女子不月。其傳為風消。其傳為息賁者。死不治。曰三陽為病。發寒熱。下為癰腫及為痿厥腨痛。其傳為索澤。其傳為頹疝。曰一陽發病。少氣。善欬。善泄。其傳為心掣。其傳為隔。二陽一陰發病。主驚駭。背痛。善噫。善欠。名曰。風厥。二陰一陽發病。善脹。心滿。善氣。三陽三陰發病。為偏枯痿易。四支不舉。鼓一陽曰。鉤。鼓一陰曰。毛。鼓陽勝急曰。絃。鼓陽至而絕曰。石。陰陽相過曰。溜。陰爭於內。陽擾於外。魄汗未藏。四逆而起。起則熏肺。使人喘鳴。陰之所生。和本曰。和。是故剛與剛。陽氣破散。陰氣乃消亡。淖則剛柔不和。經氣乃絕。死陰之屬。不過三日而死。生陽之屬。不過四日而死。所謂生陽死陰者。肝之心。謂之生陽。心之肺。謂之死陰。肺之腎。謂之重陰。腎之脾。謂之辟陰。死不治。結陽者。腫四支。結陰者。便血一升。再結二升。三結三升。陰陽結斜。多陰少陽曰。石水。少腹腫。二陽結。謂之消。三陽結。謂之隔。三陰結。謂之水。一陰一陽結。謂之喉痹。陰搏陽別。謂之有子。陰陽虛。腸辟死。陽加於陰。謂之汗。陰虛陽搏。謂之崩。三陰俱搏。二十日夜半死。二陰俱搏。十三日夕時死。一陰俱搏。十日死。三陽俱搏且鼓。三日死。三陰三陽俱搏。心腹滿。發盡。不得隱曲。五日死。二陽俱搏。其病溫。死不治。不過十日死。以上正文據宋人補注黃帝內經素問見叢書集成影印本

黃帝集卷四

黃帝內經素問卷三·靈蘭祕典論篇第八

黃帝問曰。願聞十二藏之相使貴賤何如。

岐伯對曰。悉乎哉問也。請遂言之。心者。君主之官也。神明出焉。肺者。相傳之官。治節出焉。肝者。將軍之官。謀慮出焉。膽者。中正之官。決斷出焉。膻中者。臣使之官。喜樂出焉。脾胃者。倉廩之官。五味出焉。大腸者。傳道之官。變化出焉。小腸者。受盛之官。化物出焉。腎者。作強之官。伎巧出焉。三焦者。決瀆之官。水道出焉。膀胱者。州都之官。津液藏焉。氣化則能出矣。凡此十二官者。不得相失也。故主明則下安。以此養生則壽。歿世不殆。以為天下則大昌。主不明。則十二官危。使道閉塞而不通。形乃大傷。以此養生則殃。以為天下者。其宗大危。戒之。戒之。至道在微。變化無窮。孰知其原。窘乎哉。消者瞿瞿。孰知其要。閔閔之當。孰者為良。恍惚之數。生於毫氂。毫氂之數。起於度量。千之萬之。可以益大。推之大之。其形乃制。黃帝曰。善哉。余聞精光之道。大聖之業。而宣明大道。非齋戒。擇吉日。不敢受也。黃帝乃擇吉日良兆。而藏靈蘭之室。以傳保焉。

黃帝內經素問卷三·六節藏象論篇第九

黃帝問曰。余聞天以六六之節以成一歲。人以九九制會。計人亦有三百六十五節。以為天地久矣。不知其所謂也。

岐伯對曰。昭乎哉問也。請遂言之。夫六六之節。九九制會者。所以正天之度。氣之數也。天度者。所以制日月之行也。氣數者。所以紀化生之用也。天為陽。地為陰。日為陽。月為陰。行有分紀。周有道理。日行一度。月行十三度而有奇焉。故大小月三百六十五日而成歲。積氣餘而盈閏矣。立端於始。表正於中。推餘於終。而天度畢矣。

帝曰。余已聞天度矣。願聞氣數何以合之。

岐伯曰。天以六六為節。地以九九制會。天有十日。日六竟而周甲。甲六復而終歲。三百六十日法也。夫自古通天者。生之本。本於陰陽。其氣九州九竅皆通乎天氣。故其生五。其氣三。三而成天。三而成地。三而成人。三而三之。合則為九。九分為九野。九野為九藏。故形藏四。神藏五。合為九藏。以應之也。

帝曰。余已聞六六九九之會也。夫子言積氣盈閏。願聞何謂氣。請夫子發蒙解惑焉。

岐伯曰。此上帝所祕。先師傳之也。

帝曰。請遂聞之。

岐伯曰。五日謂之候。三候謂之氣。六氣謂之時。四時謂之歲。而各從其主治焉。五運相襲。而皆治之。終期之日。周而復始。時立氣布。如環無端。候亦同法。故曰。不知年之所加。氣之盛衰。虛實之所起。不可以為工矣。

帝曰。五運之始。如環無端。其太過不及。何如。
岐伯曰。五氣更立。各有所勝。盛虛之變。此其常也。
帝曰。平氣何如。
岐伯曰。無過者也。
帝曰。太過不及。柰何。
岐伯曰。在經有也。
帝曰。何謂所勝。
岐伯曰。春勝長夏。長夏勝冬。冬勝夏。夏勝秋。秋勝春。所謂得五行時之勝。各以氣命其藏。
帝曰。何以知其勝。
岐伯曰。求其至也。皆歸始春。未至而至。此謂太過。則薄所不勝。而乘所勝也。命曰。氣淫。不分。邪僻內生。工不能禁。至而不至。此謂不及。則所勝妄行。而所生受病。所不勝。薄之也。命曰。氣迫。所謂求其至者。氣至之時也。謹候其時。氣可與期。失時反候。五治不分。邪僻內生。工不能禁也。
帝曰。有不襲乎。
岐伯曰。蒼天之氣不得無常也。氣之不襲。是謂非常。非常則變矣。
帝曰。非常而變。柰何。
岐伯曰。變至則病。所勝則微。所不勝則甚。因而重感於邪則死矣。故非其時則微。當其時則甚也。

帝曰。善。余聞氣合而有形。因變以正名。天地之運。陰陽之化。其於萬物。孰少孰多。可得聞乎。

岐伯曰。悉哉問也。天至廣不可度。地至大不可量。大神靈問。請陳其方。草生五色。五色之變。不可勝視。草生五味。五味之美。不可勝極。嗜欲不同。各有所通。天食人以五氣。地食人以五味。五氣入鼻。藏於心肺。上使五色脩明。音聲能彰。五味入口。藏於腸胃。味有所藏。以養五氣。氣和而生。津液相成。神乃自生。

帝曰。藏象何如。

岐伯曰。心者生之本。神之變也。其華在面。其充在血脈。為陽中之太陽。通於夏氣。肺者。氣之本魄之處也。其華在毛。其充在皮。為陽中之太陰。通於秋氣。腎者。主蟄封藏之本。精之處也。其華在髮。其充在骨。為陰中之少陰。通於冬氣。肝者。罷極之本。魂之居也。其華在爪。其充在筋。以生血氣。其味酸。其色蒼。此為陽中之少陽。通於春氣。脾胃。大腸。小腸。三焦。膀胱者。倉廩之本。營之居也。名曰。器。能化糟粕。轉味而入出者也。其華在脣四白。其充在肌。其味甘。其色黃。此至陰之類。通於土氣。凡十一藏。取決於膽也。故人迎一盛。病在少陽。二盛病在太陽。三盛病在陽明。四盛已上為格陽。寸口一盛。病在厥陰。二盛病在少陰。三盛病在太陰。四盛已上為關陰。人迎與寸口俱盛。四倍已上為關格。關格之脈羸。不能極於天地之精氣則死矣。

異文肺者。氣之本。魄之所處。陽中之少陰。

腎者。主蟄封藏之本。精之所處。陰中之太陰。

肝者。魂之所居。陰中之小陽。

脾者。倉廩之本。名曰興化。以上隋・蕭吉・五行大義卷三・第十四論雜配・第四論配藏府

黄帝內經素問卷三・五藏生成篇第十

心之合脈也。其榮色也。其主腎也。肺之合皮也。其榮毛也。其主心也。肝之合筋也。其榮爪也。其主肺也。脾之合肉也。其榮脣也。其主肝也。腎之合骨也。其榮髮也。其主脾也。

異文脈應小腸。其榮色。主腎。

皮應大腸。其榮毛。主心。

筋應膽。其榮爪。主肺。

肉應胃。其榮脣。主肝。

腠理毫毛應三焦膀胱。其榮髮。主脾。以上隋・蕭吉・五行大義卷三・第十四論雜配・第四論配藏府

是故。多食鹹。則脈凝泣而變色。多食苦。則皮槁而毛拔。多食辛。則筋急而爪枯。多食酸。則肉胝䐢而脣揭。多食甘。則骨痛而髮落。此五味之所傷也。故心欲苦。肺欲辛。肝欲酸。脾欲甘。腎欲鹹。此五味之所合也。五藏之氣。故色見。青如草茲者死。黃如枳實者死。黑如炲者死。赤如衃血者死。白如枯骨者死。此五色之見死也。青如翠羽者生。赤如雞冠者生。黃如蟹腹者生。白如豕膏者生。黑如烏羽者生。此五色之見生也。生於心。如以縞裹朱。生於肺。如以縞裹紅。生於肝。如以縞

裹紺。生於脾。如以縞裹栝樓實。生於腎。如以縞裹紫。此五藏所生之外榮也。色味當五藏。白當肺辛。赤當心苦。青當肝酸。黃當脾甘。黑當腎鹹。故白當皮。赤當脈。青當筋。黃當肉。黑當骨。諸脈者。皆屬於目。諸髓者。皆屬於腦。諸筋者。皆屬於節。諸血者。皆屬於心。諸氣者。皆屬於肺。此四支八谿之朝夕也。故人臥。血歸於肝。肝受血而能視。足受血而能步。掌受血而能握。指受血而能攝。臥出而風吹之。血凝於膚者為痹。凝於脈者為泣。凝於足者為厥。此三者血行而不得反其空。故為痹厥也。人有大谷十二分。小谿三百五十四。名少十二俞。此皆衛氣之所留止。邪氣之所客也。鍼石緣而去之。診病之始。五決為紀。欲知其始。先建其母。所謂五決者。五脈也。是以頭痛巔疾。下虛上實。過在足少陰巨陽。甚則入腎。徇蒙招尤。目冥耳聾。下實上虛。過在足少陽厥陰。甚則入肝。腹滿䐜脹。支鬲胠脅。下厥上冒。過在足太陰陽明。欬嗽上氣。厥在胸中。過在手陽明太陰。心煩頭痛。病在鬲中。過在手巨陽少陰。夫脈之小。大。滑。濇。浮。沈。可以指別。五藏之象。可以類推。五藏相音。可以意識。五色微診。可以目察。能合脈色。可以萬全。赤。脈之至也。喘而堅。診曰。有積氣在中。時害於食。名曰。心痹。得之外疾。思慮而心虛。故邪從之。白。脈之至也。喘而浮。上虛下實。驚。有積氣在胸中。喘而虛。名曰。肺痹寒熱。得之醉而使內也。青。脈之至也。長而左右彈。有積氣在心下。支胠。名曰。肝痹。得之寒溼。與疝同法。腰痛。足清。頭痛。黃。脈之至也。大而虛。有積氣在腹中。有厥氣。名曰。厥疝。女子同法得之。疾使四支。汗出當風。黑。脈之至也。上堅而大。有積氣在小腹與陰。名曰。腎痹。得之沐浴清水而臥。凡相五色之奇脈。面黃目青。面黃目赤。面黃目白。面黄目黑者。皆不死也。面青目赤。面赤目白。面青目黑。面黑目白。面赤目青。皆死也。

異文 腰痛。足清。頭脈緊。永樂大典卷一三八七七

黄帝內經素問卷三・五藏別論篇第十一

黄帝問曰。余聞方士或以腦髓為藏。或以腸胃為藏。或以為府。敢問更相反。皆自謂是。不知其道。願聞其說。

歧伯對曰。腦。髓。骨。脈。膽。女子胞。此六者地氣之所生也。皆藏於陰而象於地。故藏而不寫。名曰。奇恆之府。夫胃。大腸。小腸。三焦。膀胱。此五者天氣之所生也。其氣象天。故寫而不藏。此受五藏濁氣。名曰。傳化之府。此不能久留。輸寫者也。魄門亦為五藏使。水穀不得久藏。所謂五藏者。藏精氣而不寫也。故滿而不能實。六府者。傳化物而不藏。故實而不能滿也。所以然者。水穀入口。則胃實而腸虛。食下則腸實而胃虛。故曰。實而不滿。滿而不實也。

帝曰。氣口何以獨為五藏主。

歧伯曰。胃者。水穀之海。六府之大源也。五味入口。藏於胃。以養五藏氣。氣口亦太陰也。是以五藏六府之氣味。皆出於胃。變見於氣口。故五氣入鼻。藏於心肺。心肺有病。而鼻為之不利也。凡治病必察其下。適其脈。觀其志意與其病也。拘於鬼神者。不可與言至德。惡於鍼石者。不可與言至巧。病不許治者。病必不治。治之無功矣。以上正文據宋人補注黄帝內經素問見叢書集成影印本

黃帝集卷五

黃帝內經素問卷四・異法方宜論篇第十二

黃帝問曰。醫之治病也。一病而治各不同。皆愈。何也。

歧伯對曰。地勢使然也。故東方之域。天地之所始生也。魚鹽之地。海濱傍水。其民食魚而嗜鹹。皆安其處。美其食。魚者使人熱中。鹽者勝血。故其民皆黑色疏理。其病皆為癰瘍。其治宜砭石。故砭石者亦從東方來。西方者。金玉之域。沙石之處。天地之所收引也。其民陵居而多風。水土剛強。其民不衣而褐薦。其民華食而脂肥。故邪不能傷其形體。其病生於內。其治宜毒藥。故毒藥者亦從西方來。北方者。天地所閉藏之域也。其地高陵居。風寒冰冽。其民樂野處而乳食。藏寒生滿病。其治宜灸焫。故灸焫者亦從北方來。南方者。天地所長養。陽之所盛處也。其地下水土弱。霧露之所聚也。其民嗜酸而食胕。故其民皆緻理而赤色。其病攣痺。其治宜微鍼。故九鍼者亦從南方來。中央者。其地平以溼。天地所以生萬物也眾。其民食雜而不勞。故其病多痿厥寒熱。其治宜導引按蹻。故導引按蹻者。亦從中央出也。故聖人雜合以治。各得其所宜。故治所以異而病皆愈者。得病之情。知治之大體也。

異文　其人山居而多風。後漢書卷八十七・列傳第七十七注

黃帝內經素問卷四・移精變氣論篇第十三

黃帝問曰。余聞古之治病。惟其移精變氣。可祝由而已。今世治病。毒藥治其內。鍼石治其外。或愈或不愈。何也。

歧伯對曰。往古人居禽獸之閒。動作以避寒。陰居以避暑。內無眷慕之累。外無伸官之形。此恬憺之世。邪不能深入也。故毒藥不能治其內。鍼石不能治其外。故可移精祝由而已。當今之世不然。憂患緣其內。苦形傷其外。又失四時之從。逆寒暑之宜。賊風數至。虛邪朝夕內至五藏骨髓。外傷空竅肌膚。所以小病必甚。大病必死。故祝由不能已也。

帝曰。善。余欲臨病人。觀死生。決嫌疑。欲知其要。如日月光。可得聞乎。

歧伯曰。色脈者。上帝之所貴也。先師之所傳也。上古使僦貸季理色脈而通神明。合之金木水火土。四時八風六合。不離其常。變化相移。以觀其妙。以知其要。欲知其要。則色脈是矣。色以應日。脈以應月。常求其要。則其要也。夫色之變化以應四時之脈。此上帝之所貴。以合於神明也。所以遠死而近生。生道以長。命曰。聖王。中古之治病。至而治之。湯液十日。以去八風五痹之病。十日不已。治以草蘇草荄之枝。本末為助。標本已得。邪氣乃服。暮世之治病也則不然。治不本四時。不知日月。不審逆從。病形已成。乃欲微鍼治其外。湯液治其內。麤工兇兇。以為可攻。故病未已。新病復起。

異文十日不已。治以草蘇荄枝。

標本已得。神氣乃服。
暮世治病。不本四時。
以為可救。故病未已。以上本草綱木卷一・序例上・神農本經名例

帝曰。願聞要道。
岐伯曰。治之要極。無失色脈。用之不惑。治之大則。逆從到行。標本不得。亡神失國。去故就新。乃得真人。
帝曰。余聞其要於夫子矣。夫子言不離色脈。此余之所知也。
岐伯曰。治之極於一。
帝曰。何謂一。
岐伯曰。一者。因得之。
帝曰。柰何。
岐伯曰。閉戶塞牖。繫之病者。數問其情。以從其意。得神者。昌。失神者。亡。
帝曰。善。

黃帝內經素問卷四・湯液醪醴論篇第十四

黃帝問曰。為五穀湯液及醪醴。柰何。

岐伯對曰。必以稻米。炊之稻薪。稻米者完。稻薪者堅。

帝曰。何以然。

岐伯曰。此得天地之和。高下之宜。故能至完。伐取得時。故能至堅也。

帝曰。上古聖人作湯液醪醴。為而不用。何也。

岐伯曰。自古聖人之作湯液醪醴者。以為備耳。夫上古作湯液。故為而弗服也。中古之世。道德稍衰。邪氣時至。服之萬全。

帝曰。今之世不必已。何也。

岐伯曰。當今之世。必齊毒藥攻其中。鑱石鍼艾治其外也。

帝曰。形弊血盡。而功不立者何。

岐伯曰。神不使也。

帝曰。何謂神不使。

岐伯曰。鍼石道也。精神不進。志意不治。故病不可愈。今精壞神去。榮衛不可復收。何者。嗜欲無窮而憂患不止。精氣弛壞。榮泣衛除。故神去之而病不愈也。

帝曰。夫病之始生也。極微極精。必先入結於皮膚。今良工皆稱曰。病成。名曰。逆。則鍼石不能治。良藥不能及也。今良工皆得其法。守其數。親戚兄弟遠近。音聲日聞於耳。五色日見於目。而病不愈者亦何。暇不早乎。

岐伯曰。病為本。工為標。標本不得。邪氣不服。此之謂也。

帝曰。其有不從毫毛而生。五藏陽以竭也。津液充郭。其魄獨居。孤精於內。氣耗於外。形不可與衣相保。此四極急而動中。是氣拒於內。而形施於外。治之。柰何。

岐伯曰。平治於權衡。去宛陳莝。微動四極。溫衣。繆刺其處以復其形。開鬼門。潔淨府。精以時服。五陽已布。疏滌五藏。故精自生。形自盛。骨肉相保。巨氣乃平。

帝曰。善。

黃帝內經素問卷四・玉版論要篇第十五

黃帝問曰。余聞揆度奇恆。所指不同。用之。柰何。

岐伯對曰。揆度者。度病之淺深也。奇恆者。言奇病也。請言道之至數。五色脈變。揆度奇恆道在於一。神轉不回。回則不轉。乃失其機。至數之要。迫近以微。著之玉版。命曰。合玉機。容色見上下左右。各在其要。其色見淺者。湯液主治。十日已。其見深者。必齊主治。二十一日已。其見大深者。醪酒主治。百日已。色夭面脫不治。百日盡已。脈短。氣絕。死。病溫。虛甚。死。色見上下左右。各在其要。上為逆。下為從。女子右為逆。左為從。男子左為逆。右為從。易。重陽死。重陰死。陰陽反他。治在權衡相奪。奇恆事也。揆度事也。搏脈痹躄。寒熱之交。脈孤為消氣。虛泄為奪血。孤為逆。虛為從。行奇恆之法。以太陰始。行所不勝曰。逆。逆則死。行所勝曰。從。從則活。

八風四時之勝。終而復始。逆行一過。不復可數。論要畢矣。

黃帝內經素問卷四・診要經終論篇第十六

黃帝問曰。診要何如。

歧伯對曰。正月二月天氣始方。地氣始發。人氣在肝。三月四月天氣正方。地氣定發。人氣在脾。五月六月天氣盛。地氣高。人氣在頭。七月八月陰氣始殺。人氣在肺。九月十月陰氣始冰。地氣始閉。人氣在心。十一月十二月冰復。地氣合。人氣在腎。故春刺散俞及與分理。血出而止。甚者傳氣。閒者環也。夏刺絡俞。見血而止。盡氣閉環。痛病必下。秋刺皮膚循理。上下同法。神變而止。冬刺俞竅於分理。甚者直下。閒者散下。春夏秋冬各有所刺。法其所在。春刺夏分。脈亂氣微。入淫骨髓。病不能愈。令人不嗜食又且少氣。春刺秋分。筋攣逆氣。環為欬嗽。病不愈。令人時驚又且哭。春刺冬分。邪氣著藏。令人脹病不愈。又且欲言語。夏刺春分。病不愈。令人解墮。夏刺秋分。病不愈。令人心中欲無言。惕惕如人將捕之。夏刺冬分。病不愈。令人少氣。時欲怒。秋刺春分。病不已。令人惕然欲有所為。起而忘之。秋刺夏分。病不已。令人益嗜臥。又且善夢。秋刺冬分。病不已。令人洒洒時寒。冬刺春分。病不已。令人欲臥不能眠。眠而有見。冬刺夏分。病不愈。氣上發為諸痹。冬刺秋分。病不已。令人善渴。凡刺胸腹者。必避五藏。中心者。環死。中脾者。五日死。中腎者。七日死。中肺者。五日死。中鬲者。皆為傷中。其病雖愈。不過一歲必死。刺避五藏者。知逆從也。所謂從者。鬲與脾腎之處。不知者反之。刺胸腹者。必以布憿著之。乃從單布上刺。刺之不愈。復刺。刺鍼必肅。刺腫搖鍼。經刺勿搖。此刺之道也。

帝曰。願聞十二經脈之終。柰何。

歧伯曰。太陽之脈。其終也。戴眼。反折。瘈瘲。其色白。絕汗乃出。出則死矣。少陽終者。耳聾。百節皆縱。目睘絕系。絕系一日。半死。其死也。色先青白乃死矣。陽明終者。口目動作。善驚。妄言。色黃。其上下經盛。不仁則終矣。少陰終者。面黑齒長而垢。腹脹閉。上下不通而終矣。太陰終者。腹脹閉。不得息。善噫。善嘔。嘔則逆。逆則面赤。不逆則上下不通。不通則面黑。皮毛焦而終矣。厥陰終者。中熱。嗌乾。善溺。心煩。甚則舌卷。卵上縮而終矣。此十二經之所敗也。以上正文據宋人補注黃帝內經素問見叢書集成影印本

黃帝集卷六

黃帝內經素問卷五・脈要精微論篇第十七

黃帝問曰。診法何如。

歧伯對曰。診法常以平旦。陰氣未動。陽氣未散。飲食未進。經脈未盛。絡脈調勻。氣血未亂。故乃可診有過之脈。切脈動靜而視精明。察五色。觀五藏有餘不足。六府強弱。形之盛衰。以此參伍。決死生之分。夫脈者。血之府也。長則氣治。短則氣病。數則煩心。大則病進。上盛則氣高。下盛則氣脹。代則氣衰。細則氣少。濇則心痛。渾渾革至如涌泉。病進而色弊。緜緜其去如弦絕。死。夫精明五色者。氣之華也。赤欲如白裹朱。不欲如赭。白欲如鵝羽。不欲如鹽。青欲如蒼璧之澤。不欲如藍。黃欲如羅裹雄黃。不欲如黃土。黑欲如重漆色。不欲如地蒼。五色精微象見矣。其壽不久也。夫精明者。所以視萬物。別白黑。審短長。以長為短。以白為黑。如是則精衰矣。五藏者。中之守也。中盛藏滿。氣勝傷恐者。聲如從室中言。是中氣之溼也。言而微。終日乃復言者。此奪氣也。衣被不斂。言語善惡不避親疏者。此神明之亂也。倉廩不藏者。是門戶不要也。水泉不止者。是膀胱不藏也。得守者。生。失守者。死。夫五藏者。身之強也。頭者。精明之府。頭傾視深。精神將奪矣。背者。胸中之府。背曲肩隨。府將壞矣。腰者。腎之府。轉搖不能。腎將憊矣。膝者。筋之府。屈伸不能。行則僂附。筋將憊矣。骨者。髓之府。不能久立。行則振掉。骨將憊矣。得強則生。失強則死。

異文頭者。精明之主也。（藝文類聚卷十七・人部一・頭　太平御覽卷三六四・人事部五・頭下）

歧伯曰。反四時者。有餘為精。不足為消。應太過。不足為精。應不足。有餘為消。陰陽不相應。病名曰。關格。

帝曰。脈其四時動。柰何。知病之所在。柰何。知病之所變。柰何。知病乍在內。柰何。知病乍在外。柰何。請問此五者可得聞乎。

歧伯曰。請言其與天運轉大也。萬物之外。六合之內。天地之變。陰陽之應。彼春之暖為夏之暑。彼秋之忿為冬之怒。四變之動。脈與之上下。以春應中規。夏應中矩。秋應中衡。冬應中權。是故。冬至四十五日。陽氣微上。陰氣微下。夏至四十五日。陰氣微上。陽氣微下。陰陽有時。與脈為期。期而相失。知脈所分。分之有期。故知死時。微妙在脈。不可不察。察之有紀。從陰陽始。始之有經。從五行生。生之有度。四時為宜。補寫勿失。與天地如一。得一之情。以知死生。是故。聲合五音。色合五行。脈合陰陽。是知陰盛。則夢涉大水恐懼。陽盛。則夢大火燔灼。陰陽俱盛。則夢相殺毀傷。上盛則夢飛。下盛則夢墮。甚飽則夢予。甚飢則夢取。肝氣盛則夢怒。肺氣盛則夢哭。短蟲多則夢聚眾。長蟲多則夢相擊毀傷。是故。持脈有道。虛靜為保。春日浮。如魚之游在波。夏日在膚。泛泛乎萬物有餘。秋日下膚。蟄蟲將去。冬日在骨。蟄蟲周密。君子居室。故曰。知內者。按而紀之。知外者。終而始之。此六者。持脈之大法。心脈搏堅而長。當病舌卷不能言。其耎而散者。當消環自已。肺脈搏堅而長。當病唾血。其耎而散者。當病灌汗。至今不復散發也。肝脈搏堅而長。色不青。

當病墜若搏。因血在脅下。令人喘逆。其耎而散。色澤者。當病溢飲。溢飲者。渴暴多飲。而易入肌皮腸胃之外也。胃脈搏堅而長。其色赤。當病折髀。其耎而散者。當病食痹。脾脈搏堅而長。其色黃。當病少氣。其耎而散。色不澤者。當病足胻腫若水狀也。腎脈搏堅而長。其色黃而赤者。當病折腰。其耎而散者。當病少血。至今不復也。

帝曰。診得心脈而急。此為何病。病形何如。

岐伯曰。病名。心疝。少腹當有形也。

帝曰。何以言之。

岐伯曰。心為牡藏。小腸為之使。故曰。少腹當有形也。

帝曰。診得胃脈。病形何如。

岐伯曰。胃脈實則脹。虛則泄。

帝曰。病成而變。何謂。

岐伯曰。風成為寒熱。癉成為消中。厥成為巔疾。久風為飧泄。脈風成為癘。病之變化。不可勝數。

帝曰。諸癰腫筋攣骨痛。此皆安生。

岐伯曰。此寒氣之腫。八風之變也。

帝曰。治之柰何。

岐伯曰。此四時之病。以其勝治之愈也。

帝曰。有故病五藏發動。因傷脈色。各何以知其久暴至之病乎。

歧伯曰。悉乎哉問也。徵其脈小。色不奪者。新病也。徵其脈不奪。其色奪者。此久病也。徵其脈與五色俱奪者。此久病也。徵其脈與五色俱不奪者。新病也。肝與腎脈竝至。其色蒼赤。當病毀傷不見血。已見血溼若中水也。尺內兩傍。則季脅也。尺外。以候腎。尺裏。以候腹。中附上。左外以候肝。內以候鬲。右外以候胃。內以候脾。上附上。右外以候肺。內以候胸中。左外以候心。內以候膻中。前以候前。後以候後。上竟上者。胸喉中事也。下竟下者。少腹腰股膝脛足中事也。麤大者。陰不足陽有餘。為熱中也。來疾去徐。上實下虛。為厥巔疾。來徐去疾。上虛下實。為惡風也。故中惡風者。陽氣受也。有脈俱沈細數者。少陰厥也。沈細數散者。寒熱也。浮而散者。為眴仆。諸浮不躁者。皆在陽。則為熱。其有躁者。在手。諸細而沈者。皆在陰。則為骨痛。其有靜者在足。數動一代者。病在陽之脈也。洩及便膿血。諸過者切之。濇者。陽氣有餘也。滑者。陰氣有餘也。陽氣有餘為身熱。無汗。陰氣有餘為多汗。身寒。陰陽有餘則無汗而寒。推而外之。內而不外。有心腹積也。推而內之。外而不內。身有熱也。推而上之。上而不下。腰足清也。推而下之。下而不上。頭項痛也。按之至骨。脈氣少者。腰脊痛而身有痹也。

黃帝內經素問卷五・平人氣象論篇第十八

黃帝問曰。平人何如。

歧伯對曰。人一呼脈再動。一吸脈亦再動。呼吸定息脈五動。閏以太息。命曰。平人。平人者。不病也。常以不病調病人。醫不病。故為病人平息。以調之為法。人一呼脈一動。一吸脈一動。曰。少氣。人一呼脈三動。一吸脈三動而躁。尺熱曰。病溫。尺不熱。脈滑曰。病風。脈濇曰。痹。人一呼脈四動以上曰。死。脈絕不至曰。死。乍疏乍數曰。死。

平人之常氣稟於胃。胃者。平人之常氣也。人無胃氣曰。逆。逆者。死。春胃微弦曰。平。弦多胃少曰。肝病。但弦無胃曰。死。胃而有毛曰。秋病。毛甚曰。今病。藏真散於肝。肝藏筋膜之氣也。夏胃微鉤曰。平。鉤多胃少曰。心病。但鉤無胃曰。死。胃而有石曰。冬病。石甚曰。今病。藏真通於心。心藏血脈之氣也。長夏胃微耎弱曰。平。弱多胃少曰。脾病。但代無胃曰。死。耎弱有石曰。冬病。弱甚曰。今病。藏真濡於脾。脾藏肌肉之氣也。秋胃微毛曰。平。毛多胃少曰。肺病。但毛無胃曰。死。毛而有弦曰。春病。弦甚曰。今病。藏真高於肺。以行榮衛陰陽也。冬胃微石曰。平。石多胃少曰。腎病。但石無胃曰。死。石而有鉤曰。夏病。鉤甚曰。今病。藏真下於腎。腎藏骨髓之氣也。胃之大絡。名曰。虛里。貫鬲絡肺。出於左乳下。其動應衣。脈宗氣也。盛喘數絕者。則病在中。結而橫。有積矣。絕不至曰。死。乳之下其動應衣。宗氣泄也。欲知寸口太過與不及。

寸口之脈。中手短者。曰。頭痛。寸口脈。中手長者。曰。足脛痛。寸口脈。中手促上擊者。曰。肩背痛。寸口脈。沈而堅者。曰。病在中。寸口脈。浮而盛者。曰。病在外。寸口脈。沈而弱。曰。寒熱及疝瘕。少腹痛。寸口脈。沈而橫。曰。脅下有積。腹中有橫積痛。寸口脈。沈而喘。曰。寒熱。

脈盛滑堅者。曰。病在外。脈小實而堅者。病在內。脈小弱以濇。謂之久病。脈滑浮而疾者。謂之新病。脈急者曰。疝瘕。少腹痛。脈滑曰。風。脈濇曰。痹。緩而滑曰。熱。中盛而緊曰。脹。脈從陰陽病易已。脈逆陰陽病難已。脈得四時之順。曰。病無他脈。反四時及不閒藏曰。難已。臂多青脈曰。脫血。

尺脈緩濇。謂之解㑊安臥。脈盛。謂之脫血。尺濇脈滑。謂之多汗。尺寒脈細。謂之後泄。脈尺麤常熱者。謂之熱中。肝見庚辛死。心見壬癸死。脾見甲乙死。肺見丙丁死。腎見戊己死。是謂真藏見皆死。

頸脈動喘疾欬曰。水。目裹微腫。如臥蠶起之狀曰。水。溺黃赤安臥者。黃疸。已食如飢者。胃疸。面腫曰。風。足脛腫曰。水。目黃者。曰。黃疸。婦人手少陰。脈動甚者。妊子也。脈有逆從四時。未有藏形春夏而脈瘦。秋冬而脈浮大。命曰。逆四時也。風熱而脈靜。泄而脫血。脈實。病在中脈。虛病在外。脈濇堅者。皆難治。命曰。反四時也。人以水穀為本。故人絕水穀則死。脈無胃氣亦死。所謂無胃氣者。但得真藏脈。不得胃氣也。所謂脈不得胃氣者。肝不弦。腎不石也。

太陽脈至。洪大以長。少陽脈至。乍數乍疏。乍短乍長。陽明脈至。浮大而短。

夫平心脈來。累累如連珠。如循琅玕。曰。心平。夏以胃氣為本。病心脈來。喘喘連屬。其中微曲。曰。心病。死心脈來。前曲後居。如操帶鉤。曰。心死。

平肺脈來。厭厭聶聶。如落榆莢。曰。肺平。秋以胃氣為本。病肺脈來。不上不下。如循雞羽。曰。

肺病。死肺脈來。如物之浮。如風吹毛。曰。肺死。

平肝脈來。耎弱招招。如揭長竿末梢。曰。肝平。春以胃氣為本。病肝脈來。盈實而滑。如循長竿。曰。肝病。死肝脈來。急益勁。如新張弓弦。曰。肝死。

平脾脈來。和柔相離。如雞踐地。曰。脾平。長夏以胃氣為本。病脾脈來。實而盈數。如雞舉足。曰。脾病。死脾脈來。銳堅如烏之喙。如烏之距。如屋之漏。如水之流。曰。脾死。

平腎脈來。喘喘累累如鉤。按之而堅。曰。腎平。冬以胃氣為本。病腎脈來。如引葛。按之益堅。曰。腎病。死腎脈來。發如奪索。辟辟如彈石。曰。腎死。以上正文據宋人補注黄帝內經素問見叢書集成影印本

黃帝集卷七

黃帝內經素問卷六・玉機真藏論篇第十九

黃帝問曰。春脈如弦。何如而弦。

岐伯對曰。春脈者。肝也。東方木也。萬物之所以始生也。故其氣來。耎弱輕虛而滑。端直以長。故曰。弦。反此者。病。

帝曰。何如而反。

岐伯曰。其氣來。實而強。此謂太過。病在外。其氣來。不實而微。此謂不及。病在中。

帝曰。春脈太過與不及。其病皆何如。

岐伯曰。太過則令人善忘。忽忽眩冒而巔疾。其不及則令人胸痛引背。下則兩脅胠滿。

帝曰。善。夏脈如鉤。何如而鉤。

岐伯曰。夏脈者。心也。南方火也。萬物之所以盛長也。故其氣來。盛去衰。故曰。鉤。反此者。病。

帝曰。何如而反。

岐伯曰。其氣來盛。去亦盛。此謂太過。病在外。其氣來不盛。去反盛。此謂不及。病在中。

帝曰。夏脈太過與不及。其病皆何如。

岐伯曰。太過則令人身熱而膚痛。為浸淫。其不及則令人煩心。上見欬唾。下為氣泄。

帝曰。善。秋脈如浮。何如而浮。
岐伯曰。秋脈者。肺也。西方金也。萬物之所以收成也。故其氣來。輕虛以浮。來急去散。故曰。浮。反此者。病。
帝曰。何如而反。
岐伯曰。其氣來。毛而中央堅兩傍虛。此謂太過。病在外。其氣來。毛而微。此謂不及。病在中。
帝曰。秋脈太過與不及。其病皆何如。
岐伯曰。太過則令人逆氣而背痛。慍慍然。其不及則令人喘。呼吸少氣而欬。上氣。見血。下聞病音。
帝曰。善。冬脈如營。何如而營。
岐伯曰。冬脈者。腎也。北方水也。萬物之所以合藏也。故其氣來沈以摶。故曰。營。反此者。病。
帝曰。何如而反。
岐伯曰。其氣來。如彈石者。此謂太過。病在外。其去如數者。此謂不及。病在中。
帝曰。冬脈太過與不及。其病皆何如。
岐伯曰。太過則令人解㑊。脊脈痛而少氣不欲言。其不及則令人心懸。如病飢。䏚中清。脊中痛。少腹滿。小便變。
帝曰。善。
帝曰。四時之序。逆從之變異也。然脾脈獨何主。

岐伯曰。脾脈者。土也。孤藏以灌四傍者也。

帝曰。然則脾善惡可得見之乎。

岐伯曰。善者不可得見。惡者可見。

帝曰。惡者何如可見。

岐伯曰。其來如水之流者。此謂太過。病在外。如鳥之喙者。此謂不及。病在中。

帝曰。夫子言脾為孤藏。中央土以灌四傍。其太過與不及。其病皆何如。

岐伯曰。太過則令人四支不舉。其不及則令人九竅不通。名曰。重強。

帝瞿然而起。再拜而稽首曰。善。吾得脈之大要。天下至數。五色脈變。揆度奇恆。道在於一。神轉不迴。迴則不轉。乃失其機。至數之要。迫近以微。著之玉版。藏之藏府。每旦讀之。名曰。玉機。五藏受氣於其所生。傳之於其所勝。氣舍於其所生。死於其所不勝。病之且死。必先傳行至其所不勝。病乃死。此言氣之逆行也。故死。肝受氣於心。傳之於脾。氣舍於腎。至肺而死。心受氣於脾。傳之於肺。氣舍於肝。至腎而死。脾受氣於肺。傳之於腎。氣舍於心。至肝而死。肺受氣於腎。傳之於肝。氣舍於脾。至心而死。腎受氣於肝。傳之於心。氣舍於肺。至脾而死。此皆逆死也。一日一夜五分之。此所以占死生之早暮也。

黃帝曰。五藏相通。移皆有次。五藏有病。則各傳其所勝。不治。法三月。若六月。若三日。若六日。傳五藏而當死。是順傳所勝之次。故曰。別於陽者。知病從來。別於陰者。知死生之期。言知至其所困而死。是故風者。百病之長也。今風寒客於人。使人毫毛畢直。皮膚閉而為熱。當是之時。可汗而發也。或痹不仁。腫痛。當是之時。可湯熨及火灸。刺而去之。弗治。病入舍於肺。名曰。肺痹。發欬上氣。弗治。肺即傳而行之肝。病名曰。肝痹。一名曰。厥。脅痛。出食。當是之時。可按若刺耳。弗治。肝傳之脾。病名曰。脾風。發癉。腹中熱。煩心。出黃。當此之時。可按。可藥。可浴。弗治。脾傳之腎。病名曰。疝瘕。少腹冤熱而痛。出白。一名曰。蠱。當此之時。可按。可藥。弗治。腎傳之心。病筋脈相引而急。病名曰。瘛。當此之時。可灸。可藥。弗治。滿十日。法當死。腎因傳之心。心即復反傳而行之肺。發寒熱。法當三歲死。此病之次也。然其卒發者。不必治於傳。或其傳化有不以次。不以次入者。憂。恐。悲。喜。怒。令不得以其次。故令人有大病矣。因而喜。大虛則腎氣乘矣。怒則肝氣乘矣。悲則肺氣乘矣。恐則脾氣乘矣。憂則心氣乘矣。此其道也。

故病有五。五五二十五變及其傳化。傳乘之名也。大骨枯槀。大肉陷下。胸中氣滿。喘息不便。其氣動形。期六月死。真藏脈見。乃予之期日。大骨枯槀。大肉陷下。胸中氣滿。喘息不便。內痛引肩項。期一月死。真藏見。乃予之期日。大骨枯槀。大肉陷下。胸中氣滿。喘息不便。內痛引肩項。身熱。脫肉。破䐃。真藏見。十月之內死。大骨枯槀。大肉陷下。肩髓內消。動作益衰。真藏來見。期一歲死。見其真藏。乃予之期日。大骨枯槀。大肉陷下。胸中氣滿。腹內痛。心中不便。肩項身熱。破䐃脫肉。目匡陷。真藏見。目不見人。立死。其見人者。至其所不勝之時則死。急虛身中。卒至五藏絕閉。脈道不通。氣不往來。譬於墮溺。不可為期。其脈絕不來。若人一息五六至。其形肉不脫。

真藏雖不見。猶死也。真肝脈至。中外急如循刀刃。責責然。如按琴瑟弦。色青白不澤。毛折乃死。真心脈至。堅而搏。如循薏苡子。累累然。色赤黑不澤。毛折乃死。真肺脈至。大而虛。如以毛羽中人膚。色白赤不澤。毛折乃死。真腎脈至。搏而絕。如指彈石。辟辟然。色黑黃不澤。毛折乃死。真脾脈至。弱而乍數乍疏。色黃青不澤。毛折乃死。諸真藏脈見者。皆死不治也。

黃帝曰。見真藏曰。死。何也。

歧伯曰。五藏者皆稟氣於胃。胃者五藏之本也。藏氣者不能自致於手太陰。必因於胃氣。乃至於手太陰也。故五藏各以其時。自為而至於手太陰也。故邪氣勝者。精氣衰也。故病甚者。胃氣不能與之俱至於手太陰。故真藏之氣獨見。獨見者。病勝藏也。故曰。死。

帝曰。善。

黃帝曰。凡治病。察其形氣色澤。脈之盛衰。病之新故。乃治之。無後其時。形氣相得。謂之可治。色澤以浮。謂之易已。脈從四時。謂之可治。脈弱以滑。是有胃氣。命曰。易治。取之以時。形氣相失。謂之難治。色夭不澤。謂之難已。脈實以堅。謂之益甚。脈逆四時。為不可治。必察四難而明告之。所謂逆四時者。春得肺脈。夏得腎脈。秋得心脈。冬得脾脈。其至皆懸絕沈濇者。命曰。逆四時。未有藏形於春夏而脈沈濇。秋冬而脈浮大。名曰。逆四時也。病熱脈靜。泄而脈大。脫血而脈實。病在中。脈實堅。病在外。脈不實堅者。皆難治。

黃帝曰。余聞虛實以決死生。願聞其情。

岐伯曰。五實死。五虛死。

帝曰。願聞五實五虛。

岐伯曰。脈盛。皮熱。腹脹。前後不通。悶瞀。此謂五實。脈細。皮寒。氣少。泄利前後。飲食不入。此謂五虛。

帝曰。其時有生者。何也。

岐伯曰。漿粥入胃泄注止。則虛者。活。身汗得後利。則實者。活。此其候也。

黄帝內經素問卷六・三部九候論篇第二十

黄帝問曰。余聞九鍼於夫子。眾多博大不可勝數。余願聞要道以屬子孫。傳之後世。著之骨髓。藏之肝肺。歃血而受。不敢妄泄。令合天道。必有終始。上應天光。星辰歷紀。下副四時五行。貴賤更互。冬陰夏陽。以人應之。柰何。願聞其方。

岐伯對曰。妙乎哉問也。此天地之至數。

帝曰。願聞天地之至數。合於人形血氣。通決死生。為之柰何。

岐伯曰。天地之至數。始於一。終於九焉。一者天。二者地。三者人。因而三之。三三者九。以應九野。故人有三部。部有三候。以決死生。以處百病。以調虛實而除邪疾。

帝曰。何謂三部。

岐伯曰。有下部。有中部。有上部。部各有三候。三候者。有天。有地。有人也。必指而導之。乃以為真。上部天。兩額之動脈。上部地。兩頰之動脈。上部人。耳前之動脈。中部天。手太陰也。中部地。手陽明也。中部人。手少陰也。下部天。足厥陰也。下部地。足少陰也。下部人。足太陰也。故下部之天以候肝。地以候腎。人以候脾胃之氣。

帝曰。中部之候柰何。

岐伯曰。亦有天。亦有地。亦有人。天以候肺。地以候胸中之氣。人以候心。

帝曰。上部以何候之。

岐伯曰。亦有天。亦有地。亦有人。天以候頭角之氣。地以候口齒之氣。人以候耳目之氣。三部者各有天。各有地。各有人。三而成天。三而成地。三而成人。三而三之。合則為九。九分為九野。九野為九藏。故神藏五。形藏四。合為九藏。五藏已敗。其色必夭。夭必死矣。

帝曰。以候柰何。

岐伯曰。必先度其形之肥瘦。以調其氣之虛實。實則寫之。虛則補之。必先去其血脈而後調之。無問其病。以平為期。

帝曰。決死生柰何。

岐伯曰。形盛脈細。少氣不足以息者。危。形瘦脈大。胸中多氣者。死。形氣相得者。生。參伍不調者。病。三部九候皆相失者。死。上下左右之脈。相應如參舂者。病甚。上下左右。相失不可數者。

死。中部之候雖獨調。與眾藏相失者。死。中部之候相減者。死。目內陷者。死。

帝曰。何以知病之所在。

歧伯曰。察九候。獨小者。病。獨大者。病。獨疾者。病。獨遲者。病。獨熱者。病。獨寒者。病。獨陷下者。病。以左手足上去踝五寸按之。庶右手足當踝而彈之。其應過五寸以上。蠕蠕然者。不病。其應疾。中手渾渾然者。病。中手徐徐然者。病。其應上不能至五寸。彈之不應者。死。是以脫肉身不去者。死。中部乍疏乍數者。死。其脈代而鉤者。病在絡脈。九候之相應也。上下若一。不得相失。一候後則病。二候後則病甚。三候後則病危。所謂後者。應不俱也。察其府藏。以知死生之期。必先知經脈。然後知病脈。真藏脈見者。勝死。足太陽氣絕者。其足不可屈伸。死必戴眼。

帝曰。冬陰夏陽柰何。

歧伯曰。九候之脈。皆沈細懸絕者。為陰。主冬。故以夜半死。盛躁喘數者。為陽。主夏。故以日中死。是故寒熱病者。以平旦死。熱中及熱病者。以日中死。病風者。以日夕死。病水者。以夜半死。其脈乍疏乍數。乍遲乍疾者。日乘四季死。形肉已脫。九候雖調。猶死。七診雖見。九候皆從者。不死。所言不死者。風氣之病及經月之病。似七診之病而非也。故言不死。若有七診之病。其脈候亦敗者。死矣。必發噦噫。必審問其所始病。與今之所方病。而後各切循其脈。視其經絡浮沈。以上下逆從循之。其脈疾者。不病。其脈遲者。病。脈不往來者。死。皮膚著者。死。

帝曰。其可治者柰何。

岐伯曰。經病者。治其經。孫絡病者。治其孫絡。血血病。身有痛者。治其經絡。其病者在奇邪。奇邪之脈則繆刺之。留瘦不移。節而刺之。上實下虛。切而從之。索其結絡脈。刺出其血。以見通之。瞳子高者。太陽不足。戴眼者。太陽已絕。此決死生之要。不可不察也。手指及手外踝上五指留鍼。以上正文據宋人補注黃帝內經素問見叢書集成影印本

黃帝集卷八

黃帝內經素問卷七・經脈別論篇第二十一

黃帝問曰。人之居處動靜勇怯。脈亦為之變乎。

歧伯對曰。凡人之驚恐。恚勞。動靜皆為變也。是以夜行。則喘出於腎。淫氣病肺。有所墮恐。喘出於肝。淫氣害脾。有所驚恐。喘出於肺。淫氣傷心。度水跌仆。喘出於腎與骨。當是之時。勇者氣行則已。怯者則著而為病也。故曰。診病之道。觀人勇怯。骨肉皮膚。能知其情。以為診法也。故飲食飽甚。汗出於胃。驚而奪精。汗出於心。持重遠行。汗出於腎。疾走恐懼。汗出於肝。搖體勞苦。汗出於脾。故春秋冬夏。四時陰陽。生病起於過用。此為常也。食氣入胃。散精於肝。淫氣於筋。食氣入胃。濁氣歸心。淫精於脈。脈氣流經。經氣歸於肺。肺朝百脈。輸精於皮毛。毛脈合精。行氣於府。府精神明。留於四藏。氣歸於權衡。權衡以平。氣口成寸。以決死生。飲入於胃。游溢精氣。上輸於脾。脾氣散精。上歸於肺。通調水道。下輸膀胱。水精四布。五經竝行。合於四時。五藏陰陽。揆度以為常也。太陽藏獨至。厥喘虛氣逆。是陰不足。陽有餘也。表裏當俱寫。取之下俞。陽明藏獨至。是陽氣重并也。當寫陽補陰。取之下俞。少陽藏獨至。是厥氣也。蹻前卒大。取之下俞。少陽獨至者。一陽之過也。太陰藏搏者。用心省真。五脈氣少。胃氣不平。三陰也。宜治其下俞。補陽寫陰。一陽獨嘯。少陽厥也。陽并於上。四脈爭張。氣歸於腎。宜治其經絡。寫陽補陰。一陰至。厥陰之治也。真虛痟心。厥氣留薄。發為白汗。調食和藥。治在下俞。
帝曰。太陽藏何象。
岐伯曰。象三陽而浮也。
帝曰。少陽藏何象。
岐伯曰。象一陽也。一陽藏者。滑而不實也。
帝曰。陽明藏何象。
岐伯曰。象大浮也。太陰藏搏。言伏鼓也。二陰搏至。腎沈不浮也。

黃帝內經素問卷七·藏氣法時論篇第二十二

黃帝問曰。合人形以法四時五行而治。何如而從。何如而逆。得失之意。願聞其事。
岐伯對曰。五行者。金木水火土也。更貴更賤。以知死生。以決成敗而定五藏之氣。閒甚之時。死生之期也。
帝曰。願卒聞之。
岐伯曰。肝主春。足厥陰。少陽主治。其日甲乙。肝苦急。急食甘以緩之。心主夏。手少陰。太陽主治。其日丙丁。心苦緩。急食酸以收之。脾主長夏。足太陰。陽明主治。其日戊己。脾苦溼。急食苦以燥之。肺主秋。手太陰。陽明主治。其日庚辛。肺苦氣上逆。急食苦以泄之。腎主冬。足少陰。太陽主治。其日壬癸。腎苦燥。急食辛以潤之。開腠理。致津液。通氣也。病在肝。愈於夏。夏不愈。甚於秋。秋不死。持於冬。起於春。禁當風。肝病者。愈在丙丁。丙丁不愈。加於庚辛。庚辛不死。持於壬癸。起於甲乙。肝病者。平旦慧。下晡甚。夜半靜。肝欲散。急食辛以散之。用辛補之。酸寫之。病在心。愈在長夏。長夏不愈。甚於冬。冬不死。持於春。起於夏。禁溫食。熱衣。心病者。愈在戊己。戊己不愈。加於壬癸。壬癸不死。持於甲乙。起於丙丁。心病者。日中慧。夜半甚。平旦靜。心欲耎。急食鹹以耎之。用鹹補之。甘寫之。病在脾。愈在秋。秋不愈。甚於春。春不死。持於夏。起於長夏。禁溫食。飽食。溼地。濡衣。脾病者。愈在庚辛。庚辛不愈。加於甲乙。甲乙不死。持於丙丁。起於戊己。脾病者。日昳慧。日出甚。下晡靜。脾欲緩。急食甘以緩之。用苦寫之。甘補之。病在肺。愈在冬。冬不愈。甚於夏。夏不死。持於長夏。起於秋。禁寒飲食。寒衣。肺病者。愈在壬癸。壬癸不愈。加於丙丁。丙丁不死。持於戊己。起於庚辛。肺病者。下晡慧。日中甚。夜半靜。肺欲收。急食酸以收之。用酸補之。辛寫之。病在腎。愈在春。春不愈。甚於長夏。長夏不死。持於秋。起於冬。禁犯焠㶼熱食。溫炙衣。腎病者。愈在甲乙。甲乙不愈。甚於戊己。戊己不死。持於庚辛。起於壬癸。腎病者。夜半慧。四季甚。下晡靜。腎欲堅。急食苦以堅之。用苦補之。鹹寫之。夫邪氣之客於身也。以勝相加。至其所生而愈。至其所不勝而甚。至於所生而持。自得其位而起。必先定五藏之脈。乃可言閒甚之時。死生之期也。肝病者。兩脅下痛。引少腹。令人善怒。虛則目䀮䀮無所見。耳無所聞。善恐。如人將捕之。取其經。厥陰與少陽。氣逆則頭痛。耳聾不聰。頰腫。取血者。心病者。胸中痛。脅支滿。脅下痛。膺背肩甲閒痛。兩臂內痛。虛則胸腹大。脅下與腰相引而痛。取其經。少陰太陽舌下血者。其變病。刺郄中血者。脾病者。身重。善肌肉痿。足不收。行善瘈。腳下痛。虛則腹滿。腸鳴。飧泄。食不化。取其經。太陰陽明少陰血者。肺病者。喘欬逆氣。肩背痛。汗出。尻陰股膝。髀腨胻足皆痛。虛則少氣不能報息。耳聾。嗌乾。取其經。太陰足太陽之外厥陰內血者。腎病者。腹大脛腫。喘欬身重。寢汗出。憎風。虛則胸中痛。大腹小腹痛。清厥。意不樂。取其經。少陰太陽血者。肝色青。宜食甘。粳米。牛肉。棗。葵皆甘。心色赤。宜食酸。小豆。犬肉。李。韭皆酸。肺色白。宜食苦。麥。羊肉。杏。薤皆苦。脾色黃。宜食鹹。大豆。豕肉。栗。藿皆鹹。腎色黑。宜食辛。黃黍。雞肉。桃。蔥皆辛。辛散。酸收。甘緩。苦堅。鹹耎。毒藥攻邪。五穀為養。五果為助。五畜為益。五菜為充。氣味合而服之。以補精益氣。此五者。有辛。酸。甘。苦。鹹。各有所利。或散或收。或緩或急。或堅或耎。四時五藏病。隨五味所宜也。

異文 腎惡燥。急食辛以潤之。本草綱目卷三十五·木部·蘗木　五穀以養之。五蔬以充之。永樂大典卷二四〇七

黄帝內經素問卷七·宣明五氣篇第二十三

五味所入。酸入肝。辛入肺。苦入心。鹹入腎。甘入脾。是謂五入。五氣所病。心為噫。肺為欬。肝為語。脾為吞。腎為欠。為嚏。胃為氣逆。為噦。為恐。大腸小腸為泄。下焦溢為水。膀胱不利

為癃。不約為遺溺。膽為怒。是謂五病。五精所并。精氣并於心則喜。并於肺則悲。并於肝則憂。并於脾則畏。并於腎則恐。是謂五并。虛而相并者也。五藏所惡。心惡熱。肺惡寒。肝惡風。脾惡溼。腎惡燥。是謂五惡。五藏化液。心為汗。肺為涕。肝為淚。脾為涎。腎為唾。是謂五液。五味所禁。辛走氣。氣病無多。食辛。鹹走血。血病無多。食鹹。苦走骨。骨病無多。食苦。甘走肉。肉病無多。食甘。酸走筋。筋病無多。食酸。是謂五禁。無令多食。五病所發。陰病發於骨。陽病發於血。陰病發於肉。陽病發於冬。陰病發於夏。是謂五發。五邪所亂。邪入於陽則狂。邪入於陰則痺。搏陽則為巔疾。搏陰則為瘖。陽入之陰則靜。陰出之陽則怒。是謂五亂。五邪所見。春得秋脈。夏得冬脈。長夏得春脈。秋得夏脈。冬得長夏脈。名曰。陰出之陽。病善怒不治。是謂五邪皆同命。死不治。五藏所藏。心藏神。肺藏魄。肝藏魂。脾藏意。腎藏志。是謂五藏所藏。五藏所主。心主脈。肺主皮。肝主筋。脾主肉。腎主骨。是謂五主。五勞所傷。久視傷血。久臥傷氣。久坐傷肉。久立傷骨。久行傷筋。是謂五勞所傷。五脈應象。肝脈絃。心脈鉤。脾脈代。肺脈毛。腎脈石。是謂五藏之脈。

黃帝內經素問卷七·血氣形志篇第二十四

夫人之常數。太陽常多血少氣。少陽常少血多氣。陽明常多氣多血。少陰常少血多氣。厥陰常多血少氣。太陰常多氣少血。此天之常數。足太陽與少陰為表裏。少陽與厥陰為表裏。陽明與太陰為表裏。

是為足陰陽也。手太陽與少陰為表裏。少陽與心主為表裏。陽明與太陰為表裏。是為手之陰陽也。今知手足陰陽所苦。凡治病必先去其血。乃去其所苦。伺之所欲。然後寫有餘補不足。欲知背俞。先度其兩乳閒中折之。更以他草度去半已。即以兩隅相拄也。乃舉以度其背。令其一隅居上齊脊大椎。兩隅在下。當其下隅者。肺之俞也。復下一度。心之俞也。復下一度。左角肝之俞也。右角脾之俞也。復下一度。腎之俞也。是謂五藏之俞。灸刺之度也。形樂志苦。病生於脈。治之以灸刺。形樂志樂。病生於肉。治之以鍼石。形苦志樂。病生於筋。治之以熨引。形苦志苦。病生於咽嗌。治之以百藥。形數驚恐。經絡不通。病生於不仁。治之以按摩醪藥。是謂五形志也。刺陽明出血氣。刺太陽出血惡氣。刺少陽出氣惡血。刺太陰出氣惡血。刺少陰出氣惡血。刺厥陰出血惡氣也。以上正文據宋人補注黄帝內經素問見叢書集成影印本

黃帝集卷九

黃帝內經素問卷八・寶命全形論篇第二十五

黃帝問曰。天覆地載。萬物悉備。莫貴於人。人以天地之氣生。四時之法成。君王眾庶。盡欲全形。形之疾病。莫知其情。留淫日深。著於骨髓。心私慮之。余欲鍼除其疾病。為之柰何。

歧伯對曰。夫鹽之味鹹者。其氣令器津泄。絃絕者。其音嘶敗。木敷者。其葉發。病深者。其聲噦。人有此三者。是謂壞府。毒藥無治。短鍼無取。此皆絕皮傷肉。血氣爭黑。

帝曰。余念其痛。心為之亂。惑反甚。其病不可更代。百姓聞之。以為殘賊。為之柰何。

歧伯曰。夫人生於地。懸命於天。天地合氣。命之曰人。人能應四時者。天地為之父母。知萬物者。謂之天子。天有陰陽。人有十二節。天有寒暑。人有虛實。能經天地陰陽之化者。不失四時。知十二節之理者。聖智不能欺也。能存八動之變。五勝更立。能達虛實之數者。獨出獨入。呿吟至微。秋毫在目。

帝曰。人生有形。不離陰陽。天地合氣。別為九野。分為四時。月有小大。日有短長。萬物並至。不可勝量。虛實呿吟。敢問其方。

異文日有長短。（永樂大典卷七七五七）

歧伯曰。木得金而伐。火得水而滅。土得木而達。金得火而缺。水得土而絕。萬物盡然。不可勝竭。故鍼有懸布天下者五。黔首共餘食。莫知之也。一曰治神。二曰知養身。三曰知毒藥為真。四曰制砭石小大。五曰知府藏血氣之診。五法俱立。各有所先。今末世之刺也。虛者實之。滿者泄之。此皆眾工所共知也。若夫法天則地。隨應而動。和之者若響。隨之者若影。道無鬼神。獨來獨往。

帝曰。願聞其道。

歧伯曰。凡刺之真。必先治神。五藏已定。九候已備。後乃存鍼。眾脈不見。眾凶弗聞。外內相得。無以形先。可玩往來。乃施於人。人有虛實。五虛勿近。五實勿遠。至其當發。間不容瞚。手動若務。鍼耀而勻。靜意視義。觀適之變。是謂冥冥。莫知其形。見其烏烏。見其稷稷。從見其飛。不知其誰。伏如橫弩。起如發機。

帝曰。何如而虛。何如而實。

歧伯曰。刺虛者。須其實。刺實者。須其虛。經氣已至。慎守勿失。深淺在志。遠近若一。如臨深淵。手如握虎。神無營於眾物。

黄帝內經素問卷八・八正神明論篇第二十六

黄帝問曰。用鍼之服必有法則焉。今何法何則。

歧伯對曰。法天則地。合以天光。

帝曰。願卒聞之。

歧伯曰。凡刺之法必候日月星辰。四時八正之氣。氣定乃刺之。是故。天溫日明。則人血淖液而衛氣浮。故血易寫。氣易行。天寒日陰。則人血凝泣而衛氣沈。月始生。則血氣始精。衛氣始行。月郭滿。則血氣實。肌肉堅。月郭空。則肌肉減。經絡虛。衛氣去。形獨居。是以因天時而調血氣也。是以天寒無刺。天溫無疑。月生無寫。月滿無補。月郭空無治。是謂得時而調之。因天之序。盛虛之時。移光定位。正立而待之。故日月生而寫。是謂藏虛。月滿而補。血氣揚溢。絡有留血。命曰。重實。月郭空而治。是謂亂經。陰陽相錯。真邪不別。沈以留止。外虛內亂。淫邪乃起。

帝曰。星辰八正何候。

岐伯曰。星辰者。所以制日月之行也。八正者。所以候八風之虛邪。以時至者也。四時者。所以分春秋冬夏之氣所在。以時調之也。八正之虛邪而避之。勿犯也。以身之虛而逢天之虛。兩虛相感。其氣至骨。入則傷五藏。工候救之。弗能傷也。故曰。天忌不可不知也。

帝曰。善。其法星辰者。余聞之矣。願聞法往古者。

岐伯曰。法往古者。先知鍼經也。驗於來今者。先知日之寒溫。月之虛盛。以候氣之浮沈而調之於身。觀其立有驗也。觀其冥冥者。言形氣。榮衛之不形於外。而工獨知之。以日之寒溫。月之虛盛。四時氣之浮沈。參伍相合而調之。工常先見之。然而不形於外。故曰。觀於冥冥焉。通於無窮者。可以傳於後世也。是故。工之所以異也。然而不形見於外。故俱不能見也。視之無形。嘗之無味。故謂冥冥。若神髣髴。虛邪者。八正之虛邪氣也。正邪者。身形若用力。汗出腠理開。逢虛風。其中人也微。故莫知其情。莫見其形。上工救其萌牙。必先見三部九候之氣。盡調不敗而救之。故曰。上工。

下工救其已成。救其已敗。救其已成者。言不知三部九候之相失。因病而敗之也。知其所在者。知診三部九候之病脈。處而治之。故曰守其門戶焉。莫知其情而見邪形也。

帝曰。余聞補寫。未得其意。

岐伯曰。寫必用方。方者。以氣方盛也。以月方滿也。以日方溫也。以身方定也。以息方吸而內鍼。乃復候其方吸而轉鍼。乃復候其方呼而徐引鍼。故曰。寫必用方。其氣而行焉。補必用員。員者。行也。行者。移也。刺必中其榮。復以吸排鍼也。故員與方非鍼也。故養神者。必知形之肥瘦。榮衛血氣之盛衰。血氣者。人之神。不可不謹養。

帝曰。妙乎哉論也。合人形於陰陽四時。虛實之應。冥冥之期。其非夫子。孰能通之。然夫子數言形與神。何謂形。何謂神。願卒聞之。

岐伯曰。請言形。形乎形。目冥冥。問其所病。索之於經。慧然在前。按之不得。不知其情。故曰。形。

帝曰。何謂神。

岐伯曰。請言神。神乎神。耳不聞。目明心開而志先。慧然獨悟。口弗能言。俱視獨見。適若昏。昭然獨明。若風吹雲。故曰。神。三部九候為之原。九鍼之論。不必存也。

黃帝內經素問卷八・離合真邪論篇第二十七

黃帝問曰。余聞九鍼九篇。夫子乃因而九之。九九八十一篇。余盡通其意矣。經言氣之盛衰。左右傾移。以上調下。以左調右。有餘不足。補寫於榮輸。余知之矣。此皆榮衛之傾移。虛實之所生。非邪氣從外入於經也。余願聞邪氣之在經也。其病人何如。取之柰何。

歧伯對曰。夫聖人之起度數。必應於天地。故天有宿度。地有經水。人有經脈。天地溫和。則經水安靜。天寒地凍。則經水凝泣。天暑地熱。則經水沸溢。卒風暴起。則經水波涌而隴起。夫邪之入於脈也。寒則血凝泣。暑則氣淖澤。虛邪因而入客。亦如經水之得風也。經之動脈。其至也。亦時隴起。其行於脈中。循循然。其至寸口中手也。時大時小。大則邪至。小則平。其行無常處。在陰與陽。不可為度。從而察之三部九候。卒然逢之。早遏其路。吸則內鍼。無令氣忤。靜以久留。無令邪布。吸則轉鍼。以得氣為故。候呼引鍼。呼盡乃去。大氣皆出。故命曰。寫。

異文 天地和則經水安靜。寒則經水凝沍。暑則經水沸溢。（唐・司馬承禎・修真精義雜論 雲笈七籤卷五十七）

卒風暴雨。風吹水勢。波落而隴起。（文選卷十九・高唐賦注）

帝曰。不足者。補之柰何。

歧伯曰。必先捫而循之。切而散之。推而按之。彈而怒之。抓而下之。通而取之。外引其門。以閉其神。呼盡內鍼。靜以久留。以氣至為故。如待所貴。不知日暮。其氣以至。適而自護。候吸引鍼。氣不得出。各在其處。推闔其門。令神氣存。大氣留止。故命曰。補。

帝曰。候氣柰何。

歧伯曰。夫邪去絡入於經也。舍於血脈之中。其寒溫未相得。如涌波之起也。時來時去。故不常在。

故曰。方其來也。必按而止之。止而取之。無逢其衝而寫之。真氣者。經氣也。經氣太虛。故曰。其來不可逢。此之謂也。故曰。候邪不審。大氣已過。寫之則真氣脫。脫則不復。邪氣復至而病益蓄。故曰。其往不可追。此之謂也。不可挂以髮者。待邪之至時而發鍼寫矣。若先若後者。血氣已盡。其病不可下。故曰。知其可取如發機。不知其取如扣椎。故曰。知機道者。不可挂以髮。不知機者。扣之不發。此之謂也。

帝曰。補寫柰何。

岐伯曰。此攻邪也。疾出以去盛血。而復其真氣。此邪新客。溶溶未有定處也。推之則前。引之則止。逆而刺之。溫血也。刺出其血。其病立已。

帝曰。善。然真邪以合。波隴不起。候之柰何。

岐伯曰。審捫循三部九候之盛虛而調之。察其左右。上下相失。及相減者。審其病藏以期之。不知三部者。陰陽不別。天地不分。地以候地。天以候天。人以候人。調之中府。以定三部。故曰。刺不知三部九候。病脈之處。雖有大過且至。工不能禁也。誅罰無過。命曰。大惑。反亂大經。真不可復。用實為虛。以邪為真。用鍼無義。反為氣賊。奪人正氣。以從為逆。榮衛散亂。真氣已失。邪獨內著。絕人長命。予人夭殃。不知三部九候。故不能久長。因不知合之四時五行。因加相勝。釋邪攻正。絕人長命。邪之新客來也。未有定處。推之則前。引之則止。逢而寫之。其病立已。

異文 邪氣內著。絕人長命。（文選卷三十四・七發八首注）

黃帝內經素問卷八・通評虛實論篇第二十八

黃帝問曰。何謂虛實。

歧伯對曰。邪氣盛則實。精氣奪則虛。

帝曰。虛實何如。

歧伯曰。氣虛者。肺虛也。氣逆者。足寒也。非其時則生。當其時則死。餘藏皆如此。

帝曰。何謂重實。

歧伯曰。所謂重實者。言大熱病。氣熱脈滿。是謂重實。

帝曰。經絡俱實何如。何以治之。

歧伯曰。經絡皆實。是寸脈急而尺緩也。皆當治之。故曰。滑則從。濇則逆也。夫虛實者。皆從其物類始。故五藏骨肉滑利。可以長久也。

帝曰。絡氣不足。經氣有餘。何如。

歧伯曰。絡氣不足。經氣有餘者。滿脈口熱而尺寒也。秋冬為逆。春夏為從。治主病者。

帝曰。經虛絡滿。何如。

歧伯曰。經虛絡滿者。尺熱。脈口寒濇也。此春夏死。秋冬生也。

帝曰。治此者柰何。

歧伯曰。絡滿經虛。灸陰刺陽。經滿絡虛。刺陰灸陽。

帝曰。何謂重虛。

岐伯曰。脈氣上虛。尺虛是謂重虛。

帝曰。何以治之。

岐伯曰。所謂氣虛者。言無常也。尺虛者。行步恇然。脈虛者。不象陰也。如此者。滑則生。濇則死也。

帝曰。寒氣暴上。脈滿而實。何如。

岐伯曰。實而滑則生。實而逆則死。

帝曰。脈實滿。手足寒。頭熱。何如。

岐伯曰。春秋則生。冬夏則死。脈浮而濇。濇而身有熱者。死。

帝曰。其形盡滿。何如。

岐伯曰。其形盡滿者。脈急大堅。尺濇而不應也。如是者。故從則生。逆則死。

帝曰。何謂從則生。逆則死。

岐伯曰。所謂從者。手足溫也。所謂逆者。手足寒也。

帝曰。乳子而病熱。脈懸小者。何如。

岐伯曰。手足溫則生。寒則死。

帝曰。乳子中風熱。喘鳴肩息者。脈何如。

岐伯曰。喘鳴肩息者。脈實大也。緩則生。急則死。

帝曰。腸澼便血。何如。

岐伯曰。身熱則死。寒則生。

帝曰。腸澼下白沫。何如。

岐伯曰。脈沈則生。脈浮則死。

帝曰。腸澼下膿血。何如。

岐伯曰。脈懸絕則死。滑大則生。

帝曰。腸澼之屬。身不熱。脈不懸絕。何如。

岐伯曰。滑大者曰。生。懸濇者曰。死。以藏期之。

帝曰。癲疾。何如。

岐伯曰。脈搏大滑。久自已。脈小堅急。死不治。

帝曰。癲疾之脈。虛實何如。

岐伯曰。虛則可治。實則死。

帝曰。消癉虛實。何如。

岐伯曰。脈實大。病久可治。脈懸小堅。病久不可治。

帝曰。形度。骨度。脈度。筋度。何以知其度也。

帝曰。春亟治經絡。夏亟治經俞。秋亟治六府。冬則閉塞。閉塞者用藥而少鍼石也。所謂少鍼石者。非癰疽之謂也。癰疽不得頃時回。癰不知所。按之不應手。乍來乍已。刺手太陰傍三痏與纓脈各二。掖癰大熱。刺足少陽五。刺而熱不止。刺手心主三。刺手太陰經絡者太骨之會各三。暴癰筋緛。隨分而痛。魄汗不盡。胞氣不足。治在經俞。腹暴滿。按之不下。取手太陽經絡者。胃之募也。少陰俞去脊椎三寸傍五。用員利鍼。霍亂。刺俞傍五。足陽明及上傍三。刺癇驚脈五。鍼手太陰各五。刺經太陽五。刺手少陰經絡傍者一。足陽明一。上踝五寸刺三鍼。凡治消癉。仆擊。偏枯。痿厥。氣滿。發逆。肥貴人。則高梁之疾也。隔塞閉絕。上下不通。則暴憂之病也。暴厥而聾。偏塞閉不通。內氣暴薄也。不從內外。中風之病。故瘦留著也。蹠跛。寒風溼之病也。

黄帝曰。黄疸。暴痛。癲疾。厥狂。久逆之所生也。五藏不平。六府閉塞之所生也。頭痛耳鳴。九竅不利。腸胃之所生也。

黄帝內經素問卷八·太陰陽明論篇第二十九

黄帝問曰。太陰陽明為表裏。脾胃脈也。生病而異者。何也。

岐伯對曰。陰陽異位。更虛更實。更逆更從。或從內。或從外。所從不同。故病異名也。

帝曰。願聞其異狀也。

岐伯曰。陽者。天氣也。主外。陰者。地氣也。主內。故陽道實。陰道虛。故犯賊風虛邪者。陽受之。食飲不節。起居不時者。陰受之。陽受之則入六府。陰受之則入五藏。入六府則身熱。不時臥。上為喘呼。入五藏則䐜滿閉塞。下為飧泄。久為腸澼。故喉主天氣。咽主地氣。故陽受風氣。陰受溼氣。故陰氣從足上行至頭。而下行循臂至指端。陽氣從手上行至頭。而下行至足。故曰。陽病者。上行極而下。陰病者。下行極而上。故傷於風者。上先受之。傷於溼者。下先受之。

帝曰。脾病而四支不用。何也。

岐伯曰。四支皆稟氣於胃。而不得至經。必因於脾。乃得稟也。今脾病不能為胃行其津液。四支不得稟水穀氣。氣日以衰。脈道不利。筋骨肌肉皆無氣以生。故不用焉。

帝曰。脾不主時。何也。

岐伯曰。脾者。土也。治中央常以四時。長四藏各十八日寄治。不得獨主於時也。脾藏者。常著胃土之精也。土者。生萬物而法天地。故上下至頭足。不得主時也。

帝曰。脾與胃以膜相連耳。而能為之行其津液。何也。

岐伯曰。足太陰者。三陰也。其脈貫胃屬脾絡嗌。故太陰為之行氣於三陰。陽明者。表也。五藏六府之海也。亦為之行氣於三陽。藏府各因其經而受氣於陽明。故為胃行其津液。四支不得稟水穀氣。日以益衰。陰道不利。筋骨肌肉無氣以生。故不用焉。以上正文據宋人補注黃帝內經素問見叢書集成影印本

黃帝集卷十

黃帝內經素問卷九・陽明脈解篇第三十

黃帝問曰。足陽明之脈病。惡人與火。聞木音則惕然而驚。鐘鼓不為動。聞木音而驚。何也。願聞其故。

岐伯對曰。陽明者。胃脈也。胃者。土也。故聞木音而驚者。土惡木也。

帝曰。善。其惡火。何也。

岐伯曰。陽明主肉。其脈。血氣盛。邪客之則熱。熱甚則惡火。

帝曰。其惡人。何也。

岐伯曰。陽明厥則喘而惋。惋則惡人。

帝曰。或喘而死者。或喘而生者。何也。

岐伯曰。厥逆連藏則死。連經則生。

帝曰。善。病甚則棄衣而走。登高而歌。或至不食數日。踰垣上屋。所上之處。皆非其素所能也。病反能者。何也。

岐伯曰。四支者。諸陽之本也。陽盛則四支實。實則能登高也。

帝曰。其棄衣而走者。何也。

岐伯曰。熱盛於身。故棄衣欲走也。

帝曰。其妄言。罵詈不避親疏而歌者。何也。

岐伯曰。陽盛則使人妄言。罵詈不避親疏而不欲食。不欲食故妄走也。

黃帝內經素問卷九·熱論篇第三十一

黃帝問曰。今夫熱病者。皆傷寒之類也。或愈或死。其死皆以六七日之間。其愈皆以十日以上者。何也。不知其解。願聞其故。

岐伯對曰。巨陽者。諸陽之屬也。其脈連於風府。故為諸陽主氣也。人之傷於寒也。則為病熱。熱雖甚不死。其兩感於寒而病者。必不免於死。

帝曰。願聞其狀。

岐伯曰。傷寒一日。巨陽受之。故頭項痛。腰脊強。二日陽明受之。陽明主肉。其脈俠鼻絡於目。故身熱目疼而鼻乾不得臥也。三日少陽受之。少陽主膽。其脈循脅絡於耳。故胸脅痛而耳聾。三陽經絡皆受其病。而未入於藏者。故可汗而已。四日太陰受之。太陰脈布胃中。絡於嗌。故腹滿而嗌乾。五日少陰受之。少陰脈貫腎絡於肺。繫舌本。故口燥舌乾而渴。六日厥陰受之。厥陰脈循陰器而絡於肝。故煩滿而囊縮。三陰三陽五藏六府皆受病。榮衛不行。五藏不通則死矣。其不兩感於寒者。七日巨陽病衰。頭痛少愈。八日陽明病衰。身熱少愈。九日少陽病衰。耳聾微聞。十日太陰病衰。腹減如故則思飲食。十一日少陰病衰。渴止不滿。舌乾已而嚏。十二日厥陰病衰。囊縱少腹微下。大氣皆去。病日已矣。

帝曰。治之柰何。

歧伯曰。治之各通其藏脈。病日衰已矣。其未滿三日者。可汗而已。其滿三日者。可泄而已。

帝曰。熱病已愈。時有所遺者。何也。

歧伯曰。諸遺者。熱甚而強食之。故有所遺也。若此者。皆病已衰而熱有所藏。因其穀氣相薄。兩熱相合。故有所遺也。

帝曰。善。治遺柰何。

歧伯曰。視其虛實。調其逆從。可使必已矣。

帝曰。病熱當何禁之。

歧伯曰。病熱少愈。食肉則復。多食則遺。此其禁也。

帝曰。其病兩感於寒者。其脈應與其病形何如。

歧伯曰。兩感於寒者。病一日則巨陽與少陰俱病。則頭痛口乾而煩滿。二日則陽明與太陰俱病。則腹滿。身熱。不欲食。譫言。三日則少陽與厥陰俱病。則耳聾。囊縮而厥。水漿不入。不知人。六日死。

帝曰。五藏已傷。六府不通。榮衛不行。如是之後。三日乃死。何也。

歧伯曰。陽明者。十二經脈之長也。其血氣盛。故不知人。三日其氣乃盡。故死矣。凡病傷寒而成溫者。先夏至日者為病溫。後夏至日者為病暑。暑當與汗皆出勿止。

黄帝內經素問卷九・刺熱篇第三十二

肝熱病者。小便先黃。腹痛。多臥。身熱。熱爭則狂言及驚。脅滿痛。手足躁。不得安臥。庚辛甚。甲乙大汗。氣逆則庚辛死。刺足厥陰少陽。其逆則頭痛員員。脈引衝頭也。心熱病者。先不樂。數日乃熱。熱爭則卒心痛。煩悶。善嘔。頭痛。面赤。無汗。壬癸甚。丙丁大汗。氣逆則壬癸死。刺手少陰太陽。脾熱病者。先頭重。頰痛。煩心。顏青。欲嘔。身熱。熱爭則腰痛。不可用俛仰。腹滿泄。兩頷痛。甲乙甚。戊己大汗。氣逆則甲乙死。刺足太陰陽明。肺熱病者。先淅然。厥起毫毛。惡風寒。舌上黃。身熱。熱爭則喘欬。痛走胸膺背。不得大息。頭痛不堪。汗出而寒。丙丁甚。庚辛大汗。氣逆則丙丁死。刺手太陰陽明出血。如太豆立已。腎熱病者。先腰痛。䯒痠。苦渴。數飲。身熱。熱爭則項痛而強。䯒寒且痠。足下熱。不欲言。其逆則項痛。員員澹澹然。戊己甚。壬癸大汗。氣逆則戊己死。刺足少陰太陽。諸汗者。至其所勝日汗出也。肝熱病者。左頰先赤。心熱病者。顏先赤。脾熱病者。鼻先赤。肺熱病者。右頰先赤。腎熱病者。頤先赤。病雖未發。見赤色者刺之。名曰。治未病。熱病從部所起者。至期而已。其刺之反者。三周而已。重逆則死。諸當汗者。至其所勝日汗大出也。諸治熱病。以飲之寒水乃刺之。必寒衣之。居止寒處。身寒而止也。熱病先胸脅痛。手足躁。刺足少陽。補足太陰。病甚者。為五十九刺。熱病始手臂痛者。刺手陽明。太陰而汗出止。熱病始於頭首者。刺項太陽而汗出止。熱病始於足脛者。刺足陽明而汗出止。熱病先身重。骨痛。耳聾。好瞑。刺足少陰。病甚為五十九刺。熱病先眩冒而熱。胸脅滿。刺足少陰少陽。太陽之脈色榮顴骨。熱病也。榮未交。曰。今且得汗。待時而已。與厥陰脈爭見者。死期不過三日。其熱病內連腎。少陽之脈色也。少陽之脈色榮頰前。熱病也。榮未交。曰。今且得汗。待時而已。與少陰脈爭見者。死期不過三日。熱病。氣穴三椎下間。主胸中熱。四椎下間。主鬲中熱。五椎下間。主肝熱。六椎下間。主脾熱。七椎下間。主腎熱。榮在骶也。項上三椎陷者。中也。頰下逆顴為大瘕。下牙車為腹滿。顴後為脅痛。頰上者。鬲上也。

黄帝內經素問卷九・評熱病論篇第三十三

黄帝問曰。有病溫者。汗出輒復熱。而脈躁疾。不為汗衰。狂言。不能食。病名為何。

歧伯對曰。病名。陰陽交。交者。死也。

帝曰。願聞其說。

歧伯曰。人所以汗出者。皆生於穀。穀生於精。今邪氣交爭於骨肉而得汗者。是邪卻而精勝也。精勝則當能食而不復熱。復熱者。邪氣也。汗者。精氣也。今汗出而輒復熱者。是邪勝也。不能食者。精無俾也。病而留者。其壽可立而傾也。且夫熱論曰。汗出而脈尚躁盛者。死。今脈不與汗相應。此不勝其病也。其死明矣。狂言者。是失志。失志者。死。今見三死。不見一生。雖愈。必死也。

帝曰。有病身熱汗出煩滿。煩滿不為汗解。此為何病。

歧伯曰。汗出而身熱者。風也。汗出而煩滿不解者。厥也。病名曰。風厥。

帝曰。願卒聞之。

岐伯曰。巨陽主氣。故先受邪。少陰與其為表裏也。得熱則上從之。從之則厥也。

帝曰。治之柰何。

岐伯曰。表裏刺之。飲之服湯。

帝曰。勞風為病。何如。

岐伯曰。勞風法在肺下。其為病也。使人強上。冥視。唾出若涕。惡風而振寒。此為勞風之病。

帝曰。治之柰何。

岐伯曰。以救俛仰。巨陽引精者三日。中年者五日。不精者七日。欬出青黃涕。其狀如膿。大如彈丸。從口中。若鼻中出。不出則傷肺。傷肺則死也。

帝曰。有病腎風者。面胕痝然。壅害於言。可刺不。

岐伯曰。虛不當刺。不當刺而刺。後五日其氣必至。

帝曰。其至何如。

岐伯曰。至必少氣時熱。時熱從胸背上至頭。汗出手熱。口乾苦渴。小便黃。目下腫。腹中鳴。身重難以行。月事不來。煩而不能食。不能正偃。正偃則欬。病名曰。風水。論在刺法中。

帝曰。願聞其說。

岐伯曰。邪之所湊。其氣必虛。陰虛者。陽必湊之。故少氣時熱而汗出也。小便黃者。少腹中有熱也。不能正偃者。胃中不和也。正偃則欬甚上迫肺也。諸有水氣者。微腫先見於目下也。

帝曰。何以言。

岐伯曰。水者。陰也。目下亦陰也。腹者。至陰之所居。故水在腹者。必使目下腫也。真氣上逆。故口苦。舌乾。臥不得正偃。正偃則欬出清水也。諸水病者。故不得臥。臥則驚。驚則欬甚也。腹中鳴者。病本於胃也。薄脾則煩不能食。食不下者。胃脘隔也。身重難以行者。胃脈在足也。月事不來者。胞脈閉也。胞脈者。屬心而絡於胞中。今氣上迫肺。心氣不得下通。故月事不來也。

帝曰。善。

黃帝內經素問卷九・逆調論篇第三十四

黃帝問曰。人身非常溫也。非常熱也。為之熱而煩滿者。何也。

岐伯對曰。陰氣少而陽氣勝。故熱而煩滿也。

帝曰。人身非衣寒也。中非有寒氣也。寒從中生者何。

岐伯曰。是人多痹氣也。陽氣少陰氣多。故身寒如從水中出。

帝曰。人有四支熱。逢風寒如炙如火者。何也。

岐伯曰。是人者。陰氣虛陽氣盛。四支者。陽也。兩陽相得而陰氣虛少。少水不能滅盛火。而陽獨治。獨治者不能生長也。獨勝而止耳。逢風而如炙如火者。是人當肉爍也。

帝曰。人有身寒。湯火不能熱。厚衣不能溫。然不凍慄。是為何病。

岐伯曰。是人者。素腎氣勝。以水為事。太陽氣衰。腎脂枯不長。一水不能勝兩火。腎者。水也。而生於骨。腎不生則髓不能滿。故寒甚至骨也。所以不能凍慄者。肝一陽也。心二陽也。腎孤藏也。一水不能勝二火。故不能凍慄。病名曰。骨痹。是人當攣節也。

帝曰。人之肉苛者。雖近衣絮。猶尚苛也。是謂何疾。

岐伯曰。榮氣虛。衛氣實也。榮氣虛則不仁。衛氣虛則不用。榮衛俱虛則不仁且不用。肉如故也。人身與志不相有。曰。死。

帝曰。人有逆氣不得臥。而息有音者。有不得臥。而息無音者。有起居如故。而息有音者。有得臥。行而喘者。有不得臥。不能行而喘者。有不得臥。臥而喘者。皆何藏使然。願聞其故。

岐伯曰。不得臥而息有音者。是陽明之逆也。足三陽者下行。今逆而上行。故息有音也。陽明者。胃脈也。胃者六府之海。其氣亦下行。陽明逆不得從其道。故不得臥也。下經曰。胃不和則臥不安。此之謂也。夫起居如故而息有音者。此肺之絡脈逆也。絡脈不得隨經上下。故留經而不行。絡脈之病人也微。故起居如故而息有音也。夫不得臥。臥則喘者。是水氣之客也。夫水者。循津液而流也。腎者。水藏。主津液。主臥與喘也。

帝曰。善。以上正文據宋人補注黃帝內經素問見叢書集成影印本

黄帝集卷十一

黄帝內經素問卷十・瘧論篇第三十五

黄帝問曰。夫痎瘧皆生於風。其蓄作有時者。何也。

歧伯對曰。瘧之始發也。先起於毫毛。伸欠乃作。寒慄鼓頷。腰脊俱痛。寒去則內外皆熱。頭痛如破。渴欲冷飲。

帝曰。何氣使然。願聞其道。

歧伯曰。陰陽上下交爭。虛實更作。陰陽相移也。陽并於陰則陰實而陽虛。陽明虛則寒慄鼓頷也。巨陽虛則腰背頭項痛。三陽俱虛則陰氣勝。陰氣勝則骨寒而痛。寒生於內。故中外皆寒。陽盛則外熱。陰虛則內熱。外內皆熱則喘而渴。故欲冷飲也。此皆得之夏傷於暑。熱氣盛藏於皮膚之內。腸胃之外。此榮氣之所舍也。此令人汗空疏。腠理開。因得秋氣。汗出遇風。及得之以浴水。氣舍於皮膚之內。與衛氣并居。衛氣者。晝日行於陽。夜行於陰。此氣得陽而外出。得陰而內薄。內外相薄。是以日作。

帝曰。其間日而作者。何也。

歧伯曰。其氣之舍深。內薄於陰。陽氣獨發。陰邪內著。陰與陽爭不得出。是以間日而作也。

帝曰。善。其作日宴與其日早者。何氣使然。

歧伯曰。邪氣客於風府。循膂而下。衛氣一日一夜大會於風府。其明日。日下一節。故其作也晏。此先客於脊背也。每至於風府則腠理開。腠理開則邪氣入。邪氣入則病作。以此日作稍益晏也。其出於風府。日下一節。二十五日下至骶骨。二十六日入於脊內。注於伏膂之脈。其氣上行九日。出於缺盆之中。其氣日高。故作日益早也。其間日發者。由邪氣內薄於五藏。橫連募原也。其道遠。其氣深。其行遲。不能與衛氣俱行。不得皆出。故間日乃作也。

帝曰。夫子言衛氣。每至於風府。腠理乃發。發則邪氣入。入則病作。今衛氣日下一節。其氣之發也。不當風府。其日作者。柰何。

歧伯曰。此邪氣客於頭項。循膂而下者也。故虛實不同。邪中異所。則不得當其風府也。故邪中於頭項者。氣至頭項而病。中於背者。氣至背而病。中於腰脊者。氣至腰脊而病。中於手足者。氣至手足而病。衛氣之所在與邪氣相合則病作。故風無常府。衛氣之所發。必開其腠理。邪氣之所合。則其府也。

帝曰。善。夫風之與瘧也。相似同類而風獨常在。瘧得有時而休者。何也。

歧伯曰。風氣留其處。故常在。瘧氣隨經絡沈以內薄。故衛氣應乃作。

帝曰。瘧先寒而後熱者。何也。

歧伯曰。夏傷於大暑。其汗大出。腠理開發。因遇夏氣淒滄之水寒。藏於腠理皮膚之中。秋傷於風則病成矣。夫寒者陰氣也。風者陽氣也。先傷於寒而後傷於風。故先寒而後熱也。病以時作。名曰。寒瘧。

帝曰。先熱而後寒者。何也。

歧伯曰。此先傷於風而後傷於寒。故先熱而後寒也。亦以時作。名曰。溫瘧。其但熱而不寒者。陰氣先絕。陽氣獨發。則少氣煩冤。手足熱而欲嘔。名曰。癉瘧。

帝曰。夫經言。有餘者寫之。不足者補之。今熱為有餘。寒為不足。夫瘧者之寒。湯火不能溫也。及其熱。冰水不能寒也。此皆有餘不足之類。當此之時。良工不能止。必須其自衰乃刺之。其故何也。願聞其說。

岐伯曰。經言。無刺熇熇之熱。無刺渾渾之脈。無刺漉漉之汗。故為其病逆。未可治也。夫瘧之始發也。陽氣并於陰。當是之時。陽虛而陰盛。外無氣。故先寒慄也。陰氣逆極則復出之陽。陽與陰復并於外。則陰虛而陽實。故先熱而渴。夫瘧氣者。并於陽則陽勝。并於陰則陰勝。陰勝則寒。陽勝則熱。瘧者。風寒之氣不常也。病極則復至。病之發也。如火之熱。如風雨不可當也。故經言曰。方其盛時必毀。因其衰也。事必大昌。此之謂也。夫瘧之未發也。陰未并陽。陽未并陰。因而調之。真氣得安。邪氣乃亡。故工不能治其已發。為其氣逆也。

帝曰。善。攻之柰何。早晏何如。

岐伯曰。瘧之且發也。陰陽之且移也。必從四末始也。陽已傷。陰從之。故先其時。堅束其處。令邪氣不得入。陰氣不得出。審候見之。在孫絡盛堅而血者。皆取之。此真往而未得并者也。

帝曰。瘧不發。其應何如。

岐伯曰。瘧氣者。必更盛更虛。當氣之所在也。病在陽則熱而脈躁。在陰則寒而脈靜。極則陰陽俱衰。衛氣相離。故病得休。衛氣集則復病也。

帝曰。時有閒二日。或至數日發。或渴或不渴。其故何也。

岐伯曰。其閒日者。邪氣與衛氣客於六府。而有時相失。不能相得。故休數日乃作也。瘧者。陰陽更勝也。或甚或不甚。故或渴或不渴。

帝曰。論言。夏傷於暑。秋必病瘧。今瘧不必應者。何也。

岐伯曰。此應四時者也。其病異形者。反四時也。其以秋病者。寒甚。以冬病者。寒不甚。以春病者。惡風。以夏病者。多汗。

帝曰。夫病溫瘧與寒瘧。而皆安舍。舍於何藏。

岐伯曰。溫瘧者。得之冬中於風寒。氣藏於骨髓之中。至春則陽氣大發。邪氣不能自出。因遇大暑。腦髓爍。肌肉消。腠理發泄。或有所用力。邪氣與汗皆出。此病藏於腎。其氣先從內出之於外也。如是者。陰虛而陽盛。陽盛則熱矣。衰則氣復反入。入則陽虛。陽虛則寒矣。故先熱而後寒。名曰。溫瘧。

帝曰。癉瘧何如。

岐伯曰。癉瘧者。肺素有熱。氣盛於身。厥逆上衝。中氣實而不外泄。因有所用力。腠理開。風寒舍於皮膚之內。分肉之間而發。發則陽氣盛。陽氣盛而不衰。則病矣。其氣不及於陰。故但熱而不寒。氣內藏於心。而外舍於分肉之間。令人消爍脫肉。故命曰。癉瘧。

帝曰。善。

黃帝內經素問卷十・刺瘧篇第三十六

足太陽之瘧。令人腰痛。頭重。寒從背起。先寒後熱。熇熇暍暍然。熱止。汗出。難已。刺郄中出血。足少陽之瘧。令人身體解㑊。寒不甚。熱不甚。惡見人。見人。心惕惕然。熱多。汗出甚。刺足少陽。足陽明之瘧。令人先寒洒淅。洒淅寒甚。久乃熱。熱去汗出。喜見日月光火。氣乃快然。刺足陽明跗上。足太陰之瘧。令人不樂。好太息。不嗜食。多寒熱。汗出。病至則善嘔。嘔已乃衰。即取之。足少陰之瘧。令人嘔吐。甚多寒熱。熱多寒少。欲閉戶牖而處。其病難已。足厥陰之瘧。令人腰痛。少腹滿。小便不利。如癃狀。非癃也。數便意。恐懼。氣不足。腹中悒悒。刺足厥陰。肺瘧者。令人心寒。寒甚熱。熱間善驚。如有所見者。刺手太陰陽明。心瘧者。令人煩心甚。欲得清水。反寒多。不甚熱。刺手少陰。肝瘧者。令人色蒼蒼然。太息。其狀若死者。刺足厥陰見血。脾瘧者。令人寒。腹中痛。熱則腸中鳴。鳴已汗出。刺足太陰。腎瘧者。令人洒洒然。腰脊痛。宛轉。大便難。目眴眴然。手足寒。刺足太陽少陰。胃瘧者。令人且病也。善飢而不能食。食而支滿腹大。刺足陽明太陰橫脈出血。瘧發身方熱。刺跗上動脈。開其空。出其血。立寒。瘧方欲寒。刺手陽明太陰。足陽明太陰。瘧脈滿大。急刺背俞。用中鍼傍伍胠俞各一。適肥瘦出其血也。瘧脈小實。急灸脛少陰。刺指井。瘧脈滿大。急刺背俞。用五胠俞背俞各一。適行至於血也。瘧脈緩大虛。便宜用藥。不宜用鍼。凡治瘧先發。如食頃乃可以治。過之則失時也。諸瘧而脈不見。刺十指間出血。血去必已。先視身之赤如小豆者。盡取之。十二瘧者。其發各不同時。察其病形。以知其何脈之病也。先其發時。如食頃而刺之。

一刺則衰。二刺則知。三刺則已。不已。刺舌下兩脈出血。不已。刺郄中盛經出血。又刺項已下俠脊者。必已。舌下兩脈者。廉泉也。刺瘧者。必先問其病之所先發者。先刺之。先頭痛及重者。先刺頭上及兩額兩眉閒出血。先項背痛者。先刺之。先腰脊痛者。先刺郄中出血。先手臂痛者。先刺手少陰陽明十指間。先足脛痠痛者。先刺足陽明十指間出血。風瘧。瘧發則汗出惡風。刺三陽經背俞之血者。胻痠痛甚。按之不可。名曰。胕髓。病以鑱鍼。鍼絕骨出血立已。身體小痛。刺至陰。諸陰之井。無出血。間日一刺。瘧不渴。間日而作。刺足太陽。渴而間日作。刺足少陽。溫瘧汗不出。為五十九刺。

黃帝內經素問卷十・氣厥論篇第三十七

黃帝問曰。五藏六府寒熱相移者何。

歧伯曰。腎移寒於肝。癰腫少氣。脾移寒於肝。癰腫筋攣。肝移寒於心。狂。隔中。心移寒於肺。肺消。肺消者。飲一溲二。死不治。肺移寒於腎。為涌水。涌水者。按腹不堅。水氣客於大腸。疾行則鳴濯濯。如囊裹漿水之病也。脾移熱於肝。則為驚衄。肝移熱於心。則死。心移熱於肺。傳為鬲消。肺移熱於腎。傳為柔痓。腎移熱於脾。傳為虛。腸澼。死不可治。胞移熱於膀胱。則癃。溺血。膀胱移熱於小腸。鬲腸不便。上為口糜。小腸移熱於大腸。為虙瘕。為沈。大腸移熱於胃。善食而瘦入。謂之食亦。胃移熱於膽。亦曰。食亦。膽移熱於腦。則辛頞鼻淵。鼻淵者。濁涕下不止也。傳為衄。衊。瞑目。故得之氣厥也。

黃帝內經素問卷十・欬論篇第三十八

黃帝問曰。肺之令人欬。何也。

歧伯對曰。五藏六府皆令人欬。非獨肺也。

帝曰。願聞其狀。

歧伯曰。皮毛者肺之合也。皮毛先受邪氣。邪氣以從其合也。其寒飲食入胃。從肺脈上至於肺。則肺寒。肺寒則外內合邪。因而客之則為肺欬。五藏各以其時受病。非其時各傳以與之。人與天地相參。故五藏各以治時。感於寒則受病。微則為欬。甚者為泄為痛。乘秋則肺先受邪。乘春則肝先受之。乘夏則心先受之。乘至陰則脾先受之。乘冬則腎先受之。

帝曰。何以異之。

歧伯曰。肺欬之狀。欬而喘息有音。甚則唾血。心欬之狀。欬則心痛。喉中介介如梗狀。甚則咽腫喉痹。肝欬之狀。欬則兩脅下痛。甚則不可以轉。轉則兩胠下滿。脾欬之狀。欬則右脅下痛。陰陰引肩背。甚則不可以動。動則欬劇。腎欬之狀。欬則腰背相引而痛。甚則欬涎。

帝曰。六府之欬柰何。安所受病。

歧伯曰。五藏之久欬乃移於六府。脾欬不已則胃受之。胃欬之狀。欬而嘔。嘔甚則長蟲出。肝欬不已則膽受之。膽欬之狀。欬嘔膽汁。肺欬不已則大腸受之。大腸欬狀。欬而遺失。心欬不已則小腸受之。小腸欬狀。欬而失氣。氣與欬俱失。腎欬不已則膀胱受之。膀胱欬狀。欬而遺溺。久欬不已則三焦受之。三焦欬狀。欬而腹滿。不欲食飲。此皆聚於胃。關於肺。使人多涕唾。而面浮腫氣逆也。

帝曰。治之柰何。

岐伯曰。治藏者。治其俞。治府者。治其合。浮腫者。治其經。

帝曰。善。以上正文據宋人補注黃帝內經素問見叢書集成影印本

黃帝集卷十二

黃帝內經素問卷十一・舉痛論篇第三十九

黃帝問曰。余聞善言天者必有驗於人。善言古者必有合於今。善言人者必有厭於己。如此則道不惑而要數極。所謂明也。今余問於夫子。令言而可知。視而可見。捫而可得。令驗於己而發蒙解惑。可得而聞乎。

歧伯再拜稽首對曰。何道之問也。

帝曰。願聞人之五藏卒痛。何氣使然。

歧伯對曰。經脈流行不止。環周不休。寒氣入經而稽遲。泣而不行。客於脈外則血少。客於脈中則氣不通。故卒然而痛。

帝曰。其痛或卒然而止者。或痛甚不休者。或痛甚不可按者。或按之而痛止者。或按之無益者。或喘動應手者。或心與背相引而痛者。或脅肋與少腹相引而痛者。或腹痛引陰股者。或痛宿昔而成積者。或卒然痛死不知人少閒復生者。或痛而嘔者。或腹痛而後泄者。或痛而閉不通者。凡此諸痛。各不同形。別之柰何。

歧伯曰。寒氣客於脈外則脈寒。脈寒則縮踡。縮踡則脈絀急。絀急則外引小絡。故卒然而痛。得炅則痛立止。因重中於寒則痛久矣。寒氣客於經脈之中。與炅氣相薄則脈滿。滿則痛而不可按也。寒氣稽留。炅氣從上則脈充大。而血氣亂。故痛甚不可按也。寒氣客於腸胃之閒。膜原之下。血不得散。小絡急引故痛。按之則血氣散。故按之痛止。寒氣客於俠脊之脈。則深按之不能及。故按之無益也。寒氣客於衝脈。衝脈起於關元。隨腹直上。寒氣客則脈不通。脈不通則氣因之。故喘動應手矣。寒氣客於背俞之脈則血脈澀。脈澀則血虛。血虛則痛。其俞注於心。故相引而痛。按之則熱氣至。熱氣至則痛止矣。寒氣客於厥陰之脈。厥陰之脈者。絡陰器。繫於肝。寒氣客於脈中則血澀脈急。故脅肋與少腹相引痛矣。厥氣客於陰股。寒氣上及少腹。血澀在下相引。故腹痛引陰股。寒氣客於小腸。膜原之閒。絡血之中。血澀不得注於大經。血氣稽留不得行。故宿昔而成積矣。寒氣客於五藏。厥逆上泄。陰氣竭。陽氣未入。故卒然痛死不知人氣復反則生矣。寒氣客於腸胃。厥逆上出。故痛而嘔也。寒氣客於小腸。小腸不得成聚。故後泄腹痛矣。熱氣留於小腸。腸中痛。癉熱焦渴。則堅乾不得出。故痛而閉不通矣。

帝曰。所謂言而可知者也。視而可見。柰何。

岐伯曰。五藏六府。固盡有部。視其五色。黃赤為熱。白為寒。青黑為痛。此所謂視而可見者也。

帝曰。捫而可得。柰何。

岐伯曰。視其主病之脈。堅而血及陷下者。皆可捫而得也。

帝曰。善。余知百病生於氣也。怒則氣上。喜則氣緩。悲則氣消。恐則氣下。寒則氣收。炅則氣泄。驚則氣亂。勞則氣耗。思則氣結。九氣不同。何病之生。

岐伯曰。怒則氣逆。甚則嘔血及飧泄。故氣上矣。喜則氣和。志達。榮衛通利。故氣緩矣。悲則心系急。肺布葉舉而上焦不通。榮衛不散。熱氣在中。故氣消矣。恐則精卻。卻則上焦閉。閉則氣還。還則下焦脹。故氣不行矣。寒則腠理閉。氣不行。故氣收矣。炅則腠理開。榮衛通。汗大泄。故氣泄。驚則心無所倚。神無所歸。慮無所定。故氣亂矣。勞則喘息汗出。外內皆越。故氣耗矣。思則心有所存。神有所歸。正氣留而不行。故氣結矣。

黄帝內經素問卷十一·腹中論篇第四十

黄帝問曰。有病心腹滿。旦食則不能暮食。此為何病。

岐伯對曰。名為。鼓脹。

帝曰。治之柰何。

岐伯曰。治之以雞矢醴。一劑知。二劑已。

帝曰。其時有復發者。何也。

岐伯曰。此飲食不節。故時有病也。雖然其病且已。時故當病。氣聚於腹也。帝曰。有病胸脅支滿者。妨於食。病至則先聞腥臊臭。出清液。先唾血。四支清。目眩時時。前後血病。名為何。何以得之。

岐伯曰。病名。血枯。此得之年少時。有所大脫血。若醉入房。中氣竭。肝傷。故月事衰少不來也。

帝曰。治之柰何。復以何術。

岐伯曰。以四烏鰂骨。一藘茹。二物并合之。丸以雀卵。大如小豆。以五丸為後飯。飲以鮑魚汁。利腸中。及傷肝也。

帝曰。病有少腹盛。上下左右皆有根。此為何病。可治不。

岐伯曰。病名曰。伏梁。

帝曰。伏梁何因而得之。

岐伯曰。裹大膿血。居腸胃之外。不可治。治之。每切按之致死。

帝曰。何以然。

岐伯曰。此下則因陰。必下膿血。上則迫胃脘。生鬲俠胃脘內癰。此久病也。難治。居臍上為逆。居臍下為從。勿動亟奪。論在刺法中。

帝曰。人有身體。髀。股。胻皆腫。環臍而痛。是為何病。

岐伯曰。病名。伏梁。此風根也。其氣溢於大腸而著於肓。肓之原在臍下。故環臍而痛也。不可動之。動之為水溺濇之病。

帝曰。夫子數言熱中。消中不可服高梁。芳草。石藥。石藥發瘨。芳草發狂。夫熱中。消中者。皆富貴人也。今禁高梁是不合其心。禁芳草。石藥是病不愈。願聞其說。

岐伯曰。夫芳草之氣美。石藥之氣悍。二者其氣急疾堅勁。故非緩心和人。不可以服此二者。

帝曰。不可以服此二者。何以然。
岐伯曰。夫熱氣慓悍。藥氣亦然。二者相遇。恐內傷脾。脾者。土也而惡木。服此藥者。至甲乙日更論。
帝曰。善。有病膺腫。頸痛。胸滿。腹脹。此為何病。何以得之。
岐伯曰。名。厥逆。
帝曰。治之奈何。
岐伯曰。灸之則瘖。石之則狂。須其氣并。乃可治也。
帝曰。何以然。
岐伯曰。陽氣重上。有餘於上。灸之則陽氣入陰。入則瘖。石之則陽氣虛。虛則狂。須其氣并而治之。可使全也。
帝曰。善。何以知懷子之且生也。
岐伯曰。身有病而無邪脈也。
帝曰。病熱而有所痛者。何也。
岐伯曰。病熱者。陽脈也。以三陽之動也。人迎一盛少陽。二盛太陽。三盛陽明入陰也。夫陽入於陰。故病在頭與腹。乃䐜脹而頭痛也。
帝曰。善。

黃帝內經素問卷十一・刺腰痛篇第四十一

足太陽脈。令人腰痛引項脊尻。背如重狀。刺其郄中。太陽正經出血。春無見血。少陽令人腰痛。如以鍼刺其皮中。循循然不可以俛仰。不可以顧。刺少陽成骨之端出血。成骨。在膝外廉之骨獨起者。夏無見血。陽明令人腰痛不可以顧。顧如有見者。善悲。刺陽明於胻前三痏上。下和之出血。秋無見血。足少陰令人腰痛。痛引脊內廉。刺少陰於內踝上二痏。春無見血。出血太多。不可復也。厥陰之脈。令人腰痛。腰中如張弓弩弦。刺厥陰之脈。在腨踵魚腹之外。循之累累然乃刺之。其病令人善言。默默然。不慧。刺之三痏。解脈令人腰痛。痛而引肩。目䀮䀮然。時遺溲。刺解脈在膝筋肉分間。郄外廉之横脈出血。血變而止。解脈令人腰痛如引帶。常如折腰狀。善恐。刺解脈在郄中。結絡如黍米。刺之。血射以黑。見赤血而已。同陰之脈。令人腰痛。痛如小錘居其中。怫然腫。刺同陰之脈。在外踝上絕骨之端。為三痏。陽維之脈。令人腰痛。痛上。怫然腫。刺陽維之脈。脈與太陽合腨下間。去地一尺所。衡絡之脈。令人腰痛不可以俛仰。仰則恐仆。得之舉重傷腰。衡絡絕。惡血歸之。刺之在郄陽。筋之間。上郄數寸。衡居為二痏出血。會陰之脈。令人腰痛。痛上。漯漯然汗出。汗乾令人欲飲。飲已欲走。刺直陽之脈上三痏。在蹻上郄下五寸。横居視其盛者出血。飛陽之脈。令人腰痛。痛上。怫怫然。甚則悲以恐。刺飛陽之脈。在內踝上五寸。少陰之前。與陰維之會。昌陽之脈。令人腰痛。痛引膺。目䀮䀮然。甚則反折。舌卷不能言。刺內筋為二痏。在內踝上。大筋前。太陰後。上踝二寸所。散脈令人腰痛而熱。熱甚生煩。腰下如有横木居其中。甚則遺溲。刺散脈在膝前骨肉分閒。絡外廉束脈為三痏。肉里之脈。令人腰痛。不可以欬。欬則筋縮急。刺肉里之脈為二痏。在太陽之外。少陽絕骨之後。腰痛俠脊。而痛至頭。几几然。目䀮䀮欲僵仆。刺足太陽郄中出血。腰痛上寒。刺足太陽陽明。上熱。刺足厥陰。不可以俛仰。刺足少陽。中熱而喘。刺足少陰。刺郄中出血。腰痛上寒。不可顧。刺足陽明。上熱。刺足太陰。中熱而喘。刺足少陰。大便難。刺足少陰。少腹滿。刺足厥陰。如折。不可以俛仰。不可舉。刺足太陽。引脊內廉。刺足少陰。腰痛引少腹。控眇不可以仰。刺腰尻交者。兩髁胂上。以月生死為痏數。發鍼立已。左取右。右取左。以上正文據宋人補注黄帝內經素問見叢書集成影印本

黃帝集卷十三

黃帝內經素問卷十二・風論篇第四十二

黃帝問曰。風之傷人也。或為寒熱。或為熱中。或為寒中。或為癘風。或為偏枯。或為風也。其病各異。其名不同。或內至五藏六府。不知其解。願聞其說。

歧伯對曰。風氣藏於皮膚之閒。內不得通。外不得泄。風者。善行而數變。腠理開則洒然寒。閉則熱而悶。其寒也。則衰食飲。其熱也。則消肌肉。故使人怢慄而不能食。名曰。寒熱。風氣與陽明入胃。循脈而上至目內眥。其人肥。則風氣不得外泄。則為熱中而目黃。人瘦。則外泄而寒。則為寒中而泣出。風氣與太陽俱入行諸脈俞。散於分肉之閒。與衛氣相干。其道不利。故使肌肉憤䐜而有瘍。衛氣有所凝而不行。故其肉有不仁也。癘者。有榮氣熱胕。其氣不清。故使其鼻柱壞而色敗。皮膚瘍潰。風寒客於脈而不去。名曰。癘風。或名曰。寒熱。以春甲乙傷於風者。為肝風。以夏丙丁傷於風者。為心風。以季夏戊己傷於邪者。為脾風。以秋庚辛中於邪者。為肺風。以冬壬癸中於邪者。為腎風。風中五藏六府之俞。亦為藏府之風。各入其門戶。所中則為偏風。風氣循風府而上。則為腦風。風入係頭。則為目風眼寒。飲酒中風。則為漏風。入房。汗出中風。則為內風。新沐中風。則為首風。久風入中。則為腸風飧泄。外在腠理。則為泄風。故風者。百病之長也。至其變化。乃為他病也。無常方。然致有風氣也。

帝曰。五藏風之形狀不同者何。願聞其診及其病能。

岐伯曰。肺風之狀。多汗惡風。色皏然白。時欬短氣。晝日則差。暮則甚。診在眉上。其色白。心風之狀。多汗惡風。焦絕。善怒嚇。赤色。病甚則言不可快。診在口。其色赤。肝風之狀。多汗惡風。善悲。色微蒼。嗌乾。善怒。時憎女子。診在目下。其色青。脾風之狀。多汗惡風。身體怠墮。四支不欲動。色薄微黃。不嗜食。診在鼻上。其色黃。腎風之狀。多汗惡風。面痝然浮腫。脊痛不能正立。其色炲。隱曲不利。診在肌上。其色黑。胃風之狀。頸多汗。惡風。食飲不下。鬲塞不通。腹善滿。失衣則䐜脹。食寒則泄。診形瘦而腹大。首風之狀。頭面多汗。惡風。當先風一日則病甚。頭痛不可以出內。至其風日則病少愈。漏風之狀。或多汗。常不可單衣。食則汗出。甚則身汗。喘息。惡風。衣常濡。口乾。善渴。不能勞事。泄風之狀。多汗。汗出泄衣上。口中乾。上漬其風。不能勞事。身體盡痛則寒。

帝曰。善。

黃帝內經素問卷十二・痹論篇第四十三

黃帝問曰。痹之安生。

岐伯對曰。風寒溼三氣雜至。合而為痹也。其風氣勝者。為行痹。寒氣勝者。為痛痹。溼氣勝者。為著痹也。

帝曰。其有五者。何也。

岐伯曰。以冬遇此者為骨痺。以春遇此者為筋痺。以夏遇此者為脈痺。以至陰遇此者為肌痺。以秋遇此者為皮痺。

帝曰。內舍五藏六府。何氣使然。

岐伯曰。五藏皆有合病。久而不去者。內舍於其合也。故骨痺不已。復感於邪。內舍於腎。筋痺不已。復感於邪。內舍於肝。脈痺不已。復感於邪。內舍於心。肌痺不已。復感於邪。內舍於脾。皮痺不已。復感於邪。內舍於肺。所謂痺者。各以其時。重感於風寒溼之氣也。凡痺之客五藏者。肺痺者。煩滿喘而嘔。心痺者。脈不通。煩則心下鼓暴。上氣而喘。嗌乾。善噫。厥氣上則恐。肝痺者。夜臥則驚。多飲。數小便。上為引如懷。腎痺者。善脹。尻以代踵。脊以代頭。脾痺者。四支解墮。發欬。嘔汁。上為大塞。腸痺者。數飲而出不得。中氣喘爭。時發飧泄。胞痺者。少腹膀胱按之內痛。若沃以湯。澀於小便。上為清涕。陰氣者。靜則神藏。躁則消亡。飲食自倍。腸胃乃傷。淫氣喘息。痺聚在肺。淫氣憂思。痺聚在心。淫氣遺溺。痺聚在腎。淫氣乏竭。痺聚在肝。淫氣肌絕。痺聚在脾。諸痺不已。亦益內也。其風氣勝者。其人易已也。

異文淫氣飢絕。永樂大典卷一三八七七

帝曰。痺其時有死者。或疼久者。或易已者。其故何也。

岐伯曰。其入藏者。死。其留連筋骨閒者。疼久。其留皮膚閒者。易已。

帝曰。其客於六府者。何也。

岐伯曰。此亦其食飲居處為其病本也。六府亦各有俞。風寒溼氣中其俞。而食飲應之。循俞而入。各舍其府也。

帝曰。以鍼治之柰何。

岐伯曰。五藏有俞。六府有合。循脈之分。各有所發。各隨其過。則病瘳也。

帝曰。榮衛之氣亦令人痹乎。

岐伯曰。榮者。水穀之精氣也。和調於五藏。灑陳於六府。乃能入於脈也。故循脈上下。貫五藏絡六府也。衛者。水穀之悍氣也。其氣慓疾滑利。不能入於脈也。故循皮膚之中。分肉之閒。熏於肓膜。散於胸腹。逆其氣則病。從其氣則愈。不與風寒溼氣合。故不為痹。

帝曰。善。痹或痛。或不痛。或不仁。或寒。或熱。或燥。或溼。其故何也。

岐伯曰。痛者。寒氣多也。有寒。故痛也。其不痛不仁者。病久入深。榮衛之行濇。經絡時疏故不通。皮膚不營。故為不仁。其寒者。陽氣少。陰氣多。與病相益。故寒也。其熱者。陽氣多。陰氣少。病氣勝。陽遭陰。故為痹熱。其多汗而濡者。此其逢溼甚也。陽氣少。陰氣盛。兩氣相感。故汗出而濡也。

帝曰。夫痹之為病。不痛何也。

岐伯曰。痹在於骨則重。在於脈則血凝而不流。在於筋則屈不伸。在於肉則不仁。在於皮則寒。故具此五者則不痛也。凡痹之類。逢寒則蟲。逢熱則縱。

帝曰。善。

黃帝內經素問卷十二・痿論篇第四十四

黃帝問曰。五藏使人痿。何也。

岐伯對曰。肺主身之皮毛。心主身之血脈。肝主身之筋膜。脾主身之肌肉。腎主身之骨髓。故肺熱葉焦則皮毛虛弱。急薄著。則生痿躄也。心氣熱。則下脈厥而上。上則下脈虛。虛則生脈痿。樞折挈脛。縱而不任地也。肝氣熱則膽泄。口苦。筋膜乾。筋膜乾則筋急而攣。發為筋痿。脾氣熱則胃乾而渴。肌肉不仁。發為肉痿。腎氣熱。則腰脊不舉。骨枯而髓減。發為骨痿。

帝曰。何以得之。

岐伯曰。肺者。藏之長也。為心之蓋也。有所失亡。所求不得。則發肺鳴。鳴則肺熱葉焦。故曰。五藏因肺熱葉焦。發為痿躄。此之謂也。悲哀太甚。則胞絡絕。胞絡絕則陽氣內動。發則心下崩。數溲血也。故本病曰。大經空虛。發為肌痹。傳為脈痿。思想無窮。所願不得。意淫於外。入房太甚。宗筋弛縱。發為筋痿。及為白淫。故下經曰。筋痿者。生於肝。使內也。有漸於溼。以水為事。若有所留。居處相溼。肌肉濡漬。痹而不仁。發為肉痿。故下經曰。肉痿者。得之溼地也。有所遠行勞倦。逢大熱而渴。渴則陽氣內伐。內伐則熱舍於腎。腎者。水藏也。今水不勝火。則骨枯而髓虛。故足不任身。發為骨痿。故下經曰。骨痿者。生於大熱也。

帝曰。何以別之。

岐伯曰。肺熱者。色白而毛敗。心熱者。色赤而絡脈溢。肝熱者。色蒼而爪枯。脾熱者。色黃而肉蠕動。腎熱者。色黑而齒槁。

異文 脾熱者。色黃而肉軟。太平御覽卷三七五・人事部一六・肉

帝曰。如夫子言可矣。論言。治痿者獨取陽明。何也。

岐伯曰。陽明者。五藏六府之海。主閏宗筋。宗筋主束骨而利機關也。衝脈者。經脈之海也。主滲灌谿谷。與陽明合於宗筋。陰陽總宗筋之會。會於氣街。而陽明為之長。皆屬於帶脈。而絡於督脈。故陽明虛則宗筋縱。帶脈不引。故足痿不用也。

帝曰。治之柰何。

岐伯曰。各補其滎而通其俞。調其虛實。和其逆順。筋脈骨肉各以其時受月。則病已矣。

帝曰。善。

黃帝內經素問卷十二・厥論篇第四十五

黃帝問曰。厥之寒熱者。何也。

岐伯對曰。陽氣衰於下則為寒厥。陰氣衰於下則為熱厥。

帝曰。熱厥之為熱也。必起於足下者。何也。

岐伯曰。陽氣起於足五指之表。陰脈者集於足下而聚於足心。故陽氣勝則足下熱也。

帝曰。寒厥之為寒也。必從五指而上於膝者。何也。

岐伯曰。陰氣起於五指之裏。集於膝下而聚於膝上。故陰氣勝則從五指至膝上寒。其寒也不從外。皆從內也。

帝曰。寒厥何失而然也。

岐伯曰。前陰者。宗筋之所聚。太陰陽明之所合也。春夏則陽氣多而陰氣少。秋冬則陰氣盛而陽氣衰。此人者質壯。以秋冬奪於所用。下氣上爭。不能復。精氣溢下。邪氣因從之而上也。氣因於中。陽氣衰。不能滲營其經絡。陽氣日損。陰氣獨在。故手足為之寒也。

帝曰。熱厥何如而然也。

岐伯曰。酒入於胃。則絡脈滿而經脈虛。脾主為胃行其津液者也。陰氣虛則陽氣入。陽氣入則胃不和。胃不和則精氣竭。精氣竭則不營其四支也。此人必數醉。若飽以入房。氣聚於脾中不得散。酒氣與穀氣相薄。熱盛於中。故熱徧於身。內熱而溺赤也。夫酒氣盛而慓悍。腎氣有衰。陽氣獨勝。故手足為之熱也。

帝曰。厥或令人腹滿。或令人暴不知人。或至半日遠至一日乃知人者。何也。

岐伯曰。陰氣盛於上則下虛。下虛則腹脹滿。陽氣盛於上。則下氣重上。而邪氣逆。逆則陽氣亂。陽氣亂則不知人也。

帝曰。善。願聞六經脈之厥狀病能也。

岐伯曰。巨陽之厥。則腫首。頭重。足不能行。發為眴仆。陽明之厥。則癲疾欲走呼。腹滿不得臥。

面赤而熱。妄見而妄言。少陽之厥。則暴聾。頰腫而熱。脅痛。䯒不可以運。太陰之厥。則腹滿䐜脹。後不利。不欲食。食則嘔。不得臥。少陰之厥。則口乾。溺赤。腹滿。心痛。厥陰之厥。則少腹腫痛。腹脹。涇溲不利。好臥。屈膝。陰縮腫。䯒內熱。盛則寫之。虛則補之。不盛不虛。以經取之。太陰厥逆。䯒急攣。心痛引腹。治主病者。少陰厥逆。虛滿。嘔變。下泄清。治主病者。厥陰厥逆。攣腰痛。虛滿。前閉。譫言。治主病者。三陰俱逆。不得前後。使人手足寒。三日死。太陽厥逆。僵仆。嘔血。善衄。治主病者。少陽厥逆。機關不利。機關不利者。腰不可以行。項不可以顧。發腸癰不可治。驚者死。陽明厥逆。喘欬。身熱。善驚。衄。嘔血。手太陰厥逆。虛滿而欬。善嘔沫。治主病者。手心主少陰厥逆。心痛引喉。身熱死。不可治。手太陽厥逆。耳聾。泣出。項不可以顧。腰不可以俛仰。治主病者。手陽明少陽厥逆。發喉痹。嗌腫痓。治主病者。以上正文據宋人補注黃帝內經素問見叢書集成影印本

黃帝集卷十四

黃帝內經素問卷十三・病能論篇第四十六

黃帝問曰。人病胃脘癰者。診當何如。

歧伯對曰。診此者。當候胃脈。其脈當沈細。沈細者。氣逆。逆者。人迎甚盛。甚盛則熱。人迎者。胃脈也。逆而盛。則熱聚於胃口而不行。故胃脘為癰也。

帝曰。善。人有臥而有所不安者。何也。

歧伯曰。藏有所傷。及精有所之寄則安。故人不能懸其病也。

帝曰。人之不得偃臥者。何也。

歧伯曰。肺者。藏之蓋也。肺氣盛則脈大。脈大則不得偃臥。論在奇恆陰陽中。

帝曰。有病厥者。診右脈沈而緊。左脈浮而遲。不然。病主安在。

歧伯曰。冬診之。右脈固當沈緊。此應四時。左脈浮而遲。此逆四時。在左當主病在腎。頗關在肺。當腰痛也。

帝曰。何以言之。

歧伯曰。少陰脈貫腎絡肺。今得肺脈。腎為之病。故腎為腰痛之病也。

帝曰。善。有病頸癰者。或石治之。或鍼灸治之而皆已。其真安在。

岐伯曰。此同名異等者也。夫癰氣之息者。宜以鍼開除去之。夫氣盛血聚者。宜石而寫之。此所謂同病異治也。

帝曰。有病怒狂者。此病安生。

岐伯曰。生於陽也。

帝曰。陽何以使人狂。

岐伯曰。陽氣者。因暴折而難決。故善怒也。病名曰。陽厥。

帝曰。何以知之。

岐伯曰。陽明者常動。巨陽少陽不動。不動而動。大疾。此其候也。

異文巨陽少陽。不動而動。大疾。本草綱目卷八·金石部·鐵落

帝曰。治之柰何。

岐伯曰。奪其食即已。夫食入於陰。長氣於陽。故奪其食即已。使之服以生鐵洛為飲。夫生鐵洛者。下氣疾也。

帝曰。善。有病身熱解墮。汗出如浴。惡風少氣。此為何病。

岐伯曰。病名曰。酒風。

帝曰。治之柰何。

岐伯曰。以澤寫。朮各十分。麋銜五分。合以三指。撮為後飯。所謂深之細者。其中手如鍼也。摩

之。切之。揆者。堅也。博者。大也。上經者。言氣之通天也。下經者。言病之變化也。金匱者。決死生也。揆度者。切度之也。奇恆者。言奇病也。所謂奇者。使奇病不得以四時死也。恆者。得以四時死也。所謂揆者。方切求之也。言切求其脈理也。度者。得其病處以四時度之也。

異文 治之以澤瀉。朮各十分。麋銜五分。合以二指。（宋・寇宗奭・圖經衍義本草卷八）

治之以澤瀉。朮各三五分。麋銜五分。（本草綱目卷十五・草部・薇銜）

黃帝內經素問卷十三・奇病論篇第四十七

黃帝問曰。人有重身。九月而瘖。此為何也。

歧伯對曰。胞之絡脈絕也。

帝曰。何以言之。

歧伯曰。胞絡者。繫於腎少陰之脈。貫腎。繫舌本。故不能言。

帝曰。治之柰何。

歧伯曰。無治也。當十月復。刺法曰。無損不足。益有餘。以成其疹。然後調之。所謂無損不足者。身羸瘦無用鑱石也。無益其有餘者。腹中有形而泄之。泄之則精出而病獨擅中。故曰。疹成也。

帝曰。病脅下滿。氣逆。二三歲不已。是為何病。

歧伯曰。病名曰。息積。此不妨於食。不可灸刺。積為導引服藥。藥不能獨治也。

帝曰。人有身體髀股胻皆腫。環齊而痛。是為何病。

岐伯曰。病名曰。伏梁。此風根也。其氣溢於大腸而著於肓。肓之原在齊下。故環齊而痛也。不可動之。動之為水溺濇之病也。

帝曰。人有尺脈數甚。筋急而見。此為何病。

岐伯曰。此所謂疹筋。是人腹必急。白色黑色見則病甚。

帝曰。人有病頭痛。以數歲不已。此安得之。名為何病。

岐伯曰。當有所犯大寒。內至骨髓。髓者以腦為主。腦逆故令頭痛。齒亦痛。病名曰。厥逆。

帝曰。善。

帝曰。有病口甘者。病名為何。何以得之。

岐伯曰。此五氣之溢也。名曰。脾癉。夫五味入口。藏於胃。脾為之行其精氣。津液在脾。故令人口甘也。此肥美之所發也。此人必數食甘美而多肥也。肥者令人內熱。甘者令人中滿。故其氣上溢。轉為消渴。治之以蘭。除陳氣也。

異文五味入口。藏于脾胃。以行其精氣。（本草綱目十四・草部・蘭草）

帝曰。有病口苦。取陽陵泉。口苦者病名為何。何以得之。

岐伯曰。病名曰。膽癉。夫肝者。中之將也。取決於膽。咽為之使。此人者。數謀慮不決。故膽虛氣上溢而口為之苦。治之以膽募俞。治在陰陽十二官相使中。

帝曰。有癃者。一日數十溲。此不足也。身熱如炭。頸膺如格。人迎躁盛。喘息。氣逆。此有餘也。太陰脈微細如髮者。此不足也。其病安在。名為何病。

岐伯曰。病在太陰。其盛在胃。頗在肺。病名曰。厥。死不治。此所謂得五有餘。二不足也。

帝曰。何謂五有餘。二不足。

岐伯曰。所謂五有餘者。五病之氣有餘也。二不足者。亦病氣之不足也。今外得五有餘。內得二不足。此其身不表不裏。亦正死。明矣。

帝曰。人生而有病巔疾者。病名曰何。安所得之。

岐伯曰。病名為。胎病。此得之在母腹中。時其母有所大驚。氣上而不下。精氣并居。故令子發為巔疾也。

異文此名。胎病。此得在腹時。母大驚。氣上下。精氣并。故令子發癲病。太平御覽卷七三九・疾病部二・癲

帝曰。有病痝然如有水狀。切其脈大緊。身無痛者。形不瘦。不能食。食少。名為何病。

岐伯曰。病生在腎。名為腎風。腎風而不能食。善驚。驚已心氣痿者。死。

帝曰。善。

黃帝內經素問卷十三・大奇論篇第四十八

肝滿。腎滿。肺滿。皆實。即為腫。肺之雍。喘而兩胠滿。肝雍。兩胠滿。臥則驚。不得小便。腎

癰。腳下至少腹滿。脛有大小。髀胻大。跛。易偏枯。心脈滿大。癇。瘛。筋攣。肝脈小急。癇。瘛。筋攣。肝脈騖暴。有所驚駭。脈不至。若瘖。不治。自已。腎脈小急。肝脈小急。心脈小急。不鼓皆為瘕。腎肝并沈為石水。并浮為風水。并虛為死。并小絃欲驚。腎脈大急沈。肝脈大急沈。皆為疝。心脈搏滑急為心疝。肺脈沈搏為肺疝。三陽急為瘕。三陰急為疝。二陰急為癇厥。二陽急為驚。脾脈外鼓沈為腸澼。久自已。肝脈小緩為腸澼。易治。腎脈小搏沈為腸澼。下血。血溫。身熱者。死。心肝澼。亦下血。二藏同病者。可治。其脈小沈濇為腸澼。其身熱者。死。熱見七日。死。胃脈沈鼓濇。胃外鼓大。心脈小堅急。皆鬲。偏枯。男子發左。女子發右。不瘖舌轉可治。三十日起。其從者。瘖。三歲起。年不滿二十者。三歲死。脈至而搏。血衄。身熱者。死。脈來懸鉤浮為常脈。脈至如喘。名曰暴厥。暴厥者。不知與人言。脈至如數。使人暴驚。三四日自已。脈至浮合。浮合如數。一息十至以上。是經氣予不足也。微見。九十日死。脈至如火薪。然是心精之予奪也。草乾而死。脈至如散葉。是肝氣予虛也。木葉落而死。脈至如省客。省客者。脈塞而鼓。是腎氣予不足也。懸去棗華而死。脈至如丸泥。是胃精予不足也。榆莢落而死。脈至如横格。是膽氣予不足也。禾熟而死。脈至如弦縷。是胞精予不足也。病善言。下霜而死。不言。可治。脈至如交漆。交漆者。左右傍至也。微見。三十日死。脈至如涌泉。浮鼓肌中。太陽氣予不足也。少氣味。韭英而死。脈至如頹土之狀。按之不得。是肌氣予不足也。五色先見。黑白壘發死。脈至如懸雍。懸雍者。浮揣切之益大。是十二俞之予不足也。水凝而死。脈至如偃刀。偃刀者。浮之小急。按之堅大急。五藏菀熟。寒熱獨并於腎也。如此其人不得坐。立春而死。脈至如丸。滑不直手。不直手者。按之不可得也。是大腸氣予不足也。棗葉生而死。脈至如華者。令人善恐。不欲坐臥。行立常聽。是小腸氣予不足也。季秋而死。

黃帝內經素問卷十三・脈解篇第四十九

太陽所謂腫腰脽痛者。正月太陽寅。寅。太陽也。正月。陽氣出在上。而陰氣盛。陽未得自次也。故腫腰脽痛也。病偏虛為跛者。正月陽氣凍解。地氣而出也。所謂偏虛者。冬寒頗有不足者。故偏虛為跛也。所謂強上引背者。陽氣大上而爭。故強上也。所謂耳鳴者。陽氣萬物盛上而躍。故耳鳴也。所謂甚則狂巔疾者。陽盡在上而陰氣從下。下虛上實。故狂巔疾也。所謂浮為聾者。皆在氣也。所謂入中為瘖者。陽盛已衰。故為瘖也。內奪而厥。則為瘖俳。此腎虛也。少陰不至者。厥也。少陽所謂心脅痛者。言少陽盛也。盛者。心之所表也。九月陽氣盡而陰氣盛。故心脅痛也。所謂不可反側者。陰氣藏物也。物藏則不動。故不可反側也。所謂甚則躍者。九月萬物盡衰。草木畢落而墮。則氣去陽而之陰。氣盛而陽之下長。故謂躍。陽明所謂灑灑振寒者。陽明者。午也。五月盛陽之陰也。陽盛而陰氣加之。故灑灑振寒也。所謂脛腫而股不收者。是五月盛陽之陰也。陽者衰於五月。而一陰氣上與陽始爭。故脛腫而股不收也。所謂上喘而為水者。陰氣下而復上。上則邪客於藏府閒。故為水也。所謂胸痛少氣者。水氣在藏府也。水者。陰氣也。陰氣在中。故胸痛少氣也。所謂甚則厥。惡人與火。聞木音則惕然而驚者。陽氣與陰氣相薄。水火相惡。故惕然而驚也。所謂欲獨閉戶牖而處者。陰陽相薄也。陽盡而陰盛。故欲獨閉戶牖而居。所謂病至則欲乘高而歌。棄衣而走者。陰陽復爭。而外并於陽。故使之棄衣而走也。所謂客孫脈則頭痛。鼻鼽。腹腫者。陽明并於上。上者則其孫絡太陰也。故頭痛。鼻鼽。腹腫也。太陰所謂病脹者。太陰。子也。十一月。萬物氣皆藏於中。故曰。病脹。所謂上走心為噫者。陰盛而上走於陽明。陽明絡屬心。故曰。上走心為噫也。所謂食則嘔者。物盛滿而上溢。故嘔也。所謂得後與氣。則快然如衰者。十二月。陰氣下衰而陽氣且出。故曰。得後與氣。則快然如衰也。少陰所謂腰痛者。少陰者。腎也。十月。萬物陽氣皆傷。故腰痛也。所謂嘔欬上氣喘者。陰氣在下。陽氣在上。諸陽氣浮。無所依從。故嘔欬上氣喘也。所謂色色。不能久立。久坐起則目䀮䀮無所見者。萬物陰陽不定。未有主也。秋氣始至。微霜始下。而方殺萬物。陰陽內奪。故目䀮䀮無所見也。所謂少氣善怒者。陽氣不治。陽氣不治。則陽氣不得出。肝氣當治而未得。故善怒。善怒者。名曰。煎厥。所謂恐如人將捕之者。秋氣萬物未有畢去。陰氣少陽氣入。陰陽相薄。故恐也。所謂惡聞食臭者。胃無氣。故惡聞食臭也。所謂面黑如地色者。秋氣內奪。故變於色也。所謂欬則有血者。陽脈傷也。陽氣未盛於上而脈滿。滿則欬。故血見於鼻也。厥陰所謂㿗疝婦人少腹腫者。厥陰者。辰也。三月。陽中之陰。邪在中。故曰。㿗疝少腹腫也。所謂腰脊痛不可以俛仰者。三月一振。榮華萬物。一俛而不仰也。所謂㿗癃疝膚脹者。曰。陰亦盛而脈脹不通。故曰。㿗癃疝也。所謂甚則嗌乾熱中者。陰陽相薄而熱。故嗌乾也。以上正文據宋人補注黄帝內經素問見叢書集成影印本

黃帝集卷十五

黃帝內經素問卷十四·刺要論篇第五十

黃帝問曰。願聞刺要。

歧伯對曰。病有浮沈。刺有淺深。各至其理。無過其道。過之則內傷。不及則生外壅。壅則邪從之。淺深不得。反為大賊。內動五藏。後生大病。故曰。病有在毫毛腠理者。有在皮膚者。有在肌肉者。有在脈者。有在筋者。有在骨者。有在髓者。是故刺毫毛腠理。無傷皮。皮傷則內動肺。肺動則秋病溫瘧。泝泝然寒慄。刺皮無傷肉。肉傷則內動脾。脾動則七十二日。四季之月。病腹脹。煩不嗜食。刺肉無傷脈。脈傷則內動心。心動則夏病心痛。刺肉無傷筋。筋傷則內動肝。肝動則春病熱而筋弛。刺筋無傷骨。骨傷則內動腎。腎動則冬病脹腰痛。刺骨無傷髓。髓傷則銷鑠。胻酸。體解㑊然。不去矣。

黃帝內經素問卷十四·刺齊論篇第五十一

黃帝問曰。願聞刺淺深之分。

歧伯對曰。刺骨者無傷筋。刺筋者無傷肉。刺肉者無傷脈。刺脈者無傷皮。刺皮者無傷肉。刺肉者無傷筋。刺筋者無傷骨。

帝曰。余未知其所謂。願聞其解。

岐伯曰。刺骨無傷筋者。鍼至筋而去。不及骨也。刺筋無傷肉者。至肉而去。不及筋也。刺肉無傷脈者。至脈而去。不及肉也。刺脈無傷皮者。至皮而去。不及脈也。所謂刺皮無傷肉者。病在皮中。鍼入皮中無傷肉也。刺肉無傷筋者。過肉中筋也。刺筋無傷骨者。過筋中骨也。此之謂反也。

黃帝內經素問卷十四·刺禁論篇第五十二

黃帝問曰。願聞禁數。

岐伯對曰。藏有要害。不可不察。肝生於左。肺藏於右。心部於表。腎治於裏。脾為之使。胃為之市。鬲肓之上。中有父母。七節之傍。中有小心。從之有福。逆之有咎。刺中心一日死。其動為噫。刺中肝五日死。其動為語。刺中腎六日死。其動為嚏。刺中肺三日死。其動為欬。刺中脾十日死。其動為吞。刺中膽一日半死。其動為嘔。刺跗上。中大脈。血出不止。死。刺面。中溜脈。不幸為盲。刺頭。中腦戶。入腦立死。刺舌下。中脈。大過。血出不止為瘖。刺足下布絡。中脈。血不出為腫。刺郄。中大脈。令人仆脫色。刺氣街。中脈。血不出為腫鼠僕。刺脊閒。中髓。為傴。刺乳上。中乳房。為腫根蝕。刺缺盆中內陷。氣泄。令人喘欬逆。刺手魚腹內陷。為腫。無刺大醉。令人氣亂。無刺大怒。令人氣逆。無刺大勞人。無刺新飽人。無刺大饑人。無刺大渴人。無刺大驚人。刺陰股。中大脈。血出不止死。刺客主人內陷。中脈。為內漏。為聾。刺膝髕。出液為跛。刺臂太陰脈。出血多立死。刺足少陰脈。重虛出血。為舌難以言。刺膺中陷。中肺。為喘逆仰息。刺肘中內陷。氣歸之。為不屈伸。刺陰股下三寸內陷。令人遺溺。刺掖下脅閒內陷。令人欬。刺少腹。中膀胱。溺出令人少腹滿。刺腨腸內陷。為腫。刺匡上陷骨。中脈。為漏。為盲。刺關節中。液出。不得屈伸。

黃帝內經素問卷十四・刺志論篇第五十三

黃帝問曰。願聞虛實之要。

岐伯對曰。氣實形實。氣虛形虛。此其常也。反此者。病。穀盛氣盛。穀虛氣虛。此其常也。反此者。病。脈實血實。脈虛血虛。此其常也。反此者。病。

帝曰。如何而反。

岐伯曰。氣虛身熱。此謂反也。穀入多而氣少。此謂反也。穀不入而氣多。此謂反也。脈盛血少。此謂反也。脈少血多。此謂反也。氣盛身寒。得之傷寒。氣虛身熱。得之傷暑。穀入多而氣少者。得之有所脫血。溼居下也。穀入少而氣多者。邪在胃及與肺也。脈小血多者。飲中熱也。脈大血少者。脈有風氣。水漿不入。此之謂也。夫實者。氣入也。虛者。氣出也。氣實者。熱也。氣虛者。寒也。入實者。左手開鍼空也。入虛者。左手閉鍼空也。

黃帝內經素問卷十四・鍼解篇第五十四

黃帝問曰。願聞九鍼之解。虛實之道。

歧伯對曰。刺虛則實之者。鍼下熱也。氣實乃熱也。滿而泄之者。鍼下寒也。氣虛乃寒也。菀陳則除之者。出惡血也。邪勝則虛之者。出鍼勿按。徐而疾。則實者。徐出鍼。而疾按之。疾而徐。則虛者。疾出鍼。而徐按之。言實與虛者。寒溫。氣多少也。若無若有者。疾不可知也。察後與先者。知病先後也。為虛與實者。工勿失其法。若得若失者。離其法也。虛實之要。九鍼最妙者。為其各有所宜也。補寫之時者。與氣開闔相合也。九鍼之名。各不同形者。鍼窮其所當補寫也。刺實須其虛者。留鍼。陰氣隆至乃去鍼也。刺虛須其實者。陽氣隆至。鍼下熱。乃去鍼也。經氣已至。慎守勿失者。勿變更也。深淺在志者。知病之內外也。近遠如一者。深淺其候等也。如臨深淵者。不敢墯也。手如握虎者。欲其壯也。神無營於眾物者。靜志觀病人。無左右視也。義無邪下者。欲端以正也。必正其神者。欲瞻病人目。制其神。令氣易行也。所謂三里者。下膝三寸也。所謂跗之者。舉膝分易見也。巨虛者。蹻足䯒獨陷者。下廉者。陷下者也。

帝曰。余聞九鍼。上應天地。四時陰陽。願聞其方。令可傳於後世以為常也。

歧伯曰。夫一天。二地。三人。四時。五音。六律。七星。八風。九野。身形亦應之。鍼各有所宜。故曰九鍼。人皮應天。人肉應地。人脈應人。人筋應時。人聲應音。人陰陽合氣應律。人齒面目應星。人出入氣應風。人九竅三百六十五絡應野。故一鍼皮。二鍼肉。三鍼脈。四鍼筋。五鍼骨。六鍼調陰陽。七鍼益精。八鍼除風。九鍼通九竅。除三百六十五節氣。此之謂各有所主也。人心意應八風。人氣應天。人髮齒耳目五聲。應五音六律。人陰陽脈血氣應地。人肝目應之九。九竅三百六十五。人一以觀動靜。天二以候五色。七星應之以候髮毋澤。五音一以候宮商角徵羽。六律有餘不足應之。二地一以候高下有餘。九野一節俞應之以候閉節。三人變一分人候齒。泄多血少。十分角之變。五分以候緩急。六分不足。三分寒關節。第九分四時人寒溫燥溼。四時一應之。以候相反一。四方各作解。

黃帝內經素問卷十四・長刺節論篇第五十五

刺家不診。聽病者言在頭。頭疾痛為藏鍼之。刺至骨。病已。上無傷骨肉及皮。皮者。道也。陰刺。入一傍四處。治寒熱。深專者。刺大藏。迫藏。刺背。背俞也。刺之迫藏。藏會。腹中寒熱去。而止。與刺之要。發鍼而淺出血。治腐腫者。刺腐上。視癰小大深淺刺。刺大者。多血。小者。深之。必端內鍼為故正。病在少腹有積。刺皮䯏以下至少腹而止。刺俠脊兩傍四椎閒。刺兩髂髎季脅肋閒。導腹中氣熱下已。病在少腹。腹痛不得大小便。病名曰。疝。得之寒。刺少腹兩股閒。刺腰髁骨閒。刺而多之。盡炅。病已。病在筋。筋攣節痛不可以行。名曰。筋痹。刺筋上為故。刺分肉閒不可中骨也。病起筋炅。病已止。病在肌膚。肌膚盡痛。名曰。肌痹。傷於寒溼。刺大分小分。多發鍼而深之。以熱為故。無傷筋骨。傷筋骨。癰發若變。諸分盡熱。病已止。病在骨。骨重不可舉。骨髓酸痛。寒氣至。名曰。骨痹。深者。刺無傷脈肉為故。其道大分小分。骨熱病已止。病在諸陽脈。且寒且熱。諸分且寒且熱。名曰。狂。刺之虛脈。視分盡熱。病已止。病初發。歲一發不治。月一發不治。月四五發。名曰。癲病。刺諸分諸脈。其無寒者。以鍼調之。病已止。病風。且寒且熱。炅汗出。一日數過。先刺諸分理絡脈。汗出且寒且熱。三日一刺。百日而已。病大風。骨節重。鬚眉墮。名曰。大風。刺肌肉為故。汗出百日。刺骨髓。汗出百日。凡二百日。鬚眉生而止鍼。以上正文據宋人補注黃帝內經素問見叢書集成影印本

黃帝集卷十六

黃帝內經素問卷十五・皮部論篇第五十六

黃帝問曰。余聞皮有分部。脈有經紀。筋有結絡。骨有度量。其所生病各異。別其分部。左右上下。陰陽所在。病之始終。願聞其道。

歧伯對曰。欲知皮部。以經脈為紀者。諸經皆然。陽明之陽。名曰。害蜚。上下同法。視其部中有浮絡者。皆陽明之絡也。其色多青則痛。多黑則痹。黃赤則熱多。白則寒。五色皆見則寒熱也。絡盛則入客於經。陽主外。陰主內。少陽之陽。名曰。樞持。上下同法。視其部中有浮絡者。皆少陽之絡也。絡盛則入客於經。故在陽者主內。在陰者主出。以滲於內。諸經皆然。太陽之陽。名曰。關樞。上下同法。視其部中有浮絡者。皆太陽之絡也。絡盛則入客於經。少陰之陰。名曰。樞儒。上下同法。視其部中有浮絡者。皆少陰之絡也。絡盛則入客於經。其入經也。從陽部注於經。其出者。從陰內注於骨。心主之陰。名曰。害肩。上下同法。視其部中有浮絡者。皆心主之絡也。絡盛則入客於經。太陰之陰。名曰。關蟄。上下同法。視其部中有浮絡者。皆太陰之絡也。絡盛則入客於經。凡十二經絡脈者。皮之部也。是故。百病之始生也。必先於皮毛邪。中之則腠理開。開則入客於絡脈。留而不去。傳入於經。留而不去。傳入於府。廩於腸胃。邪之始入於皮也。泝然起毫毛。開腠理。其入於絡也。則絡脈盛。色變。其入客於經也。則感虛乃陷下。其留於筋骨之間。寒多則筋攣骨痛。熱多則筋弛骨消。肉爍䐃破。毛直而敗。

帝曰。夫子言皮之十二部。其生病皆何如。

歧伯曰。皮者。脈之部也。邪客於皮則腠理開。開則邪入客於絡脈。絡脈滿則注於經脈。經脈滿則入舍於府藏也。故皮者有分部。不與而生大病也。

帝曰。善。

黃帝內經素問卷十五・經絡論篇第五十七

黃帝問曰。夫絡脈之見也。其五色各異。青黃赤白黑不同。其故何也。

歧伯對曰。經有常色。而絡無常變也。

帝曰。經之常色。何如。

歧伯曰。心赤。肺白。肝青。脾黃。腎黑。皆亦應其經脈之色也。

帝曰。絡之陰陽亦應其經乎。

歧伯曰。陰絡之色。應其經。陽絡之色變無常。隨四時而行也。寒多則凝泣。凝泣則青黑。熱多則淖澤。淖澤則黃赤。此皆常色。謂之無病。五色具見者。謂之寒熱。

帝曰。善。

黃帝內經素問卷十五・氣穴論篇第五十八

黃帝問曰。余聞氣穴三百六十五。以應一歲。未知其所。願卒聞之。

歧伯稽首再拜。對曰。窘乎哉問也。其非聖帝。孰能窮其道焉。因請溢意。盡言其處。

帝捧手逡巡而卻。曰。夫子之開余道也。目未見其處。耳未聞其數。而目以明。耳以聰矣。

歧伯曰。此所謂聖人易語。良馬易御也。

帝曰。余非聖人之易語也。世言真數開人意。今余所訪。問者真數。發蒙解惑。未足以論也。然余願聞。夫子溢志盡言其處。令解其意。請藏之金匱。不敢復出。

歧伯再拜而起曰。臣請言之。背與心相控而痛。所治天突與十椎及上紀。上紀者。胃脘也。下紀者。關元也。背胸邪。繫陰陽。左右如此。其病前後痛濇。胸脅痛而不得息。不得臥。上氣。短氣。偏痛。脈滿起。斜出尻。脈絡胸脅。支心貫鬲。上肩加天突。斜下肩。交十椎下。藏俞五十穴。府俞七十二穴。熱俞五十九穴。水俞五十七穴。頭上五行。行五。五五二十五穴。中膂兩傍各五。凡十穴。大椎上兩傍各一凡二穴。目瞳子。浮白二穴。兩髀厭分中。二穴。犢鼻二穴。耳中多所聞。二穴。眉本。二穴。完骨。二穴。項中央。一穴。枕骨。二穴。上關。二穴。大迎。二穴。下關。二穴。天柱。二穴。巨虛上下廉。四穴。曲牙。二穴。天突。一穴。天府。二穴。天牖。二穴。扶突。二穴。天窻。二穴。肩解。二穴。關元。一穴。委陽。二穴。肩貞。二穴。瘖門。一穴。齊。一穴。胸俞。十二穴。背俞。二穴。膺俞。十二穴。分肉。二穴。踝上橫。二穴。陰陽蹻。四穴。水俞在諸分。熱俞在氣穴。寒熱俞。在兩骸厭中。二穴。大禁二十五。在天府下五寸。凡三百六十五穴。鍼之所由行也。

帝曰。余已知氣穴之處。遊鍼之居。願聞孫絡谿谷亦有所應乎。

岐伯曰。孫絡三百六十五穴會。亦以應一歲。以溢奇邪。以通榮衛。榮衛稽留。衛散榮溢。氣竭血著。外為發熱。內為少氣。疾寫無怠。以通榮衛。見而寫之。無問所會。

帝曰。善。願聞谿谷之會也。

岐伯曰。肉之大會為谷。肉之小會為谿。肉分之間。谿谷之會。以行榮衛。以會大氣。邪溢氣壅。脈熱肉敗。榮衛不行。必將為膿。內銷骨髓。外破大膕。留於節湊。必將為敗。積寒留舍。榮衛不居。卷肉縮筋。肋肘不得伸。內為骨痹。外為不仁。命曰不足。大寒留於谿谷也。谿谷三百六十五穴會。亦應一歲。其小痹淫溢。循脈往來。微鍼所及。與法相同。

帝乃辟左右而起。再拜曰。今日發蒙解惑。藏之金匱。不敢復出。乃藏之金蘭之室。署曰。氣穴所在。

岐伯曰。孫絡之脈別經者。其血盛而當寫者。亦三百六十五脈。並注於絡。傳注十二絡脈。非獨十四絡脈也。內解寫於中者。十脈。

黃帝內經素問卷十五・氣府論篇第五十九

足太陽脈氣所發者。七十八穴。兩眉頭各一。入髮至項。三寸半傍五。相去三寸。其浮氣在皮中者。凡五行。行五。五五二十五。項中大筋兩傍各一。風府兩傍各一。俠背以下至尻尾。二十一節。十五間各一。

五藏之俞各五。六府之俞各六。委中以下。至足小指傍各六俞。足少陽脈氣所發者。六十二穴。兩角上各二。直目上髮際內。各五。耳前角上各一。耳前角下各一。銳髮下各一。客主人各一。耳後陷中各一。下關各一。耳下牙車之後各一。缺盆各一。掖下三寸。脅下至胠八閒。各一。髀樞中傍各一。膝以下至足小指次指各六俞。足陽明脈氣所發者。六十八穴。額顱髮際傍各三。面鼽骨空各一。大迎之骨空各一。人迎各一。缺盆外骨空各一。膺中骨閒各一。俠鳩尾之外。當乳下三寸。俠胃脘各五。俠齊廣三寸各三。下齊二寸俠之各三。氣街動脈各一。伏菟上各一。三里以下至足中指各八俞。分之所在穴空。手太陽脈氣所發者。三十六穴。目內眥各一。目外各一。鼽骨下各一。耳郭上各一。耳中各一。巨骨穴各一。曲掖上骨穴各一。柱骨上陷者各一。上天窻四寸各一。肩解各一。肩解下三寸各一。肘以下至手小指本各六俞。手陽明脈氣所發者。二十二穴。鼻空外廉項上各二。大迎骨空各一。柱骨之會各一。髃骨之會各一。肘以下至手大指次指本。各六俞。手少陽脈氣所發者。三十二穴。鼽骨下各一。眉後各一。角上各一。下完骨後各一。項中足太陽之前各一。俠扶突各一。肩貞各一。肩貞下三寸分閒各一。肘以下至手小指次指本。各六俞。督脈氣所發者。二十八穴。項中央二。髮際後中八。面中三。大椎以下至尻尾及傍。十五穴。至骶下。凡二十一節。脊椎法也。任脈之氣所發者。二十八穴。喉中央二。膺中骨陷中各一。鳩尾下三寸。胃脘五寸。胃脘以下至橫骨六寸半一。腹脈法也。下陰別一。目下各一。下脣一。齗交一。衝脈氣所發者。二十二穴。俠鳩尾外各半寸。至齊寸一。俠齊下傍各五分。至橫骨寸一。腹脈法也。足少陰舌下。厥陰毛中急脈各一。手少陰各一。陰陽蹻各一。手足諸魚際脈氣所發者。凡三百六十五穴也。以上正文據宋人補注黃帝內經素問見叢書集成影印本

黄帝集卷十七

黄帝内經素問卷十六・骨空論篇第六十

黄帝問曰。余聞風者。百病之始也。以鍼治之。柰何。

歧伯對曰。風從外入。令人振寒。汗出頭痛。身重惡寒。治在風府。調其陰陽。不足則補。有餘則寫。大風。頸項痛。刺風府。風府在上椎。大風。汗出。灸譩譆。譩譆在背下俠脊傍三寸。所厭之。令病者呼譩譆。譩譆應手。從風。憎風。刺眉頭。失枕。在肩上横骨閒。折使揄臂齊肘。正灸脊中。䏚絡季脅引少腹而痛脹。刺譩譆。腰痛不可以轉搖。急引陰卵。刺八髎與痛上。八髎在腰尻分閒。鼠瘻寒熱。還刺寒府。寒府在附膝外解營。取膝上外者。使之拜。取足心者。使之跪。任脈者。起於中極之下。以上毛際。循腹裏。上關元。至咽喉。上頤。循面入目。衝脈者。起於氣街。並少陰之經。俠齊上行。至胸中而散。任脈為病。男子内結。七疝。女子帶下。瘕聚。衝脈為病。逆氣裏急。督脈為病。脊強反折。督脈者。起於少腹。以下骨中央。女子入繫廷孔。其孔。溺孔之端也。其絡循陰器。合篡閒。繞篡後。别繞臀。至少陰與巨陽中絡者。合少陰上股内後廉。貫脊屬腎。與太陽起於目内眥。上額交巔上。入絡腦。還出别下項。循肩髆内。俠脊抵腰中。入循膂絡腎。其男子循莖。下至篡與女子等。其少腹直上者。貫齊中央。上貫心。入喉。上頤。環脣。上繫兩目之下中央。此生病從少腹上衝心而痛。不得前後。為衝疝。其女子不孕。癃痔遺溺嗌乾。督脈生病。治督脈。治在骨上。

甚者在齊下營。其上氣有音者。治其喉中央。在缺盆中者。其病上衝喉者。治其漸。漸者。上俠頤也。蹇膝伸不屈。治其楗。坐而膝痛。治其機。立而暑解。治其骸關。膝痛。痛及拇指。治其膕。坐而膝痛。如物隱者。治其關。膝痛不可屈伸。治其背內。連胻若折。治陽明中俞髎。若別治巨陽少陰榮。淫濼脛痠不能久立。治少陽之維。在外上五寸。輔骨上。橫骨下。為楗。俠髖為機。膝解為骸關。俠膝之骨為連骸。骸下為輔。輔上為膕。膕上為關。頭橫骨為枕。水俞五十七穴者。尻上五行。行五。伏菟上兩行。行五。左右各一行。行五。踝上各一行。行六。穴髓空在腦後三分。在顱際銳骨之下。一在齗基下。一在項後中。復骨下。一在脊骨上空。在風府上。脊骨下空。在尻骨下空。數髓空。在面俠鼻。或骨空在口下。當兩肩。兩髆空。在髆中之陽。臂骨空在臂陽。去踝四寸。兩骨空之閒。股骨上空。在股陽。出上膝四寸。胻骨空。在輔骨之上端。股際骨空。在毛中動下。尻骨空。在髀骨之後。相去四寸。扁骨有滲理湊。無髓孔。易髓無空。灸寒熱之法。先灸項大椎。以年為壯數。次灸橛骨。以年為壯數。視背俞陷者。灸之。舉臂。肩上陷者。灸之。兩季脅之閒。灸之。外踝上絕骨之端。灸之。足小指次指閒。灸之。腨下陷脈。灸之。外踝後。灸之。缺盆骨上。切之堅痛如筋者。灸之。膺中陷骨閒。灸之。掌束骨下。灸之。齊下關元三寸。灸之。毛際動脈。灸之。膝下三寸分閒。灸之。足陽明跗上動脈。灸之。巔上一。灸之。犬所齧之處。灸之三壯。即以犬傷病法灸之。

凡當灸二十九處。傷食灸之。不已者。必視其經之過於陽者。數刺其俞而藥之。

黃帝內經素問卷十六・水熱穴論篇第六十一

黃帝問曰。少陰何以主腎。腎何以主水。

岐伯對曰。腎者。至陰也。至陰者。盛水也。肺者。太陰也。少陰者。冬脈也。故其本在腎。其末在肺。皆積水也。

帝曰。腎何以能聚水而生病。

岐伯曰。胃之關也。關門不利。故聚水而從其類也。上下溢於皮膚。故為胕腫。胕腫者。聚水而生病也。

帝曰。諸水皆生於腎乎。

岐伯曰。腎者。牝藏也。地氣上者。屬於腎而生水液也。故曰。至陰。勇而勞甚則腎汗出。腎汗出逢於風。內不得入於藏府。外不得越於皮膚。客於玄府。行於皮裏。傳為胕腫。本之於腎。名曰。風水。所謂玄府者。汗空也。

帝曰。水俞五十七處者。是何主也。

岐伯曰。腎俞五十七穴。積陰之所聚也。水所從出入也。尻上五行。行五者。此腎俞。故水病下為胕腫大腹。上為喘呼。不得臥者。標本俱病。故肺為喘呼。腎為水腫。肺為逆。不得臥。分為相輸俱受者。水氣之所留也。伏菟上各二行。行五者。此腎之街也。三陰之所交。結於腳也。踝上各一行。行六者。此腎脈之下行也。名曰大衝。凡五十七穴者。皆藏之陰絡。水之所客也。

帝曰。春取絡脈分肉。何也。

岐伯曰。春者。木始治。肝氣始生。肝氣急。其風疾。經脈常深。其氣少。不能深入。故取絡脈分肉間。

帝曰。夏取盛經分腠。何也。

岐伯曰。夏者。火始治。心氣始長。脈瘦氣弱。陽氣留溢。熱熏分腠。內至於經。故取盛經分腠。絕膚而病去者。邪居淺也。所謂盛經者。陽脈也。

帝曰。秋取經俞。何也。

岐伯曰。秋者。金始治。肺將收殺。金將勝火。陽氣在合。陰氣初勝。溼氣及體。陰氣未盛。未能深入。故取俞以寫陰邪。取合以虛陽邪。陽氣始衰。故取於合。

帝曰。冬取井滎。何也。

岐伯曰。冬者。水始治。腎方閉。陽氣衰。少陰氣堅盛。巨陽伏沈。陽脈乃去。故取井以下陰。逆取滎。以實陽氣。故曰。冬取井滎。春不鼽衄。此之謂也。

帝曰。夫子言治熱病。五十九俞。余論其意。未能領別其處。願聞其處。因聞其意。

岐伯曰。頭上五行。行五者。以越諸陽之熱逆也。大杼。膺俞。缺盆。背俞。此八者以寫胸中之熱也。氣街。三里。巨虛上下廉。此八者以寫胃中之熱也。雲門。髃骨。委中。髓空。此八者以寫四支之熱也。五藏俞傍五。此十者以寫五藏之熱也。凡此五十九穴者。皆熱之左右也。

帝曰。人傷於寒而傳為熱。何也。

異文人傷於寒而轉為熱。（後漢書卷五十二・列傳第四十二注　北堂書鈔卷一五六・歲時部四・熱篇　文選卷十三・風賦注　太平御覽卷三四・時序部一九・熱）

岐伯曰。夫寒盛則生熱也。（以上正文據宋人補注黃帝內經素問見叢書集成影印本）

黃帝集卷十八

黃帝內經素問卷十七・調經論篇第六十二

黃帝問曰。余聞刺法。言有餘寫之。不足補之。何謂有餘。何謂不足。

岐伯對曰。有餘有五。不足亦有五。帝欲何問。

帝曰。願盡聞之。

岐伯曰。神有餘有不足。氣有餘有不足。血有餘有不足。形有餘有不足。志有餘有不足。凡此十者。其氣不等也。

帝曰。人有精氣津液。四支。九竅。五藏。十六部。三百六十五節。乃生百病。百病之生。皆有虛實。今夫子乃言有餘有五。不足亦有五。何以生之乎。

岐伯曰。皆生於五藏也。夫心藏神。肺藏氣。肝藏血。脾藏肉。腎藏志。而此成形。志意通。內連骨髓而成身形五藏。五藏之道。皆出於經隧。以行血氣。血氣不和。百病乃變化而生。是故守經隧焉。

帝曰。神有餘不足。何如。

岐伯曰。神有餘則笑不休。神不足則悲。血氣未并。五藏安定。邪客於形。洒淅起於毫毛。未入於經絡也。故命曰。神之微。

帝曰。補寫柰何。

岐伯曰。神有餘則寫其小絡之血。出血。勿之深斥。無中其大經。神氣乃平。神不足者。視其虛絡。按而致之。刺而利之。無出其血。無泄其氣。以通其經。神氣乃平。

帝曰。刺微。柰何。

岐伯曰。按摩勿釋。著鍼勿斥。移氣於不足。神氣乃得復。

帝曰。善。有餘不足。柰何。

岐伯曰。氣有餘則喘欬。上氣。不足則息利。少氣。血氣未并。五藏安定。皮膚微病。命曰。白氣微泄。

帝曰。補寫。柰何。

岐伯曰。氣有餘則寫其經隧。無傷其經。無出其血。無泄其氣。不足則補其經隧。無出其氣。

帝曰。刺微。柰何。

岐伯曰。按摩勿釋。出鍼視之。曰我將深之。適人必革。精氣自伏。邪氣散亂。無所休息。氣泄腠理。真氣乃相得。

帝曰。善。血有餘不足。柰何。

岐伯曰。血有餘則怒。不足則恐。血氣未并。五藏安定。孫絡水溢。則經有留血。

帝曰。補寫。柰何。

岐伯曰。血有餘則寫其盛經。出其血。不足則視其虛經。內鍼其脈中。久留而視。脈大。疾出其鍼。

無令血泄。

帝曰。刺留血。柰何。

岐伯曰。視其血絡。刺出其血。無令惡血得入於經。以成其疾。

帝曰。善。形有餘不足。柰何。

岐伯曰。形有餘則腹脹。涇溲不利。不足則四支不用。血氣未并。五藏安定。肌肉蠕動。命曰。微風。

帝曰。補寫。柰何。

岐伯曰。形有餘則寫其陽經。不足則補其陽絡。

帝曰。刺微。柰何。

岐伯曰。取分肉間。無中其經。無傷其絡。衛氣得復。邪氣乃索。

帝曰。善。志有餘不足。柰何。

岐伯曰。志有餘則腹脹。飧泄。不足則厥。血氣未并。五藏安定。骨節有動。

帝曰。補寫。柰何。

岐伯曰。志有餘則寫。然筋血者。不足則補其復溜。

帝曰。刺未并。柰何。

岐伯曰。即取之。無中其經。邪所乃能立虛。

帝曰。善。余已聞虛實之形。不知其何以生。

岐伯曰。氣血以并。陰陽相傾。氣亂於衛。血逆於經。血氣離居。一實一虛。血并於陰。氣并於陽。故為驚狂。血并於陽。氣并於陰。乃為炅中。血并於上。氣并於下。心煩悗。善怒。血并於下。氣并於上。亂而喜忘。

帝曰。血并於陰。氣并於陽。如是血氣離居。何者為實。何者為虛。

岐伯曰。血氣者。喜溫而惡寒。寒則泣不能流。溫則消而去之。是故氣之所并。為血虛。血之所并。為氣虛。

帝曰。人之所有者。血與氣耳。今夫子乃言血并為虛。氣并為虛。是無實乎。

岐伯曰。有者為實。無者為虛。故氣并則無血。血并則無氣。今血與氣相失。故為虛焉。絡之與孫脈俱輸於經。血與氣并則為實焉。血之與氣并。走於上則為大厥。厥則暴死。氣復反則生。不反則死。

帝曰。實者何道從來。虛者何道從去。虛實之要。願聞其故。

岐伯曰。夫陰與陽皆有俞會。陽注於陰。陰滿之外。陰陽勻平。以充其形。九候若一。命曰。平人。夫邪之生也。或生於陰。或生於陽。其生於陽者。得之風雨寒暑。其生於陰者。得之飲食。居處。陰陽。喜怒。

帝曰。風雨之傷人。柰何。

岐伯曰。風雨之傷人也。先客於皮膚。傳入於孫脈。孫脈滿則傳入於絡脈。絡脈滿則輸於大經脈。血氣與邪并客於分腠之閒。其脈堅大。故曰。實。實者。外堅充滿不可按之。按之則痛。

帝曰。寒溼之傷人。柰何。

岐伯曰。寒溼之中人也。皮膚不收。肌肉堅緊。榮血泣。衛氣去。故曰。虛。虛者。聶辟。氣不足。按之則氣足以溫之。故快然而不痛。

帝曰。善。陰之生實。柰何。

岐伯曰。喜怒不節則陰氣上逆。上逆則下虛。下虛則陽氣走之。故曰。實矣。

帝曰。陰之生虛。柰何。

岐伯曰。喜則氣下。悲則氣消。消則脈虛空。因寒飲食。寒氣熏滿。則血泣氣去。故曰。虛矣。

帝曰。經言。陽虛則外寒。陰虛則內熱。陽盛則外熱。陰盛則內寒。余已聞之矣。不知其所由然也。

岐伯曰。陽受氣於上焦。以溫皮膚分肉之閒。今寒氣在外。則上焦不通。上焦不通。則寒氣獨留於外。故寒慄。

帝曰。陰虛生內熱。柰何。

岐伯曰。有所勞倦。形氣衰少。穀氣不盛。上焦不行。下脘不通。胃氣熱。熱氣熏胸中。故內熱。

帝曰。陽盛生外熱。柰何。

岐伯曰。上焦不通利。則皮膚緻密。腠理閉塞。玄府不通。衛氣不得泄越。故外熱。

帝曰。陰盛生內寒。柰何。

岐伯曰。厥氣上逆。寒氣積於胸中而不寫。不寫則溫氣去。寒獨留則血凝泣。凝則脈不通。其脈盛大以濇。故中寒。

帝曰。陰與陽并。血氣以并。病形以成。刺之。柰何。

岐伯曰。刺此者取之經隧。取血於營。取氣於衛。用形哉。因四時多少高下。

帝曰。血氣以并。病形以成。陰陽相傾。補寫。柰何。

岐伯曰。寫實者。氣盛乃內鍼。鍼與氣俱內。以開其門。如利其戶。鍼與氣俱出。精氣不傷。邪氣乃下。外門不閉。以出其疾。搖大其道。如利其路。是謂大寫。必切而出。大氣乃屈。

帝曰。補虛。柰何。

岐伯曰。持鍼勿置。以定其意。候呼內鍼。氣出鍼入。鍼空四塞。精無從去。方實而疾出鍼。氣入鍼出。熱不得還。閉塞其門。邪氣布散。精氣乃得存。動氣候時。近氣不失。遠氣乃來。是謂追之。

帝曰。夫子言虛實者有十。生於五藏。五藏五脈耳。夫十二經脈皆生其病。今夫子獨言五藏。夫十二經脈者。皆絡三百六十五節。節有病必被經脈。經脈之病皆有虛實。何以合之。

岐伯曰。五藏者。故得六府與為表裏。經絡支節。各生虛實。其病所居。隨而調之。病在脈。調之血。病在血。調之絡。病在氣。調之衛。病在肉。調之分肉。病在筋。調之筋。病在骨。調之骨。燔鍼劫刺其下。及與急者。病在骨。焠鍼藥熨。病不知所痛。兩蹻為上。身形有痛。九候莫病。則繆刺之。痛在於左。而右脈病者。巨刺之。必謹察其九候。鍼道備矣。以上正文據宋人補注黄帝內經素問見叢書集成影印本

黄帝集卷十九

黄帝內經素問卷十八・繆刺論篇第六十三

黄帝問曰。余聞繆刺。未得其意。何謂繆刺。

歧伯對曰。夫邪之客於形也。必先舍於皮毛。留而不去。入舍於孫脈。留而不去。入舍於絡脈。留而不去。入舍於經脈。內連五藏。散於腸胃。陰陽俱感。五藏乃傷。此邪之從皮毛而入。極於五藏之次也。如此則治其經焉。今邪客於皮毛。入舍於孫絡。留而不去。閉塞不通。不得入於經。流溢於大絡。而生奇病也。夫邪客大絡者。左注右。右注左。上下左右與經相干。而布於四末。其氣無常處。不入於經俞。命曰。繆刺。

帝曰。願聞繆刺。以左取右。以右取左。柰何。其與巨刺。何以別之。

歧伯曰。邪客於經。左盛則右病。右盛則左病。亦有移易者。左痛未已而右脈先病。如此者必巨刺之。必中其經。非絡脈也。故絡病者。其痛與經脈繆處。故命曰。繆刺。

帝曰。願聞繆刺柰何。取之何如。

歧伯曰。邪客於足少陰之絡。令人卒心痛。暴脹。胸脅支滿。無積者。刺然骨之前出血。如食頃而已。不已。左取右。右取左。病新發者。取五日已。邪客於手少陽之絡。令人喉痹。舌卷。口乾。心煩。臂外廉痛。手不及頭。刺手中指次指爪甲上。去端如韭葉各一痏。壯者立已。老者有頃已。左取右。右取左。此新病數日已。邪客於足厥陰之絡。令人卒疝暴痛。刺足大指爪甲上與肉交者。各一痏。男子立已。女子有頃已。左取右。右取左。邪客於足太陽之絡。令人頭項肩痛。刺足小指爪甲上與肉交者。各一痏。立已。不已。刺外踝下三痏。左取右。右取左。如食頃已。邪客於手陽明之絡。令人氣滿胸中。喘息而支胠。胸中熱。刺手大指次指爪甲上。去端如韭葉。各一痏。左取右。右取左。如食頃已。邪客於臂掌之閒。不可得屈。刺其踝後。先以指按之痛。乃刺之。以月死生為數。月生一日一痏。二日二痏。十五日十五痏。十六日十四痏。邪客於足陽蹻之脈。令人目痛。從內眥始。刺外踝之下半寸所。各二痏。左刺右。右刺左。如行十里。頃而已。人有所墮墜。惡血留內。腹中滿脹。不得前後。先飲利藥。此上傷厥陰之脈。下傷少陰之絡。刺足內踝之下。然骨之前。血脈出血。刺足跗上動脈。不已。刺三毛上。各一痏。見血立已。左刺右。右刺左。善悲驚不樂。刺如右方。邪客於手陽明之絡。令人耳聾。時不聞音。刺手大指次指爪甲上。去端如韭葉。各一痏。立聞。不已。刺中指爪甲上與肉交者。立聞。其不時聞者。不可刺也。耳中生風者。亦刺之如此數。左刺右。右刺左。凡痹往來行無常處者。在分肉閒。痛而刺之。以月死生為數。用鍼者隨氣盛衰以為痏數。鍼過其日數則脫氣。不及日數則氣不寫。左刺右。右刺左。病已止。不已。復刺之如法。月生一日一痏。二日二痏。漸多之。十五日十五痏。十六日十四痏。漸少之。邪客於足陽明之經。令人鼽衄。上齒寒。刺足中指次指爪甲上與肉交者。各一痏。左刺右。右刺左。邪客於足少陽之絡。令人脅痛不得息。欬而汗出。刺足小指次指爪甲上與肉交者。各一痏。不得息。立已。汗出立止。欬者。溫衣飲食一日已。左刺右。右刺左。病立已。不已。復刺如法。邪客於足少陰之絡。令人嗌痛。不可內食。無故善怒。氣上走賁上。刺足下中央之脈。各三痏。凡六刺立已。左刺右。右刺左。嗌中腫不能內。唾時不能出唾者。刺然骨之前。出血立已。左刺右。右刺左。邪客於足太陰之絡。令人腰痛引少腹控眇。不可以仰息。刺腰尻之解。兩胂之上。是腰俞。以月死生為痏數。發鍼立已。左刺右。右刺左。邪客於足太陽之絡。令人拘攣背急引脅而痛。刺之從項始數脊椎。俠脊疾按之。應手如痛。刺之傍三痏。立已。邪客於足少陽之絡。令人留於樞中。痛髀不可舉。刺樞中以毫鍼。寒則久留鍼。以月死生為數。立已。治諸經刺之所過者。不病則繆刺之。耳聾。刺手陽明。不已。刺其通脈出耳前者。齒齲。刺手陽明。不已。刺其脈入齒中。立已。邪客於五藏之閒。其病也。脈引而痛。時來時止。視其病。繆刺之於手足爪甲上。視其脈。出其血。閒日一刺。一刺。不已。五刺。已。繆傳引上齒。齒脣寒痛。視其手背脈血者。去之。足陽明中指爪甲上一痏。手大指次指爪甲上各一痏。立已。左取右。右取左。邪客於手足少陰。太陰。足陽明之絡。此五絡皆會於耳中。上絡左角。五絡俱竭。令人身脈皆動而形無知也。其狀若尸。或曰。尸厥。刺其足大指內側爪甲上。去端如韭葉。後刺足心。後刺足中指爪甲上各一痏。後刺手大指內側。去端如韭葉。後刺手心主。少陰銳骨之端。各一痏。立已。不已。以竹管吹其兩耳。鬄其左角之髮。方一寸。燔治。飲以美酒一杯。不能飲者。灌之。立已。凡刺之數。先視其經脈。切而從之。審其虛實而調之。不調者。經刺之。有痛而經不病者。繆刺之。因視其皮部有血絡者。盡取之。此繆刺之數也。

黃帝內經素問卷十八・四時刺逆從論篇第六十四

厥陰有餘。病陰痹。不足。病生熱痹。滑則病狐疝風。濇則病少腹積氣。少陰有餘。病皮痹隱軫。不足。病肺痹。滑則病肺風疝。濇則病積。溲血。太陰有餘。病肉痹寒中。不足。病脾痹。滑則病脾風疝。濇則病積。心腹時滿。陽明有餘。病脈痹。身時熱。不足。病心痹。滑則病心風疝。濇則病積。時善驚。太陽有餘。病骨痹。身重。不足。病腎痹。滑則病腎風疝。濇則病積。時善巔疾。少陽有餘。病筋痹。脅滿。不足。病肝痹。滑則病肝風疝。濇則病積。時筋急目痛。是故春氣在經脈。夏氣在孫絡。長夏氣在肌肉。秋氣在皮膚。冬氣在骨髓中。

帝曰。余願聞其故。

歧伯曰。春者。天氣始開。地氣始泄。凍解冰釋。水行經通。故人氣在脈。夏者。經滿氣溢入。孫絡受血。皮膚充實。長夏者。經絡皆盛。內溢肌中。秋者。天氣始收。腠理閉塞。皮膚引急。冬者。蓋藏血氣在中。內著骨髓。通於五藏。是故邪氣者。常隨四時之氣血而入客也。至其變化不可為度。然必從其經氣。辟除其邪。除其邪。則亂氣不生。

帝曰。逆四時而生亂氣。柰何。

歧伯曰。春刺絡脈。血氣外溢。令人少氣。春刺肌肉。血氣環逆。令人上氣。春刺筋骨。血氣內著。令人腹脹。夏刺經脈。血氣乃竭。令人解㑊。夏刺肌肉。血氣內卻。令人善恐。夏刺筋骨。血氣上逆。令人善怒。秋刺經脈。血氣上逆。令人善忘。秋刺絡脈。氣不外行。令人臥不欲動。秋刺筋骨。

血氣內散。令人寒慄。冬刺經脈。血氣皆脫。令人目不明。冬刺絡脈。內氣外泄。留為大痹。冬刺肌肉。陽氣竭絕。令人善忘。凡此四時刺者。大逆之病。不可不從也。反之則生亂氣。相淫病焉。故刺不知四時之經。病之所生。以從為逆。正氣內亂。與精相薄。必審九候。正氣不亂。精氣不轉。帝曰。善。刺五藏。中心。一日死。其動為噫。中肝。五日死。其動為語。中肺。三日死。其動為欬。中腎。六日死。其動為嚏欠。中脾。十日死。其動為吞。刺傷人五藏必死。其動則依其藏之所變。候知其死也。

黃帝內經素問卷十八・標本病傳論篇第六十五

黃帝問曰。病有標本。刺有逆從。柰何。

岐伯對曰。凡刺之方。必別陰陽。前後相應。逆從得施。標本相移。故曰。有其在標而求之於標。有其在本而求之於本。有其在本而求之於標。有其在標而求之於本。故治有取標而得者。有取本而得者。有逆取而得者。有從取而得者。故知逆與從。正行無間。知標本者。萬舉萬當。不知標本。是謂妄行。夫陰陽。逆從。標本之為道也。小而大。言一而知百病之害。少而多。淺而博。可以言一而知百也。以淺而知深。察近而知遠。言標與本。易而勿及。治反為逆。治得為從。先病而後逆者。治其本。先逆而後病者。治其本。先寒而後生病者。治其本。先病而後生寒者。治其本。先熱而後生病者。治其本。先熱而後生中滿者。治其標。先病而後泄者。治其本。先泄而後生他病者。治其本。必且調之。乃治其他病。先病而後生中滿者。治其標。先中滿而後煩心者。治其本。人有客氣。有同氣。小大不利。治其標。小大利。治其本。病發而有餘。本而標之。先治其本。後治其標。病發而不足。標而本之。先治其標。後治其本。謹察閒甚。以意調之。閒者并行。甚者獨行。先小大不利而後生病者。治其本。夫病傳者。心病先心痛。一日而欬。三日脅支痛。五日閉塞不通。身痛體重。三日不已。死。冬夜半。夏日中。肺病喘欬。三日而脅支滿痛。一日身重體痛。五日而脹。十日不已。死。冬日入。夏日出。肝病。頭目眩。脅支滿。三日體重身痛。五日而脹。三日腰脊少腹痛脛痠。三日不已。死。冬日入。夏早食。脾病。身痛體重。一日而脹。二日少腹腰脊痛脛痠。三日背胎筋痛小便閉。十日不已。死。冬人定。夏晏食。腎病少腹腰脊痛。胻痠。三日背胎筋痛小便閉。三日腹脹。三日兩脅支痛。三日不已。死。冬大晨。夏晏晡。胃病脹滿。五日少腹腰脊痛。胻痠。三日背胎筋痛小便閉。五日身體重。六日不已。死。冬夜半後。夏日昳。膀胱病。小便閉。五日少腹脹腰脊痛。胻痠。一日腹脹。一日身體痛。二日不已。死。冬雞鳴。夏下晡。諸病以次是相傳。如是者皆有死期。不可刺。閒一藏止。及至三四藏者。乃可刺也。以上正文據宋人補注黄帝內經素問見叢書集成影印本

黃帝集卷二十

黃帝內經素問卷十九・天元紀大論篇第六十六

黃帝問曰。天有五行御五位。以生寒暑燥溼風。人有五藏。化五氣。以生喜怒思憂恐。論言。五運相襲而皆治之。終期之日。周而復始。余已知之矣。願聞其與三陰三陽之候。柰何合之。

鬼臾區稽首再拜對曰。昭乎哉問也。夫五運陰陽者。天地之道也。萬物之綱紀。變化之父母。生殺之本始。神明之府也。可不通乎。故物在謂之化。物極謂之變。陰陽不測謂之神。神用無方謂之聖。夫變化之為用也。在天為玄。在人為道。在地為化。化生五味。道生智。玄生神。神在天為風。在地為木。在天為熱。在地為火。在天為溼。在地為土。在天為燥。在地為金。在天為寒。在地為水。故在天為氣。在地成形。形氣相感而化生萬物矣。然天地者。萬物之上下也。左右者。陰陽之道路也。水火者。陰陽之徵兆也。金木者。生成之終始也。氣有多少。形有盛衰。上下相召而損益彰矣。

異文物生之謂化。物極之謂變。鶡冠子卷下解

在天為玄。在地為牝。在人為道。元・劉惟永・道德真經集義大旨

帝曰。願聞五運之主時也。何如。

鬼臾區曰。五氣運行。各終期日。非獨主時也。

帝曰。請聞其所謂也。

鬼臾區曰。臣積考太始天元冊文曰。太虛廖廓。肇基化元。萬物資始。五運終天。布氣真靈。總統坤元。九星懸朗。七曜周旋。曰陰。曰陽。曰柔。曰剛。幽顯既位。寒暑弛張。生生化化。品物咸章。臣斯十世。此之謂也。

帝曰。善。何謂氣有多少。形有盛衰。

鬼臾區曰。陰陽之氣。各有多少。故曰。三陰三陽也。形有盛衰。謂五行之治。各有太過不及也。故其始也。有餘而往。不足隨之。不足而往。有餘從之。知迎知隨。氣可與期。應天為天符。承歲為歲直。三合為治。

帝曰。上下相召。柰何。

鬼臾區曰。寒暑燥溼風火。天之陰陽也。三陰三陽。上奉之。木火土金水火。地之陰陽也。生長化收藏。下應之。天以陽生陰長。地以陽殺陰藏。天有陰陽。地亦有陰陽。木火土金水火。地之陰陽也。生長化收藏。故陽中有陰。陰中有陽。所以欲知天地之陰陽者。應天之氣。動而不息。故五歲而右遷。應地之氣。靜而守位。故六期而環會。動靜相召。上下相臨。陰陽相錯而變由生也。

帝曰。上下周紀。其有數乎。

鬼臾區曰。天以六為節。地以五為制。周天氣者。六期為一備。終地紀者。五歲為一周。君火以明。相火以位。五六相合而七百二十氣為一紀。凡三十歲。千四百四十氣。凡六十歲而為一周。不及。太過。斯皆見矣。

帝曰。夫子之言。上終天氣。下畢地紀。可謂悉矣。余願聞而藏之。上以治民。下以治身。使百姓昭著。上下和親。德澤下流。子孫無憂。傳之後世。無有終時。可得聞乎。

鬼臾區曰。至數之機。迫迮以微。其來可見。其往可追。敬之者昌。慢之者亡。無道行私。必得天殃。謹奉天道。請言真要。

帝曰。善。言始者必會於終。善言近者必知其遠。是則至數極而道不惑。所謂明矣。願夫子推而次之。令有條理。簡而不匱。久而不絕。易用難忘。為之綱紀。至數之要。願盡聞之。

鬼臾區曰。昭乎哉問。明乎哉道。如鼓之應桴。響之應聲也。臣聞之。甲己之歲。土運統之。乙庚之歲。金運統之。丙辛之歲。水運統之。丁壬之歲。木運統之。戊癸之歲。火運統之。

帝曰。其於三陰三陽合之。柰何。

鬼臾區曰。子午之歲。上見少陰。丑未之歲。上見太陰。寅申之歲。上見少陽。卯酉之歲。上見陽明。辰戌之歲。上見太陽。巳亥之歲。上見厥陰。少陰所謂標也。厥陰所謂終也。厥陰之上。風氣主之。少陰之上。熱氣主之。太陰之上。溼氣主之。少陽之上。相火主之。陽明之上。燥氣主之。太陽之上。寒氣主之。所謂本也。是謂六元。

帝曰。光乎哉道。明乎哉論。請著之玉版。藏之金匱。署曰。天元紀。

黃帝內經素問卷十九・五運行大論篇第六十七

黃帝坐明堂。始正天綱。臨觀八極。考建五常。請天師而問之曰。論言。天地之動靜。神明為之紀。陰陽之升降。寒暑彰其兆。余聞五運之數於夫子。夫子之所言。正五氣之各主歲爾。首甲定運。余因論之。鬼臾區曰。土主甲己。金主乙庚。水主丙辛。木主丁壬。火主戊癸。子午之上。少陰主之。丑未之上。太陰主之。寅申之上。少陽主之。卯酉之上。陽明主之。辰戌之上。太陽主之。己亥之上。厥陰主之。不合陰陽。其故何也。

歧伯曰。是明道也。此天地之陰陽也。夫數之可數者。人中之陰陽也。然所合。數之可得者也。夫陰陽者。數之可十。推之可百。數之可千。推之可萬。天地陰陽者。不以數推。以象之謂也。

帝曰。願聞其所始也。

歧伯曰。昭乎哉問也。臣覽太始天元冊文。丹天之氣經于牛女戊分。黅天之氣經于心尾己分。蒼天之氣經于危室柳鬼。素天之氣經于亢氐昴畢。玄天之氣經于張翼婁胃。所謂戊己分者。奎壁角軫。則天地之門戶也。夫候之所始。道之所生。不可不通也。

帝曰。善。論言。天地者。萬物之上下。左右者。陰陽之道路。未知其所謂也。

歧伯曰。所謂上下者。歲上下見陰陽之所在也。左右者。諸上見厥陰。左少陰。右太陽。見少陰。左太陰。右厥陰。見太陰。左少陽。右少陰。見少陽。左陽明。右太陰。見陽明。左太陽。右少陽。見太陽。左厥陰。右陽明。所謂面北而命其位。言其見也。

帝曰。何謂下。

岐伯曰。厥陰在上。則少陽在下。左陽明。右太陰。少陰在上。則陽明在下。左太陽。右少陽。太陰在上。則太陽在下。左厥陰。右陽明。少陽在上。則厥陰在下。左少陰。右太陽。陽明在上。則少陰在下。左太陰。右厥陰。太陽在上。則太陰在下。左少陽。右少陰。所謂面南而命其位。言其見也。

上下相遘。寒暑相臨。氣相得則和。不相得則病。

帝曰。氣相得而病者。何也。

岐伯曰。以下臨上。不當位也。

帝曰。動靜何如。

岐伯曰。上者右行。下者左行。左右周天。餘而復會也。

帝曰。余聞鬼臾區曰。應地者靜。今夫子乃言。下者左行。不知其所謂也。願聞何以生之乎。

岐伯曰。天地動靜。五行遷復。雖鬼臾區。其上候而已。猶不能偏明。夫變化之用。天垂象。地成形。七曜緯虛。五行麗地。地者。所以載生成之形類也。虛者。所以列應天之精氣也。形精之動。猶根本之與枝葉也。仰觀其象。雖遠可知也。

帝曰。地之為下。否乎。

岐伯曰。地為人之下。太虛之中者也。

帝曰。馮乎。

歧伯曰。大氣舉之也。燥以乾之。暑以蒸之。風以動之。溼以潤之。寒以堅之。火以溫之。故風寒在下。燥熱在上。溼氣在中。火遊行其間。寒暑六入。故令虛而化生也。故燥勝則地乾。暑勝則地熱。風勝則地動。溼勝則地泥。寒勝則地裂。火勝則地固矣。

帝曰。天地之氣。何以候之。

歧伯曰。天地之氣。勝復之作。不形於診也。脈法曰。天地之變。無以脈診。此之謂也。

帝曰。間氣何如。

歧伯曰。隨氣所在。期於左右。

帝曰。期之柰何。

歧伯曰。從其氣則和。違其氣則病。不當其位者。病。迭移其位者。病。失守其位者。危。尺寸反者。死。陰陽交者。死。先立其年。以知其氣。左右應見。然後乃可以言死生之逆順。

帝曰。寒暑燥溼風火。在人合之。柰何。其於萬物。何以生化。

歧伯曰。東方生風。風生木。木生酸。酸生肝。肝生筋。筋生心。其在天為玄。在人為道。在地為化。化生五味。道生智。玄生神。化生氣。神在天為風。在地為木。在體為筋。在氣為柔。在藏為肝。其性為暄。其德為和。其用為動。其色為蒼。其化為榮。其蟲毛。其政為散。其令宣發。其變摧拉。其眚為隕。其味為酸。其志為怒。怒傷肝。悲勝怒。風傷肝。燥勝風。酸傷筋。辛勝酸。南方生熱。熱生火。火生苦。苦生心。心生血。血生脾。其在天為熱。在地為火。在體為脈。在氣為息。在藏為心。其性為暑。其德為顯。其用為躁。其色為赤。其化為茂。其蟲羽。其政為明。其令鬱蒸。其變炎爍。其眚燔焫。其味為苦。其志為喜。喜傷心。恐勝喜。熱傷氣。寒勝熱。苦傷氣。鹹勝苦。中央生溼。溼生土。土生甘。甘生脾。脾生肉。肉生肺。其在天為溼。在地為土。在體為肉。在氣為充。在藏為脾。其性靜兼。其德為濡。其用為化。其色為黃。其化為盈。其蟲倮。其政為謐。其令雲雨。其變動注。其眚淫潰。其味為甘。其志為思。思傷脾。怒勝思。溼傷肉。風勝溼。甘傷脾。酸勝甘。西方生燥。燥生金。金生辛。辛生肺。肺生皮毛。皮毛生腎。其在天為燥。在地為金。在體為皮毛。在氣為成。在藏為肺。其性為涼。其德為清。其用為固。其色為白。其化為斂。其蟲介。其政為勁。其令霧露。其變肅殺。其眚蒼落。其味為辛。其志為憂。憂傷肺。喜勝憂。熱傷皮毛。寒勝熱。辛傷皮毛。苦勝辛。北方生寒。寒生水。水生鹹。鹹生腎。腎生骨髓。髓生肝。其在天為寒。在地為水。在體為骨。在氣為堅。在藏為腎。其性為凜。其德為寒。其用為闕。其色為黑。其化為肅。其蟲鱗。其政為靜。其令闕。其變凝冽。其眚冰雹。其味為鹹。其志為恐。恐傷腎。思勝恐。寒傷血。燥勝寒。鹹傷血。甘勝鹹。五氣更立。各有所先。非其位則邪。當其位則正。

帝曰。病之生變何如。

岐伯曰。氣相得則微。不相得則甚。

帝曰。主歲何如。

岐伯曰。氣有餘。則制己所勝而侮所不勝。其不及。則己所不勝侮而乘之。己所勝輕而侮之。侮反受邪。侮而受邪。寡於畏也。

帝曰。善。

黃帝內經素問卷十九・六微旨大論篇第六十八

黃帝問曰。嗚呼遠哉。天之道也。如迎浮雲。若視深淵。視深淵尚可測。迎浮雲莫知其極。夫子數言。謹奉天道。余聞而藏之。心私異之。不知其所謂也。願夫子溢志。盡言其事。令終不滅。久而不絕。天之道可得聞乎。

岐伯稽首再拜。對曰。明乎哉問。天之道也。此因天之序。盛衰之時也。

帝曰。願聞天道六六之節。盛衰何也。

岐伯曰。上下有位。左右有紀。故少陽之右。陽明治之。陽明之右。太陽治之。太陽之右。厥陰治之。厥陰之右。少陰治之。少陰之右。太陰治之。太陰之右。少陽治之。此所謂氣之標。蓋南面而待之也。故曰。因天之序。盛衰之時。移光定位。正立而待之。此之謂也。少陽之上。火氣治之。中見厥陰。陽明之上。燥氣治之。中見太陰。太陽之上。寒氣治之。中見少陰。厥陰之上。風氣治之。中見少陽。少陰之上。熱氣治之。中見太陽。太陰之上。溼氣治之。中見陽明。所謂本也。本之下。中之見也。見之下。氣之標也。本標不同。氣應異象。

帝曰。其有至而至。有至而不至。有至而太過。何也。

岐伯曰。至而至者。和。至而不至。來氣不及也。未至而至。來氣有餘也。

帝曰。至而不至。未至而至。如何。

岐伯曰。應則順。否則逆。逆則變生。變生則病。

帝曰。善。請言其應。

岐伯曰。物生其應也。氣脈其應也。

帝曰。善。願聞地理之應。六節氣位何如。

岐伯曰。顯明之右。君火之位也。君火之右。退行一步。相火治之。復行一步。土氣治之。復行一步。金氣治之。復行一步。水氣治之。復行一步。木氣治之。復行一步。君火治之。相火之下。水氣承之。水位之下。土氣承之。土位之下。風氣承之。風位之下。金氣承之。金位之下。火氣承之。君火之下。陰精承之。

帝曰。何也。

岐伯曰。亢則害。承迺制。制則生化。外列盛衰。害則敗亂。生化大病。

帝曰。盛衰何如。

岐伯曰。非其位則邪。當其位則正。邪則變甚。正則微。

帝曰。何謂當位。

岐伯曰。木運臨卯。火運臨午。土運臨四季。金運臨酉。水運臨子。所謂歲會氣之平也。

帝曰。非位何如。

歧伯曰。歲不與會也。

帝曰。土運之歲。上見太陰。火運之歲。上見少陽少陰。金運之歲。上見陽明。木運之歲。上見厥陰。水運之歲。上見太陽。柰何。

歧伯曰。天之與會也。故天元冊曰。天符。

天符。歲會何如。

歧伯曰。太一天符之會也。

帝曰。其貴賤何如。

歧伯曰。天符為執法。歲位為行令。太一天符為貴人。

帝曰。邪之中也柰何。

歧伯曰。中執法者。其病速而危。中行令者。其病徐而持。中貴人者。其病暴而死。

帝曰。位之易也何如。

歧伯曰。君位臣則順。臣位君則逆。逆則其病近。其害速。順則其病遠。其害微。所謂二火也。

帝曰。善。願聞其步何如。

歧伯曰。所謂步者。六十度而有奇。故二十四步。積盈百刻而成日也。

帝曰。六氣應五行之變何如。

岐伯曰。位有終始。氣有初中上下不同。求之亦異也。

帝曰。求之柰何。

岐伯曰。天氣始於甲。地氣始於子。子甲相合。命曰歲立。謹候其時。氣可與期。

帝曰。願聞其歲。六氣始終早晏何如。

岐伯曰。明乎哉問也。甲子之歲。初之氣。天數始於水下一刻。終於八十七刻半。二之氣。始於八十七刻六分。終於七十五刻。三之氣。始於七十六刻。終於六十二刻半。四之氣。始於六十二刻六分。終於五十刻。五之氣。始於五十一刻。終於三十七刻半。六之氣。始於三十七刻六分。終於二十五刻。所謂初六。天之數也。乙丑歲初之氣。天數始於二十六刻。終於一十二刻半。二之氣始於一十二刻六分。終於水下百刻。三之氣始於一刻。終於八十七刻半。四之氣始於八十七刻六分。終於七十五刻。五之氣始於七十六刻。終於六十二刻半。六之氣始於六十二刻六分。終於五十刻。所謂六二。天之數也。丙寅歲初之氣。天數始於五十一刻。終於三十七刻半。二之氣。始於三十七刻六分。終於二十五刻。三之氣。始於二十六刻。終於一十二刻半。四之氣。始於一十二刻六分。終於水下百刻。五之氣。始於一刻。終於八十七刻半。六之氣。始於八十七刻六分。終於七十五刻。所謂六三。天之數也。丁卯歲初之氣。天數始於七十六刻。終於六十二刻半。二之氣。始於六十二刻六分。終於五十刻。三之氣。始於五十一刻。終於三十七刻半。四之氣。始於三十七刻六分。終於二十五刻。五之氣。始於二十六刻。終於一十二刻半。六之氣。始於一十二刻六分。終於水下百刻。所謂六四。天之數也。次戊辰歲初之氣。復始於一刻。常如是無已。周而復始。

帝曰。願聞其歲候何如。

歧伯曰。悉乎哉問也。日行一周。天氣始於一刻。日行再周。天氣始於二十六刻。日行三周。天氣始於五十一刻。日行四周。天氣始於七十六刻。日行五周。天氣復始於一刻。所謂一紀也。是故。寅午戌歲氣會同。卯未亥歲氣會同。辰申子歲氣會同。巳酉丑歲氣會同。終而復始。

帝曰。願聞其用也。

歧伯曰。言天者求之本。言地者求之位。言人者求之氣交。

帝曰。何謂氣交。

歧伯曰。上下之位。氣交之中。人之居也。故曰。天樞之上。天氣主之。天樞之下。地氣主之。氣交之分。人氣從之。萬物由之。此之謂也。

帝曰。何謂初中。

歧伯曰。初凡三十度而有奇。中氣同法。

帝曰。初中何也。

歧伯曰。所以分天地也。

帝曰。願卒聞之。

歧伯曰。初者。地氣也。中者。天氣也。

帝曰。其升降何如。
岐伯曰。氣之升降。天地之更用也。
帝曰。願聞其用何如。
岐伯曰。升已而降。降者。謂天。降已而升。升者。謂地。天氣下降。氣流于地。地氣上升。氣騰于天。故高下相召。升降相因。而變作矣。
帝曰。善。寒溼相遘。燥熱相臨。風火相值。其有聞乎。
岐伯曰。氣有勝復。勝復之作。有德有化。有用有變。變則邪氣居之。
帝曰。何謂邪乎。
岐伯曰。夫物之生從於化。物之極由乎變。變化之相薄。成敗之所由也。故氣有往復。用有遲速。四者之有。而化而變。風之來也。
帝曰。遲速往復。風所由生。而化而變。故因盛衰之變耳。成敗倚伏。遊乎中。何也。
岐伯曰。成敗倚伏生乎動。動而不已。則變作矣。
帝曰。有期乎。
岐伯曰。不生不化。靜之期也。
帝曰。不生化乎。
岐伯曰。出入廢則神機化滅。升降息則氣立孤危。故非出入則無以生長壯老已。非升降則無以生長化收藏。是以升降出入。無器不有。故器者。生化之宇。器散則分之。生化息矣。故無不出入。無不升降。化有小大。期有近遠。四者之有。而貴常守。反常。則災害至矣。故曰。無形無患。此之謂也。

異文升降廢則氣立孤危。（明・葉子奇・草木子卷一・觀物篇）

帝曰。善。有不生不化乎。

歧伯曰。悉乎哉問也。與道合同。惟真人也。

帝曰。善。（以上正文據宋人補注黃帝內經素問見叢書集成影印本）

黃帝集卷二十一

黃帝內經素問卷二十·氣交變大論篇第六十九

黃帝問曰。五運更治。上應天期。陰陽往復。寒暑迎隨。真邪相薄。內外分離。六經波蕩。五氣傾移。太過不及。專勝兼并。願言其始。而有常名。可得聞乎。

歧伯稽首再拜。對曰。昭乎哉問也。是明道也。此上帝所貴。先師傳之。臣雖不敏。往聞其旨。

帝曰。余聞。得其人不教。是謂失道。傳非其人。慢泄天寶。余誠菲德。未足以受至道。然而眾子哀其不終。願夫子保於無窮。流於無極。余司其事。則而行之。柰何。

歧伯曰。請遂言之也。上經曰。夫道者。上知天文。下知地理。中知人事。可以長久。此之謂也。

帝曰。何謂也。

歧伯曰。本氣位也。位天者。天文也。位地者。地理也。通於人氣之變化者。人事也。故太過者。先天。不及者。後天。所謂治化而人應之也。

帝曰。五運之化太過何如。

歧伯曰。歲木太過。風氣流行。脾土受邪。民病飧泄。食減體重。煩寃腸鳴。腹支滿。上應歲星。甚則忽忽善怒。眩冒巔疾。化氣不政。生氣獨治。雲物飛動。草木不寧。甚而搖落。反脅痛而吐甚。衝陽絕者。死不治。上應太白星。歲火太過。炎暑流行。金肺受邪。民病瘧。少氣。欬喘。血溢。血泄。注下。嗌燥。耳聾。中熱。肩背熱。上應熒惑星。甚則胸中痛。脅支滿。脅痛。膺背肩胛閒痛。兩臂內痛。身熱骨痛。而為浸淫。收氣不行。長氣獨明。雨水霜寒。上應辰星。上臨少陰。少陽。火燔焫。水泉涸。物焦槁。病反譫妄狂越。欬喘息鳴。下甚。血溢泄不已。太淵絕者。死不治。上應熒惑星。歲土太過。雨溼流行。腎水受邪。民病腹痛。清厥。意不樂。體重煩冤。上應鎮星。甚則肌肉萎。足痿不收。行善瘛。腳下痛。飲發。中滿食減。四支不舉。變生得位。藏氣伏化。氣獨治之。泉涌河衍。涸澤生魚。風雨大至。土崩潰鱗。見于陸病。腹滿。溏泄。腸鳴。反下甚而太谿絕者。死不治。上應歲星。歲金太過。燥氣流行。肝木受邪。民病兩脅下。少腹痛。目赤痛。眥瘍。耳無所聞。肅殺而甚。則體重煩冤。胸痛引背。兩脅滿。且痛引少腹。上應太白星。甚則喘欬逆氣。肩背痛。尻。陰。股。膝。髀。腨。胻。足皆病。上應熒惑星。收氣峻。生氣下。草木斂蒼。乾凋隕病。反暴痛。胠脅不可反側。欬逆甚而血溢。太衝絕者。死不治。上應太白星。歲水太過。寒氣流行。邪害心火。民病身熱。煩心。躁悸。陰厥。上下中寒。譫妄。心痛。寒氣早至。上應辰星。甚則腹大。脛腫。喘欬。寖汗出。憎風。大雨至。埃霧朦鬱。上應鎮星。上臨太陽。雨。冰。雪。霜。不時降。溼氣變物。病反腹滿。腸鳴。溏泄。食不化。渴而妄冒。神門絕者。死不治。上應熒惑辰星。

帝曰。善。其不及何如。

歧伯曰。悉乎哉問也。歲木不及。燥迺大行。生氣失應。草木晚榮。肅殺而甚。則剛木辟著。悉萎蒼乾。上應太白星。民病中清。胠脅痛。少腹痛。腸鳴。溏泄。涼雨時至。上應太白星。其穀蒼。上臨陽明。生氣失政。草木再榮。化氣迺急。上應太白。鎮星。其主蒼早。復則炎暑流火。溼性燥。柔脆草木焦槁。下體再生。華實齊化。病寒熱。瘡瘍。疿胗。癰痤。上應熒惑。太白。其穀白堅。白露早降。收殺氣行。寒雨害物。蟲食甘黃。脾土受邪。赤氣後化。心氣晚治。上勝肺金。白氣迺屈。其穀不成。欬而鼽。上應熒惑。太白星。歲火不及。寒迺大行。長政不用。物榮而下。凝慘而甚。則陽氣不化。迺折榮美。上應辰星。民病胸中痛。脅支滿。兩脅痛。膺背肩胛閒及兩臂內痛。鬱冒矇昧。心痛暴瘖。胸腹大。脅下與腰背相引而痛。甚則屈不能伸。髖髀如別。上應熒惑辰星。其穀丹。復則埃鬱。大雨且至。黑氣迺辱。病鶩溏。腹滿。食飲不下。寒中。腸鳴。泄注。腹痛。暴攣。痿痹。足不任身。上應鎮星。辰星。玄穀不成。歲土不及。風迺大行。化氣不令。草木茂榮。飄揚而甚。秀而不實。上應歲星。民病飧泄。霍亂。體重。腹痛。筋骨繇復。肌肉瞤酸。善怒。藏氣舉事。蟄蟲早附。咸病寒中。上應歲星。鎮星。其穀黅。復則收政嚴峻。名木蒼凋。胸脅暴痛。下引少腹。善大息。蟲食甘黃。氣客於脾。黅穀迺減。民食少失味。蒼穀迺損。上應太白歲星。上臨厥陰。流水不冰。蟄蟲來見。藏氣不用。白迺不復。上應歲星。民迺康。歲金不及。炎火迺行。生氣迺用。長氣專勝。庶物以茂。燥爍以行。上應熒惑星。民病肩背瞀重。鼽嚏。血便注下。收氣迺後。上應太白星。其穀堅芒。復則寒雨暴至。迺零冰雹霜雪殺物。陰厥且格。陽反上行。頭腦戶痛。延及囟頂。發熱。上應辰星。丹穀不成。民病口瘡。甚則心痛。歲水不及。溼迺大行。長氣反用。其化迺速。暑雨數至。上應鎮星。民病腹滿。身重。濡泄。寒瘍流水。腰股痛發。膕。腨。股。膝不便。煩冤。足痿清厥。腳下痛。甚則跗腫。藏氣不政。腎氣不衡。上應辰星。其穀秬。上臨太陰。則大寒數舉。蟄蟲早藏。地積堅冰。陽光不治。民病寒疾於下。甚則腹滿。浮腫。上應鎮星。其主黅穀。復則大風暴發。草偃木零。生長不鮮。面色時變。筋骨併辟。肉瞤瘛。目視䀮䀮。物疏璺。肌肉胗發。氣并鬲中。痛於心腹。黃氣迺損。其穀不登。上應歲星。

帝曰。善。願聞其時也。

岐伯曰。悉乎哉問也。木不及。春有鳴條律暢之化。則秋有霧露清涼之政。春有慘淒殘賊之勝。則夏有炎暑燔爍之復。其眚東。其藏肝。其病內舍胠脅。外在關節。火不及。夏有炳明光顯之化。則冬有嚴肅霜寒之政。夏有慘淒凝冽之勝。則不時有埃昏大雨之復。其眚南。其藏心。其病內舍膺脅。外在經絡。土不及。四維有埃雲潤澤之化。則春有鳴條鼓拆之政。四維發振拉飄騰之變。則秋有肅殺霖霪之復。其眚四維。其藏脾。其病內舍心腹。外在肌肉四支。金不及。夏有光顯鬱蒸之令。則冬有嚴凝整肅之應。夏有炎爍燔燎之變。則秋有冰雹霜雪之復。其眚西。其藏肺。其病內舍膺脅肩背。外在皮毛。水不及。四維有湍潤埃雲之化。則不時有和風生發之應。四維發埃昏驟注之變。則不時有飄蕩振拉之復。其眚北。其藏腎。其病內舍腰脊骨髓。外在谿谷踹膝。夫五運之政。猶權衡也。高者抑之。下者舉之。化者應之。變者復之。此生長化成收藏之理。氣之常也。失常則天地四塞矣。故曰。天地之動靜。神明為之紀。陰陽之往復。寒暑彰其兆。此之謂也。

帝曰。夫子之言。五氣之變。四時之應。可謂悉矣。夫氣之動亂。觸遇而作。發無常會。卒然災合。

何以期之。
歧伯曰。夫氣之動變。固不常在。而德化政令。災變不同。其候也。
帝曰。何謂也。
歧伯曰。東方生風。風生木。其德敷和。其化生榮。其政舒啟。其令風。其變振發。其災散落。南方生熱。熱生火。其德彰顯。其化蕃茂。其政明曜。其令熱。其變銷爍。其災燔焫。中央生溼。溼生土。其德溽蒸。其化豐備。其政安靜。其令溼。其變驟注。其災霖潰。西方生燥。燥生金。其德清潔。其化緊斂。其政勁切。其令燥。其變肅殺。其災蒼隕。北方生寒。寒生水。其德淒滄。其化清謐。其政凝肅。其令寒。其變凓冽。其災冰雪霜雹。是以察其動也。有德有化。有政有令。有變有災。而物由之。而人應之也。
帝曰。夫子之言歲候不及其太過。而上應五星。今夫德化政令。災眚變易。非常而有也。卒然而動。其亦為之變乎。
歧伯曰。承天而行之。故無妄動。無不應也。卒然而動者。氣之交變也。其不應焉。故曰。應常不應卒。此之謂也。
帝曰。其應柰何。
歧伯曰。各從其氣化也。
帝曰。其行之徐疾逆順何如。

岐伯曰。以道留久。逆守而小。是謂省下。以道而去。去而速來。曲而過之。是謂省遺過也。久留而環。或離或附。是謂議災與其德也。應近則小。應遠則大。芒而大倍。常之一。其化甚大。常之二。其眚即也。小常之一。其化減。小常之二。是謂臨視。省下之過與其德也。德者。福之。過者。伐之。是以象之見也。高而遠則小。下而近則大。故大則喜怒邇。小則禍福遠。歲運太過。則運星北越。運氣相得。則各行以道。故歲運太過。畏星失色而兼其母。不及。則色兼其所不勝。肖者瞿瞿。莫知其妙。閔閔之當。孰者為良。妄行無徵。示畏侯王。

帝曰。其災應何如。

岐伯曰。亦各從其化也。故時至有盛衰。凌犯有逆順。留守有多少。形見有善惡。宿屬有勝負。徵應有吉凶矣。

帝曰。其善惡何謂也。

岐伯曰。有喜有怒。有憂有喪。有澤有燥。此象之常也。必謹察之。

帝曰。六者高下異乎。岐伯曰。象見高下。其應一也。故人亦應之。

帝曰。善。其德化政令之動靜損益皆何如。

岐伯曰。夫德化政令。災變不能相加也。勝復盛衰。不能相多也。往來小大。不能相過也。用之升降。不能相無也。各從其動。而復之耳。

帝曰。其病生何如。

岐伯曰。德化者。氣之祥。政令者。氣之章。變易者。復之紀。災眚者。傷之始。氣相勝者和不相勝者。病重感於邪則甚也。

帝曰。善。所謂精光之論。大聖之業。宣明大道。通於無窮。究於無極也。余聞之善言天者。必應於人。善言古者。必驗於今。善言氣者。必彰於物。善言應者。同天地之化。善言化言變者。通神明之理。非夫子孰能言至道歟。迺擇良兆而藏之靈室。每旦讀之。命曰。氣交變。非齊戒不敢發。慎傳也。

黃帝內經素問卷二十・五常政大論篇第七十

黃帝問曰。太虛寥廓。五運迴薄。衰盛不同。損益相從。願聞平氣。何如而名。何如而紀也。

岐伯對曰。昭乎哉問也。木曰敷和。火曰升明。土曰備化。金曰審平。水曰靜順。

帝曰。其不及柰何。

岐伯曰。木曰委和。火曰伏明。土曰卑監。金曰從革。水曰涸流。

帝曰。太過何謂。

岐伯曰。木曰發生。火曰赫曦。土曰敦阜。金曰堅成。水曰流衍。

帝曰。三氣之紀。願聞其候。

岐伯曰。悉乎哉問也。敷和之紀。木德周行。陽舒陰布。五化宣平。其氣端。其性隨。其用曲直。其化生榮。其類草木。其政發散。其候溫和。其令風。其藏肝。肝其畏清。其主目。其穀麻。其果李。

其實核。其應春。其蟲毛。其畜犬。其色蒼。其養筋。其病裏急支滿。其味酸。其音角。其物中堅。其數八。升明之紀。正陽而治。德施周普。五化均衡。其氣高。其性速。其用燔灼。其化蕃茂。其類火。其政明曜。其候炎暑。其令熱。其藏心。心其畏寒。其主舌。其穀麥。其果杏。其實絡。其應夏。其蟲羽。其畜馬。其色赤。其養血。其病瞤瘛。其味苦。其音徵。其物脈。其數七。備化之紀。氣協天休。德流四政。五化齊脩。其氣平。其性順。其用高下。其化豐滿。其類土。其政安靜。其候溽蒸。其令溼。其藏脾。脾其畏風。其主口。其穀稷。其果棗。其實肉。其應長夏。其蟲倮。其畜牛。其色黃。其養肉。其病否。其味甘。其音宮。其物膚。其數五。審平之紀。收而不爭。殺而無犯。五化宣明。其氣潔。其性剛。其用散落。其化堅斂。其類金。其政勁肅。其候清切。其令燥。其藏肺。肺其畏熱。其主鼻。其穀稻。其果桃。其實殼。其應秋。其蟲介。其畜雞。其色白。其養皮毛。其病欬。其味辛。其音商。其物外堅。其數九。靜順之紀。藏而勿害。治而善下。五化咸整。其氣明。其性下。其用沃衍。其化凝堅。其類水。其政流演。其候凝肅。其令寒。其藏腎。腎其畏溼。其主二陰。其穀豆。其果栗。其實濡。其應冬。其蟲鱗。其畜彘。其色黑。其養骨髓。其病厥。其味鹹。其音羽。其物濡。其數六。故生而勿殺。長而勿罰。化而勿制。收而勿害。藏而勿抑。是謂平氣。委和之紀。是謂勝生。生氣不政。化氣迺揚。長氣自平。收令迺早。涼雨時降。風雲竝興。草木晚榮。蒼乾凋落。物秀而實。膚肉內充。其氣斂。其用聚。其動緛戾拘緩。其發驚駭。其藏肝。其果棗李。其實核殼。其穀稷稻。其味酸辛。其色白蒼。其畜犬雞。其蟲毛介。其主霧露淒滄。其聲角商。其病搖動注恐。從金化也。少角與判商同。上角與正角同。上商與正商同。其病支廢。癰腫。瘡瘍。其甘蟲。邪傷肝也。上宮與正宮同。蕭飋肅殺。則炎赫沸騰。眚於三。所謂復也。其主飛蠹蛆雉。迺為雷霆。伏明之紀。是謂勝長。長氣不宣。藏氣反布。收氣自政。化令迺衡。寒清數舉。暑令迺薄。承化物生。生而不長。成實而稚。遇化已老。陽氣屈伏。蟄蟲早藏。其氣鬱。其用暴。其動彰伏變易。其發痛。其藏心。其果栗桃。其實絡濡。其穀豆稻。其味苦鹹。其色玄丹。其畜馬彘。其蟲羽鱗。其主冰雪霜寒。其聲徵羽。其病昏惑悲忘。從水化也。少徵與少羽同。上商與正商同。邪傷心也。凝慘凓冽。則暴雨霖霪。眚於九。其主驟注。雷霆震驚。沈霒淫雨。卑監之紀。是謂減化。化氣不令。生政獨彰。長氣整。雨迺愆。收氣平。風寒竝興。草木榮美。秀而不實。成而粃也。其氣散。其用靜定。其動瘍涌。分潰癰腫。其發濡滯。其藏脾。其果李栗。其實濡核。其穀豆麻。其味酸甘。其色蒼黃。其畜牛犬。其蟲倮毛。其主飄怒振發。其聲宮角。其病留滿否塞。從木化也。少宮與少角同。上宮與正宮同。上角與正角同。其病飧泄。邪傷脾也。振拉飄揚。則蒼乾散落。其眚四維。其主敗折虎狼。清氣迺用。生政迺辱。從革之紀。是謂折收。收氣迺後。生氣迺揚。長化合德。火政迺宣。庶類以蕃。其氣揚。其用躁切。其動鏗禁瞀厥。其發欬喘。其藏肺。其果李杏。其實殼絡。其穀麻麥。其味苦辛。其色白丹。其畜雞羊。其蟲介羽。其主明曜炎爍。其聲商徵。其病嚏欬鼽衄。從火化也。少商與少徵同。上商與正商同。上角與正角同。邪傷肺也。炎光赫烈。則冰雪霜雹。眚於七。其主鱗伏彘鼠。歲氣早至。迺生大寒。涸流之紀。是謂反陽。藏令不舉。化氣迺昌。長氣宣布。蟄蟲不藏。土潤。水泉減。草木條茂。榮秀滿盛。其氣滯。其用滲泄。其動堅止。其發燥槁。其藏腎。其果棗杏。其實濡肉。其穀黍稷。其味甘鹹。其色黅玄。其畜彘牛。其蟲鱗倮。其主埃鬱昏翳。其聲羽宮。其病痿厥堅下。從土化也。少羽與少宮同。上宮與正宮同。其病癃閟。邪傷腎也。埃昏驟雨。則振拉摧拔。眚於一。其主毛顯。狐狢變化不藏。故乘危而行。不速而至。暴虐無德。災反及之。微者復微。甚者復甚。氣之常也。發生之紀。是謂啟敕。土疏泄。蒼氣達。陽和布化。陰氣迺隨。生氣淳化。萬物以榮。其化生。其氣美。其政散。其令條舒。其動掉眩巔疾。其德鳴靡啟坼。其變振拉摧拔。其穀麻稻。其畜雞犬。其果李桃。其色青黃白。其味酸甘辛。其象春。其經足厥陰少陽。其藏肝脾。其蟲毛介。其物中堅外堅。其病怒。太角與上商同。上徵則其氣逆。其病吐利。不務其德。則收氣復。秋氣勁切。甚則肅殺。清氣大至。草木凋零。邪迺傷肝。赫曦之紀。是謂蕃茂。陰氣內化。陽氣外榮。炎暑施化。物得以昌。其化長。其氣高。其政動。其令鳴顯。其動炎灼妄擾。其德暄暑鬱蒸。其變炎烈沸騰。其穀麥豆。其畜羊彘。其果杏栗。其色赤白玄。其味苦辛鹹。其象夏。其經手少陰太陽。手厥陰少陽。其藏心肺。其蟲羽鱗。其物脈濡。其病笑。瘧。瘡瘍。血流。狂妄。目赤。上羽與正徵同。其收齊。其病痓。上徵而收氣後也。暴烈其政。藏氣迺復。時見凝慘。甚則雨水霜雹切。寒邪傷心也。敦阜之紀。是謂廣化。厚德清靜。順長以盈。至陰內實。物化充成。煙埃朦鬱。見於厚土。大雨時行。溼氣迺用。燥政迺辟。其化圓。其氣豐。其政靜。其令周備。其動濡積并稸。其德柔潤重淖。其變震驚。飄驟崩潰。其穀稷麻。其畜牛犬。其果棗李。其色黅玄蒼。其味甘鹹酸。其象長夏。其經足太陰陽明。其藏脾腎。其蟲倮毛。其物肌核。其病腹滿。四支不舉。大風迅至。邪傷脾也。堅成之紀。是謂收引。天氣潔。地氣明。陽氣隨陰治化。燥行其政。物以司成。收氣繁布。化洽不終。其化成。其氣削。其政肅。其令銳切。其動暴折瘍疰。其德霧露蕭飋。其變肅殺凋零。其穀稻黍。其畜雞馬。其果桃杏。其色白青丹。其味辛酸苦。其象秋。其經手太陰陽明。其藏肺肝。其蟲介羽。其物殼絡。其病喘喝。胸憑仰息。上徵與正商同。其生齊。其病欬。政暴變則名木不榮。柔脆焦首。長氣斯救。大火流炎。爍且至。蔓將槁。邪傷肺也。流衍之紀。是謂封藏。寒司物化。天地嚴凝。藏政以布。長令不揚。其化凜。其氣堅。其政謐。其令流注。其動漂泄沃涌。其德凝慘寒雰。其變冰雪霜雹。其穀豆稷。其畜彘牛。其果栗棗。其色黑丹齡。其味鹹苦甘。其象冬。其經足少陰太陽。其藏腎心。其蟲鱗倮。其物濡滿。其病脹。上羽而長。氣不化也。政過則化氣。大舉而埃昏。氣交大雨時降。邪傷腎也。故曰。不恆其德。則所勝來復。政恆其理。則所勝同化。此之謂也。

帝曰。天不足西北。左寒而右涼。地不滿東南。右熱而左溫。其故何也。

岐伯曰。陰陽之氣。高下之理。太少之異也。東南方。陽也。陽者。其精降於下。故右熱而左溫。西北方。陰也。陰者。其精奉於上。故左寒而右涼。是以地有高下。氣有溫涼。高者氣寒。下者氣熱。故適寒涼者。脹之。溫熱者。瘡下之則脹已。汗之則瘡已。此湊理開閉之常。太少之異耳。

帝曰。其於壽夭。何如。

岐伯曰。陰精所奉。其人壽。陽精所降。其人夭。

帝曰。善。其病也。治之柰何。

岐伯曰。西北之氣散而寒之。東南之氣收而溫之。所謂同病異治也。故曰。氣寒氣涼。治以寒涼。行水漬之。氣溫氣熱。治以溫熱。強其內守。必同其氣。可使平也。假者反之。

帝曰。善。一州之氣。生化壽夭不同。其故何也。

岐伯曰。高下之理。地勢使然也。崇高則陰氣治之。汚下則陽氣治之。陽勝者先天。陰勝者後天。此地理之常。生化之道也。

帝曰。其有壽夭乎。

岐伯曰。高者其氣壽。下者其氣夭。地之小大異也。小者小異。大者大異。故治病者。必明天道地理。陰陽更勝。氣之先後。人之壽夭。生化之期。乃可以知人之形氣矣。

帝曰。善。其歲有不病而藏氣不應不用者。何也。

岐伯曰。天氣制之。氣有所從也。

帝曰。願卒聞之。

岐伯曰。少陽司天。火氣下臨。肺氣上從。白起金用。草木眚。火見燔焫。革金且耗。大暑以行。欬嚏鼽衄鼻窒。曰瘍寒熱胕腫。風行于地。塵沙飛揚。心痛胃脘痛。厥逆鬲不通。其主暴速。陽明司天。燥氣下臨。肝氣上從。蒼起木用而立。土迺眚。淒滄數至。木伐草萎。脅痛目赤。掉振鼓慄。筋痿不能久立。暴熱至。土迺暑。陽氣鬱發。小便變。寒熱如瘧。甚則心痛。火行于槁。流水不冰。蟄蟲迺見。太陽司天。寒氣下臨。心氣上從。而火且明。丹起。金迺眚。寒清時舉。勝則水冰。火氣高明。心熱煩。嗌乾善渴。鼽嚏。喜悲數欠。熱氣妄行。寒迺復。霜不時降。善忘甚則心痛。土迺潤。水豐衍。寒客至。沈陰化。溼氣變物。水飲內稸。中滿不食。皮痛肉苛。筋脈不利。甚則胕腫身後癰。厥陰司天。風氣下臨。脾氣上從。而土且隆黃起。水迺眚。土用革。體重肌肉萎。食減口爽。風行太虛。雲物搖動。目轉耳鳴。火縱其暴。地迺暑。大熱消爍。赤沃下。蟄蟲數見。流水不冰。其發機速。少陰司天。熱氣下臨。肺氣上從。白起金用。草木眚。喘嘔。寒熱。嚏。鼽衄。鼻窒。大暑流行。甚則瘡瘍燔灼。金爍石流。地迺燥清。淒滄數至。脅痛。善太息。肅殺行。草木變。太陰司天。溼氣下臨。腎氣上從。黑起水變。埃冒雲雨。胸中不利。陰痿。氣大衰而不起不用。當其時。反腰脽痛。動轉不便也。厥逆。地迺藏陰。大寒且至。蟄蟲早附。心下否痛。地裂冰堅。少腹痛。時害於食。乘金則止水。增味迺鹹。行水減也。

帝曰。歲有胎孕不育。治之不全。何氣使然。

歧伯曰。六氣五類有相勝制也。同者盛之。異者衰之。此天地之道。生化之常也。故厥陰司天。毛蟲靜。羽蟲育。介蟲不成。在泉。毛蟲育。倮蟲耗。羽蟲不育。少陰司天。羽蟲靜。介蟲育。毛蟲不成。在泉。羽蟲育。介蟲耗不育。太陰司天。倮蟲靜。鱗蟲育。羽蟲不成。在泉。倮蟲育。鱗蟲不成。少陽司天。羽蟲靜。毛蟲育。倮蟲不成。在泉。羽蟲育。介蟲耗。毛蟲不育。陽明司天。介蟲靜。羽蟲育。介蟲不成。在泉。介蟲育。毛蟲耗。羽蟲不成。太陽司天。鱗蟲靜。倮蟲育。在泉。鱗蟲耗。倮蟲不育。諸乘所不成之運則甚也。故氣主有所制。歲立有所生。地氣制己勝。天氣制勝己。天制色。地制形。五類衰盛。各隨其氣之所宜也。故有胎孕不育。治之不全。此氣之常也。所謂中根也。根于外者亦五。故生化之別。有五氣。五味。五色。五類。五宜也。

帝曰。何謂也。

岐伯曰。根于中者。命曰。神機。神去則機息。根于外者。命曰。氣立。氣止則化絶。故各有制。各有勝。各有生。各有成。故曰。不知年之所加。氣之同異。不足以言生化。此之謂也。

異文根於內者。命曰。神機。神去則機息。根於外者。命曰。氣化。氣止則化滅。明・葉子奇・草木子卷一・觀物篇

帝曰。氣始而生化。氣散而有形。氣布而蕃育。氣終而象變。其致一也。然而五味所資。生化有薄厚。成熟有少多。終始不同。其故何也。

岐伯曰。地氣制之也。非天不生。地不長也。

帝曰。願聞其道。

岐伯曰。寒熱燥溼不同其化也。故少陽在泉。寒毒不生。其味辛。其治苦酸。其穀蒼丹。陽明在泉。溼毒不生。其味酸。其氣溼。其治辛苦甘。其穀丹素。太陽在泉。熱毒不生。其味苦。其治淡鹹。其穀黅秬。厥陰在泉。清毒不生。其味甘。其治酸苦。其穀蒼赤。其氣專。其味正。少陰在泉。寒毒不生。其味辛。其治辛苦甘。其穀白丹。太陰在泉。燥毒不生。其味鹹。其氣熱。其治甘鹹。其穀黅秬。化淳則鹹守。氣專則辛化而俱治。故曰。補上下者。從之。治上下者。逆之。以所在寒熱盛衰而

調之。故曰。上取下取。內取外取。以求其過。能毒者以厚藥。不勝毒者以薄藥。此之謂也。氣反者。病在上取之下。病在下取之上。病在中傍取之。治熱以寒。溫而行之。治寒以熱。涼而行之。治溫以清。冷而行之。治清以溫。熱而行之。故消之。削之。吐之。下之。補之。寫之。久新同法。

帝曰。病在中。而不實不堅。且聚且散。柰何。

岐伯曰。悉乎哉問也。無積者。求其藏虛則補之。藥以祛之。食以隨之。行水漬之。和其中外。可使畢已。

帝曰。有毒無毒。服有約乎。

岐伯曰。病有久新。方有大小。有毒無毒。固宜常制矣。大毒治病。十去其六。常毒治病。十去其七。小毒治病。十去其八。無毒治病。十去其九。穀肉果菜。食養盡之。無使過之。傷其正也。不盡。行復如法。必先歲氣。無伐天和。無盛盛。無虛虛。而遺人天殃。無致邪。無失正。絕人長命。

帝曰。其久病者。有氣從不康。病去而瘠。柰何。

岐伯曰。昭乎哉。聖人之問也。化不可代。時不可違。夫經絡以通。血氣以從。復其不足。與衆齊同。養之和之。靜以待時。謹守其氣。無使傾移。其形迺彰。生氣以長。命曰。聖王。故大要曰。無代化。無違時。必養必和。待其來復。此之謂也。

帝曰。善。以上正文據宋人補注黃帝內經素問見叢書集成影印本

黄帝集卷二十二

黄帝內經素問卷二十一・六元正紀大論篇第七十一

黄帝問曰。六化六變。勝復淫治。甘苦辛鹹酸淡。先後余知之矣。夫五運之化。或從五氣。或逆天氣。或從天氣而逆地氣。或從地氣而逆天氣。或相得。或不相得。余未能明其事。欲通天之紀。從地之理。和其運。調其化。使上下合德。無相奪倫。天地升降。不失其宜。五運宣行。勿乖其政。調之正味。從逆柰何。

歧伯稽首再拜。對曰。昭乎哉問也。此天地之綱紀。變化之淵源。非聖帝孰能窮其至理歟。臣雖不敏。請陳其道。令終不滅。久而不易。

帝曰。願夫子推而次之。從其類序。分其部主。別其宗司。昭其氣數。明其正化。可得聞乎。

歧伯曰。先立其年。以明其氣。金木水火土運行之數。寒暑燥溼風火臨御之化。則天道可見。民氣可調。陰陽卷舒。近而無惑。數之可數者。請遂言之。

帝曰。太陽之政柰何。

歧伯曰。辰戌之紀也。

太陽。　太角。　太陰。　壬辰。　壬戌。　其運風。　其化。鳴紊啟拆。　其變。振拉摧拔。　其病。眩掉目瞑。

太角。少徵。太宮。少商。太羽。

太陽。太徵。太陰。戊辰。戊戌。同正徵。其運熱。其化。暄暑鬱燠。其變。炎烈沸騰。其病。熱鬱。

太徵。少宮。太商。少羽。少角。

太陽。太宮。太陰。甲辰歲會。甲戌歲會。其運陰埃。其化。柔潤重澤。其變。震驚飄驟。其病。溼下重。

太宮。少商。太羽。太角。少徵。

太陽。太商。太陰。庚辰。庚戌。其運涼。其化。霧露蕭飋。其變。肅殺凋零。其病。燥背瞀胸滿。

太商。少羽。少角。太徵。少宮。

太陽。太羽。太陰。丙辰天符。丙戌天符。其運寒。其化。凝慘凓冽。其變。冰雪霜雹。其病。大寒留於谿谷。

太羽。太角。少徵。太宮。少商。

凡此太陽司天之政。氣化運行先天。天氣肅。地氣靜。寒臨太虛。陽氣不令。水土合德。上應辰星。鎮星。其穀玄黅。其政肅。其令徐。寒政大舉。澤無陽燄。則火發待時。少陽中治。時雨迺涯。止極雨散。還於太陰。雲朝北極。溼化迺布。澤流萬物。寒敷于上。雷動于下。寒溼之氣。持於氣交。民病寒溼。發肌肉萎。足痿不收。濡寫血溢。初之氣。地氣遷。氣迺大溫。草迺早榮。民迺厲。溫病迺作。身熱。頭痛。嘔吐。肌腠瘡瘍。二之氣。大涼反至。民迺慘。草迺遇寒。火氣遂抑。民病氣鬱。中滿。寒迺始。三之氣。天政布寒。氣行雨迺降。民病寒。反熱中。癰疽。注下。心熱。瞀悶。不治者死。四之氣。風溼交爭。風化為雨。迺長迺化。迺成民病。大熱少氣。肌肉萎。足痿。注下赤白。五之氣。陽復化。草迺長。迺化迺成。民迺舒。終之氣。地氣正溼。令行陰凝。太虛埃昏郊野。民迺慘悽。寒風以至。反者孕迺死。故歲宜苦以燥之溫之。必折其鬱氣。先資其化源。抑其運氣。扶其不勝。無使暴過而生其疾。食歲穀以全其真。避虛邪以安其正。適氣同異。多少制之。同寒溼者燥熱化。異寒溼者燥溼化。故同者多之。異者少之。用寒遠寒。用涼遠涼。用溫遠溫。用熱遠熱。食宜同法。有假者。反常。反是者。病。所謂時也。

帝曰。善。陽明之政柰何。

歧伯曰。卯酉之紀也。

陽明。　少角。　少陰。　清熱勝復同。　同正商。　丁卯歲會。　丁酉。　其運風清熱。

少角。　太徵。　少宮。　太商。　少羽。

陽明。　少徵。　少陰。　寒雨勝復同。　同正商。　癸卯。　癸酉。　其運熱寒雨。

少徵。　太宮。　少商。　太羽。　太角。

陽明。　少宮。　少陰。　風涼勝復同。　己卯。　己酉。　其運雨風涼。

少宮。　太商。　少羽。　少角。　太徵。

陽明。　少商。　少陰。　熱寒勝復同。　同正商。　乙卯天符。　乙酉歲會太一天符。　其運涼熱寒。

少商。　太羽。　太角。　少徵。　太宮。

陽明。　少羽。　少陰。　雨風勝復同。　辛卯少宮同。　辛酉辛卯。　其運寒雨風。

少羽。　少角。　太徵。　太宮。　太商。

凡此陽明司天之政。氣化運行後天。天氣急。地氣明。陽專其令。炎暑大行。物燥以堅。淳風迺治。風燥橫運。流於氣交。多陽少陰。雲趨雨府。溼化迺敷。燥極而澤。其穀。白丹。閒穀命太者。其耗。白甲品羽。金火合德。上應太白熒惑。其政切。其令暴。蟄蟲迺見。流水不冰。民病欬。嗌塞。寒熱。發暴。振凓。癃閟。清先而勁。毛蟲迺死。熱後而暴。介蟲迺殃。其發躁勝。復之作擾而大亂。清熱之氣。持於氣交。初之氣。地氣遷。陰始凝。氣始肅。水迺冰。寒雨化。其病中熱脹。面目浮腫。善眠。鼽衄。嚏。欠。嘔。小便黃赤。甚則淋。二之氣。陽迺布。民迺舒。物迺生榮。厲大至。民善暴死。三之氣。天政布。涼迺行。燥熱交合。燥極而澤。民病寒熱。四之氣。寒雨降。病暴仆。振慄。譫妄。少氣。嗌乾引飲。及為心痛。癰腫。瘡瘍。瘧寒之疾。骨痿。血便。五之氣。春令反行。草迺生榮。民氣和。終之氣。陽氣布。候反溫。蟄蟲來見。流水不冰。民迺康平。其病溫。故食歲穀以安其氣。食閒穀以去其邪。歲宜以鹹。以苦。以辛。汗之。清之。散之。安其運氣。無使受邪。折其鬱氣。資其化源。以寒熱。輕重。少多。其制。同熱者多天化。同清者多地化。用涼遠涼。用熱遠熱。用寒遠寒。用溫遠溫。食宜同法。有假者。反之。此其道也。反是者。亂天地之經。擾陰陽之紀也。

帝曰。善。少陽之政柰何。

歧伯曰。寅申之紀也。

少陽。太角。厥陰。壬寅。壬申。其運。風鼓。其化。鳴紊啟坼。其變。振拉摧拔。其病。掉眩。支脅。驚駭。

太角。少徵。太宮。少商。太羽。

少陽。太徵。厥陰。戊寅天符。戊申天符。其運。暑。其化。暄囂鬱燠。其變。炎烈沸騰。其病。上熱。鬱血。泄心痛。

太徵。少宮。太商。少羽。少角。

少陽。太宮。厥陰。甲寅。甲申。其運。陰雨。其化。柔潤重澤。其變。震驚飄驟。其病。體重。胕腫。痞飲。

太宮。少商。太羽。太角。少徵。

少陽。太商。厥陰。庚寅。庚申。同正商。其運。涼。其化。霧露清切。其變。肅殺凋零。其病。肩背胸中。

太商。　少羽。　少角。　太徵。　少宮。

少陽。　太羽。　厥陰。　丙寅。　丙申。　其運。寒肅。　其化。凝慘凓冽。　其變。冰雪霜雹。

其病。寒浮腫。

太羽。　太角。　少徵。　太宮。　少商。

凡此少陽司天之政。氣化運行先天。天氣正。地氣擾。風迺暴舉。木偃沙飛。炎火迺流。陰行陽化。雨迺時應。火木同德。上應熒惑歲星。其穀。丹蒼。其政。嚴。其令。擾。故風熱參布。雲物沸騰。太陰横流。寒迺時至。涼雨竝起。民病寒中。外發瘡瘍。内為泄滿。故聖人遇之。和而不爭。往復之作。民病寒熱。瘧泄。聾瞑。嘔吐。上怫腫。色變。初之氣。地氣遷。風勝迺搖。寒迺去。候迺大溫。草木早榮。寒來不殺。溫病迺起。其病。氣怫於上。血溢。目赤。欬逆。頭痛。血崩脅滿。膚腠中瘡。二之氣。火反鬱。白埃四起。雲趨雨府。風不勝溼。雨迺零。民迺康。其病。熱鬱於上。欬逆。嘔吐。瘡發於中。胸嗌不利。頭痛。身熱。昏憒。膿瘡。三之氣。天政布。炎暑至。少陽臨上。雨迺涯。民病熱中。聾。瞑。血溢。膿瘡。欬。嘔。鼽衄。渴。嚏。欠。喉痹。目赤。善暴死。四之氣。涼迺至。炎暑閒化。白露降。民氣和平。其病。滿身重。五之氣。陽迺去。寒迺來。雨迺降。氣門迺閉。剛木早凋。民避寒邪。君子周密。終之氣。地氣正。風迺至。萬物反生。霿霧以行。其病。關閉不禁。心痛。陽氣不藏而欬抑。其運氣贊所不勝。必折其鬱氣。先取化源。暴過不生。苛疾不起。故歲。宜鹹辛。宜酸。滲之泄之。漬之發之。觀氣寒溫。以調其過。同風熱者多寒化。異風熱者少寒化。用熱遠熱。用溫遠溫。用寒遠寒。用涼遠涼。食宜同法。此其道也。有假者。反之。反是者。病之階也。

帝曰。善。太陰之政柰何。

歧伯曰。丑未之紀也。

太陰。少角。太陽。清熱勝復同。同正宮。丁丑。丁未。其運風清熱。

少角。太徵。少宮。太商。少羽。

太陰。少徵。太陽。寒雨勝復同。癸丑。癸未。其運熱寒雨。

少徵。太宮。少商。太羽。太角。

太陰。少宮。太陽。風清勝復同。同正宮。己丑太一天符。己未太一天符。其運雨風清。

少宮。太商。少羽。少角。太徵。

太陰。少商。太陽。熱寒勝復同。乙丑。乙未。其運。涼熱寒。

少商。太羽。太角。少徵。太宮。

太陰。少羽。太陽。雨風勝復同。同正宮。辛丑。辛未。其運。寒雨風。

少羽。少角。太徵。少宮。太商。

凡此太陰司天之政。氣化運行後天。陰專其政。陽氣退辟。大風時起。天氣下降。地氣上騰。原野昏霧。白埃四起。雲奔南極。寒雨數至。物成於差夏。民病寒溼。腹滿。身䐜憤。胕腫。痞逆。寒厥。拘急。溼寒合德。黃黑埃昏。流行氣交。上應鎮星。辰星。其政肅。其令寂。其穀黅玄。故陰凝於上。寒積於下。寒水勝火則為冰雹。陽光不治。殺氣迺行。故有餘宜高。不及宜下。有餘宜晚。不及宜早。土之利。氣之化也。民氣亦從之。間穀命其太也。初之氣。地氣遷。寒迺去。春氣正。風迺來。生布萬物以榮。民氣條舒。風溼相薄。雨迺後。民病血溢。筋絡拘強。關節不利。身重筋痿。二之氣。大火正。物承化。民迺和。其病。溫厲大行。遠近咸若。溼蒸相薄。雨迺時降。三之氣。天政布。溼氣降。地氣騰。雨迺時降。寒迺隨之。感於寒溼。則民病身重。胕腫。胸腹滿。四之氣。畏火。臨溽蒸化。地氣騰。天氣否隔。寒風曉暮。蒸熱相薄。草木凝煙。溼化不流。則白露陰布。以成秋令。民病腠理熱。血暴溢瘧。心腹滿熱。臚脹。甚則胕腫。五之氣。慘令已行。寒露下。霜迺早降。草木黃落。寒氣及體。君子周密。民病皮腠。終之氣。寒大舉。溼大化。霜迺積。陰迺凝。水堅冰。陽光不治。感於寒則病人。關節禁固。腰脽痛寒溼。推於氣交而為疾也。必折其鬱氣而取化源。益其歲氣。無使邪勝。食歲穀以全其真。食間穀以保其精。故歲宜以苦燥之溫之。甚者發之泄之。不發不泄則溼氣外溢。肉潰皮拆。而水血交流。必贊其陽火。令禦甚寒。從氣異同。少多其判也。同寒者以熱化。同溼者以燥化。異者少之。同者多之。用涼遠涼。用寒遠寒。用溫遠溫。用熱遠熱。食宜同法。假者反之。此其道也。反是者。病也。

帝曰。善。少陰之政奈何。

岐伯曰。子午之紀也。

少陰。太角。陽明。壬子。壬午。其運。風鼓。其化。鳴紊啟拆。其變。振拉摧拔。

其病。支滿。

太角。少徵。太宮。少商。太羽。

少陰。太徵。陽明。戊子天符。戊午太一天符。其運。炎暑。其化。暄曜鬱燠。其

變。炎烈沸騰。其病。上熱血溢。

太徵。少宮。太商。少羽。少角。

少陰。太宮。陽明。甲子。甲午。其運。陰雨。其化。柔潤時雨。其變。震驚飄驟。

其病。中滿身重。

太宮。少商。太羽。太角。少徵。

少陰。太商。陽明。庚子。庚午。同正商。其運。涼勁。其化。霧露蕭飋。其變。

肅殺凋零。其病。下清。

太商。少羽。少角。太徵。少宮。

少陰。太羽。陽明。丙子歲會。丙午。其運。寒。其化。凝慘凓冽。其變。冰雪霜

雹。其病。寒下。

太羽。太角。少徵。太宮。少商。

凡此少陰司天之政。氣化運行先天。地氣肅。天氣明。寒交暑。熱加燥。雲馳雨府。溼化迺行。時雨迺降。金火合德。上應熒惑太白。其政。明。其令。切。其穀。丹白。水火寒熱。持於氣交而為病始也。熱病生於上。清病生於下。寒熱凌犯而爭於中。民病欬喘。血溢。血泄。鼽嚏。目赤眥瘍。寒厥入胃。心痛。腰痛。腹大。嗌乾腫上。初之氣。地氣遷。燥將去。寒迺始。蟄復藏。水迺冰。霜復降。風迺至。陽氣鬱。民反周密。關節禁固。腰脽痛。炎暑將起。中外瘡瘍。二之氣。陽氣布。風迺行。春氣以正。萬物應榮。寒氣時至。民迺和。其病淋目。瞑目。赤氣鬱於上而熱。三之氣。天政布。大火行。庶類蕃鮮。寒氣時至。民病氣厥心痛。寒熱更作。欬喘目赤。四之氣。溽暑至。大雨時行。寒熱互至。民病寒熱。嗌乾。黃癉。鼽衄。飲發。五之氣。畏火臨。暑反至。陽迺化。萬物迺生迺長榮。民迺康。其病溫。終之氣。燥令行。餘火內格。腫於上。欬喘。甚則血溢。寒氣數舉則霿霧翳。病生皮腠。內舍於脅下。連少腹而作。寒中。地將易也。必抑其運氣。資其歲勝。折其鬱發。先取化源。無使暴過而生其病也。食歲穀以全真氣。食閒穀以辟虛邪。歲宜鹹以耎之而調其上。甚則以苦發之。以酸收之而安其下。甚則以苦泄之。適氣同異而多少之。同天氣者以寒清化。同地氣者以溫熱化。用熱遠熱。用涼遠涼。用溫遠溫。用寒遠寒。食宜同法。有假則反。此其道也。反是者。病作矣。

帝曰。善。厥陰之政。柰何。

歧伯曰。已亥之紀也。

厥陰。　少角。　少陽。　清熱勝復同。　同正角。　丁巳天符。　丁亥天符。　其運。風清熱。

少角。太徵。少宮。太商。少羽。

厥陰。少徵。少陽。寒雨勝復同。癸巳。癸亥。其運。熱寒雨。少徵。太宮。少商。太羽。太角。

厥陰。少宮。少陽。風清勝復同。同正角。己巳。己亥。其運。雨風清。

少宮。太商。少羽。少角。太徵。

厥陰。少商。少陽。熱寒勝復同。同正角。乙巳。乙亥。其運。涼熱寒。

少商。太羽。太角。少徵。太宮。

厥陰。少羽。少陽。雨風勝復同。辛巳。辛亥。其運。寒雨風。少羽。少角。太徵。少宮。太商。

凡此厥陰司天之政。氣化運行後天。諸同正歲。氣化運行同天。天氣擾。地氣正。風生高遠。炎熱從之。雲趨雨府。溼化迺行。風火同德。上應歲星熒惑。其政撓。其令速。其穀蒼丹。間穀言太者。其耗。文角品羽。風燥火熱。勝復更作。蟄蟲來見。流水不冰。熱病行於下。風病行於上。風燥勝。復形於中。初之氣。寒始肅。殺氣方至。民病寒於右之下。二之氣。寒不去。華雪水冰。殺氣施化。霜迺降。名草上焦。寒雨數至。陽復化。民病熱於中。三之氣。天政布。風迺時舉。民病泣出。耳鳴掉眩。四之氣。溽暑溼熱相薄。爭於左之上。民病黃癉而為胕腫。五之氣。燥溼更勝。沈陰迺布。寒氣及體。風雨迺行。終之氣。畏火司令。陽迺大化。蟄蟲出見。流水不冰。地氣大發。草迺生。人迺舒。其病溫厲。必折其鬱氣。資其化源。贊其運氣。無使邪勝。歲宜以辛調上。以鹹調下。畏火之氣。無妄犯之。用溫遠溫。用熱遠熱。用涼遠涼。用寒遠寒。食宜同法。有假反常。此之道也。反是者。病。

帝曰。善。夫子言可謂悉矣。然何以明其應乎。

歧伯曰。昭乎哉問也。夫六氣者。行有次。止有位。故常以正月朔日平旦視之。覩其位而知其所在矣。運有餘。其至先。運不及。其至後。此天之道。氣之常也。運非有餘非不足。是謂正歲。其至當其時也。

帝曰。勝復之氣其常在也。災眚時至。候也柰何。

歧伯曰。非氣化者。是謂災也。

帝曰。天地之數。終始柰何。

歧伯曰。悉乎哉問也。是明道也。數之始起於上而終於下。歲半之前。天氣主之。歲半之後。地氣主之。上下交互。氣交主之。歲紀畢矣。故曰。位明氣月。可知乎。所謂氣也。

帝曰。余司其事則而行之。不合其數何也。

歧伯曰。氣用有多少。化洽有盛衰。衰盛多少。同其化也。

帝曰。願聞同化何如。

歧伯曰。風溫。春化同。熱曛昏火。夏化同。勝與復同。燥清煙露。秋化同。雲雨昏瞑埃。長夏化同。寒氣霜雪冰。冬化同。此天地五運六氣之化。更用盛衰之常也。

帝曰。五運行同天化者。命曰。天符。余知之矣。願聞同地化者。何謂也。

歧伯曰。太過而同天化者三。不及而同天化者亦三。太過而同地化者三。不及而同地化者亦三。此凡二十四歲也。

帝曰。願聞其所謂也。

歧伯曰。甲辰。甲戌。太宮下加太陰。壬寅。壬申。太角下加厥陰。庚子。庚午。太商下加陽明。如是者三。癸巳。癸亥。少徵下加少陽。辛丑。辛未。少羽下加太陽。癸卯。癸酉。少徵下加少陰。如是者三。戊子。戊午。太徵上臨少陰。戊寅。戊申。太徵上臨少陽。丙辰。丙戌。太羽上臨太陽。如是者三。丁巳。丁亥。少角上臨厥陰。乙卯。乙酉。少商上臨陽明。己丑。己未。少宮上臨太陰。如是者三。除此二十四歲。則不加不臨也。

帝曰。加者何謂。

歧伯曰。太過而加同天符。不及而加同歲會也。

帝曰。臨者何謂。

歧伯曰。太過不及皆曰。天符。而變行有多少。病形有微甚。生死有早晏耳。

帝曰。夫子言。用寒遠寒。用熱遠熱。余未知其然也。願聞何謂遠。

歧伯曰。熱無犯熱。寒無犯寒。從者和。逆者病。不可不敬畏而遠之。所謂時興六位也。

帝曰。溫涼何如。

歧伯曰。司氣以熱。用熱無犯。司氣以寒。用寒無犯。司氣以涼。用涼無犯。司氣以溫。用溫無犯。閒氣同其主。無犯。異其主。則小犯之。是謂四畏。必謹察之。

帝曰。善。其犯者何如。

歧伯曰。天氣反時。則可依時。及勝其主。則可犯。以平為期。而不可過。是謂邪氣反勝者。故曰。無失天信。無逆氣宜。無翼其勝。無贊其復。是謂至治。

帝曰。善。五運氣行。主歲之紀。其有常數乎。

歧伯曰。臣請次之。

甲子。　甲午歲。

上少陰火。　中太宮土運。　下陽明金。　熱化二。雨化五。燥化四。所謂正化日也。　其化。上鹹寒。中苦熱。下酸熱。所謂藥食宜也。

乙丑。　乙未歲。

上太陰土。　中少商金運。　下太陽水。　熱化寒化。勝復同。所謂邪氣化日也。　災七宮。　溼化五。清化四。寒化六。所謂正化日也。　其化。上苦熱。中酸和。下甘熱。所謂藥食宜也。

丙寅。　丙申歲。

上少陽相火。　中太羽水運。　下厥陰木。　火化二。寒化六。風化三。所謂正化日也。　其化。上鹹寒。中鹹溫。下辛溫。所謂藥食宜也。

丁卯。　丁酉歲。

上陽明金。　中少角木運。　下少陰火。　清化熱化。勝復同。所謂邪氣化日也。　災三宮。燥化九。風化三。熱化七。所謂正化日也。　其化。上苦小溫。中辛和。下鹹寒。所謂藥食宜也。

戊辰。　戊戌歲。

上太陽水。　中太徵火運。　下太陰土。　寒化六。熱化七。溼化五。所謂正化日也。　其化。上苦溫。中甘和。下甘溫。所謂藥食宜也。

己巳。　己亥歲。

上厥陰木。　中少宮土運。　下少陽相火。　風化清化。勝復同。所謂邪氣化日也。　災五宮。　風化三。溼化五。火化七。所謂正化日也。　其化。上辛涼。中甘和。下鹹寒。所謂藥食宜也。

庚午。　庚子歲。

上少陰火。　中太商金運。　下陽明金。　熱化七。清化九。燥化九。所謂正化日也。　其化。上鹹寒。中辛溫。下酸溫。所謂藥食宜也。

辛未。　辛丑歲。

上太陰土。　中少羽水運。　下太陽水。　雨化風化。勝復同。所謂邪氣化日也。　災一宮。　雨化五。寒化一。所謂正化日也。　其化。上苦熱。中苦和。下苦熱。所謂藥食宜也。

壬申。　壬寅歲。
上少陽相火。　中太角木運。　下厥陰木。　火化二。風化八。所謂正化日也。　其化。上鹹寒。中酸和。下辛涼。所謂藥食宜也。
癸酉。　癸卯歲。
上陽明金。　中少徵火運。　下少陰火。　寒化雨化。勝復同。所謂邪氣化日也。　災九宮。　燥化九。熱化二。所謂正化日也。　其化。上苦小溫。中鹹溫。下鹹寒。所謂藥食宜也。
甲戌。　甲辰歲。
上太陽水。　中太宮土運。　下太陰土。　寒化六。溼化五。正化日也。　其化。上苦熱。中苦溫。下苦溫。藥食宜也。
乙亥。　乙巳歲。
上厥陰木。　中少商金運。　下少陽相火。　熱化寒化。勝復同。邪氣化日也。　災七宮。　風化八。清化四。火化二。正化度也。　其化。上辛涼。中酸和。下鹹寒。藥食宜也。
丙子。　丙午歲。
上少陰火。　中太羽水運。　下陽明金。　熱化二。寒化六。清化四。正化度也。　其化。上鹹寒。中鹹熱。下酸溫。藥食宜也。
丁丑。　丁未歲。

上太陰土。中少角木運。下太陽水。清化熱化。勝復同。邪氣化度也。災三宮。雨化五。風化三。寒化一。正化度也。其化。上苦溫。中辛溫。下甘熱。藥食宜也。

戊寅。戊申歲。

上少陽相火。中太徵火運。下厥陰木。火化七。風化三。正化度也。其化。上鹹寒。中甘和。下辛涼。藥食宜也。

己卯。己酉歲。

上陽明金。中少宮土運。下少陰火。風化清化。勝復同。邪氣化度也。災五宮。清化九。雨化五。熱化七。正化度也。其化。上苦小溫。中甘和。下鹹寒。藥食宜也。

庚辰。庚戌歲。

上太陽水。中太商金運。下太陰土。寒化一。清化九。雨化五。正化度也。其化。上苦熱。中辛溫。下甘熱。藥食宜也。

辛巳。辛亥歲。

上厥陰木。中少羽水運。下少陽相火。雨化風化。勝復同。邪氣化度也。災一宮。風化三。寒化一。火化七。正化度也。其化。上辛涼。中苦和。下鹹寒。藥食宜也。

壬午。壬子歲。

上少陰火。中太角木運。下陽明金。熱化二。風化八。清化四。正化度也。其化。上鹹寒。

中酸涼。下酸溫。藥食宜也。

癸未。　癸丑歲。

上太陰土。　中少徵火運。　下太陽水。　寒化雨化。勝復同。邪氣化度也。災九宮。　雨化五。火化二。寒化一。正化度也。　其化。上苦溫。中鹹溫。下甘熱。藥食宜也。

甲申。　甲寅歲。

上少陽相火。　中太宮土運。　下厥陰木。　火化二。雨化五。風化八。正化度也。　其化。上鹹寒。中鹹和。下辛涼。藥食宜也

乙酉。　乙卯歲。

上陽明金。　中少商金運。　下少陰火。　熱化寒化。勝復同。邪氣化度也。災七宮。　燥化四。清化四。熱化二。正化度也。　其化。上苦小溫。中苦和。下鹹寒。藥食宜也。

丙戌。　丙辰歲。

上太陽水。　中太羽水運。　下太陰土。　寒化六。雨化五。正化度也。　其化。上苦熱。中鹹溫。下甘熱。藥食宜也。

丁亥。　丁巳歲。

上厥陰木。　中少角木運。　下少陽相火。　清化熱化。勝復同。邪氣化度也。　災三宮。　風化三。火化七。正化度也。　其化。上辛涼。中辛和。下鹹寒。藥食宜也。

戊子。　戊午歲。
上少陰火。　中太徵火運。　下陽明金。　熱化七。清化九。正化度也。　其化。上鹹寒。中甘寒。
下酸溫。藥食宜也。
己丑。　己未歲。
上太陰土。　中少宮土運。　下太陽水。　風化清化。勝復同。邪氣化度也。災五宮。　雨化五。寒
化一。正化度也。　其化。上苦熱。中甘和。下甘熱。藥食宜也。
庚寅。　庚申歲。
上少陽相火。　中太商金運。　下厥陰木。　火化七。清化九。風化三。正化度也。　其化。上鹹
寒。中辛溫。下辛涼。藥食宜也。
辛卯。　辛酉歲。
上陽明金。　中少羽水運。　下少陰火。雨化風化。勝復同。邪氣化度也。　災一宮。　清化九。寒
化一。熱化七。正化度也。　其化。上苦小溫。中苦和。下鹹寒。藥食宜也。
壬辰。　壬戌歲。
上太陽水。　中太角木運。　下太陰土。　寒化六。風化八。雨化五。正化度也。　其化。上苦溫。
中酸和。下甘溫。藥食宜也。
癸巳。　癸亥歲。

上厥陰木。　中少徵火運。　下少陽相火。　寒化雨化。勝復同。邪氣化度也。　災九宮。　風化八。火化二。正化度也。　其化。上辛涼。中鹹和。下鹹寒。藥食宜也。

凡此定期之紀。勝復正化。皆有常數。不可不察。故知其要者。一言而終。不知其要。流散無窮。此之謂也。

帝曰。善。五運之氣。亦復歲乎。

岐伯曰。鬱極迺發。待時而作也。

帝曰。請問其所謂也。

岐伯曰。五常之氣。太過不及。其發異也。

帝曰。願卒聞之。

岐伯曰。太過者暴。不及者徐。暴者為病甚。徐者為病持。

帝曰。太過。不及。其數何如。

岐伯曰。太過者。其數成。不及者。其數生。土常以生也。

帝曰。其發也何如。

岐伯曰。土鬱之發。巖谷震驚。雷殷氣交。埃昏黃黑。化為白氣。飄驟高深。擊石飛空。洪水迺從。川流漫衍。田牧土駒。化氣迺敷。善為時雨。始生始長。始化始成。故民病心。腹脹。腸鳴。而為數後。甚則心痛。脅䐜。嘔吐。霍亂。飲發。注下。胕腫。身重。雲奔雨府。霞擁朝陽。山澤埃昏。其迺發也。以其四氣。雲橫天山。浮游生滅。怫之先兆。金鬱之發。天潔地明。風清氣切。大涼迺舉。草樹浮煙。燥氣以行。霿霧數起。殺氣來至。草木蒼乾。金迺有聲。故民病欬逆。心脅滿。引少腹。善暴痛。不可反側。嗌乾。面塵。色惡。山澤焦枯。土凝霜鹵。怫迺發也。其氣五。夜零白露。林莽聲悽。怫之兆也。水鬱之發。陽氣迺辟。陰氣暴舉。大寒迺至。川澤嚴凝。寒雰結為霜雪。甚則黃黑昏翳流行。氣交迺為霜殺。水迺見祥。故民病寒客。心痛。腰脽痛。大關節不利。屈伸不便。善厥逆。痞堅。腹滿。陽光不治。空積沈陰。白埃昏暝而迺發也。其氣二火前後。太虛深玄。氣猶麻散。微見而隱。色黑微黃。怫之先兆也。木鬱之發。太虛埃昏。雲物以擾。大風迺至。屋發折木。木有變。故民病胃脘。當心而痛。上支兩脅。鬲咽不通。食飲不下。甚則耳鳴。眩轉。目不識人。善暴僵仆。太虛蒼埃。天山一色。或氣濁色黃黑鬱。若橫雲不起。雨而迺發也。其氣無常。長川草偃。柔葉呈陰。松吟高山。虎嘯巖岫。怫之先兆也。火鬱之發。太虛腫翳。大明不彰。炎火行。大暑至。山澤燔燎。材木流津。廣廈騰煙。土浮霜鹵。止水迺減。蔓草焦黃。風行惑言。溼化迺後。故民病少氣。瘡瘍。癰腫。脅腹。胸背。面首。四支。䐜憤。臚脹。瘍痱。嘔逆。瘛瘲。骨痛。節迺有動。注下溫瘧。腹中暴痛。血溢流注。精液迺少。目赤心熱。甚則瞀悶懊憹。善暴死。刻終大溫。汗濡玄府。其迺發也。其氣四。動復則靜。陽極反陰。溼令迺化迺成。華發水凝。山川冰雪。燄陽午澤。怫之先兆也。有怫之應。而後報也。皆觀其極。而迺發也。木發無時。水隨火也。謹候其時。病可與期。失時反歲。五氣不行。生化收藏。政無恆也。

帝曰。水發而雹雪。土發而飄驟。木發而毀折。金發而清明。火發而曛昧。何氣使然。

岐伯曰。氣有多少。發有微甚。微者當其氣。甚者兼其下。徵其下氣。而見可知也。

帝曰。善。五氣之發。不當位者。何也。

岐伯曰。命其差。

帝曰。差。有數乎。

岐伯曰。後皆三十度而有奇也。

帝曰。氣至而先後者何。

岐伯曰。運太過則其至先。運不及則其至後。此候之常也。

帝曰。當時而至者。何也。

岐伯曰。非太過。非不及則至當時。非是者。眚也。

帝曰。善。氣有非時而化者。何也。

岐伯曰。太過者當其時。不及者歸其已勝也。

帝曰。四時之氣至。有早晏高下。左右其候。何如。

岐伯曰。行有逆順。至有遲速。故太過者。化先天。不及者。化後天。

帝曰。願聞其行。何謂也。

岐伯曰。春氣西行。夏氣北行。秋氣東行。冬氣南行。故春氣始於下。秋氣始於上。夏氣始於中。冬氣始於標。春氣始於左。秋氣始於右。冬氣始於後。夏氣始於前。此四時正化之常。故至高之地。冬氣常在。至下之地。春氣常在。必謹察之。

帝曰。善。

黄帝問曰。五運六氣之應。見六化之正。六變之紀。何如。

歧伯對曰。夫六氣正紀。有化有變。有勝有復。有用有病。不同其候。帝欲何乎。

帝曰。願盡聞之。

歧伯曰。請遂言之。夫氣之所至也。厥陰所至為和平。少陰所至為暄。太陰所至為埃溽。少陽所至為炎暑。陽明所至為清勁。太陽所至為寒雰。時化之常也。厥陰所至為風府。為璺啟。少陰所至為火府。為舒榮。太陰所至為雨府。為員盈。少陽所至為熱府。為行出。陽明所至為司殺府。為庚蒼。太陽所至為寒府。為歸藏。司化之常也。厥陰所至為生。為風搖。少陰所至為榮。為形見。太陰所至為化。為雲雨。少陽所至為長。為蕃鮮。陽明所至為收。為霧露。太陽所至為藏。為周密。氣化之常也。厥陰所至為風生。終為肅。少陰所至為熱生。中為寒。太陰所至為溼生。終為注雨。少陽所至為火生。終為蒸溽。陽明所至為燥生。終為涼。太陽所至為寒生。中為溫。德化之常也。厥陰所至為毛化。少陰所至為羽化。太陰所至為倮化。少陽所至為羽化。陽明所至為介化。太陽所至為鱗化。德化之常也。厥陰所至為生化。少陰所至為榮化。太陰所至為濡化。少陽所至為茂化。陽明所至為堅化。太陽所至為藏化。布政之常也。厥陰所至為飄怒大涼。少陰所至為大暄寒。太陰所至為雷霆。驟注烈風。少陽所至為飄風。燔燎霜凝。陽明所至為散落溫。太陽所至為寒雪。冰雹白埃。氣變之常也。厥陰所至為撓動。為迎隨。少陰所至為高明燄。為曛。太陰所至為沈陰。為白埃。為晦暝。少陽所至為光顯。為彤雲。為曛。陽明所至為煙埃。為霜。為勁切。為悽鳴。太陽所至為剛固。為堅芒。為立令。行之常也。厥陰所至為裏急。少陰所至為瘍胗身熱。太陰所至為積飲否隔。少陽所至為嚏嘔。為瘡瘍。陽明所至為浮虛。太陽所至為屈伸不利。病之常也。厥陰所至為支痛。少陰所至為驚惑。惡寒。戰慄。譫妄。太陰所至為稸滿。少陽所至為驚躁。瞀昧。暴病。陽明所至為鼽尻。陰股。膝髀。腨胻。足病。太陽所至為腰痛。病之常也。厥陰所至為緛戾。少陰所至為悲妄。衄衊。太陰所至為中滿。霍亂。吐下。少陽所至為喉痹。耳鳴。嘔涌。陽明所至皴揭。太陽所至為寢汗痙。病之常也。厥陰所至為脅痛。嘔泄。少陰所至為語笑。太陰所至為重。胕腫。少陽所至為暴注。瞤瘛。暴死。陽明所至為鼽嚏。太陽所至為流泄。禁止。病之常也。凡此十二變者。報德以德。報化以化。報政以政。報令以令。氣高則高。氣下則下。氣後則後。氣前則前。氣中則中。氣外則外。位之當也。故風勝則動。熱勝則腫。燥勝則乾。寒勝則浮。溼勝則濡泄。甚則水閉胕腫。隨氣所在。以言其變耳。

帝曰。願聞其用也。

歧伯曰。夫六氣之用。各歸不勝而為化。故太陰雨化施於太陽。太陽寒化施於少陰。少陰熱化施於陽明。陽明燥化施於厥陰。厥陰風化施於太陰。各命其所在。以徵之也。

帝曰。自得其位。何如。

岐伯曰。自得其位。常化也。

帝曰。願聞所在也。

岐伯曰。命其位。而方月可知也。

帝曰。六位之氣。盈虛何如。

岐伯曰。太少異也。太者之至。徐而常。少者暴而亡。

帝曰。天地之氣。盈虛何如。

岐伯曰。天氣不足。地氣隨之。地氣不足。天氣從之。運居其中而常先也。惡所不勝。歸所同和。隨運歸從。而生其病也。故上勝則天氣降而下。下勝則地氣遷而上。多少而差其分。微者小差。甚者大差。甚則位易。氣交易則大變。生而病作矣。大要曰。甚紀五分。微紀七分。其差可見。此之謂也。

帝曰。善。論言。熱無犯熱。寒無犯寒。余欲不遠寒。不遠熱。柰何。

岐伯曰。悉乎哉問也。發表不遠熱。攻裏不遠寒。

帝曰。不發不攻而犯寒犯熱。何如。

岐伯曰。寒熱內賊。其病益甚。

帝曰。願聞無病者。何如。

岐伯曰。無者生之。有者甚之。

帝曰。生者何如。

岐伯曰。不遠熱則熱至。不遠寒則寒至。寒至則堅否。腹滿痛急。下利之病生矣。熱至則身熱。吐下。霍亂。癰疽。瘡瘍。瞀鬱。注下。瞤瘛。腫脹。嘔。鼽衄。頭痛。骨節變。肉痛。血溢。血泄。淋閟之病生矣。

帝曰。治之柰何。

岐伯曰。時必順之。犯者。治以勝也。

黃帝問曰。婦人重身。毒之何如。

岐伯曰。有故無殞。亦無殞也。

帝曰。願聞其故。何謂也。

岐伯曰。大積大聚。其可犯也。衰其太半而止。過者死。

帝曰。善。鬱之甚者。治之柰何。

岐伯曰。木鬱達之。火鬱發之。土鬱奪之。金鬱泄之。水鬱折之。然調其氣。過者折之。以其畏也。所謂寫之。

帝曰。假者。何如。

岐伯曰。有假其氣則無禁也。所謂主氣不足。客氣勝也。

帝曰。至哉聖人之法。天地大化。運行之節。臨御之紀。陰陽之政。寒暑之令。非夫子孰能通之。請藏之靈蘭之室。署曰。六元正紀。非齋戒不敢示。慎傳也。

黃帝內經素問卷二十一・刺法論第七十二（以下據叢書集成載黃帝內經素問遺篇影印本補）

黃帝問曰。升降不前。氣交有變。即成暴鬱。余已知之。如何預救生靈。可得卻乎。

歧伯稽首再拜對曰。昭乎哉問。臣聞夫子言。既明天元。須窮刺法。可以折鬱扶運。補弱全真。寫盛蠲餘。令除斯苦。

帝曰。願卒聞之。

歧伯曰。升之不前。即有甚凶也。木欲升而天柱窒抑之。木欲發鬱。亦須待時。當刺足厥陰之井。火欲升而天蓬窒抑之。火欲發鬱。亦須待時。君火相火同刺包絡之滎。土欲升而天衝窒抑之。土欲發鬱。亦須待時。當刺足太陰之俞。金欲升而天英窒抑之。金欲發鬱。亦須待時。當刺手太陰之經。水欲升而天內窒抑之。水欲發鬱。亦須待時。當刺足少陰之合。

帝曰。升之不前。可以預備。願聞其降。可以先防。

歧伯曰。既明其升。必達其降也。升降之道。皆可先治也。木欲降而地皛窒抑之。降而不入。抑之鬱。發散而可得位。降而鬱。發暴如天閒之待時也。降而不下。鬱可速矣。降可折其所勝也。當刺手太陰之所出。刺手陽明之所入。火欲降而地玄窒抑之。降而不入。抑之鬱。發散而可矣。當折其所勝。可散其鬱。當刺足少陰之所出。刺足太陽之所入。土欲降而地蒼窒抑之。降而不下。抑之鬱。發散而可入。當折其勝。可散其鬱。當刺足厥陰之所出。刺足少陽之所入。金欲降而地彤窒抑之。降而不下。散抑之鬱。發散而可入。當折其勝。可散其鬱。當刺心包胳所出。刺手少陽所入也。水欲降而地阜窒抑之。降而不下。抑之鬱。發散而可入。當折其土。可散其鬱。當刺足太陰之所出。刺足陽明之所入。

帝曰。五運之至。有前後與升降往來。有所承抑之。可得聞乎刺法。

歧伯曰。當取其化源也。是故大過取之。不及資之。大過取之。次抑其鬱。取其運之化源。令折鬱氣。不及扶資。以扶運氣。以避虛邪也。資取之法。令出密語。

黃帝問曰。升降之刺以知要。願聞司天未得遷正。使司化之失其常政。即萬化之機。其皆妄然。與民為病。可得先除。欲濟群生。願聞其說。

歧伯稽首再拜曰。悉乎哉問。言其至理。聖念慈憫。欲濟群生。臣乃盡陳斯道。可申洞微。太陽復布。即厥陰不遷正。不遷正。氣塞於上。當寫足厥陰之所流。厥陰復布。少陰不遷正。不遷正。即氣塞於上。當刺心包胳脈之所流。少陰復布。太陰不遷正。不遷正。即氣留於上。當刺足太陰之所流。太陰復布。少陽不遷正。不遷正。則氣塞未通。當刺手少陽之所流。少陽復布。則陽明不遷正。不遷正。則氣未通上。當刺手太陰之所流。陽明復布。太陽不遷正。不遷正。則復塞其氣。當刺足少陰之所流。

帝曰。遷正不前。以通其要。願聞不退。欲折其餘。無令過失。可得明乎。

歧伯曰。氣過有餘。復作布正。是名不過位也。使地氣不得後化。新司天未可遷正。故復布化。令如故也。巳亥之歲。天數有餘。故厥陰不退位也。風行於上。木化布天。當刺足厥陰之所入。子午之歲。天數有餘。故少陰不退位也。熱行於上。火餘化布天。當刺手厥陰之所入。丑未之歲。天數有餘。故太陰不退位也。溼行於上。雨化布天。當刺足太陰之所入。寅申之歲。天數有餘。故少陽不退位也。熱行於上。火化布天。當刺手少陽之所入。卯酉之歲。天數有餘。故陽明不退位也。金行於上。燥化布天。當刺手太陰之所入。辰戌之歲。天數有餘。故太陽不退位也。寒行於上。凜水化布天。當刺足少陰之所入。故天地氣逆。化成民病。以法刺之。預可平痾。

黃帝問曰。剛柔二干失守其位。使天運之氣皆虛乎。與民為病。可得平乎。

岐伯曰。深乎哉問。明其奧旨。天地迭移。三年化疫。是謂根之可見。必有逃門。假令甲子剛柔失守。剛未正柔。孤而有虧。時序不令。即音律非從。如此三年。變大疫也。詳其微甚。察其淺深。欲至而可刺。刺之。當先補腎俞。次三日。可刺足太陰之所注。又有下位。己卯不至。而甲子孤立者。次三年作土癘。其法補瀉。一如甲子同法也。其刺以畢。又不須夜行及遠行。令七日潔。清淨齋戒。所有自來腎有久病者。可以寅時面向南。淨神不亂思。閉氣不息七徧。以引頸嚥氣順之。如嚥甚硬物。如此七徧後。餌舌下津令無數。假令丙寅。剛柔失守。上剛干失守。下柔不可獨主之。中水運非太過。不可執法而定之。布天有餘。而失守上正。天地不合。即律呂音異。如此即天運失序。後三年變疫。詳其微甚。差有大小。徐至即後三年。至甚即首三年。當先補心俞。次五日。可刺腎之所入。又有下位。地甲子辛巳。柔不附剛。亦名失守。即地運皆虛。後三年變水癘。即刺法皆如此矣。其刺如畢。慎其大喜。欲情於中。如不忌。即其氣復散也。令靜七日。心欲實。令少思。假令庚辰。剛柔失守。上位失守。下位無合。乙庚金運。故非相招。布天未退。中運勝來。上下相錯。謂之失守。姑洗林鍾。商音不應也。如此即天運化易。三年變大疫。詳其天數。差有微甚。微即微。三年至。甚即甚。三年至。當先補肝俞。次三日。可刺肺之所行。刺畢。可靜神七日。慎勿大怒。怒必真氣卻散之。又或在下。地甲子乙未。失守者。即乙。柔干即上庚獨治之。亦名失守者。即□□孤主之三年變癘。名曰。金癘。其至待時也。詳其地數之等差。亦推其微甚。可知遲速爾。諸位乙庚失守。刺法同。肝欲平。即勿怒。假令壬午。剛柔失守。上壬未遷正。下丁獨然。即雖陽年。虧及不同。上下失守。相招其有期。差之微甚。各有其數也。律呂二角。失而不和。同音有日。微甚如見。三年大疫。當刺脾之俞。次三日。可刺肝之所出也。刺畢。靜神七日。勿大醉歌樂。其氣復散。又勿飽食。勿食生物。欲令脾實。氣無滯。飽無久坐。食無大酸。無食一切生物。宜甘宜淡。又或地下。甲子丁酉。失守其位。未得中司。即氣不當位。下不與壬奉合者。亦名失守。非名合德。故柔不附剛。即地運不合。三年變癘。其刺法。一如木疫之法。假令戊申。剛柔失守。戊癸雖火運。陽年不太過也。上失其剛。柔地獨主。其氣不正。故有邪干。迭移其位。差有淺深。欲至將合。音律先同。如此天運失時。三年之中。火疫至矣。當刺肺之俞。刺畢。靜神七日。勿大悲傷也。悲傷即肺動。而真氣復散也。人欲實肺者。要在息氣也。又或地下甲子。癸亥失守者。即柔失守位也。即上失其剛也。即亦名戊癸。不相合德者也。即運與地虛。後三年變癘。即名火癘。是故。立地五年。以明失守。以溼法刺於是。疫之與癘。即是上下剛柔之名也。窮歸一體也。即刺疫法。只有五法。即總其諸位失守。故只歸五行而統之也。

黃帝曰。余聞五疫之至。皆相染易。無問大小。病狀相似。不施救療。如何可得不相移易者。

歧伯曰。不相染者。正氣存內。邪不可干。避其毒氣。天牝從來。復得其往。氣出於腦。即不邪干。氣出於腦。即室先想心如日。欲將入於疫室。先想青氣自肝而出。左行於東。化作林木。次想白氣。自肺而出。右行於西。化作戈甲。次想赤氣。自心而出。南行於上。化作燄明。次想黑氣。自腎而出。北行於下。化作水。次想黃氣。自脾而出。存於中央。化作土。五氣護身之畢。以想頭上。如北斗之煌煌。然後可入於疫室。又一法。於春分之日。日未出而吐之。又一法。於雨水日後三浴。以藥泄汗。又一法。小金丹方。辰砂二兩。水磨雄黃一兩。葉子雌黃一兩。紫金半兩。同入合中。外固。了地一尺築地實。不用爐。不須藥制。用火二十斤煅之也。七日終。候冷七日取。次日出合子。埋藥地中七日。取出順日研之三日。煉白沙蜜為丸。如梧桐子大。每日望東吸日華氣一口。冰水下一丸。和氣嚥之。服十粒。無疫干也。

黃帝問曰。人虛即神游失守位。使鬼神外干。是致夭亡。何以全真。願聞刺法。

歧伯稽首再拜曰。昭乎哉問。謂神移失守。雖在其體。然不致死。或有邪干。故令夭壽。只如厥陰失守。天以虛。人氣肝虛。感天重虛。即魂游於上邪。干厥大氣。身溫猶可刺之。刺其足少陽之所過。次刺肝之俞。人病心虛。又遇君相二火。司天失守。感而三虛。遇火不及。黑尸鬼犯之。令人暴亡。可刺手少陽之所過。復刺心俞。人脾病。又遇太陰司天失守。感而三虛。又遇土不及。青尸鬼邪犯之於人。

令人暴亡。可刺足陽明之所過。復刺脾之俞。人肺病。遇陽明司天失守。感而三虛。又遇金不及。有赤尸鬼干人。令人暴亡。可刺手陽明之所過。復刺肺俞。人腎病。又遇太陽司天失守。感而三虛。又遇水運不及之年。有黄尸鬼干犯人正氣。吸人神魂。致暴亡。可刺足太陽之所過。刺足少陽之俞。

黄帝問曰。十二藏之相使。神失位。使神彩之不圓。恐邪干犯。治之可刺。願聞其要。

歧伯稽首再拜曰。悉乎哉問。至理道真宗。此非聖帝。焉究斯源。是謂氣神合道。契符上天。心者。君主之官。神明出焉。可刺手少陰之源。肺者。相傳之官。治節出焉。可刺手太陰之源。肝者。將軍之官。謀慮出焉。可刺足厥陰之源。膽者。中正之官。訣斷出焉。可刺足少陽之源。膻中者。臣使之官。喜樂出焉。可刺心包胳所流。脾為諫議之官。知周出焉。可刺脾之源。胃為倉廪之官。五味出焉。可刺胃之源。大腸者。傳道之官。變化出焉。可刺大腸之源。小腸者。受盛之官。化物出焉。可刺小腸之源。腎者。作強之官。伎巧出焉。刺其腎之源。三焦者。決瀆之官。水道出焉。刺三焦之源。膀胱者。州都之官。精液藏焉。氣化則能出矣。刺膀胱之源。凡此十二官者。不得相失也。是故。刺法有全神養真之旨。亦法有修真之道。非治疾也。故要修養和神也。道貴常存。補神固根。精氣不散。神守不分。然即神守而雖不去。亦全真。人神不守。非達至真。至真之要在乎天玄。神守天息。復入本元。命曰。歸宗。以上據叢書集成載黄帝內經素問遺篇影印本補

異文膽者。中正之官。斷決出焉。藝文類聚卷十七·人部一·膽

膽者。中心之官。斷決出焉。太平御覽卷三七六·人事部一七·膽

黄帝內經素問卷二十一・本病論篇第七十三（以下據叢書集成載黄帝內經素問遺篇影印本補）

黄帝問曰。天元九窒。余已知之。願聞氣交。何名失守。

歧伯曰。謂其上下升降。遷正退位。各有經論。上下各有不前。故名失守也。是故氣交失易位。氣交迺變。變易非常。即四時失序。萬化不安。變民病也。

帝曰。升降不前。願聞其故。氣交有變。何以明知。

歧伯曰。昭乎問哉。明乎道矣。氣交有變。是謂天地機。但欲降而不得降者。地窒刑之。又有五運太過。而先天而至者。即交不前。但欲升而不得其升。中運抑之。但欲降而不得其降。中運抑之。於是有升之不前。降之不下者。有降之不下。升而至天者。有升降俱不前。作如此之分別。即氣交之變。變之有異常。各各不同。災有微甚者也。

帝曰。願聞氣交遇會勝抑之由。變成民病。輕重何如。

歧伯曰。勝相會。抑伏使然。是故。辰戌之歲。木氣升之。主逢天柱。勝而不前。又遇庚戌。金運先天。中運勝之。忽然不前。木運升天。金迺抑之。升而不前。即清生風少。肅殺於春。露霜復降。草木乃萎。民病溫疫早發。咽嗌迺乾。四肢滿。肢節皆痛。久而化鬱。即大風摧拉。折隕鳴紊。民病卒中偏痺。手足不仁。是故。已亥之歲。君火升天。主窒天蓬。勝之不前。又厥陰木遷正。則少陰未得升天。水運以至其中者。君火欲升。而中水運抑之。升之不前。即清寒復作。冷生旦暮。民病伏陽。而內生煩熱。心神驚悸。寒熱閒作。日久成鬱。即暴熱迺至。赤風腫翳化疫。溫癘暖作。赤氣瘴而化火疫。皆煩而躁渴。渴甚治之。以泄之可止。是故。子午之歲。太陰升天。主窒天沖。勝之不前。又或遇壬子。木運先天而至者。中木遇抑之也。升天不前。即風埃四起。時舉埃昏。雨溼不化。民病風厥涎潮。偏痺不隨。脹滿。久而伏鬱。即黃埃化疫也。民病夭亡。臉肢府黃疸滿閉。溼令弗布。雨化迺微。是故。丑未之年。少陽升天。主窒天蓬。勝之不前。又或遇太陰未遷正者。即少陰未升天也。水運以至者。升天不前。即寒氛反布。凜冽如冬。水復涸。冰再結。暄暖乍作。冷復布之。寒暄不時。民病伏陽在內。煩熱生中。心神驚駭。寒熱閒爭。以久成鬱。即暴熱迺生。赤風氣瞳翳。化成鬱癘。迺化作伏熱內煩。痺而生厥。甚則血溢。是故。寅申之年。陽明升天。主窒天英。勝之不前。又或遇戊申。戊寅。火運先天而至。金欲升天。火運抑之。升之不前。即時雨不降。西風數舉。鹹鹵燥生。民病上熱。喘嗽血溢。久而化鬱。即白埃翳霧。清生殺氣。民病脅滿悲傷。寒鼽嚏嗌乾。手拆皮膚燥。是故。卯酉之年。太陽升天。主窒天內。勝之不前。又遇陽明未遷正者。即太陽未升天也。土運以至。水欲升天。土運抑之。升之不前。即溼而熱蒸。寒生兩閒。民病注不食不及化。久而成鬱。冷來客熱。冰雹卒至。民病厥逆而噦。熱生於內。氣痺於外。足脛痠疼。反生心悸懊熱。暴煩而復厥。

黃帝曰。升之不前。余已盡知其旨。願聞降之不下。可得明乎。

岐伯曰。悉乎哉問。是之謂天地微旨。可以盡陳斯道。所謂升已必降也。至天三年。次歲必降。降而入地。始為左閒也。如此升降往來。命之六紀者矣。是故。丑未之歲。厥陰降地。主窒地。皛勝而不前。又或遇少陰未退位。即厥陰未降下。金運以至中。金運承之。降之未下。抑之變鬱。木欲降下。

金承之。降而不下。蒼埃遠見。白氣承之。風擧埃昏。清躁行殺。霜露復下。肅殺布令。久而不降。抑之化鬱。即作風躁相伏。暄而反清。草木萌動。殺霜乃蟄未見。懼清傷藏。是故。寅申之歲。少陰降地。主窒地玄。勝之不入。又或遇丙申。丙寅。水運太過。先天而至。君火欲降。水運承之。降而不下。即彤雲纔見。黑氣反生。暄暖如舒。寒常布雪。凜冽復作。天雲慘悽。久而不降。伏之化鬱。寒勝復熱。赤風化疫。民病面赤心煩。頭痛目眩也。赤氣彰。而溫病欲作也。是故。卯酉之歲。太陰降地。主窒地蒼。勝之不入。又或少陽未退位者。即太陰未得降也。或木運以至。木運承之。降而不下。即黃雲見而青霞彰。鬱蒸作而大風霧翳埃勝。折損迺作。久而不降也。伏之化鬱。天埃黃氣。地布溼蒸。民病四肢不舉。昏眩肢節痛。腹滿填臆。是故。辰戌之歲。少陽降地。主窒地玄。勝之不入。又或遇水運太過。先天而至也。水運承之。水降不下。即彤雲纔見。黑氣反生。暄暖欲生。冷氣卒至。甚即冰雹也。久而不降。伏之化鬱。冷氣復熱。赤風化疫。民病面赤心煩。頭痛目眩也。赤氣彰而熱病欲作也。是故。已亥之歲。陽明降地。主窒地彤。勝而不入。又或遇太陰未退位。即少陽未得降。即火運以至之。火運承之不下。即天清而肅。赤氣迺彰。暄熱反作。民皆昏倦。夜臥不安。咽乾引飲。懊熱內煩。大清朝暮。暄還復作。久而不降。伏之化鬱。天清薄寒。遠生白氣。民病掉眩。手足直而不仁。兩脅作痛。滿目忙忙。是故。子午之年。太陽降地。主窒地阜。勝之降而不入。又或遇土運太過。先天而至。土運承之。降而不入。即天彰黑氣。暝暗悽慘。纔施黃埃而布溼。寒化令氣。蒸溼復令。久而不降。伏之化鬱。民病大厥。四肢重怠。陰痿少力。天布沈陰。蒸溼閒作。

帝曰。升降不前。晰知其宗。願聞遷正。可得明乎。

歧伯曰。正司中位。是謂遷正位。司天不得其遷正者。即前司天以過交司之。即遇司天太過有餘日也。即仍舊治天數。新司天未得遷正也。厥陰不遷正。即風暄不時。花卉萎瘁。民病淋溲。目系轉。轉筋喜怒。小便赤。風欲令而寒由不去。溫暄不正。春正失時。少陰不遷正。即冷氣不退。春冷後寒。暄暖不時。民病寒熱。四肢煩痛。腰脊強直。木氣雖有餘。位不過於君火也。太陰不遷正。即雲雨失令。萬物枯焦。當生不發。民病手足肢節腫滿。大腹水腫。填臆不食。飧泄脅滿。四肢不舉。雨化欲令。熱猶治之。溫煦於氣。亢而不澤。少陽不遷正。即炎灼弗令。苗莠不榮。酷暑於秋。肅殺晚至。霜露不時。民病痎瘧。骨熱。心悸驚駭。甚時血溢。陽明不遷正。則暑化於前。肅於後。草木反榮。民病寒熱鼽嚏。皮毛折。爪甲枯焦。甚則喘嗽息高。悲傷不樂。熱化乃布。燥化未令。即清勁未行。肺金復病。太陽不遷正。即冬清反寒。易令於春。殺霜在前。寒冰於後。陽光復治。凜冽不作。氛雲待時。民病溫癘至。喉閉溢乾。煩燥而渴。喘息而有音也。寒化待燥。猶治天氣。過失序。與民作災。

帝曰。遷正早晚。以命其旨。願聞退位。可得明哉。

歧伯曰。所謂不退者。即天數未終。即天數有餘。名曰。復布政。故名曰。再治天也。即天令如故而不退位也。厥陰不退位。即大風早舉。時雨不降。溼令不化。民病溫疫。疵廢風生。民病皆肢節痛頭目痛。伏熱內煩。咽喉乾引飲。少陰不退位。即溫生春冬。蟄蟲早至。草木發生。民病膈熱咽乾。血溢驚駭。小便赤澀。丹瘤𤺋瘡瘍留毒。太陰不退位。而取寒暑不時。埃昏布作。溫令不去。民病四肢少力。食飲不下。泄注淋滿。足脛寒。陰痿閉塞。失溺。小便數。少陽不退位。即熱生於春。暑迺後化。冬溫不凍。流水不冰。蟄蟲出見。民病少氣。寒熱更作。便血上熱。小腹堅滿。小便赤沃。甚則血溢。陽明不退位。即春生清冷。草木晚榮。寒熱閒作。民病嘔吐暴注。食飲不下。大便乾燥。四肢不舉。目瞑掉眩。

帝曰。天歲早晚。余以知之。願聞地數。可得聞乎。

岐伯曰。地下遷正。升。及退位不前之法。即地土產化。萬物失時之化也。

帝曰。余聞天地二甲子。十干十二支。上下經緯天地。數有迭移。失守其位。可得昭乎。

岐伯曰。失之迭位者。謂雖得歲正。未得正位之司。即四時不節。即生大疫。注玄珠密語云。陽年三十年。除六年天刑。計有太過二十四年。除此六年。皆作太過之用。令不然之旨。今言迭支迭位。皆可作其不及也。假令甲子。陽年土運太窒。如癸亥天數有餘者。年雖交得甲子。厥陰猶尚治天。地已遷正。陽明在泉。去歲少陽。以作右閒。即厥陰之地陽明。故不相和奉者也。癸巳相會。土運太過。虛反受木勝。故非太過也。何以言土運太過。況黃鍾不應太窒。木既勝而金還復。金既復而少陰如至。即木勝如火。而金復微。如此則甲巳失守。後三年化成土疫。晚至於卯。早至丙寅。土疫至也。大小善惡。推其天地。詳乎太一。又只如甲子年。如甲至子而合。應交司而治天。即下己卯未遷正。而戊寅少陽未退位者。亦甲巳下有合也。即土運非太過。而木乃乘虛而勝土也。金次又行復勝之。即反邪化也。陰陽天地殊異爾。故其大小善惡。一如天地之法旨也。假令丙寅陽年太過。如乙丑天數有餘者。雖交得丙寅。太陰尚治天也。地已遷正。厥陰司地。去歲太陽。以作右閒。即天太陰而地厥。故地不奉天化也。乙辛相會。水運太虛。反受土勝。故非太過。即太簇之管。太羽不應。土勝而雨化。水復即風。此者丙辛失守其會。後三年化成水疫。晚至己巳。早至戊辰。甚即速。微即徐。水疫至也。大小善惡推其天地數。乃太乙游宮。又只如丙寅年。丙至寅且合。應交司而治天。即辛巳未得遷正。而庚辰太陽未退位者。亦丙辛不合德也。即水運亦小虛而小勝。或有復。後三年化癘。名曰。水癘。其狀如水疫。治法如前。假令庚辰陽年太過。如己卯天數有餘者。雖交得庚辰年也。陽明猶尚治天。地以遷正。太陰司地。云歲少陰。以作右閒。即天陽明而地太陰也。故地下奉天也。乙巳相會。金運太虛。反受火勝。故非太過也。即姑洗之管。太商不應。火勝熱化。水復寒刑。此乙庚失守。其後三年。化成金疫也。速至壬午。徐至癸未。金疫至也。大小善惡。推本年天數及太一也。又只如庚辰。如庚至辰。且應交司而治天。即下乙未未得遷正者。即地甲午少陰未退位者。且乙庚不合德也。即下乙未干失剛。亦金運小虛也。有小勝或無復。後三年化癘。名曰。金癘。其狀如金疫也。治法如前。假令壬午陽年太過。如辛巳天數有餘者。雖交後壬午年也。厥陰猶尚治天。地已遷正。陽明在泉。去歲丙申。少陽以作右閒。即天厥陰而地陽明。故地不奉天者也。丁辛相合會。木運太虛。反受金勝。故非太過也。即蕤賓之管。太角不應。金行燥勝。火化熱復。甚即速。微即徐。疫至大小善惡。推疫至之年天數及太一。又只如壬至午。且應交司而治之。即下丁酉未得遷正者。即地下丙申少陽未得退位者。見丁壬不合德也。即丁柔干失剛。亦木運小虛也。有小勝小復。後三年化癘。名曰。木癘。其狀如風疫。法治如前。假令戊申陽年太過。如丁未天數太過者。雖交得戊申年也。太陰猶尚治天。地已遷正。厥陰在泉。去歲壬戌。太陽以退位作右間。即天丁未。地癸亥。故地不奉天化也。丁癸相會。火運太虛。反受火勝。故非太過也。即夷則之管。上太徵不應。此戊癸失守其會。後三年化疫也。速至庚戌。大小善惡。推疫至之年天數及太一。又只如戊申。如戊至申。且應交司而治天。即下癸亥未得遷正者。即地下壬戌。太陽未退位者。見戊癸未合德也。即下癸柔干失剛。見火運小虛也。有小勝。或無復也。後三年化癘。名曰。火癘也。治法如前。治之法可寒之泄之。

黄帝曰。人氣不足。天氣如虛。人神失守。神光不聚。邪鬼干人。致有夭亡。可得聞乎。

歧伯曰。人之五藏。一藏不足。又會天虛。感邪之至也。人憂愁思慮即傷心。又或遇少陰司天。天數不及。太陰作接閒至。即謂天虛也。此即人氣天氣同虛也。又遇驚而奪精。汗出於心。因而三虛。神明失守。心為君主之官。神明出焉。神失守位。即神游上丹田。在帝太一帝君泥丸君下。神既失守。神光不聚。卻遇火不及之歲。有黑尸鬼見之。令人暴亡。人飲食勞倦即傷脾。又或遇太陰司天。天數不及。即少陽作接閒至。即謂之虛也。此即人氣虛而天氣虛也。又遇飲食飽甚。汗出於胃。醉飽行房。汗出於脾。因而三虛。脾神失守。脾為諫議之官。智周出焉。神既失守。神光失位而不聚也。卻遇土不及之年。或已年或甲年失守。或太陰天虛。青尸鬼見之。令人卒亡。人久坐溼地。強力入水。即傷腎。腎為作強之官。伎巧出焉。因而三虛。腎神失守。神志失位。神光不聚。卻遇水不及之年。

或辛不會符。或丙年失守。或太陽司天虛。有黃尸鬼至。見之令人暴亡。人或恚怒氣逆。上而不下。即傷肝也。又遇厥陰司天。天數不及。即少陰作接閒至。是謂天虛也。此謂天虛人虛也。又遇疾走恐懼。汗出於肝。肝為將軍之官。謀慮出焉。神位失守。神光不聚。又遇木不及年。或丁年不符。或壬年失守。或厥陰司天虛也。有白尸鬼見之。令人暴亡也。已上五失守者。天虛而人虛也。神游失守其位。即有五尸鬼干人。令人暴亡也。謂之曰。尸厥。人犯五神易位。即神光不圓也。非但尸鬼。即一切邪犯者。皆是神失守位故也。此謂得守者。生。失守者。死。得神者。昌。失神者。亡。以上據叢書集成載黃帝內經素問遺篇影印本補

黃帝集卷二十三

黃帝內經素問卷二十二・至真要大論篇第七十四

黃帝問曰。五氣交合。盈虛更作。余知之矣。六氣分治。司天地者。其至何如。

歧伯再拜對曰。明乎哉問也。天地之大紀。人神之通應也。

帝曰。願聞上合昭昭。下合冥冥。柰何。

歧伯曰。此道之所主。工之所疑也。

帝曰。願聞其道也。

歧伯曰。厥陰司天。其化以風。少陰司天。其化以熱。太陰司天。其化以溼。少陽司天。其化以火。陽明司天。其化以燥。太陽司天。其化以寒。以所臨藏位。命其病者也。

帝曰。地化柰何。

歧伯曰。司天同候。間氣皆然。

帝曰。間氣何謂。

歧伯曰。司左右者。是謂間氣也。

帝曰。何以異之。

歧伯曰。主歲者。紀歲。間氣者。紀步也。

帝曰。善。歲主奈何。

岐伯曰。厥陰司天為風化。在泉為酸化。司氣為蒼化。間氣為動化。少陰司天為熱化。在泉為苦化。不司氣化。居氣為灼化。太陰司天為溼化。在泉為甘化。司氣為黅化。閒氣為柔化。少陽司天為火化。在泉為苦化。司氣為丹化。間氣為明化。陽明司天為燥化。在泉為辛化。司氣為素化。間氣為清化。太陽司天為寒化。在泉為鹹化。司氣為玄化。間氣為藏化。故治病者。必明六化。分治五味。五色所生。五藏所宜。迺可以言盈虛病生之緒也。

帝曰。厥陰在泉而酸化。先余知之矣。風化之行也。何如。

岐伯曰。風行于地。所謂本也。餘氣同法。本乎天者。天之氣也。本乎地者。地之氣也。天地合氣。六節分而萬物化生矣。故曰。謹候氣宜。無失病機。此之謂也。

帝曰。其主病何如。

岐伯曰。司歲備物。則無遺主矣。

帝曰。先歲物何也。

岐伯曰。天地之專精也。

帝曰。司氣者何如。

岐伯曰。司氣者。主歲同然。有餘不足也。

帝曰。非司歲物。何謂也。

岐伯曰。散也。故質同而異等也。氣味有薄厚。性用有躁靜。治保有多少。力化有淺深。此之謂也。

帝曰。歲主藏害。何謂。

岐伯曰。以所不勝命之。則其要也。

帝曰。治之柰何。

岐伯曰。上淫于下。所勝平之。外淫于內。所勝治之。

帝曰。善。平氣何如。

岐伯曰。謹察陰陽所在而調之。以平為期。正者正治。反者反治。

帝曰。夫子言。察陰陽所在而調之。論言。人迎與寸口相應。若引繩小大齊等。命曰。平。陰之所在。寸口何如。

岐伯曰。視歲南北可知之矣。

帝曰。願卒聞之。

岐伯曰。北政之歲。少陰在泉。則寸口不應。厥陰在泉。則右不應。太陰在泉。則左不應。南政之歲。少陰司天。則寸口不應。厥陰司天。則右不應。太陰司天。則左不應。諸不應者。反其診則見矣。

帝曰。尺候何如。

岐伯曰。北政之歲。三陰在下。則寸不應。三陰在上。則尺不應。南政之歲。三陰在天。則寸不應。三陰在泉。則尺不應。左右同。故曰。知其要者。一言而終。不知其要。流散無窮。此之謂也。

帝曰。善。天地之氣。內淫而病。何如。

岐伯曰。歲厥陰在泉。風淫所勝。則地氣不明。平野昧。草迺早秀。民病。洒洒振寒。善伸。數欠。心痛。支滿。兩脅裏急。飲食不下。鬲咽不通。食則嘔。腹脹。善噫。得後與氣則快然如衰。身體皆重。歲少陰在泉。熱淫所勝。則燄浮川澤。陰處反明。民病。腹中常鳴。氣上衝。胸喘不能久立。寒熱。皮膚痛。目瞑。齒痛。䪼腫。惡寒發熱如瘧。少腹中痛。腹大。蟄蟲不藏。歲太陰在泉。草乃早榮。溼淫所勝。則埃昏巖谷。黃反見黑。至陰之交。民病。飲積。心痛。耳聾。渾渾焞焞。嗌腫。喉痹。陰病血見少腹。痛腫不得小便。病衝頭痛。目似脫。項似拔。腰似折。髀不可以回。膕如結。腨如別。歲少陽在泉。火淫所勝。則燄明郊野。寒熱更至。民病。注泄赤白。少腹痛。溺赤。甚則血便。少陰同候。歲陽明在泉。燥淫所勝。則霿霧清瞑。民病。喜嘔。嘔有苦。善太息。心脅痛。不能反側。甚則嗌乾。面塵。身無膏澤。足外反熱。歲太陽在泉。寒淫所勝。則凝肅慘慄。民病。少腹控睪。引腰脊上衝。心痛。血見。嗌痛。頷腫。

帝曰。善。治之柰何。

岐伯曰。諸氣在泉。風淫于內。治以辛涼。佐以苦。以甘緩之。以辛散之。熱淫于內。治以鹹寒。佐以甘苦。以酸收之。以苦發之。溼淫于內。治以苦熱。佐以酸淡。以苦燥之。以淡泄之。火淫于內。治以鹹冷。佐以苦辛。以酸收之。以苦發之。燥淫于內。治以苦溫。佐以甘辛。以苦下之。寒淫于內。治以甘熱。佐以苦辛。以鹹寫之。以辛潤之。以苦堅之。

帝曰。善。天氣之變。何如。

歧伯曰。厥陰司天。風淫所勝。則太虛虛昏。雲物以擾。寒生春氣。流水不冰。民病胃脘。當心而痛。上支兩脅。鬲咽不通。飲食不下。舌本強。食則嘔。冷泄。腹脹。溏泄。瘕。水閉。蟄蟲不去。病本于脾。衝陽絕。死不治。少陰司天。熱淫所勝。怫熱至。火行其政。民病胸中。煩熱。嗌乾。右胠滿。皮膚痛。寒熱。欬喘。大雨且至。唾血。血泄。鼽衄。嚏。嘔。溺色變。甚則瘡瘍。胕腫。肩背臂臑。及缺盆中痛。心痛。肺䐜。腹大滿。膨膨而喘欬。病本于肺。尺澤絕。死不治。太陰司天。溼淫所勝。則沈陰且布。雨變枯槁。胕腫。骨痛。陰痹。陰痹者。按之不得。腰脊頭項痛。時眩大便難。陰氣不用。飢不欲食。欬唾則有血。心如懸。病本于腎。太谿絕。死不治。少陽司天。火淫所勝。則溫氣流行。金政不平。民病頭痛。發熱。惡寒而瘧熱。上皮膚痛。色變黃赤。傳而為水。身面胕腫。腹滿。仰息。泄注赤白。瘡瘍。欬唾血。煩心。胸中熱。甚則鼽衄。病本于肺。天府絕。死不治。陽明司天。燥淫所勝。則木迺晚榮。草迺晚生。筋骨內變。民病左胠脅痛。寒清于中。感而瘧。大涼革候。欬。腹中鳴。注泄。鶩溏。名。木斂。生菀于下。草焦上首。心脅暴痛。不可反側。嗌乾。面塵。腰痛。丈夫㿗疝。婦人少腹痛。目昧。眥瘍瘡。痤癰。蟄蟲來見。病本于肝。太衝絕。死不治。太陽司天。寒淫所勝。則寒氣反至。水且冰。血變于中。發為癰瘍。民病厥心痛。嘔血。血泄。鼽衄。善悲。時眩仆。運火炎烈。雨暴迺雹。胸腹滿。手熱。肘攣。掖腫。心澹澹大動。胸脅胃脘不安。面赤目黃。善噫。嗌乾。甚則色炲。渴而欲飲。病本于心。神門絕。死不治。所謂動氣。知其藏也。

帝曰。善。治之柰何。

歧伯曰。司天之氣。風淫所勝。平以辛涼。佐以苦甘。以甘緩之。以酸寫之。熱淫所勝。平以鹹寒。佐以苦甘。以酸收之。溼淫所勝。平以苦熱。佐以酸辛。以苦燥之。以淡泄之。溼上甚而熱。治以苦溫。佐以甘辛。以汗為。故而止。火淫所勝。平以酸冷。佐以苦甘。以酸收之。以苦發之。以酸復之。熱淫同。燥淫所勝。平以苦溼。佐以酸辛。以苦下之。寒淫所勝。平以辛熱。佐以甘苦。以鹹寫之。

帝曰。善。邪氣反勝。治之柰何。

歧伯曰。風司于地。清反勝之。治以酸溫。佐以苦甘。以辛平之。熱司于地。寒反勝之。治以甘熱。佐以苦辛。以鹹平之。溼司于地。熱反勝之。治以苦冷。佐以鹹甘。以苦平之。火司于地。寒反勝之。治以甘熱。佐以苦辛。以鹹平之。燥司于地。熱反勝之。治以平寒。佐以苦甘。以酸平之。以和為利。寒司于地。熱反勝之。治以鹹冷。佐以甘辛。以苦平之。

帝曰。其司天邪勝。何如。

歧伯曰。風化於天。清反勝之。治以酸溫。佐以甘苦。熱化於天。寒反勝之。治以甘溫。佐以苦酸辛。溼化於天。熱反勝之。治以苦寒。佐以苦酸。火化於天。寒反勝之。治以甘熱。佐以苦辛。燥化於天。熱反勝之。治以辛寒。佐以苦甘。寒化於天。熱反勝之。治以鹹冷。佐以苦辛。

帝曰。六氣相勝柰何。

歧伯曰。厥陰之勝。耳鳴頭眩。憒憒欲吐。胃鬲如寒。大風數舉。倮蟲不滋。胠脅氣并。化而為熱。小便黃赤。胃脘當心而痛。上支兩脅。腸鳴飧泄。少腹痛。注下赤白。甚則嘔吐。鬲咽不通。少陰之勝。心下熱。善飢。齊下反動。氣遊三焦。炎暑至。木迺津。草迺萎。嘔逆躁煩。腹滿痛。溏泄。傳為赤沃。太陰之勝。火氣內鬱。瘡瘍於中。流散於外。病在胠脅。甚則心痛。熱格。頭痛。喉痹。項強。獨勝則溼氣內鬱。寒迫下焦。痛留頂。互引眉間。胃滿。雨數至。燥化迺見。少腹滿。腰脽重強。內不便。善注泄。足下溫。頭重。足脛胕腫。飲發於中。胕腫於上。少陽之勝。熱客於胃。煩心。心痛。目赤。欲嘔。嘔酸。善飢。耳痛。溺赤。善驚。譫妄。暴熱消爍。草萎水涸。介蟲迺屈。少腹痛。下沃赤白。陽明之勝。清發於中。左胠脅痛。溏泄。內為嗌塞。外發癩疝。大涼肅殺。華英改容。毛蟲迺殃。胸中不便。嗌塞而欬。太陽之勝。凝溧且至。非時水冰。羽迺後化。痔瘧發。寒厥入胃。則內生心痛。陰中迺瘍。隱曲不利。互引陰股。筋肉拘苛。血脈凝泣。絡滿色變。或為血泄皮膚。否腫腹滿。食減。熱反上行。頭項。囟頂。腦戶中痛。目如脫。寒入下焦。傳為濡寫。

帝曰。治之柰何。

歧伯曰。厥陰之勝。治以甘清。佐以苦辛。以酸寫之。少陰之勝。治以辛寒。佐以苦鹹。以甘寫之。太陰之勝。治以鹹熱。佐以辛甘。以苦寫之。少陽之勝。治以辛寒。佐以甘鹹。以甘寫之。陽明之勝。治以酸溫。佐以辛甘。以苦泄之。太陽之勝。治以甘熱。佐以辛酸。以鹹寫之。

帝曰。六氣之復。何如。

岐伯曰。悉乎哉問也。厥陰之復。少腹堅滿。裏急。暴痛。偃木飛沙。倮蟲不榮。厥心痛。汗發。嘔吐。飲食不入。入而復出。筋骨掉眩。清厥。甚則入脾。食痹而吐。衝陽絕。死不治。少陰之復。燠熱內作。煩躁鼽嚏。少腹絞痛。火見燔焫。嗌燥。分注時止。氣動於左。上行於右。欬。皮膚痛。暴瘖。心痛。鬱冒不知人。迺洒淅惡寒。振慄譫妄。寒已而熱。渴而欲飲。少氣骨痿。隔腸不便。外為浮腫。噦噫。赤氣後化。流水不冰。熱氣大行。介蟲不復。病疿胗。瘡瘍。癰疽。痤痔。甚則入肺。欬而鼻淵。天府絕。死不治。太陰之復。溼變迺舉。體重。中滿。食飲不化。陰氣上厥。胸中不便。飲發於中。欬喘有聲。大雨時行。鱗見於陸。頭頂痛重。而掉瘛尤甚。嘔而密默。唾吐清液。甚則入腎竅。寫無度。太谿絕。死不治。少陽之復。大熱將至。枯燥燔爇。介蟲迺耗。驚。瘛。欬。衄。心熱。煩躁。便數。憎風。厥氣上行。面如浮埃。目乃瞤瘛。火氣內發。上為口糜。嘔逆。血溢。血泄。發而為瘧。惡寒鼓慄。寒極反熱。嗌絡焦槁。渴引水漿。色變黃赤。少氣脈萎。化而為水。傳為胕腫。甚則入肺。欬而血泄。尺澤絕。死不治。陽明之復。清氣大舉。森木蒼乾。毛蟲迺厲。病生胠脅。氣歸於左。善太息。甚則心痛。否滿。腹脹而泄。嘔苦。欬。噦。煩心。病在鬲中。頭痛。甚則入肝。驚駭。筋攣。太衝絕。死不治。太陽之復。厥氣上行。水凝雨冰。羽蟲迺死。心胃生寒。胸膈不利。心痛。否滿。頭痛。善悲。時眩仆。食減。腰脽反痛。屈伸不便。地裂冰堅。陽光不治。少腹控睾。引腰脊。上衝心。唾出清水。及為噦噫。甚則入心。善忘。善悲。神門絕。死不治。

帝曰。善。治之柰何。

歧伯曰。厥陰之復。治以酸寒。佐以甘辛。以酸寫之。以甘緩之。少陰之復。治以鹹寒。佐以苦辛。以甘寫之。以酸收之。辛苦發之。以鹹耎之。太陰之復。治以苦熱。佐以酸辛。以苦寫之。燥之。泄之。少陽之復。治以鹹冷。佐以苦辛。以鹹耎之。以酸收之。辛苦發之。發不遠熱。無犯溫涼。少陰同法。陽明之復。治以辛溫。佐以苦甘。以苦泄之。以苦下之。以酸補之。太陽之復。治以鹹熱。佐以甘辛。以苦堅之。治諸勝復。寒者熱之。熱者寒之。溫者清之。清者溫之。散者收之。抑者散之。燥者潤之。急者緩之。堅者耎之。脆者堅之。衰者補之。強者寫之。各安其氣。必清必靜。則病氣衰去。歸其所宗。此治之大體也。

帝曰。善。氣之上下。何謂也。

歧伯曰。身半以上。其氣三矣。天之分也。天氣主之。身半以下。其氣三矣。地之分也。地氣主之。以名命氣。以氣命處。而言其病半。所謂天樞也。故上勝而下俱病者。以地名之。下勝而上俱病者。以天名之。所謂勝至。報氣屈伏而未發也。復至。則不以天地異名。皆如復氣為法也。

帝曰。勝復之動。時有常乎。氣有必乎。

歧伯曰。時有常位而氣無必也。

帝曰。願聞其道也。

岐伯曰。初氣。終三氣。天氣主之。勝之常也。四氣。盡終氣。地氣主之。復之常也。有勝則復。無勝則否。

帝曰。善。復已而勝。何如。

岐伯曰。勝至則復。無常數也。衰迺止耳。復已而勝。不復則害。此傷生也。

帝曰。復而反病。何也。

岐伯曰。居非其位。不相得也。大復其勝。則主勝之。故反病也。所謂火燥熱也。

帝曰。治之何如。

岐伯曰。夫氣之勝也。微者隨之。甚者制之。氣之復也。和者平之。暴者奪之。皆隨勝氣。安其屈伏。無問其數。以平為期。此其道也。

帝曰。善。客主之勝復。柰何。

岐伯曰。客主之氣。勝而無復也。

帝曰。其逆從何如。

岐伯曰。主勝逆。客勝從。天之道也。

帝曰。其生病何如。

岐伯曰。厥陰司天。客勝。則耳鳴掉眩。甚則欬。主勝。則胸脅痛。舌難以言。少陰司天。客勝。則鼽嚏。頸項強。肩背瞀熱。頭痛。少氣。發熱。耳聾。目瞑。甚則胕腫。血溢。瘡瘍。欬喘。主勝。

則心熱。煩躁。甚則脅痛支滿。太陰司天。客勝。則首面胕腫。呼吸氣喘。主勝。則胸腹滿。食已而瞀。少陽司天。客勝。則丹胗外發。及為丹熛。瘡瘍。嘔逆。喉痹。頭痛。嗌腫。耳聾。血溢。內為瘛瘲。主勝。則胸滿。欬。仰息。甚而有血。手熱。陽明司天。清復內餘。則欬。衄。嗌塞。心鬲中熱。欬不止而白血出者。死。太陽司天。客勝。則胸中不利。出清涕。感寒則欬。主勝。則喉嗌。中鳴。厥陰在泉。客勝。則大關節不利。內為痙強。拘瘛。外為不便。主勝。則筋骨繇併。腰腹時痛。少陰在泉。客勝。則腰痛。尻股膝髀腨胻足病。瞀熱以酸。胕腫不能久立。溲便變。主勝。則厥氣上行。心痛。發熱。鬲中。眾痹皆作。發於胠脅。魄汗不藏。四逆而起。太陰在泉。客勝。則足痿。下重。便溲不時。溼客下焦。發而濡寫。及為腫。隱曲之疾。主勝。則寒氣逆滿。食飲不下。甚則為疝。少陽在泉。客勝。則腰腹痛而反惡寒。甚則下白。溺白。主勝。則熱反上行。而客於心。心痛。發熱。格中而嘔。少陰同候。陽明在泉。客勝。則清氣動下。少腹堅滿而數便寫。主勝。則腰重。腹痛。少腹生寒。下為鶩溏。則寒厥於腸。上衝胸中。甚則喘。不能久立。太陽在泉。寒復內餘。則腰尻痛。屈伸不利。股脛足膝中痛。

帝曰。善。治之柰何。

歧伯曰。高者抑之。下者舉之。有餘折之。不足補之。佐以所利。和以所宜。必安其主客。適其寒溫。同者逆之。異者從之。

帝曰。治寒以熱。治熱以寒。氣相得者。逆之。不相得者。從之。余以知之矣。其於正味何如。

岐伯曰。木位之主。其寫以酸。其補以辛。火位之主。其寫以甘。其補以鹹。土位之主。其寫以苦。其補以甘。金位之主。其寫以辛。其補以酸。水位之主。其寫以鹹。其補以苦。厥陰之客。以辛補之。以酸寫之。以甘緩之。少陰之客。以鹹補之。以甘寫之。以鹹收之。太陰之客。以甘補之。以苦寫之。以甘緩之。少陽之客。以鹹補之。以甘寫之。以鹹耎之。陽明之客。以酸補之。以辛寫之。以苦泄之。太陽之客。以苦補之。以鹹寫之。以苦堅之。以辛潤之。開發腠理。致津液通氣也。

帝曰。善。願聞陰陽之三也。何謂。

岐伯曰。氣有多少。異用也。

帝曰。陽明。何謂也。

岐伯曰。兩陽合明也。

帝曰。厥陰。何也。

岐伯曰。兩陰交盡也。

帝曰。氣有多少。病有盛衰。治有緩急。方有大小。願聞其約。柰何。

岐伯曰。氣有高下。病有遠近。證有中外。治有輕重。適其至所為故也。大要曰。君一臣二。奇之制也。君二臣四。偶之制也。君二臣三。奇之制也。君三臣六。偶之制也。故曰。近者奇之。遠者偶之。汗者不以奇。下者不以偶。補上治上。制以緩。補下治下。制以急。急則氣味厚。緩則氣味薄。適其至所。此之謂也。病所遠。而中道氣味之者。食而過之。無越其制度也。是故平氣之道。近而奇偶。制小其服也。遠而奇偶。制大其服也。大則數少。小則數多。多則九之。少則二之。奇之不去則偶之。是謂重方。偶之不去。則反佐以取之。所謂寒熱溫涼。反從其病也。

帝曰。善。病生於本。余知之矣。生於標者。治之柰何。

岐伯曰。病反其本。得標之病。治反其本。得標之方。

帝曰。善。六氣之勝。何以候之。

岐伯曰。乘其至也。清氣大來。燥之勝也。風木受邪。肝病生焉。熱氣大來。火之勝也。金燥受邪。肺病生焉。寒氣大來。水之勝也。火熱受邪。心病生焉。溼氣大來。土之勝也。寒水受邪。腎病生焉。風氣大來。木之勝也。土溼受邪。脾病生焉。所謂感邪而生病也。乘年之虛。則邪甚也。失時之和。亦邪甚也。遇月之空。亦邪甚也。重感於邪。則病危矣。有勝之氣。其必來復也。

帝曰。其脈至何如。

岐伯曰。厥陰之至。其脈弦。少陰之至。其脈鉤。太陰之至。其脈沈。少陽之至。大而浮。陽明之至。短而濇。太陽之至。大而長。至而和。則平。至而甚。則病。至而反者。病。至而不至者。病。未至而至者。病。陰陽易者。危。

帝曰。六氣標本。所從不同。柰何。

岐伯曰。氣有從本者。有從標本者。有不從標本者也。

帝曰。願卒聞之。

岐伯曰。少陽太陰從本。少陰太陽從本從標。陽明厥陰不從標本。從乎中也。故從本者。化生於本。從標本者。有標本之化。從中者。以中氣為化也。

帝曰。脈從而病反者。其診何如。

岐伯曰。脈至而從。按之不鼓。諸陽皆然。

帝曰。諸陰之反。其脈何如。

岐伯曰。脈至而從。按之鼓甚而盛也。是故。百病之起。有生於本者。有生於標者。有生於中氣者。有取本而得者。有取標而得者。有取中氣而得者。有取標本而得者。有逆取而得者。有從取而得者。逆正。順也。若順。逆也。故曰。知標與本。用之不殆。明知逆順。正行無間。此之謂也。不知是者。不足以言診。足以亂經。故大要曰。粗工嘻嘻。以為可知。言熱未已。寒病復始。同氣異形。迷診亂經。此之謂也。夫標本之道。要而博。小而大。可以言一而知百。病之害。言標與本。易而勿損。察本與標。氣可令調。明知勝復。為萬民式。天之道。畢矣。

帝曰。勝復之變。早晏何如。

岐伯曰。夫所勝者。勝至已病。病已慍慍。而復已萌也。夫所復者。勝盡而起。得位而甚。勝有微甚。復有少多。勝和而和。勝虛而虛。天之常也。

帝曰。勝復之作。動不當位。或後時而至。其故何也。

岐伯曰。夫氣之生與其化。衰盛異也。寒暑溫涼。盛衰之用。其在四維。故陽之動始於溫。盛於暑。

陰之動始於清。盛於寒。春夏秋冬。各差其分。故大要曰。彼春之暖為夏之暑。彼秋之忿為冬之怒。

謹按四維。斥候皆歸。其終可見。其始可知。此之謂也。

帝曰。差有數乎。

歧伯曰。又凡三十度也。

帝曰。其脈應皆何如。

歧伯曰。差同正法。待時而去也。脈要曰。春不沈。夏不弦。冬不濇。秋不數。是謂四塞。沈甚曰。病。弦甚曰。病。濇甚曰。病。數甚曰。病。參見曰。病。復見曰。病。未去而去曰。病。去而不去曰。病。反者死。故曰。氣之相守司也。如權衡之不得相失也。夫陰陽之氣。清靜。則生化治。動。則苛疾起。此之謂也。

帝曰。幽明何如。

歧伯曰。兩陰交盡。故曰。幽。兩陽合明。故曰。明。幽明之配。寒暑之異也。

帝曰。分至何如。

歧伯曰。氣至之謂至。氣分之謂分。至則氣同。分則氣異。所謂天地之正紀也。

帝曰。夫子言。春秋氣始于前。冬夏氣始于後。余已知之矣。然六氣往復。主歲不常也。其補寫柰何。

歧伯曰。上下所主。隨其攸利。正其味則其要也。左右同法。大要曰。少陽之主。先甘後鹹。陽明之主。先辛後酸。太陽之主。先鹹後苦。厥陰之主。先酸後辛。少陰之主。先甘後鹹。太陰之主。先苦後甘。佐以所利。資以所生。是謂得氣。

帝曰。善。夫百病之生也。皆生於風寒暑溼燥火。以之化之變也。經言。盛者寫之。虛者補之。余錫以方士。而方士用之尚未能十全。余欲令要道必行。桴鼓相應。猶拔刺雪汙。工巧神聖。可得聞乎。

岐伯曰。審察病機。無失氣宜。此之謂也。

帝曰。願聞病機何如。

岐伯曰。諸風掉眩。皆屬於肝。諸寒收引。皆屬於腎。諸氣膹鬱。皆屬於肺。諸溼腫滿。皆屬於脾。諸熱瞀瘛。皆屬於火。諸痛痒瘡。皆屬於心。諸厥固泄。皆屬於下。諸痿喘嘔。皆屬於上。諸禁鼓慄。如喪神守。皆屬於火。諸痙項強。皆屬於溼。諸逆衝上。皆屬於火。諸脹腹大。皆屬於熱。諸躁狂越。皆屬於火。諸暴強直。皆屬於風。諸病有聲。鼓之如鼓。皆屬於熱。諸病胕腫。疼酸。驚駭。皆屬於火。諸轉反戾。水液渾濁。皆屬於熱。諸病水液澄澈清冷。皆屬於寒。諸嘔吐酸。暴注下迫。皆屬於熱。故大要曰。謹守病機。各司其屬。有者求之。無者求之。盛者責之。虛者責之。必先五勝。疏其血氣。令其調達而致和平。此之謂也。

異文 諸風掉眩。皆屬於木。本草綱目卷十二・草部・赤箭天麻

帝曰。善。五味陰陽之用。何如。

岐伯曰。辛甘發散為陽。酸苦涌泄為陰。鹹味涌泄為陰。淡味滲泄為陽。六者或收。或散。或緩。或急。或燥。或潤。或耎。或堅。以所利而行之。調其氣使其平也。

異文 鹹味下泄為陰。本草綱目卷十一・石部・朴消

帝曰。非調氣而得者。治之柰何。有毒無毒。何先何後。願聞其道。

岐伯曰。有毒無毒。所治為主。適大小為制也。

帝曰。請言其制。

岐伯曰。君一臣二。制之小也。君一臣三佐五。制之中也。君一臣三佐九。制之大也。寒者熱之。熱者寒之。微者逆之。甚者從之。堅者削之。客者除之。勞者溫之。結者散之。留者攻之。燥者濡之。急者緩之。散者收之。損者溫之。逸者行之。驚者平之。上之下之。摩之浴之。薄之劫之。開之發之。適事為故。

帝曰。何謂逆從。

岐伯曰。逆者正治。從者反治。從少從多。觀其事也。

帝曰。反治何謂。

岐伯曰。熱因寒用。寒因熱用。塞因塞用。通因通用。必伏其所主。而先其所因。其始則同。其終則異。可使破積。可使潰堅。可使氣和。可使必已。

帝曰。善。氣調而得者。何如。

岐伯曰。逆之。從之。逆而從之。從而逆之。**踈**氣令調。則其道也。

帝曰。善。病之中外。何如。

岐伯曰。從內之外者。調其內。從外之內者。治其外。從內之外而盛於外者。先調其內而後治其外。從外之內而盛於內者。先治其外而後調其內。中外不相及。則治主病。

帝曰。善。火熱復。惡寒發熱。有如瘧狀。或一日發。或間數日發。其故何也。

岐伯曰。勝復之氣。會遇之時。有多少也。陰氣多而陽氣少。則其發日遠。陽氣多而陰氣少。則其發日近。此勝復相薄。盛衰之節。瘧亦同法。

帝曰。論言。治寒以熱。治熱以寒。而方士不能廢繩墨而更其道也。有病熱者。寒之而熱。有病寒者。熱之而寒。二者皆在。新病復起。柰何治。

岐伯曰。諸寒之而熱者。取之陰。熱之而寒者。取之陽。所謂求其屬也。

帝曰。善。服寒而反熱。服熱而反寒。其故何也。

岐伯曰。治其王氣。是以反也。

帝曰。不治王而然者。何也。

岐伯曰。悉乎哉問也。不治五味屬也。夫五味入胃。各歸所喜攻。酸先入肝。苦先入心。甘先入脾。辛先入肺。鹹先入腎。久而增氣。物化之常也。氣增而久。夭之由也。

帝曰。善。方制君臣。何謂也。

岐伯曰。主病之謂君。佐君之謂臣。應臣之謂使。非上下三品之謂也。

帝曰。三品何謂。

岐伯曰。所以明善惡之殊貫也。

帝曰。善。病之中外何如。

岐伯曰。調氣之方。必别陰陽。定其中外。各守其鄉。内者内治。外者外治。微者調之。其次平之。盛者奪之。汗之下之。寒熱溫涼。衰之以屬。隨其攸利。謹道如法。萬舉萬全。氣血正平。長有天命。

帝曰。善。以上正文據宋人補注黄帝内經素問見叢書集成影印本

黃帝集卷二十四

黃帝內經素問卷二十三・著至教論篇第七十五

黃帝坐明堂。召雷公而問之曰。子知醫之道乎。

雷公對曰。誦而頗能解。解而未能別。別而未能明。明而未能彰。足以治群僚。不足至侯王。願得受樹天之度。四時陰陽合之。別星辰與日月光。以彰經術。後世益明。上通神農。著至教。疑於二皇。

帝曰。善。無失之。此皆陰陽表裏。上下雌雄相輸應也。而道。上知天文。下知地理。中知人事。可以長久。以教眾庶。亦不疑。殆醫道論篇。可傳後世。可以為寶。

雷公曰。請受道。諷誦用解。

帝曰。子不聞陰陽傳乎。曰。不知。曰。夫三陽。天為業。上下無常。合而病至。偏害陰陽。

雷公曰。三陽莫當。請聞其解。

帝曰。三陽獨至者。是三陽并至。并至如風雨。上為巔疾。下為漏病。外無期。內無正。不中經紀。診無上下。以書別。

雷公曰。臣治疏愈。說意而已。

帝曰。三陽者。至陽也。積并則為驚。病起疾風。至如礔礰。九竅皆塞。陽氣滂溢。乾嗌喉塞。并於陰。則上下無常。薄為腸澼。此謂三陽。直心坐不得起臥者。便身全。三陽之病。且以知天下。何以別陰陽應四時。合之五行。

雷公曰。陽言不別。陰言不理。請起受解。以為至道。

帝曰。子若受傳。不知合至道。以惑師教。語子至道之要。病傷五藏。筋骨以消。子言不明不別。是世主學盡矣。腎且絕。惋惋日暮。從容不出。人事不殷。

黃帝內經素問卷二十三・示從容論篇第七十六

黃帝燕坐。召雷公而問之曰。汝受術誦書者。若能覽觀雜學。及於比類。通合道理。為余言子所長。五藏六府。膽。胃。大小腸。脾。胞。膀胱。腦髓。涕。唾。哭。泣。悲。哀。水所從行。此皆人之所生。治之過失。子務明之。可以十全。即不能知。為世所怨。

雷公曰。臣請誦脈經上下篇。甚衆多矣。別異比類。猶未能以十全。又安足以明之。

帝曰。子別試通五藏之。過六府之所不和。鍼石之敗。毒藥所宜。湯液滋味。具言其狀。悉言以對。請問不知。

雷公曰。肝虛腎虛脾虛。皆令人體重煩寃。當投毒藥。刺灸砭石。湯液或已。或不已。願聞其解。

帝曰。公何年之長而問之少。余真問以自謬也。吾問子窈冥。子言上下篇以對。何也。夫脾虛浮似肺。腎小浮似脾。肝急沈散似腎。此皆工之所時亂也。然從容得之。若夫三藏。土木水參居。此童子之所知。問之何也。

雷公曰。於此。有人頭痛。筋攣。骨重。怯然少氣。噦噫。腹滿。時驚。不嗜臥。此何藏之發也。脈浮而弦。切之石堅。不知其解。復問。所以三藏者。以知其比類也。

帝曰。夫從容之謂也。夫年長則求之於府。年少則求之於經。年壯則求之於藏。今子所言。皆失八風菀熟。五藏消爍。傳邪相受。夫浮而弦者。是腎不足也。沈而石者。是腎氣內著也。怯然少氣者。是水道不行。形氣消索也。欬嗽煩冤者。是腎氣之逆也。一人之氣。病在一藏也。若言三藏俱行。不在法也。

雷公曰。於此。有人四支解墯。喘欬。血泄。而愚診之。以為傷肺。切脈。浮大而緊。愚不敢治。粗工下砭石。病愈多出血。血止身輕。此何物也。

帝曰。子所能治。知亦眾多。與此病失矣。譬以鴻飛。亦沖於天。夫聖人之治病。循法守度。援物比類。化之冥冥。循上及下。何必守經。今夫脈浮大虛者。是脾氣之外絕去胃。外歸陽明也。夫二火不勝三水。是以脈亂而無常也。四支解惰。此脾精之不行也。喘欬者。是水氣并陽明也。血泄者脈急。血無所行也。若夫以為傷肺者。由失以狂也。不引比類。是知不明也。夫傷肺者。脾氣不守。胃氣不清。經氣不為。使真藏壞決。經脈傍絕。五藏漏泄。不衄則嘔。此二者不相類也。譬如天之無形。地之無理。白與黑相去遠矣。是失吾過矣。以子知之。故不告子。明引比類從容。是以名曰。診輕。是謂至道也。

黃帝內經素問卷二十三·疏五過論篇第七十七

黃帝曰。嗚呼遠哉。閔閔乎。若視深淵。若迎浮雲。視深淵尚可測。迎浮雲莫知其際。聖人之術。為萬民式。論裁志意。必有法則。循經守數。按循醫事。為萬民副。故事有五過四德。汝知之乎。

雷公避席再拜曰。臣年幼小。蒙愚以惑。不聞五過與四德。比類形名。虛引其經。心無所對。

帝曰。凡未診病者。必問嘗貴後賤。雖不中邪。病從內生。名曰。脫營。嘗富後貧。名曰。失精。五氣留連。病有所并。醫工診之。不在藏府。不變軀形。診之而疑。不知病名。身體日減。氣虛無精。病深無氣。洒洒然。時驚。病深者。以其外耗於衛。內奪於榮。良工所失。不知病情。此亦治之一過也。凡欲診病者。必問飲食居處。暴樂暴苦。始樂後苦。皆傷精氣。精氣竭絕。形體毀沮。暴怒傷陰。暴喜傷陽。厥氣上行。滿脈去形。愚醫治之。不知補寫。不知病情。精華日脫。邪氣乃并。此治之二過也。善為脈者。必以比類。奇恒從容知之。為工而不知道。此診之不足貴。此治之三過也。診有三常。必問貴賤。封君敗傷。及欲侯王。故貴脫勢。雖不中邪。精神內傷。身必敗亡。始富後貧。雖不傷邪。皮焦筋屈。痿躄為攣。醫不能嚴。不能動神。外為柔弱。亂至失常。病不能移。則醫事不行。此治之四過也。凡診者必知終始。有知餘緒。切脈問名。當合男女。離絕菀結。憂恐喜怒。五藏空虛。血氣離守。工不能知。何術之語。嘗富大傷。斬筋絕脈。身體復行。令澤不息。故傷敗結。留薄歸陽。膿積寒炅。粗工治之。亟刺陰陽。身體解散。四支轉筋。死日有期。醫不能明。不問所發。唯言死日。亦為粗工。此治之五過也。凡此五者。皆受術不通。人事不明也。故曰。聖人之治病也。必知天地陰陽。四時經紀。五藏六府。雌雄表裏。刺灸砭石。毒藥所主。從容人事。以明經道。貴賤貧富。各異品理。問年少長。勇怯之理。審於分部。知病本始。八正九候。診必副矣。治病之道。氣內為寶。循求其理。求之不得。過在表裏。守數據治。無失俞理。能行此術。終身不殆。不知俞理。五藏菀熟。癰發六府。診病不審。是謂失常。謹守此治。與經相明。上經下經。揆度陰陽。奇恒五中。決以明堂。審於終始。可以橫行。

黃帝內經素問卷二十三・徵四失論篇第七十八

黃帝在明堂。雷公侍坐。黃帝曰。夫子所通書受事眾多矣。試言得失之意。所以得之。所以失之。

雷公對曰。循經受業。皆言十全。其時有過失者。請聞其事解也。

帝曰。子年少智未及邪。將言以雜合耶。夫經脈十二。絡脈三百六十五。此皆人之所明知。工之所循用也。所以不十全者。精神不專。志意不理。外內相失。故時疑殆。診不知陰陽逆從之理。此治之一失矣。受師不卒。妄作雜術。謬言為道。更名自功。妄用砭石。後遺身咎。此治之二失也。不適貧富貴賤之居。坐之薄厚。形之寒溫。不適飲食之宜。不別人之勇怯。不知比類。足以自亂。不足以自明。此治之三失也。診病不問其始。憂患。飲食之失節。起居之過度。或傷於毒。不先言此。卒持寸口。何病能中。妄言作名。為粗所窮。此治之四失也。是以世人之語者。馳千里之外。不明尺寸之論。診無人事。治數之道。從容之葆。坐持寸口。診不中五脈。百病所起。始以自怨。遺師其咎。是故。治不能循理。棄術於市。妄治時愈。愚心自得。嗚呼。窈窈冥冥。熟知其道。道之大者。擬於天地。配於四海。汝不知道之諭。受以明為晦。以上正文據宋人補注黃帝內經素問見叢書集成影印本

黃帝集卷二十五

黃帝內經素問卷二十四・陰陽類論篇第七十九

孟春始至。黃帝燕坐。臨觀八極。正八風之氣。而問雷公曰。陰陽之類。經脈之道。五中所主。何藏最貴。

雷公對曰。春。甲乙。青中主肝。治七十二日。是脈之主時。臣以其藏最貴。

帝曰。卻念上下經。陰陽。從容。子所言貴。最其下也。

雷公致齋七日。旦復侍坐。

帝曰。三陽為經。二陽為維。一陽為游部。此知五藏終始。三陽為表。二陰為裏。一陰至絕。作朔晦。卻具合以正其理。

雷公曰。受業未能明。

帝曰。所謂三陽者。太陽為經。三陽脈至手太陰。弦浮而不沈。決以度察。以心合之陰陽之論。所謂二陽者。陽明也。至手太陰。弦而沈急不鼓。炅至以病皆死。一陽者。少陽也。至手太陰。上連人迎。弦急懸不絕。此少陽之病也。專陰則死。三陰者。六經之所主也。交於太陰。伏鼓不浮。上空志心。二陰至肺。其氣歸膀胱。外連脾胃。一陰獨至經絕。氣浮不鼓。鉤而滑。此六脉者。乍陰乍陽。交屬相并。繆通五藏。合於陰陽。先至為主。後至為客。

雷公曰。臣悉盡意。受傳經脈。頌得從容之。道以合從容。不知陰陽。不知雌雄。

帝曰。三陽為父。二陽為衛。一陽為紀。三陰為母。二陰為雌。一陰為獨使。二陽一陰。陽明主病。不勝一陰。耎而動。九竅皆沈。三陽一陰。太陽脈勝。一陰不能止。內亂五藏。外為驚駭。二陰二陽。病在肺。少陰脈沈。勝肺傷脾。外傷四支。二陰二陽。皆交至。病在腎。罵詈妄行。巔疾為狂。二陰一陽。病出於腎。陰氣客遊於心。脘下空竅堤。閉塞不通。四支別離。一陰一陽代絕。此陰氣至心。上下無常。出入不知。喉咽乾燥。病在土脾。二陽三陰。至陰皆在。陰不過陽。陽氣不能止陰。陰陽並絕。浮為血瘕。沉為膿胕。陰陽皆壯。下至陰陽。上合昭昭。下合冥冥。診決死生之期。遂合歲首。

雷公曰。請問短期。

黃帝不應。

雷公復問。

黃帝曰。在經論中。

雷公曰。請聞短期。

黃帝曰。冬三月之病。病合於陽者。至春正月。脈有死徵。皆歸出春。冬三月之病。在理已盡。草與柳葉皆殺。春陰陽皆絕。期在孟春。春三月之病。曰。陽殺。陰陽皆絕。期在草乾。夏三月之病。至陰。不過十日。陰陽交。期在溓水。秋三月之病。三陽俱起。不治自已。陰陽交合者。立不能坐。坐不能起。三陽獨至。期在石水。二陰獨至。期在盛水。

黃帝內經素問卷二十四·方盛衰論篇第八十

雷公請問。氣之多少。何者為逆。何者為從。

黃帝荅曰。陽從左。陰從右。老從上。少從下。是以。春夏歸陽為生。歸秋冬為死。反之。則歸秋冬為生。是以氣多少逆。皆為厥。

問曰。有餘者。厥耶。

荅曰。一上不下。寒厥到膝。少者秋冬死。老者秋冬生。氣上不下。頭痛巔疾。求陽不得。求陰不審。五部隔無徵。若居曠野。若伏空室。緜緜乎。屬不滿日。是以少氣之厥。令人妄夢。其極至迷。三陽絕。三陰微。是為少氣。是以。肺氣虛。則使人夢見白物。見人斬。血藉藉。得其時。則夢見兵戰。腎氣虛。則使人夢見舟船溺人。得其時。則夢伏水中。若有畏恐。肝氣虛。則夢見菌香生草。得其時。則夢伏樹下。不敢起。心氣虛。則夢救火陽物。得其時。則夢燔灼。脾氣虛。則夢飲食不足。得其時。則夢築垣蓋屋。此皆五藏氣虛。陽氣有餘。陰氣不足。合之五診。調之陰陽。以在經脈。診有十度。度人脈。度藏。度肉。度筋。度俞。度陰陽氣盡。人病自具。脈動無常。散陰頗陽。脈脫不具。診無常行。診必上下。度民君卿。受師不卒。使術不明。不察逆從。是為妄行。持雌失雄。棄陰附陽。不知并合。診故不明。傳之後世。反論自章。至陰虛。天氣絕。至陽盛。地氣不足。陰陽並交。至人之所行。陰陽並交者。陽氣先至。陰氣後至。是以聖人持診之道。先後陰陽而持之奇恒之勢。乃六十首。診合微之事。追陰陽之變。章五中之情。其中之論。取虛實之要。定五度之事。知此。乃足以診。是以。切陰不得陽。診消亡。得陽不得陰。守學不湛。知左不知右。知右不知左。知上不知下。知先不知後。故治不久。知醜知善。知病知不病。知高知下。知坐知起。知行知止。用之有紀。診道乃具。萬世不殆。起所有餘。知所不足。度事上下。脈事因格。是以。形弱氣虛。死。形氣有餘。脈氣不足。死。脈氣有餘。形氣不足。生。是以。診有大方。坐起有常。出入有行。以轉神明。必清必淨。上觀下觀。司八正邪。別五中部。按脈動靜。循尺滑濇寒溫之意。視其大小。合之病能。逆從以得。復知病名。診可十全。不失人情。故診之。或視息視意。故不失條理。道甚明察。故能長久。不知此道。失經絕理。亡言妄期。此謂失道。

黃帝內經素問卷二十四・解精微論篇第八十一

黃帝在明堂。雷公請曰。臣授業傳之行教。以經論從容。形法陰陽。刺灸湯藥。所滋行治。有賢不肖。未必能十全。若先言悲哀喜怒。燥溼寒暑。陰陽婦女。請問其所以然者。卑賤富貴。人之形體。所從群下。通使臨事。以適道術。謹聞命矣。請問。有毚愚仆漏之問。不在經者。欲聞其狀。

帝曰。大矣。

公請問。哭泣而淚不出者。若出而少涕。其故何也。

帝曰。在經有也。

復問。不知水所從生。涕所從出也。

帝曰。若問此者。無益於治也。工之所知。道之所生也。夫心者。五藏之專精也。目者。其竅也。華色者。其榮也。是以。人有德也。則氣和於目。有亡憂。知於色。是以。悲哀則泣下。泣下。水所由生。水宗者。積水也。積水者。至陰也。至陰者。腎之精也。宗精之水。所以不出者。是精持之也。輔之裹之。故水不行也。夫水之精為志。火之精為神。水火相感。神志俱悲。是以。目之水生也。故諺言曰。心悲名曰。志悲。志與心精共湊於目也。是以。俱悲則神氣傳於心精。上不傳於志。而志獨悲。故泣出也。泣涕者。腦也。腦者。陰也。髓者。骨之充也。故腦滲為涕。志者。骨之主也。是以。水流而涕從之者。其行類也。夫涕之與泣者。譬如人之兄弟。急則俱死。生則俱生。其志以早悲。是以涕泣俱出而橫行也。夫人涕泣俱出而相從者。所屬之類也。

雷公曰。大矣。請問。人哭泣而淚不出者。若出而少。涕不從之。何也。

帝曰。夫泣不出者。哭不悲也。不泣者。神不慈也。神不慈則志不悲。陰陽相持。泣安能獨來。夫志悲者。惋惋則沖陰。沖陰則志去目。志去則神不守精。精神去目。涕泣出也。且子獨不誦不念。夫經言乎。厥則目無所見。夫人厥則陽氣并於上。陰氣并於下。陽并於上。則火獨光也。陰并於下。則足寒。足寒則脹也。夫一水不勝五火。故目眥盲。是以氣衝風。泣下而不止。夫風之中目也。陽氣內守於精。是火氣燔目。故見風則泣下也。有以比之。夫火疾風生。乃能雨。此之類也。以上正文據宋人補注黃帝內經素問見叢書集成影印本

素問新輯二十七則

素問云。面色青。脈當弦急。面色赤。脈當浮而短。面色黑。脈當沈浮而滑也。

素問云。好哭者。肺病。好歌者。脾病。好妄言者。心病。好呻吟者。腎病。好叫呼者。肝病也。

素問云。欲得溫而不欲見人者。藏家病。欲得寒而見人者。府家病也。

素問云。延緣落。絡脈也。

素問云。陽脈下遂難反。陰脈上爭如弦也。

素問云。紐。赤脈也。

素問云。手足各有三陰三陽。太陰。少陰。厥陰。太陽。少陽。陽明也。五會謂百會。胸會。聽會。氣會。臑會也。

素問云。得病於筋。肝之和也。

素問云。脈短實而數。有似切繩。名曰。緊也。

素問云。血氣易處曰。不平。脈候動不定曰。代。

素問云。乳下陽明。胃絡也。

素問云。疾病之生。生於五藏。五藏之合。合於六府。肝合氣於膽。心合氣於小腸。脾合氣於胃。肺合氣於大腸。腎合氣於膀胱。三焦內主勞。

素問云。左脈口曰。少陰。少陰之前名。厥陰。右脈口曰。太陰。

素問云。奇經八脈。往來舒時。一止而復來。名之曰。結也。以上史記卷一百五·列傳第四十五注

黃帝素問曰。針頭如芒。氣出如筐也。後漢書卷四十六·列傳第三十六注

異文氣出如箱。冊府元龜卷四七〇·台省部·奏議一

素問曰。春傷於風。夏為膿血。凡下多滯下也。夏傷於風。秋必洞泄。秋多下水也。患是冷也。孫真人備急千金要方卷四十九

黃帝問五勞七傷於高陽負。

高陽負曰。一曰。陰衰。二曰。精清。三曰。精少。四曰。陰消。五曰。囊下濕。六曰。腰一作胸脅苦痛。七曰。膝厥痛冷不欲行。骨熱。遠視淚出。口乾。腹中鳴。時有熱。小便淋瀝。莖中痛。或精自出。有病如此。所謂七傷。一曰。志勞。二曰。思勞。三曰。心勞。四曰。憂勞。五曰。疲勞。此謂五勞。

黃帝曰。何以治之。

高陽負曰。石韋丸主之。以上孫真人備急千金要方卷六十

黃帝曰。夫五臟各一名一形。腎乃獨兩。何也。

歧伯曰。膀胱為腑有二處。腎亦二形。應腑有二處。臟名一。腑名二。故五臟六腑也。一說腎有左右。而膀胱無二。今用當以左腎合膀胱。右腎合三焦。以上孫真人備急千金要方卷六十一

黃帝問曰。穀之五味所主。可得聞乎。

伯高對曰。夫食風者。則有靈而輕舉。食氣者。則和靜而延壽。食穀者。則有智而勞神。食草者。則愚癡而多力。食肉者。則勇猛而多嗔。是以肝木青色。宜酸。心火赤色。宜苦。脾土黃色。宜甘。肺金白色。宜辛。腎水黑色。宜鹹。內為五臟。外主五行。色配五方。以上孫真人備急千金要方卷七十九

素問云。風邪客於肌中則肌虛。真氣發散。又被寒搏皮膚。外發腠理。開毫毛。淫氣妄行之。則為癢也。孫真人備急千金要方卷六十七

素問曰。穀不入半日則氣衰。一日則氣少。唐・司馬承禎・修真精義雜論　雲笈七籤卷五十七

素問說。陽明在天。則花實戕氣。少陽在泉。則金石失理。宋・沈括・良方序

素問言。無陽則陰無以生。無陰則陽無以化。本草綱目卷十二・草部・人參　本草綱目卷三十五・木部・蘗木

素問云。麥屬火。心之穀也。本草綱目卷二十二・穀部・小麥

素問曰。足厥陰病則遺尿。本草綱目卷二十六・菜部・韭

素問云。履端于始。序則不愆。本草綱目卷三十三・果部・蓮藕

素問云。肺氣盛則便數而欠。本草綱目卷三十七・木部・茯苓

黄帝集卷二十六

黄帝內經靈樞卷一・九鍼十二原第一 法天

黄帝問於歧伯曰。余子萬民。養百姓而收租稅。余哀其不給。而屬有疾病。余欲勿使被毒藥。無用砭石。欲以微鍼通其經脈。調其血氣。營其逆順出入之會。令可傳於後世。必明為之法。令終而不滅。久而不絕。易用難忘。為之經紀。異其章。別其表裏。為之終始。令各有形。先立鍼經。願聞其情。歧伯答曰。臣請推而次之。令有綱紀。始於一。終於九焉。請言其道。小鍼之要。易陳而難入。麤守形。上守神。神乎神。客在門。未覩其疾。惡知其原。刺之微。在速遲。麤守關。上守機。機之動。不離其空。空中之機。清靜而微。其來不可逢。其往不可追。知機之道者。不可掛以髮。不知機道。叩之不發。知其往來。要與之期。麤之闇乎。妙哉。工獨有之。往者為逆。來者為順。明知逆順。正行無間。逆而奪之。惡得無虛。追而濟之。惡得無實。迎之隨之。以意和之。鍼道畢矣。凡用鍼者。虛則實之。滿則泄之。宛陳則除之。邪勝則虛之。大要曰。徐而疾則實。疾而徐則虛。言實與虛。若有若無。察後與先。若存若亡。為虛與實。若得若失。虛實之要。九鍼最妙。補寫之時。以鍼為之。寫曰。必持內之。放而出之。排陽得鍼。邪氣得泄。按而引鍼。是謂內溫。血不得散。氣不得出也。補曰。隨之隨之。意若妄之。若行若按。如蟁蝱止。如留如還。去如絃絕。令左屬右。其氣故止。外門以閉。中氣乃實。必無留血。急取誅之。持鍼之道。堅者為寶。正指直刺。無鍼左右。神在秋毫。

屬意病者。審視血脈者。刺之無殆。方刺之時。必在懸陽。及與兩衛。神屬勿去。知病存亡。血脈者。在腧橫居。視之獨澄。切之獨堅。九鍼之名。各不同形。一曰。鑱鍼。長一寸六分。二曰。員鍼。長一寸六分。三曰。鍉鍼。長三寸半。四曰。鋒鍼。長一寸六分。五曰。鈹鍼。長四寸。廣二分半。六曰。員利鍼。長一寸六分。七曰。毫鍼。長三寸六分。八曰。長鍼。長七寸。九曰。大鍼。長四寸。鑱鍼者。頭大末銳。主寫陽氣。員鍼者。鍼如卵形。揩摩分間。不得傷肌肉。以寫分氣。鍉鍼者。鋒如黍粟之銳。主按脈勿陷。以致其氣。鋒鍼者。刃三隅。以發痼疾。鈹鍼者。末如劍鋒。以取大膿。員利鍼者。大如氂。且員且銳。中身微大。以取暴氣。毫鍼者。尖如蚊虻喙。靜以徐往。微以久留之。而養以取痛痹。長鍼者。鋒利身薄。可以取遠痹。大鍼者。尖如挺。其鋒微員。以寫機關之水也。九鍼畢矣。夫氣之在脈也。邪氣在上。濁氣在中。清氣在下。故鍼陷脈則邪氣出。鍼中脈則濁氣出。鍼太深則邪氣反沈。病益。故曰。皮肉筋脈。各有所處。病各有所宜。各不同形。各以任其所宜。無實。無虛。損不足而益有餘。是謂甚病。病益甚。取五脈者。死。取三脈者。恇。奪陰者。死。奪陽者。狂。鍼害畢矣。刺之而氣不至。無問其數。刺之而氣至。乃去之。勿復鍼。鍼各有所宜。各不同形。各任其所為。刺之要。氣至而有效。效之信。若風之吹雲。明乎若見蒼天。刺之道畢矣。

黃帝曰。願聞五藏六府所出之處。

岐伯曰。五藏五腧。五五二十五腧。六府六腧。六六三十六腧。經脈十二。絡脈十五。凡二十七氣以上下。所出為井。所溜為滎。所注為腧。所行為經。所入為合。二十七氣所行。皆在五腧也。節之交。三百六十五會。知其要者。一言而終。不知其要。流散無窮。所言節者。神氣之所遊行出入也。非皮肉筋骨也。觀其色。察其目。知其散復。一其形。聽其動靜。知其邪正。右主推之。左持而禦之。氣至而去之。凡將用鍼。必先診脈。視氣之劇易。乃可以治也。五藏之氣已絕於內。而用鍼者反實其外。是謂重竭。重竭必死。其死也靜。治之者。輒反其氣。取腋與膺。五藏之氣已絕於外。而用鍼者反實其內。是謂逆厥。逆厥則必死。其死也躁。治之者。反取四末。刺之害中而不去。則精泄。害中而去。則致氣。精泄則病益甚而恇。致氣則生為癰瘍。五藏有六府。六府有十二原。十二原出於四關。四關主治五藏。五藏有疾。當取之十二原。十二原者。五藏之所以稟三百六十五節氣味也。五藏有疾也。應出十二原。十二原各有所出。明知其原。覩其應。而知五藏之害矣。陽中之少陰。肺也。其原出於大淵。大淵二。陽中之太陽。心也。其原出於大陵。大陵二。陰中之少陽。肝也。其原出於大衝。大衝二。陰中之至陰。脾也。其原出於太白。太白二。陰中之太陰。腎也。其原出於太谿。太谿二。膏之原。出於鳩尾。鳩尾一。肓之原。出於脖胦。脖胦一。

凡此十二原者。主治五藏六府之有疾者也。脹取三陽。飧泄取三陰。今夫五藏之有疾也。譬猶刺也。猶污也。猶結也。猶閉也。刺雖久。猶可拔也。污雖久。猶可雪也。結雖久。猶可解也。閉雖久。猶可決也。或言久疾之不可取者。非其說也。夫善用鍼者。取其疾也。猶拔刺也。猶雪污也。猶解結也。猶決閉也。疾雖久。猶可畢也。言不可治者。未得其術也。刺諸熱者。如以手探湯。刺寒清者。

如人不欲行。陰有陽疾者。取之下陵三里。正往無殆。氣下乃止。不下復始也。疾高而內者。取之陰之陵泉。疾高而外者。取之陽之陵泉也。

黃帝內經靈樞卷一・本輸第二 法地

黃帝問於歧伯曰。凡刺之道。必通十二經絡之所終始。絡脈之所別處。五輸之所留。六府之所與合。四時之所出入。五藏之所溜處。闊數之度。淺深之狀。高下所至。願聞其解。

歧伯曰。請言其次也。肺出於少商。少商者。手大指端內側也。為井木。溜于魚際。魚際者。手魚也。為滎注于大淵。大淵。魚後一寸陷者中也。為腧。行於經渠。經渠。寸口中也。動而不居。為經。入于尺澤。尺澤。肘中之動脈也。為合。手太陰經也。心出於中衝。中衝。手中指之端也。為井木。溜於勞宮。勞宮。掌中中指本節之內間也。為滎。注于大陵。大陵。掌後兩骨之間方下者也。為腧。行於間使。間使之道。兩筋之間。三寸之中也。有過則至。無過則止。為經。入于曲澤。曲澤。肘內廉下陷者之中也。屈而得之。為合。手少陰也。肝出於大敦。大敦者。足大指之端。及三毛之中也。為井木。溜于行間。行間。足大指間也。為滎。注于大衝。大衝。行間上二寸。陷者之中也。為腧。行於中封。中封。內踝之前一寸半。陷者之中。使逆則宛。使和則通。搖足而得之。為經。入于曲泉。曲泉。輔骨之下。大筋之上也。屈膝而得之。為合。足厥陰也。脾出於隱白。隱白者。足大指之端內側也。為井木。溜於大都。大都。本節之後下陷者之中也。為滎。注于太白。太白。腕骨之下也。為腧。行於商丘。商丘。內踝之下。陷者之中也。為經。入于陰之陵泉。陰之陵泉。輔骨之下。陷者之中也。伸而得之。為合。足太陰也。腎出於湧泉。湧泉者足心也。為井木。溜于然谷。然谷。然骨之下者也。為滎。注于大谿。大谿。內踝之後跟骨之上。陷中者也。為腧。行于復留。復留。上內踝二寸。動而不休。為經。入于陰谷。陰谷。輔骨之後。大筋之下。小筋之上者。按之應手。屈膝而得之。為合。足少陰經也。膀胱出於至陰。至陰者。足小指之端也。為井金。溜于通谷。通谷。本節之前外側也。為滎。注于束骨。束骨。本節之後陷者中也。為腧。過于京骨。京骨。足外側大骨之下。為原。行於崑崙。崑崙。在外踝之後。跟骨之上。為經。入於委中。委中。膕中央。為合。委而取之。足太陽也。膽出於竅陰。竅陰者。足小指次指之端也。為井金。溜于俠谿。俠谿。足小指次指之間也。為滎。注于臨泣。臨泣。上行一寸半。陷者中也。為腧。過于丘墟。丘墟。外踝之前下陷者中也。為原。行於陽輔。陽輔。外踝之上輔骨之前及絕骨之端也。為經。入於陽之陵泉。陽之陵泉。在膝外陷者中也。為合。伸而得之。足少陽也。胃出于厲兌。厲兌者。足大指內次指之端也。為井金。溜于內庭。內庭。次指外間也。為滎。注于陷谷。陷谷者。上中指內間上行二寸陷者中也。為腧。過于衝陽。衝陽。足跗上五寸陷者中也。為原。搖足而得之。行於解谿。解谿。上衝陽一寸半陷者中也。為經。入于下陵。下陵。膝下三寸。胻骨外三里也。為合。復下三里三寸為巨虛上廉。復下上廉三寸。為巨虛下廉也。大腸屬上。小腸屬下。足陽明。胃脈也。大腸小腸。皆屬于胃。是足陽明也。三焦者。上合手少陽。出于關衝。關衝者。手小指次指之端也。為井金。溜于液門。液門。小指次指之間也。為滎。注于中渚。中渚。本節之後陷中者也。為腧。過于陽池。陽池。在腕上陷者之中也。為原。行于支溝。支溝。上腕三寸兩骨之間陷者中也。為經。入于天井。天井。在肘外大骨之上陷者中也。為合。屈肘乃得之。三焦下腧。在于足大指之前。少陽之後。出于膕中外廉。名曰。委陽。是太陽絡也。手少陽經也。三焦者。足少陽太陰之所將。太陽之別也。上踝五寸。別入貫腨腸。出于委陽。並太陽之正。入絡膀胱。約下焦。實則閉癃。虛則遺溺。遺溺則補之。閉癃則寫之。手太陽。小腸者。上合於太陽。出於少澤。少澤。小指之端也。為井金。溜於前谷。前谷。在手外廉本節前陷者中也。為滎。注于後谿。後谿者。在手外側本節之後也。為腧。過于腕骨。腕骨。在手外側腕骨之前。為原。行于陽谷。陽谷。在銳骨之下陷者中也。為經。入於小海。小海。在肘內大骨之外。去端半寸陷者中也。伸臂而得之。為合。手太陽經也。大腸上合手陽明。出于商陽。商陽。大指次指之端也。為井金。溜于本節之前二間。為滎。注于本節之後三間。為腧。過于合谷。合谷在大指歧骨之間。為原。行于陽谿。陽谿。在兩筋間陷者中也。為經。入于曲池。在肘外輔骨陷者中也。屈臂而得之。為合。手陽明也。是謂五藏六府之腧。五五二十五腧。六六三十六腧也。六府皆出足之三陽。上合于手者也。缺盆之中。任脈也。名曰。天突。一次任脈側之動脈。足陽明也。名曰。人迎。二次脈。手陽明也。名曰。扶突。三次脈。手太陽也。名曰。天窻。四次脈。足少陽也。名曰。天容。五次脈。手少陽也。名曰。天牖。六次脈。足太陽也。名曰。天柱。七次脈。頸中央之脈。督脈也。名曰。風府。腋內動脈。手太陰也。名曰。天府。腋下三寸。手心主也。名曰。天池。刺上關者。呿不能欠。刺下關者。欠不能呿。刺犢鼻者。屈不能伸。刺兩關者。伸不能屈。足陽明。挾喉之動脈也。其腧在膺中。手陽明。次在其腧外。不至曲頰一寸。手太陽當曲頰。足少陽在耳下曲頰之後。手少陽出耳後。上加完骨之上。足太陽挾項大筋之中髮際。陰尺動脈在五里。五腧之禁也。肺合大腸。大腸者。傳道之府。心合小腸。小腸者。受盛之府。肝合膽。膽者。中精之府。脾合胃。胃者。五穀之府。腎合膀胱。膀胱者。津液之府也。少陽屬腎。腎上連肺。故將兩藏。三焦者。中瀆之府也。水道出焉。屬膀胱。是孤之府也。是六府之所與合者。春取絡脈諸滎大經分肉之間。甚者深取之。間者淺取之。夏取諸腧。孫絡肌肉皮膚之上。秋取諸合。餘如春法。冬取諸井諸腧之分。欲深而留之。此四時之序。氣之所處。病之所舍。藏之所宜。轉筋者。立而取之。可令遂已。痿厥者。張而刺之。可令立快也。

黃帝內經靈樞卷一・小鍼解第三法人

所謂易陳者。易言也。難入者。難著于人也。麤守形者。守刺法也。上守神者。守人之血氣有餘不足。可補寫也。神客者。正邪其會也。神者。正氣也。客者。邪氣也。在門者。邪循正氣之所出入也。未覩其疾者。先知邪正何經之疾也。惡知其原者。先知何經之病。所取之處也。刺之微在數遲者。徐疾之意也。麤守關者。守四肢而不知血氣正邪之往來也。上守機者。知守氣也。機之動不離其空中者。知氣之虛實。用鍼之徐疾也。空中之機清靜以微者。鍼以得氣。密意守氣勿失也。其來不可逢者。氣盛不可補也。其往不可追者。氣虛不可寫也。不可掛以髮者。言氣易失也。扣之不發者。言不知補寫之意也。血氣已盡而氣不下也。知其往來者。知氣之逆順盛虛也。要與之期者。知氣之可取之時也。麤之闇者。冥冥不知氣之微密也。妙哉。工獨有之者。盡知鍼意也。往者為逆者。言氣之虛而小。小者。逆也。來者為順者。言形氣之平。平者。順也。明知逆順。正行無間者。言知所取之處也。迎而奪之者。寫也。追而濟之者。補也。所謂虛則實之者。氣口虛而當補之也。滿則泄之者。氣口盛而當寫之也。宛陳則除之者。去血脈也。邪勝則虛之者。言諸經有盛者。皆寫其邪也。徐而疾則實者。言徐內而疾出也。疾而徐則虛者。言疾內而徐出也。言實與虛。若有若無者。言實者有氣。虛者無氣也。察後與先。若亡若存者。言氣之虛實。補寫之先後也。察其氣之已下與常存也。為虛為實。若得若失者。言補者。佖然若有得也。寫則怳然若有失也。夫氣之在脈也。邪氣在上者。言邪氣之中人也高。故邪氣在上也。濁氣在中者。言水穀皆入于胃。其精氣上注于肺。濁溜于腸胃。言寒溫不適。飲食不絕。而病生于腸胃。故命曰。濁氣在中也。清氣在下者。言清溼地氣之中人也。必從足始。故曰。清氣在下也。鍼陷脈則邪氣出者。起之上。鍼中脈則邪氣出者。取之陽明合也。鍼大深則邪氣反沈者。言淺浮之病。不欲深刺也。深則邪氣從之入。故曰。反沈也。皮肉筋脈各有所處者。言經絡各有所主也。取五脈者。死。言病在中。氣不足。但用鍼盡大寫其諸陰之脈也。取三陽之脈者。唯言盡寫三陽之氣。令病人恇然不復也。奪陰者。死。言取尺之五里五往者也。奪陽者。狂。正言也。覩其色。察其目。知其散復。一其形。聽其動靜者。言上工知相五色于目。有知調尺寸小大緩急滑濇。以言所病也。知其邪正者。知論虛邪與正邪之風也。右主推之。左持而御之者。言持鍼而出入也。氣至而去之者。言補寫氣調而去之也。調氣在于終始一者。持心也。節之交三百六十五會者。絡脈之滲灌諸節者也。所謂五藏之氣。已絕于內者。脈口氣內絕不至。反取其外之病處與陽經之合。有留鍼以致陽氣。陽氣至則內重竭。重竭則死矣。其死也。無氣以動。故靜。所謂五藏之氣已絕于外者。脈口氣外絕不至。反取其四末之輸。有留鍼以致其陰氣。陰氣至則陽氣反入。入則逆。逆則死矣。其死也。陰氣有餘。故躁。所以察其目者。五藏使五色循明。循明則聲章。聲章者。則言聲與平生異也。

黄帝內經靈樞卷一・邪氣藏府病形第四 法時

黄帝問於岐伯曰。邪氣之中人也。奈何。

岐伯答曰。邪氣之中人。高也。

黄帝曰。高下有度乎。

岐伯曰。身半已上者。邪中之也。身半以下者。溼中之也。欲曰。邪之中人也。無有常。中于陰則溜于府。中于陽則溜于經。

黄帝曰。陰之與陽也。異名同類。上下相會。經絡之相貫。如環無端。邪之中人。或中于陰。或中于陽。上下左右。無有恆常。其故何也。

岐伯曰。諸陽之會。皆在于面。中人也。方乘虛時。及新用力。若飲食汗出湊理開。而中于邪。中于面則下陽明。中于項則下太陽。中于頰則下少陽。其中于膺背兩脅亦中其經。

黃帝曰。其中于陰奈何。

岐伯荅曰。中于陰者。常從臂胻始。夫臂與胻。其陰皮薄。其肉淖澤。故俱受于風。獨傷其陰。

黃帝曰。此故。傷其藏乎。

岐伯荅曰。身之中于風也。不必動藏。故邪入于陰經。則藏氣實。邪氣入而不能客。故還之於府。故中陽則溜于經。中陰則溜於府。

黃帝曰。邪之中人藏奈何。

岐伯曰。愁憂恐懼則傷心。形寒寒飲則傷肺。以其兩寒相或。中外皆傷。故氣逆而上行。有所墮墜。惡血留內。有所大怒。氣上而不下。積于脅下。則傷肝。有所擊仆。若醉入房。汗出當風。則傷脾。有所用力舉重。若入房過度。汗出浴水。則傷腎。

黃帝曰。五藏之中風奈何。

岐伯曰。陰陽俱感。邪乃得往。

黃帝曰。善哉。

黃帝問於岐伯曰。首面與身形也。屬骨連筋。同血合於氣耳。天寒則裂地凌冰。其卒寒。或手足懈惰。然而其面不衣。何也。

岐伯答曰。十二經脈。三百六十五絡。其血氣皆上於面而走空竅。其精陽氣上走於目而為睛。其別氣走於耳而為聽。其宗氣上出於鼻而為臭。其濁氣出於胃。走脣舌而為味。其氣之津液皆上熏于面。而皮又厚。其肉堅。故天熱甚寒不能勝之也。

黃帝曰。邪之中人。其病形何如。

岐伯曰。虛邪之中身也。洒淅動形。正邪之中人也微。先見于色。不知于身。若有若無。若亡若存。有形無形。莫知其情。

黃帝曰。善哉。

黃帝問於岐伯曰。余聞之。見其色。知其病。命曰。明。按其脈。知其病。命曰。神。問其病。知其處。命曰。工。余願聞見而知之。按而得之。問而極之。為之柰何。

岐伯答曰。夫色脈與尺之相應也。如桴鼓影響之相應也。不得相失也。此亦本末根葉之出候也。故根死則葉枯矣。色脈形肉不得相失也。故知一則為工。知二則為神。知三則神且明矣。

黃帝曰。願卒聞之。

岐伯答曰。色青者。其脈弦也。赤者。其脈鉤也。黃者。其脈代也。白者。其脈毛。黑者。其脈石。見其色而不得其脈。反得其相勝之脈。則死矣。得其相生之脈。則病已矣。

黃帝問於岐伯曰。五藏之所生。變化之病形何如。

岐伯答曰。先定其五色五脈之應。其病乃可別也。

黃帝曰。色脈已定。別之柰何。

歧伯曰。調其脈之緩。急。小。大。滑。濇。而病變定矣。

黃帝曰。調之柰何。

歧伯答曰。脈急者。尺之皮膚亦急。脈緩者。尺之皮膚亦緩。脈小者。尺之皮膚亦減而少氣。脈大者。尺之皮膚亦賁而起。脈滑者。尺之皮膚亦滑。脈濇者。尺之皮膚亦濇。凡此變者。有微有甚。故善調尺者。不待於寸。善調脈者。不待於色。能參合而行之者。可以為上工。上工十全九。行二者。為中工。中工十全七。行一者。為下工。下工十全六。

黃帝曰。請問脈之緩。急。小。大。滑。濇之病形何如。

歧伯曰。臣請言五藏之病變也。心脈急甚者為瘛瘲。微急為心痛引背。食不下。緩甚為狂笑。微緩為伏梁。在心下。上下行。時唾血。大甚為喉吤。微大為心痹引背。善淚出。小甚為善噦。微小為消癉。滑甚為善渴。微滑為心疝引臍。小腹鳴。濇甚為瘖。微濇為血溢。維厥耳鳴。顛疾。肺脈急甚為顛疾。微急為肺寒熱。怠惰。欬唾血。引腰背胸。若鼻息肉不通。緩甚為多汗。微緩為痿瘻。偏風。頭以下汗出不可止。大甚為脛腫。微大為肺痹引胸背。起惡日光。小甚為泄。微小為消癉。滑甚為息賁上氣。微滑為上下出血。濇甚為嘔血。微濇為鼠瘻。在頸支腋之間。下不勝其上。其應善痠矣。肝脈急甚者為惡言。微急為肥氣。在脅下若覆杯。緩甚為善嘔。微緩為水瘕痹也。大甚為內癰。善嘔衄。微大為肝痹。陰縮。欬引小腹。小甚為多飲。微小為消癉。滑甚為㿗疝。微滑為遺溺。濇甚為溢飲。微濇為瘛攣筋痹。脾脈急甚為瘛瘲。微急為膈中。食飲入而還出。後沃沫。緩甚為痿厥。微緩為風痿。四肢不用。心慧然若無病。大甚為擊仆。微大為疝氣。腹裏大膿血。在腸胃之外。小甚為寒熱。微小為消癉。滑甚為𤸷癃。微滑為蟲毒蛕蝎腹熱。濇甚為腸潰。微濇為內𤸷。多下膿血。腎脈急甚為骨癲疾。微急為沈厥奔豚。足不收。不得前後。緩甚為折脊。微緩為洞。洞者。食不化。下嗌還出。大甚為陰痿。微大為石水。起臍已下至小腸腄腄然。上至胃脘。死不治。小甚為洞泄。微小為消癉。滑甚為癃𤸷。微滑為骨痿。坐不能起。起則目無所見。濇甚為大癰。微濇為不月沈痔。

黃帝曰。病之六變者。刺之柰何。

岐伯答曰。諸急者多寒。緩者多熱。大者多氣少血。小者血氣皆少。滑者陽氣盛。微有熱。濇者多血少氣。微有寒。是故。刺急者。深內而久留之。刺緩者。淺內而疾發鍼。以去其熱。刺大者。微寫其氣。無出其血。刺滑者。疾發鍼而淺內之。以寫其陽氣而去其熱。刺濇者。必中其脈。隨其逆順而久留之。必先按而循之。已發鍼。疾按其痏。無令其血出。以和其脈。諸小者。陰陽形氣俱不足。勿取以鍼。而調以甘藥也。

黃帝曰。余聞五藏六府之氣。滎輸所入為合。令何道從入。入安連過。願聞其故。

岐伯答曰。此陽脈之別入于內。屬於府者也。

黃帝曰。滎輸與合。各有名乎。

岐伯答曰。滎輸治外經。合治內府。

黃帝曰。治內府柰何。
岐伯曰。取之于合。
黃帝曰。合各有名乎。
岐伯答曰。胃合於三里。大腸合入于巨虛上廉。小腸合入于巨虛下廉。三焦合入于委陽。膀胱合入于委中央。膽合入于陽陵泉。
黃帝曰。取之柰何。
岐伯答曰。取之三里者。低跗。取之巨虛者。舉足。取之委陽者。屈伸而索之。委中者。屈而取之。陽陵泉者。正竪膝予之齊。下至委陽之陽取之。取諸外經者。揄申而從之。
黃帝曰。願聞六府之病。
岐伯答曰。面熱者。足陽明病。魚絡血者。手陽明病。兩跗之上脈竪陷者。足陽明病。此胃脈也。大腸病者。腸中切痛。而鳴濯濯。冬日重感于寒即泄。當臍而痛。不能久立。與胃同候。取巨虛上廉。胃病者。腹䐜脹。胃脘當心而痛。上肢兩脅。膈咽不通。食飲不下。取之三里也。小腸病者。小腹痛。腰脊控睾而痛。時窘之後。當耳前熱。若寒甚。若獨肩上熱甚。及手小指次指之間熱。若脈陷者。此其候也。手太陽病也。取之巨虛下廉。三焦病者。腹氣滿。小腹尤堅。不得小便。窘急。溢則水留。即為脹候。在足太陽之外大絡。大絡在太陽少陽之間。亦見于脈。取委陽。膀胱病者。小腹偏腫而痛。以手按之。即欲小便而不得。肩上熱若脈陷。及足小指外廉及脛踝後皆熱若脈陷。取委中央。膽病者。善太息。口苦。嘔宿汁。心下澹澹。恐人將捕之。嗌中吤吤然數唾。在足少陽之本末。亦視其脈之陷下者。灸之。其寒熱者取陽陵泉。

黃帝曰。刺之有道乎。

歧伯答曰。刺此者。必中氣穴。無中肉節。中氣穴則鍼染于巷。中肉節即皮膚痛。補寫反則病益篤。中筋則筋緩。邪氣不出。與其真相搏。亂而不去。反還內著。用鍼不審。以順為逆也。以上正文據叢書集成影印本

黄帝集卷二十七

黄帝內經靈樞卷二·根結第五 法音

岐伯曰。天地相感。寒暖相移。陰陽之道。孰少孰多。陰道偶。陽道奇。發于春夏。陰氣少。陽氣多。陰陽不調。何補何寫。發于秋冬。陽氣少而陰氣多。陰氣盛而陽氣衰。故莖葉枯槁。溼雨下歸。陰陽相移。何寫何補。奇邪離經。不可勝數。不知根結。五藏六府。折關敗樞。開闔而走。陰陽大失。不可復取。九鍼之玄。要在終始。故能知終始。一言而畢。不知終始。鍼道咸絕。太陽根于至陰。結于命門。命門者。目也。陽明根于厲兑。結于顙大。顙大者。鉗耳也。少陽根于竅陰。結于窻籠。窻籠者。耳中也。太陽為開。陽明為闔。少陽為樞。故開折則內節。瀆而暴病起矣。故暴病者。取之太陽。視有餘不足。瀆者。皮肉宛膲而弱也。闔折則氣無所止息。而痿疾起矣。故痿疾者。取之陽明。視有餘不足。無所止息者。真氣稽留。邪氣居之也。樞折即骨繇而不安於地。故骨繇者。取之少陽。視有餘不足。骨繇者。節緩而不收也。所謂骨繇者。搖故也。當窮其本也。太陰根于隱白。結于太倉。少陰根于湧泉。結于廉泉。厥陰根于大敦。結于玉英。絡于膻中。太陰為開。厥陰為闔。少陰為樞。故開折則倉廩無所輸膈洞。膈洞者。取之太陰。視有餘不足。故開折者。氣不足而生病也。闔折即氣絕而喜悲。悲者。取之厥陰。視有餘不足。樞折則脈有所結而不通。不通者。取之少陰。視有餘不足。有結者。皆取之不足。足太陽根于至陰。溜于京骨。注于崑崙。入于天柱。飛揚也。足少陽根于竅陰。溜于丘墟。注于陽輔。入于天容。光明也。足陽明根于厲兑。溜于衝陽。注于下陵。入于人迎。豐隆也。手太陽根于少澤。溜于陽谷。注于小海。入于天窻。支正也。手少陽根于關衝。溜于陽池。注于支溝。入于天牖。外關也。手陽明根于商陽。溜于合谷。注于陽谿。入于扶突。偏歷也。此所謂十二經者。盛絡皆當取之。一日一夜五十營。以營五藏之精。不應數者。名曰。狂生。所謂五十營者。五藏皆受氣。持其脈口。數其至也。五十動開不一代者。五藏皆受氣。四十動一代者。一藏無氣。三十動一代者。二藏無氣。二十動一代者。三藏無氣。十動一代者。四藏無氣。不滿十動一代者。五藏無氣。予之短期。要在終始。所謂五十動而不一代者。以為常也。以知五藏之期。予知短期者。乍數乍疏也。

黃帝曰。逆順五體者。言人骨節之大小。肉之堅脆。皮之厚薄。血之清濁。氣之滑濇。脈之長短。血之多少。經絡之數。余已知之矣。此皆布衣匹夫之士也。夫王公大人。血食之君。身體柔脆。肌肉軟弱。血氣慓悍滑利。其刺之徐疾。淺深多少。可得同之乎。

岐伯答曰。膏梁菽藿之味。何可同也。氣滑即出疾。其氣濇則出遲。氣悍則鍼小而入淺。氣濇則鍼大而入深。深則欲留。淺則欲疾。以此觀之。刺布衣者。深以留之。刺大人者。微以徐之。此皆因氣慓悍滑利也。

黃帝曰。形氣之逆順柰何。

岐伯曰。形氣不足。病氣有餘。是邪勝也。急寫之。形氣有餘。病氣不足。急補之。形氣不足。病氣不足。此陰陽氣俱不足也。不可刺之。刺之則重不足。重不足則陰陽俱竭。血氣皆盡。五藏空虛。筋骨髓枯。老者絕滅。壯者不復矣。形氣有餘。病氣有餘。此謂陰陽俱有餘也。急寫其邪。調其虛實。故曰。有餘者寫之。不足者補之。此之謂也。故曰。刺不知逆順。真邪相搏。滿而補之。則陰陽四溢。腸胃充郭。肝肺內䐜。陰陽相錯。虛而寫之。則經脈空虛。血氣竭枯。腸胃㒟辟。皮膚薄著。毛腠夭膲。予之死期。故曰。用鍼之要。在于知調陰與陽。調陰與陽。精氣乃光。合形與氣。使神內藏。故曰。上工平氣。中工亂脈。下工絕氣危生。故曰。下工不可不慎也。必審五藏變化之病。五脈之應。經絡之實虛。皮之柔麤。而後取之也。

黃帝內經靈樞卷二・壽夭剛柔第六 法律

黃帝問於少師曰。余聞人之生也。有剛有柔。有弱有強。有短有長。有陰有陽。願聞其方。少師答曰。陰中有陰。陽中有陽。審知陰陽。刺之有方。得病所始。刺之有理。謹度病端。與時相應。內合于五藏六府。外合于筋骨皮膚。是故。內有陰陽。外亦有陰陽。在內者。五藏為陰。六府為陽。在外者。筋骨為陰。皮膚為陽。故曰。病在陰之陰者。刺陰之滎輸。病在陽之陽者。刺陽之合。病在陽之陰者。刺陰之經。病在陰之陽者。刺絡脈。故曰。病在陽者命曰。風。病在陰者命曰。痹。陰陽俱病命曰。風痹。病有形而不痛者。陽之類也。無形而痛者。陰之類也。無形而痛者。其陽完而陰傷之也。急治其陰。無攻其陽。有形而不痛者。其陰完而陽傷之也。急治其陽。無攻其陰。陰陽俱動。乍有形。乍無形。加以煩心。命曰。陰勝其陽。此謂不表不裏。其形不久。

黃帝問於伯高曰。余聞形氣病之先後。外內之應柰何。

伯高答曰。風寒傷形。憂恐忿怒傷氣。氣傷藏。乃病藏。寒傷形。乃應形。風傷筋脈。筋脈乃應。此形氣外內之相應也。

黃帝曰。刺之柰何。

伯高答曰。病九日者。三刺而已。病一月者。十刺而已。多少遠近。以此衰之。久痹不去身者。視其血絡。盡出其血。

黃帝曰。外內之病。難易之治柰何。

伯高答曰。形先病而未入藏者。刺之半其日。藏先病而形乃應者。刺之倍其日。此外內難易之應也。

黃帝問於伯高曰。余聞形有緩急。氣有盛衰。骨有大小。肉有堅脆。皮有厚薄。其以立壽夭柰何。

伯高曰。形與氣相任則壽。不相任則夭。皮與肉相果則壽。不相果則夭。血氣經絡。勝形則壽。不勝形則夭。

黃帝曰。何謂形之緩急。

伯高答曰。形充而皮膚緩者。則壽。形充而皮膚急者。則夭。形充而脈堅大者。順也。形充而脈小以弱者。氣衰。衰則危矣。若形充而顴不起者。骨小。骨小而夭矣。形充而大肉䐃堅而有分者。肉堅。肉堅則壽矣。形充而大肉無分理不堅者。肉脆。肉脆則夭矣。此天之生命。所以立形定氣而視壽夭者。必明乎此。立形定氣。而後以臨病人。決生死。

黃帝曰。余聞壽夭。無以度之。

伯高答曰。牆基卑。高不及其地者。不滿三十而死。其有因加疾者。不及二十而死也。

黃帝曰。形氣之相勝。以立壽夭柰何。

伯高答曰。平人而氣勝形者。壽。病而形肉脫。氣勝形者。死。形勝氣者。危矣。

黃帝曰。餘聞刺有三變。何謂三變。

伯高答曰。有刺營者。有刺衛者。有刺寒痹之留經者。

黃帝曰。刺三變者。柰何。

伯高答曰。刺營者。出血。刺衛者。出氣。刺寒痹者。內熱。

黃帝曰。營衛寒痹之為病。柰何。

伯高答曰。營之生病也。寒熱少氣。血上下行。衛之生病也。氣痛時來時去。怫愾賁響。風寒客于腸胃之中。寒痹之為病也。留而不去。時痛而皮不仁。

黃帝曰。刺寒痹內熱。柰何。

伯高答曰。刺布衣者。以火焠之。刺大人者。以藥熨之。

黃帝曰。藥熨。柰何。

伯高答曰。用淳酒二十升。蜀椒一升。乾薑一斤。桂心一斤。凡四種。皆㕮咀。漬酒中。用綿絮一斤。細白布四丈。并內酒中。置酒馬矢熅中。蓋封塗。勿使泄。五日五夜。出布綿絮。曝乾之。乾復漬。以盡其汁。每漬必晬其日。乃出乾。乾。并用滓與綿絮。複布為複巾。長六七尺。為六七巾。則用之生桑炭炙巾。以熨寒痹所刺之處。令熱入至于病所。寒復炙巾以熨之。三十遍而止。汗出。以巾拭身。亦三十遍止。起步內中。無見風。每刺必熨。如此病已矣。此所謂內熱也。

黄帝內經靈樞卷二・官鍼第七 法星

凡刺之要。官鍼最妙。九鍼之宜。各有所為。長短大小。各有所施也。不得其用。病弗能移。疾淺鍼深。內傷良肉。皮膚為癰。病深鍼淺。病氣不寫。支為大膿。病小鍼大。氣寫太甚。疾必為害。病大鍼小。氣不寫泄。亦復為敗。失鍼之宜。大者大寫。小者不移。已言其過。請言其所施。病在皮膚無常處者。取以鑱鍼于病所。膚白勿取。病在分肉間。取以員鍼于病所。病在經絡痼痹者。取以鋒鍼。病在脈。氣少當補之者。取之鍉鍼于井滎分輸。病為大膿者。取以鈹鍼。病痹氣暴發者。取以員利鍼。病痹氣痛而不去者。取以毫鍼。病在中者。取以長鍼。病水腫不能通關節者。取以大鍼。病在五藏固居者。取以鋒鍼。寫于井滎分輸。取以四時。

凡刺有九。日應九變。一曰輸刺。輸刺者。刺諸經滎輸藏腧也。二曰遠道刺。遠道刺者。病在上。取之下。刺府腧也。三曰經刺。經刺者。刺大經之結絡經分也。四曰絡刺。絡刺者。刺小絡之血脈也。五曰分刺。分刺者。刺分肉之間也。六曰大寫刺。大寫刺者。刺大膿以鈹鍼也。七曰毛刺。毛刺者。

刺浮痹皮膚也。八曰巨刺。巨刺者。左取右。右取左。九曰焠刺。焠刺者。刺燔鍼則取痹也。凡刺有十二節。以應十二經。一曰偶刺。偶刺者。以手直心若背。直痛所。一刺前。一刺後。以治心痹。刺此者。傍鍼之也。二曰報刺。報刺者。刺痛無常處也。上下行者。直內無拔鍼。以左手隨病所按之。乃出鍼復刺之也。三曰恢刺。恢刺。直刺傍之。舉之前後。恢筋急。以治筋痹也。四曰齊刺。齊刺者。直入一。傍入二。以治寒氣小深者。或曰三刺。三刺者。治痹氣小深者也。五曰揚刺。揚刺者。正內一。傍內四。而浮之。以治寒氣之博大者也。六曰直鍼刺。直鍼刺者。引皮乃刺之。以治寒氣之淺者也。七曰輸刺。輸刺者。直入直出。稀發鍼而深之。以治氣盛而熱者也。八曰短刺。短刺者。刺骨痹。稍搖而深之。致鍼骨所。以上下摩骨也。九曰浮刺。浮刺者。傍入而浮之。以治肌急而寒者也。十曰陰刺。陰刺者。左右率刺之。以治寒厥。中寒厥。足踝後少陰也。十一曰傍鍼刺。傍鍼刺者。直刺傍刺各一。以治留痹久居者也。十二曰贊刺。贊刺者。直入直出。數發鍼而淺之出血。是謂治癰腫也。脈之所居。深不見者。刺之微。內鍼而久留之。以致其空脈氣也。脈淺者勿刺。按絕其脈乃刺之。無令精出。獨出其邪氣耳。所謂三刺則穀氣出者。先淺刺絕皮。以出陽邪。再刺則陰邪出者。少益深者。先淺刺絕皮。以出陽邪。再刺則陰邪出者。少益深。絕皮致肌肉。未入分肉間也。已入分肉之間。則穀氣出。故刺法曰。始刺淺之。以逐邪氣。而來血氣。後刺深之。以致陰氣之邪。最後刺極深之。以下穀氣。此之謂也。故用鍼者。不知年之所加。氣之盛衰。虛實之所起。不可以為工也。

凡刺有五。以應五藏。一曰半刺。半刺者。淺內而疾發鍼。無鍼傷肉。如拔毛狀。取皮氣。此肺之應也。二曰豹文刺。豹文刺者。左右前後鍼之。中脈為故。以取經絡之血者。此心之應也。三曰關刺。關刺者。直刺左右盡筋上。以取筋痹。慎無出血。此肝之應也。或曰淵刺。一曰豈刺。四曰合谷刺。合谷刺者。左右雞足。鍼于分肉之間。以取肌痹。此脾之應也。五曰輸刺。輸刺者。直入直出。深內之至骨。以取骨痹。此腎之應也。

黄帝內經靈樞卷二·本神第八 法風

黄帝問於歧伯曰。凡刺之法。先必本于神。血。脈。營。氣。精。神。此五藏之所藏也。至其淫泆離藏則精失。魂魄飛揚。志意恍亂。智慮去身者。何因而然乎。天之罪與人之過乎。何謂德。氣。生。精。神。魂。魄。心。意。志。思。智。慮。請問其故。

歧伯答曰。天之在我者。德也。地之在我者。氣也。德流氣薄而生者也。故生之來謂之精。兩精相搏謂之神。隨神往來者。謂之魂。並精而出入者。謂之魄。所以任物者。謂之心。心有所憶。謂之意。意之所存。謂之志。因志而存變。謂之思。因思而遠慕。謂之慮。因慮而處物。謂之智。故智者之養生也。必順四時而適寒暑。和喜怒而安居處。節陰陽而調剛柔。如是則僻邪不至。長生久視。是故。怵惕思慮者。則傷神。神傷則恐懼流淫而不止。因悲哀動中者。竭絕而失生。喜樂者。神憚散而不藏。愁憂者。氣閉塞而不行。盛怒者。迷惑而不治。恐懼者。神蕩憚而不收。心怵惕思慮則傷神。神傷則恐懼自失。破䐃脫肉。毛悴色夭。死於冬。脾憂愁而不解則傷意。意傷則悗亂。四肢不舉。毛悴色夭。死於春。肝悲哀動中則傷魂。魂傷則狂忘不精。不精則不正當。人陰縮而攣筋。兩脅骨不舉。毛悴色夭。死於秋。肺喜樂無極則傷魄。傷魄則狂。狂者意不存人。皮革焦。毛悴色夭。死于夏。腎盛怒而不止則傷志。志傷則喜忘其前言。腰脊不可以俛仰屈伸。毛悴色夭。死于季夏。恐懼而不解則傷精。精傷則骨痠痿厥。精時自下。是故。五藏主藏精者也。不可傷。傷則失守而陰虛。陰虛則無氣。無氣則死矣。是故。用鍼者。察觀病人之態。以知精神魂魄之存亡得失之意。五者以傷。鍼不可以治之也。肝藏血。血舍魂。肝氣虛則恐。實則怒。脾藏營。營舍意。脾氣虛則四肢不用。五藏不安。實則腹脹。經溲不利。心藏脈。脈舍神。心氣虛則悲。實則笑不休。肺藏氣。氣舍魄。肺氣虛則鼻塞不利少氣。實則喘喝胸盈仰息。腎藏精。精舍志。腎氣虛則厥。實則脹。五藏不安。必審五藏之病形。以知其氣之虛實。謹而調之也。

異文 實則腹脹。涇溲不利。永樂大典卷二九五二

黃帝內經靈樞卷二・終始第九 法野

凡刺之道。畢于終始。明知終始。五藏為紀。陰陽定矣。陰者主藏。陽者主府。陽受氣于四末。陰受氣于五藏。故寫者迎之。補者隨之。知迎知隨。氣可令和。和氣之方。必通陰陽。五藏為陰。六府為陽。傳之後世。以血為盟。敬之者昌。慢之者亡。無道行私。必得夭殃。謹奉天道。請言終始。終始

者。經脈為紀。持其脈口。人迎。以知陰陽有餘不足。平與不平。天道畢矣。所謂平人者。不病。不病者。脈口。人迎應四時也。上下相應而俱往來也。六經之脈不結動也。本末之寒溫之相守司也。形肉血氣必相稱也。是謂平人。少氣者。脈口。人迎俱少。而不稱尺寸也。如是者。則陰陽俱不足。補陽則陰竭。寫陰則陽脫。如是者。可將以甘藥。不可飲以至劑。如此者弗灸。不已者。因而寫之。則五藏氣壞矣。人迎一盛。病在足少陽。一盛而躁。病在手少陽。人迎二盛。病在足太陽。二盛而躁。病在手太陽。人迎三盛。病在足陽明。三盛而躁。病在手陽明。人迎四盛。且大且數。名曰。溢陽。溢陽為外格。脈口一盛。病在足厥陰。厥陰一盛而躁。在手心主。脈口二盛。病在足少陰。二盛而躁。在手少陰。脈口三盛。病在足太陰。三盛而躁。在手太陰。脈口四盛。且大且數者。名曰。溢陰。溢陰為內關。內關不通。死不治。人迎與太陰脈口俱盛四倍以上。命曰。關格。關格者。與之短期。人迎一盛。寫足少陽而補足厥陰。二寫一補。日一取之。必切而驗之。疏取之上。氣和乃止。人迎二盛。寫足太陽補足少陰。二寫一補。二日一取之。必切而驗之。疏取之上。氣和乃止。人迎三盛。寫足陽明而補足太陰。二寫一補。日二取之。必切而驗之。疏取之上。氣和乃止。脈口一盛。寫足厥陰而補足少陽。二補一寫。日一取之。必切而驗之。疏而取上。氣和乃止。脈口二盛。寫足少陰而補足太陽。二補一寫。二日一取之。必切而驗之。疏取之上。氣和乃止。脈口三盛。寫足太陰而補足陽明。二補一寫。日二取之。必切而驗之。疏而取之上。氣和乃止。所以日二取之者。陽明主胃。大富于穀氣。故可日二取之也。人迎與脈口俱盛三倍已上。命曰。陰陽俱溢。如是者不開。則血脈閉塞。氣無所行。流淫于中。五藏內傷。如此者。因而灸之。則變易而為他病矣。

凡刺之道。氣調而止。補陰寫陽。音氣益彰。耳目聰明。反此者。血氣不行。所謂氣至而有效者。寫則益虛。虛者。脈大如其故而不堅也。堅如其故者。適雖言。故病未去也。補則益實。實者。脈大如其故而益堅也。夫如其故而不堅者。適雖言快。病未去也。故補則實。寫則虛。痛雖不隨鍼。病必衰去。必先通十二經脈之所生病。而後可得傳于終始矣。故陰陽不相移。虛實不相傾。取之其經。

凡刺之屬。三刺至穀氣。邪僻妄合。陰陽易居。逆順相反。沈浮異處。四時不得。稽留淫泆。須鍼而去。故一刺則陽邪出。再刺則陰邪出。三刺則穀氣至。穀氣至而止。所謂穀氣至者。已補而實。已寫而虛。故以知穀氣至也。邪氣獨去者。陰與陽未能調。而病知愈也。故曰。補則實。寫則虛。痛雖不隨鍼。病必衰去矣。陰盛而陽虛。先補其陽。後寫其陰而和之。陰虛而陽盛。先補其陰。後寫其陽而和之。三脈動于足大指之間。必審其實虛。虛而寫之。是謂重虛。重虛病益甚。凡刺此者。以指按之。脈動而實且疾者。疾寫之。虛而徐者則補之。反此者病益甚。其動也。陽明在上。厥陰在中。少陰在下。膺腧中膺。背腧中背。肩髆虛者。取之上。重舌。刺舌柱以鈹鍼也。手屈而不伸者。其病在筋。伸而不屈者。其病在骨。在骨守骨。在筋守筋。補須一方實。深取之。稀按其痏。以極出其邪氣。一方虛。淺刺之。以養其脈。疾按其痏。無使邪氣得入。邪氣來也緊而疾。穀氣來也徐而和。脈實者。深刺之。以泄其氣。脈虛者。淺刺之。使精氣無得出。以養其脈。獨出其邪氣。刺諸痛者。其脈皆實。故曰。從腰以上者。手太陰陽明皆主之。從腰以下者。足太陰陽明皆主之。病在上者。下取之。病在下者。高取之。病在頭者。取之足。病在腰者。取之膕。病生于頭者。頭重。生於手者。臂重。生于足者。足重。治病者。先刺其病所從生者也。春氣在毛。夏氣在皮膚。秋氣在分肉。冬氣在筋骨。刺此病者。各以其時為齊。故刺肥人者。以秋冬之齊。刺瘦人者。以春夏之齊。病痛者。陰也。痛而以手按之不得者。陰也。深刺之。病在上者。陽也。病在下者。陰也。癢者。陽也。淺刺之。病先起陰者。先治其陰而後治其陽。病先起陽者。先治其陽而後治其陰。刺熱厥者。留鍼反為寒。刺寒厥者。留鍼反為熱。刺熱厥者。二陰一陽。刺寒厥者。二陽一陰。所謂二陰者。二刺陰也。一陽者。一刺陽也。久病者。邪氣入深。刺此病者。深內而久留之。間日而復刺之。必先調其左右。去其血脈。刺道畢矣。

凡刺之法。必察其形氣。形肉未脫。少氣而脈又躁。躁厥者。必為繆刺之。散氣可收。聚氣可布。深居靜處。占神往來。閉戶塞牖。魂魄不散。專意一神。精氣之分。毋聞人聲。以收其精。必一其神。令志在鍼。淺而留之。微而浮之。以移其神。氣至乃休。男內女外。堅拒勿出。謹守勿內。是謂得氣。

凡刺之禁。新內勿刺。新刺勿內。已醉勿刺。已刺勿醉。新怒勿刺。已刺勿怒。新勞勿刺。已刺勿勞。已飽勿刺。已刺勿飽。已饑勿刺。已刺勿饑。已渴勿刺。已刺勿渴。大驚大恐。必定其氣。乃刺之。乘車來者。臥而休之。如食頃乃刺之。出行來者。坐而休之。如行十里。頃乃刺之。凡此十二禁者。其脈亂氣散。逆其營衛。經氣不次。因而刺之。則陽病入於陰。陰病出為陽。則邪氣復生。麤工勿察。是謂伐身。形體淫泆。乃消腦髓。津液不化。脫其五味。是謂失氣也。太陽之脈。其終也。戴眼。反折。瘛瘲。其色白。絕皮乃絕汗。絕汗則終矣。少陽終者。耳聾。百節盡縱。目系絕。目系絕。一日半則死矣。其死也。色青白乃死。陽明終者。口目動作。喜驚。妄言。色黃。其上下之經盛而不行。則終矣。少陰終者。面黑齒長而垢。腹脹閉塞。上下不通而終矣。厥陰終者。中熱嗌乾。喜溺。心煩。甚則舌卷卵上縮而終矣。太陰終者。腹脹閉。不得息。氣噫善嘔。嘔則逆。逆則面赤。不逆則上下不通。上下不通則面黑。皮毛燋而終矣。以上正文據叢書集成影印本

黃帝集卷二十八

黃帝內經靈樞卷三・經脈第十

雷公問於黃帝曰。禁脈之言。凡刺之理。經脈為始。營其所行。制其度量。內次五藏。外別六府。願盡聞其道。

黃帝曰。人始生。先成精。精成而腦髓生。骨為幹。脈為營。筋為剛。肉為牆。皮膚堅而毛髮長。穀入于胃。脈道以通。血氣乃行。

雷公曰。願卒聞經脈之始生。

黃帝曰。經脈者。所以能決死生。處百病。調虛實。不可不通。

肺。手太陰之脈。起于中焦。下絡大腸。還循胃口。上膈屬肺。從肺系橫出腋下。下循臑內。行少陰心主之前。下肘中。循臂內。上骨下廉。入寸口。上魚。循魚際。出大指之端。其支者。從腕後直出次指內廉。出其端。是動則病。肺脹滿。膨膨而喘欬。上缺盆中痛。甚則交兩手而瞀。此為臂厥。是主肺所生病者。欬上氣喘渴。煩心胸滿。臑臂內前廉。痛厥。掌中熱。氣盛有餘。則肩背痛風寒。汗出。中風。小便數而欠。氣虛則肩背痛寒。少氣不足以息。溺色變。為此諸病。盛則寫之。虛則補之。熱則疾之。寒則留之。陷下則灸之。不盛不虛。以經取之。盛者。寸口大三倍于人迎。虛者。則寸口反小于人迎也。

大腸。手陽明之脈。起于大指次指之端。循指上廉。出合谷兩骨之間。上入兩筋之中。循臂上廉。入肘外廉。上臑外前廉。上肩。出髃骨之前廉。上出于柱骨之會上。下入缺盆絡肺。下膈屬大腸。其支者。從缺盆上頸貫頰。入下齒中。還出挾口。交人中。左之右。右之左。上挾鼻孔。是動則病。齒痛。頸腫。是主津液所生病者。目黃。口乾。鼽衄。喉痹。肩前臑痛。大指次指痛不用。氣有餘則當脈所過者。熱腫。虛則寒慄不復。為此諸病。盛則寫之。虛則補之。熱則疾之。寒則留之。陷下則灸之。不盛不虛。以經取之。盛者。人迎大三倍于寸口。虛者。人迎反小於寸口也。

胃。足陽明之脈。起於鼻之交頞中。旁納太陽之脈。下循鼻外。入上齒中。還出挾口環脣。下交承漿。卻循頤後下廉。出大迎。循頰車。上耳前。過客主人。循髮際。至額顱。其支者。從大迎前下人迎。循喉嚨。入缺盆。下膈屬胃絡脾。其直者。從缺盆下乳內廉。下挾臍。入氣街中。其支者。起于胃口。下循腹裏。下至氣街中而合。以下髀關。抵伏兔。下膝臏中。下循脛外廉。下足跗。入中指內間。其支者。下廉三寸而別。下入中指外間。其支者。別跗上。入大指間出其端。是動則病。洒洒振寒。善呻。數欠顏黑。病至。則惡人與火。聞木聲則惕然而驚。心欲動。獨閉戶塞牖而處。甚則欲上高而歌。棄衣而走。賁響腹脹。是謂骭厥。是主血所生病者。狂瘧溫淫汗出。鼽衄。口喎脣胗。頸腫喉痹。大腹水腫。膝臏腫痛。循膺。乳。氣街。股。伏兔。骭外廉。足跗上皆痛。中指不用。氣盛則身以前皆熱。其有餘于胃。則消穀善饑。溺色黃。氣不足則身以前皆寒慄。胃中寒則脹滿。為此諸病。盛則寫之。虛則補之。熱則疾之。寒則留之。陷下則灸之。不盛不虛。以經取之。盛者。人迎大三倍于寸口。虛者。人迎反小於寸口也。

脾。足太陰之脈。起于大指之端。循指內側白肉際。過核骨後。上內踝前廉。上踹內。循脛骨後。交出厥陰之前。上膝股內前廉。入腹屬脾絡胃。上膈。挾咽。連舌本。散舌下。其支者。復從胃。別上膈。注心中。是動則病。舌本強。食則嘔。胃脘痛。腹脹善噫。得後與氣。則快然如衰。身體皆重。是主脾所生病者。舌本痛。體不能動搖。食不下。煩心。心下急痛。溏瘕泄。水閉。黃疸。不能臥。強立。股膝內腫厥。足大指不用。為此諸病。盛則寫之。虛則補之。熱則疾之。寒則留之。陷下則灸之。不盛不虛。以經取之。盛者。寸口大三倍于人迎。虛者。寸口反小于人迎也。

心。手少陰之脈。起于心中。出屬心系。下膈絡小腸。其支者。從心系上挾咽。繫目系。其直者。復從心系卻上肺。下出腋。下循臑內後廉。行手太陰心主之後。下肘內。循臂內後廉。抵掌後銳骨之端。入掌內後廉。循小指之內出其端。是動則病。嗌乾心痛。渴而欲飲。是為臂厥。是主心所生病者。目黃脅痛。臑臂內後廉痛厥。掌中熱痛。為此諸病。盛則寫之。虛則補之。熱則疾之。寒則留之。陷下則灸之。不盛不虛。以經取之。盛者。寸口大再倍于人迎。虛者。寸口反小于人迎也。

小腸。手太陽之脈。起于小指之端。循手外側上腕。出踝中。直上循臂骨下廉。出肘內側兩筋之間。上循臑外後廉。出肩解。繞肩胛。交肩上。入缺盆絡心。循咽下膈。抵胃屬小腸。其支者。從缺盆循頸上頰。至目銳眥。卻入耳中。其支者。別頰上䪼。抵鼻。至目內眥。斜絡于顴。是動則病嗌痛頷腫。不可以顧。肩似拔。臑似折。是主液所生病者。耳聾目黃頰腫。頸頷肩臑肘臂外後廉痛。為此諸病。

盛則寫之。虛則補之。熱則疾之。寒則留之。陷下則灸之。不盛不虛。以經取之。盛者。人迎大再倍于寸口。虛者。人迎反小于寸口也。

膀胱。足太陽之脈。起于目內眥。上額交巔。其支者。從巔至耳上角。其直者。從巔入絡腦。還出別下項。循肩髆內。挾脊抵腰中。入循膂。絡腎屬膀胱。其支者。從腰中下挾脊貫臀。入膕中。其支者。從髆內左右。別下貫胛。挾脊內。過髀樞。循髀外。從後廉下合膕中。以下貫踹內。出外踝之後。循京骨。至小指外側。是動則病。衝頭痛。目似脫。項如拔。脊痛。腰似折。髀不可以曲。膕如結。踹如裂。是為踝厥。是主筋所生病者。痔瘧狂癲疾。頭顖項痛。目黃淚出鼽衄。項背腰尻膕踹腳皆痛。小指不用。為此諸病。盛則寫之。虛則補之。熱則疾之。寒則留之。陷下則灸之。不盛不虛。以經取之。盛者。人迎大再倍于寸口。虛者。人迎反小于寸口也。

腎。足少陰之脈。起于小指之下。邪走足心。出于然谷之下。循內踝之後。別入跟中。以上踹內。出膕內廉。上股內後廉。貫脊屬腎絡膀胱。其直者。從腎上貫肝膈。入肺中。循喉嚨。挾舌本。其支者。從肺出絡心。注胸中。是動則病。饑不欲食。面如漆柴。欬唾則有血。喝喝而喘。坐而欲起。目𥇦𥇦如無所見。心如懸。若饑狀。氣不足。則善恐。心惕惕。如人將捕之。是為骨厥。是主腎所生病者。口熱舌乾。咽腫上氣。嗌乾及痛。煩心心痛。黃疸腸澼。脊股內後廉痛。痿厥嗜臥。足下熱而痛。為此諸病。盛則寫之。虛則補之。熱則疾之。寒則留之。陷下則灸之。不盛不虛。以經取之。灸則強食生肉。緩帶被髮。大杖重履而步。盛者。寸口大再倍于人迎。虛者。寸口反小于人迎也。

心。主手厥陰。心包絡之脈。起于胸中。出屬心包絡。下膈。歷絡三焦。其支者。循胸出脅。下腋三寸。上抵腋。下循臑內。行太陰少陰之間。入肘中。下臂行兩筋之間。入掌中。循中指出其端。其支者。別掌中。循小指次指出其端。是動則病。手心熱。臂肘攣急。腋腫。甚則胸脅支滿。心中憺憺大動。面赤目黃。喜笑不休。是主脈所生病者。煩心心痛。掌中熱。為此諸病。盛則寫之。虛則補之。熱則疾之。寒則留之。陷下則灸之。不盛不虛。以經取之。盛者。寸口大一倍于人迎。虛者。寸口反小于人迎也。

三焦。手少陽之脈。起于小指次指之端。上出兩指之間。循手表腕。出臂外兩骨之間。上貫肘。循臑外上肩。而交出足少陽之後。入缺盆。布膻中。散落心包。下膈。循屬三焦。其支者。從膻中上出缺盆。上項。繫耳後直上。出耳上角。以屈下頰至䪼。其支者。從耳後入耳中。出走耳前。過客主人前。交頰。至目銳眥。是動則病。耳聾渾渾焞焞。嗌腫喉痹。是主氣所生病者。汗出。目銳眥痛。頰痛。耳後肩臑肘臂外皆痛。小指次指不用。為此諸病。盛則寫之。虛則補之。熱則疾之。寒則留之。陷下則灸之。不盛不虛。以經取之。盛者。人迎大一倍于寸口。虛者。人迎反小于寸口也。

膽。足少陽之脈。起于目銳眥。上抵頭角。下耳後。循頸行手少陽之前。至肩上。卻交出手少陽之後。入缺盆。其支者。從耳後入耳中。出走耳前。至目銳眥後。其支者。別銳眥。下大迎。合于手少陽。抵于䪼。下加頰車。下頸合缺盆以下胸中。貫膈絡肝屬膽。循脅裏。出氣街。繞毛際。橫入髀厭中。其直者。從缺盆下腋。循胸過季脅。下合髀厭中。以下循髀陽。出膝外廉。下外輔骨之前。直下抵絕骨之端。下出外踝之前。循足跗上。入小指次指之間。其支者。別跗上。入大指之間。循大指歧骨內出其端。還貫爪甲。出三毛。是動則病。口苦。善太息。心脅痛不能轉側。甚則面微有塵。體無膏澤。足外反熱。是為陽厥。是主骨所生病者。頭痛頷痛。目銳眥痛。缺盆中腫痛。腋下腫。馬刀俠癭。汗出振寒。瘧。胸脅肋髀膝外至脛絕骨。外踝前及諸節皆痛。小指次指不用。為此諸病。盛則寫之。虛則補之。熱則疾之。寒則留之。陷下則灸之。不盛不虛。以經取之。盛者。人迎大一倍于寸口。虛者。人迎反小于寸口也。

肝。足厥陰之脈。起于大指叢毛之際。上循足跗上廉。去內踝一寸。上踝八寸。交出太陰之後。上膕內廉。循股陰入毛中。過陰器。抵小腹。挾胃屬肝絡膽。上貫膈。布脅肋。循喉嚨之後。上入頏顙。連目系。上出額。與督脈會于巔。其支者。從目系下頰裏。環唇內。其支。復從肝別貫膈。上注肺。是動則病。腰痛不可以俛仰。丈夫㿉疝。婦人少腹腫。甚則嗌乾。面塵脫色。是肝所生病者。胸滿嘔逆飧泄。狐疝遺溺閉癃。為此諸病。盛則寫之。虛則補之。熱則疾之。寒則留之。陷下則灸之。不盛不虛。以經取之。盛者。寸口大一倍于人迎。虛者。寸口反小于人迎也。手太陰氣絕。則皮毛焦。太陰者。行氣溫于皮毛者也。故氣不榮則皮毛焦。皮毛焦則津液去。皮節。津液去。皮節者。則爪枯毛折。毛折者則毛先死。丙篤丁死。火勝金也。手少陰氣絕。則脈不通。脈不通則血不流。血不流。則髦色不澤。故其面黑如漆柴者。血先死。壬篤癸死。水勝火也。足太陰氣絕者。則脈不榮肌肉。脣舌者。肌肉之本也。脈不榮。則肌肉軟。肌肉軟。則舌萎人中滿。人中滿。則脣反。脣反者。肉先死。

甲篤乙死。木勝土也。足少陰氣絕。則骨枯。少陰者。冬脈也。伏行而濡骨髓者也。故骨不濡則肉不能著也。骨肉不相親則肉軟卻。肉軟卻故齒長而垢。髮無澤。髮無澤者。骨先死。戊篤己死。土勝水也。足厥陰氣絕。則筋絕。厥陰者。肝脈也。肝者筋之合也。筋者聚于陰氣。而脈絡于舌本也。故脈弗榮。則筋急。筋急則引舌與卵。故脣青舌卷卵縮則筋先死。庚篤辛死。金勝木也。五陰氣俱絕。則目系轉。轉則目運。目運者為志先死。志先死則遠一日半死矣。六陽氣絕。則陰與陽相離。離則腠理發泄。絕汗乃出。故旦占夕死。夕占旦死。

經脈十二者。伏行分肉之間。深而不見。其常見者。足太陰過于外踝之上。無所隱故也。諸脈之浮而常見者。皆絡脈也。六經絡。手陽明。少陽之大絡。起于五指間。上合肘中。飲酒者。衛氣先行皮膚。先充絡脈。絡脈先盛。故衛氣已平。營氣乃滿。而經脈大盛。脈之卒然動者。皆邪氣居之。留于本末。不動則熱。不堅則陷且空。不與眾同。是以。知其何脈之動也。空。不與眾同。是以。知其何脈之動也。

雷公曰。何以知經脈之與絡脈異也。

黄帝曰。經脈者。常不可見也。其虛實也。以氣口知之。脈之見者。皆絡脈也。

雷公曰。細子無以明其然也。

黄帝曰。諸絡脈皆不能經大節之間。必行絕道而出。入復合于皮中。其會皆見于外。故諸刺絡脈者。必刺其結上。甚血者雖無結。急取之以寫其邪而出其血。留之發為痹也。凡診絡脈。脈色青則寒且痛。赤則有熱。胃中寒。手魚之絡多青矣。胃中有熱。魚際絡赤。其暴黑者。留久痹也。其有赤有黑有青者。寒熱氣也。其青短者。少氣也。凡刺寒熱者。皆多血絡。必間日而一取之。血盡乃止。乃調其虛實。其小而短者。少氣。甚者。寫之則悶。悶甚則仆不得言。悶則急坐之也。手太陰之別。名曰。列缺。起于腕上分間。並太陰之經直入掌中。散入于魚際。其病實則手鋭掌熱。虛則欠㰦。小便遺數。取之去腕半寸。別走陽明也。手少陰之別。名曰。通里。去腕一寸半。別而上行。循經入于心中。繫舌本。屬目系。其實則支膈。虛則不能言。取之掌後一寸。別走太陽也。手心主之別。名曰。內關。去腕二寸。出于兩筋之間。循經以上。繫于心包。絡心系。實則心痛。虛則為頭強。取之兩筋間也。手太陽之別。名曰。支正。上腕五寸。內注少陰。其別者。上走肘。絡肩髃。實則節弛肘廢。虛則生肬。小者。如指痂疥。取之所別也。手陽明之別。名曰。偏歷。去腕三寸。別入太陰。其別者。上循臂。乘肩髃。上曲頰偏齒。其別者。入耳合于宗脈。實則齲聾。虛則齒寒痹隔。取之所別也。手少陽之別。名曰。外關。去腕二寸。外繞臂。注胸中。合心主。病實則肘攣。虛則不收。取之所別也。足太陽之別。名曰。飛陽。去踝七寸。別走少陰。實則鼽窒頭背痛。虛則鼽衄。取之所別也。足少陽之別。名曰。光明。去踝五寸。別走厥陰。下絡足跗。實則厥。虛則痿躄。坐不能起。取之所別也。足陽明之別。名曰。豐隆。去踝八寸。別走太陰。其別者。循脛骨外廉。上絡頭項。合諸經之氣。下絡喉嗌。其病氣逆則喉痹瘁瘖。實則狂顛。虛則足不收。脛枯。取之所別也。足太陰之別。名曰。公孫。去本節之後一寸。別走陽明。其別者。入絡腸胃。厥氣上逆則霍亂。實則腹中切痛。虛則鼓脹。取之所別也。足少陰之別。名曰。大鍾。當踝後繞跟。別走太陽。其別者。并經上走于心包。下外貫腰脊。其病氣逆則煩悶。實則閉癃。虛則腰痛。取之所別者也。足厥陰之別。名曰。蠡溝。去內踝五寸。別走少陽。其別者。經脛上睾。結于莖。其病氣逆則睾腫卒疝。實則挺長。虛則暴癢。取之所別也。任脈之別。名曰。尾翳。下鳩尾。散于腹。實則腹皮痛。虛則癢搔。取之所別也。督脈之別。名曰。長強。挾膂上項。散頭上。下當肩胛左右。別走太陽。入貫膂。實則脊強。虛則頭重。高搖之。挾脊之有過者。取之所別也。脾之大絡。名曰。大包。出淵腋下三寸。布胸脅。實則身盡痛。虛則百節盡皆縱。此脈若羅絡之血者。皆取之脾之大絡脈也。凡此十五絡者。實則必見。虛則必下。視之不見。求之上下。人經不同。絡脈異所別也。

黄帝內經靈樞卷三・經別第十一

黄帝問于岐伯曰。余聞人之合于天道也。內有五藏。以應五音。五色。五時。五味。五位也。外有六府。以應六律。六律建陰陽諸經而合之十二月。十二辰。十二節。十二經水。十二時。十二經脈者。此五藏六府之所以應天道。夫十二經脈者。人之所以生。病之所以成。人之所以治。病之所以起。學之所始。工之所止也。麤之所易。上之所難也。請問其離合出入柰何。

岐伯稽首再拜曰。明乎哉問也。此麤之所過。上之所息也。請卒言之。足太陽之正。別入于膕中。其一道下尻五寸。別入于肛。屬于膀胱。散之腎。循膂當心入散。直者。從膂上出于項。復屬于太陽。

此為一經也。足少陰之正。至膕中。別走太陽而合。上至腎。當十四顀出。屬帶脈。直者。繫舌本。復出于項。合于太陽。此為一合。成以諸陰之別。皆為正也。足少陽之正。繞髀入毛際。合于厥陰。別者。入季脅之間。循胸裏。屬膽。散之上肝。貫心。以上挾咽。出頤頷中。散于面。繫目系。合少陽于外眥也。足厥陰之正。別跗上。上至毛際。合于少陽。與別俱行。此為二合也。足陽明之正。上至髀。入于腹裏。屬胃。散之脾。上通于心。上循咽出于口。上頞䪼。還繫目系。合于陽明也。足太陰之正。上至髀。合于陽明。與別俱行。上結于咽。貫舌中。此為三合也。手太陽之正。指地。別于肩解。入腋走心。繫小腸也。手少陰之正。別入于淵腋兩筋之間。屬于心。上走喉嚨。出于面。合目內眥。此為四合也。手少陽之正。指天。別于巔。入缺盆。下走三焦。散于胸中也。手心主之正。別下淵腋三寸。入胸中。別屬三焦。出循喉嚨。出耳後。合少陽完骨之下。此為五合也。手陽明之正。從手循膺乳。別于肩髃。入柱骨下。走大腸。屬于肺。上循喉嚨。出缺盆。合于陽明也。手太陰之正。別入淵腋少陰之前。入走肺。散之太腸。上出缺盆。循喉嚨。復合陽明。此六合也。

黃帝內經靈樞卷三・經水第十二

黃帝問于歧伯曰。經脉十二者。外合于十二經水。而內屬于五藏六府。夫十二經水者。其有大小。深淺。廣狹。遠近各不同。五藏六府之高下。小大。受穀之多少亦不等。相應柰何。夫經水者。受水而行之。五藏者。合神氣魂魄而藏之。六府者。受穀而行之。受氣而揚之。經脈者。受血而營之。合而以治。柰何。刺之深淺。灸之壯數。可得聞乎。

歧伯答曰。善哉問也。天至高。不可度。地至廣。不可量。此之謂也。且夫人生于天地之間。六合之內。此天之高。地之廣也。非人力之所度量而至也。若夫八尺之士。皮肉在此。外可度量切循而得之。其死可解剖而視之。其藏之堅脆。府之大小。穀之多少。脈之長短。血之清濁。氣之多少。十二經之多血少氣。與其少血多氣。與其皆多血氣。與其皆少血氣。皆有大數。其治以鍼艾。各調其經氣。固其常有合乎。

黄帝曰。余聞之。快于耳。不解于心。願卒聞之。

歧伯答曰。此人之所以參天地而應陰陽也。不可不察。足太陽。外合于清水。內屬于膀胱。而通水道焉。足少陽。外合于渭水。內屬于膽。足陽明。外合于海水。內屬于胃。足太陰。外合于湖水。內屬于脾。足少陰。外合于汝水。內屬于腎。足厥陰。外合于澠水。內屬于肝。手太陽。外合于淮水。內屬于小腸。而水道出焉。手少陽。外合于漯水。內屬于三焦。手陽明。外合于江水。內屬于大腸。手太陰。外合于河水。內屬于肺。手少陰。外合于濟水。內屬于心。手心主。外合于漳水。內屬于心包。凡此五藏六府十二經水者。外有源泉而內有所稟。此皆內外相貫。如環無端。人經亦然。故天為陽。地為陰。腰以上為天。腰以下為地。故海以北者為陰。湖以北者為陰中之陰。漳以南者為陽。河以北至漳者為陽中之陰。漯以南至江者為陽中之太陽。此一隅之陰陽也。所以人與天地相參也。

黄帝曰。夫經水之應經脈也。其遠近淺深。水血之多少各不同。合而以刺之。柰何。

岐伯答曰。足陽明。五藏六府之海也。其脈大血多。氣盛熱壯。刺此者不深弗散。不留不寫也。足陽明刺深六分。留十呼。足太陽深五分。留七呼。足少陽深四分。留五呼。足太陰深三分。留四呼。足少陰深二分。留三呼。足厥陰深一分。留二呼。手之陰陽。其受氣之道近。其氣之來疾。其刺深者皆無過二分。其留皆無過一呼。其少長大小肥瘦。以心撩之。命曰。法天之常灸之。亦然。灸而過此者。得惡火。則骨枯脈濇。刺而過此者。則脫氣。

黃帝曰。夫經脈之小大。血之多少。膚之厚薄。肉之堅脆。及膕之大小。可為量度乎。

岐伯答曰。其可為量度者。取其中度也。不甚脫肉而血氣不衰也。若失度之人。痟瘦而形肉脫者。惡可以度量刺乎。審切循捫按。視其寒溫盛衰而調之。是謂因適而為之真也。以上正文據叢書集成影印本

黄帝集卷二十九

黄帝內經靈樞卷四・經筋第十三

足太陽之筋。起于足小指上。結于踝。邪上結于膝。其下循足外側。結于踵。上循跟。結于膕。其別者。結于踹外。上膕中內廉。與膕中并上結于臀。上挾脊上項。其支者。別入結于舌本。其直者。結于枕骨。上頭下顔。結于鼻。其支者。為目上網。下結于頄。其支者。從腋後外廉。結于肩髃。其支者。入腋下。上出缺盆。上結于完骨。其支者。出缺盆。邪上出于頄。其病小指支。跟腫痛。膕攣。脊反折。項筋急。肩不舉。腋支。缺盆中紐痛。不可左右搖。治在燔鍼劫刺。以知為數。以痛為輸。名曰。仲春痹也。

足少陽之筋。起于小指次指。上結外踝。上循脛外廉。結于膝外廉。其支者。別起外輔骨。上走髀。前者結于伏兔之上。後者結于尻。其直者。上乘眇季脅。上走腋前廉。繫于膺乳。結于缺盆。直者。上出腋。貫缺盆。出太陽之前。循耳後。上額角。交巔上。下走頷。上結于頄。支者。結于目眥。為外維。其病小指次指支轉筋。引膝外轉筋。膝不可屈伸。膕筋急。前引髀。後引尻。即上乘眇季脅痛。上引缺盆。膺乳頸。維筋急。從左之右。右目不開。上過右角。竝蹻脈而行。左絡于右。故傷左角。右足不用。命曰。維筋相交。治在燔鍼劫刺。以知為數。以痛為輸。名曰。孟春痹也。

足陽明之筋。起于中三指。結于跗上。邪外上加于輔骨。上結于膝外廉。直上結于髀樞。上循脅。屬脊。其直者。上循骭。結于外輔骨。合少陽。其直者。上循伏兔。上結于髀。聚于陰器。上腹而布。至缺盆而結。上頸。上挾口。合于頄。下結于鼻。上合于太陽。太陽為目上網。陽明為目下網。其支者。從頰結于耳前。其病足中指支脛轉筋。腳跳堅。伏兔轉筋。髀前腫。㿗疝。腹筋急。引缺盆及頰。卒口僻急者。目不合。熱則筋縱。目不開。頰筋有寒。則急引頰移口。有熱則筋弛縱緩。不勝收。故僻。治之以馬膏。膏其急者。以白酒和桂。以塗其緩者。以桑鉤鉤之。即以生桑炭置之坎中。高下以坐等。以膏熨急頰。且飲美酒。噉美炙肉。不飲酒者。自強也。為之三拊而已。治在燔鍼劫刺。以知為數。以痛為輸。名曰。季春痹也。

異文卒口僻急者。頰筋有寒。則急引頰移。頰筋有熱。則縱緩不收。以桑鉤鉤之。以生桑灰置坎中。坐之。以馬膏熨其急頰。以白酒和桂末塗其緩頰。且飲美酒。噉炙肉。本草綱目卷五十·獸部·馬

足太陰之筋。起于大指之端內側。上結于內踝。其直者。絡于膝內輔骨。上循陰股。結于髀。聚于陰器。上腹結于臍。循腹裏。結于脅。散于胸中。其內者。著于脊。其病足大指支。內踝痛。轉筋痛。膝內輔骨痛。陰股引髀而痛。陰器紐痛。下引臍兩脅痛。引膺中脊內痛。治在燔鍼劫刺。以知為數。以痛為輸。命曰。孟秋痹也。

足少陰之筋。起于小指之下。竝足太陰之筋。邪走內踝之下。結于踵。與太陽之筋合而上結于內輔之下。竝太陰之筋而上循陰股。結于陰器。循脊內挾膂上至項。結于枕骨。與足太陽之筋合。其病足下轉筋。及所過而結者。皆痛及轉筋。病在此者。主癇瘛及痙。在外者。不能俛。在內者。不能仰。故

陽病者。腰反折不能俛。陰病者。不能仰。治在燔鍼劫刺。以知為數。以痛為輸。在內者。熨引飲藥。此筋折紐。紐發數。甚者。死不治。名曰。仲秋痹也。

足厥陰之筋。起于大指之上。上結于內踝之前。上循脛。上結內輔之下。上循陰股。結于陰器。絡諸筋。其病足大指支。內踝之前痛。內輔痛。陰股痛轉筋。陰器不用。傷於內則不起。傷於寒則陰縮入。傷於熱則縱挺不收。治在行水清陰氣。其病轉筋者。治在燔鍼劫刺。以知為數。以痛為輸。命曰。季秋痹也。

手太陽之筋。起于小指之上。結于腕。上循臂內廉。結于肘內鋭骨之後。彈之應小指之上。入結于腋下。其支者。後走腋後廉。上繞肩胛。循頸出走太陽之前。結于耳後完骨。其支者。入耳中。直者。出耳上。下結于頷。上屬目外眥。其病小指支肘內鋭骨後廉痛。循臂陰入腋下。腋下痛。腋後廉痛。繞肩胛引頸而痛。應耳中鳴痛。引頷目瞑。良久乃得視。頸筋急則為筋瘻頸腫。寒熱在頸者。治在燔鍼劫刺之。以知為數。以痛為輸。其為腫者。復而鋭之。本支者。上曲牙。循耳前。屬目外眥。上頷。結于角。其痛當所過者。支轉筋。治在燔鍼劫刺。以知為數。以痛為輸。名曰。仲夏痹也。

手少陽之筋。起于小指次指之端。結于腕。上循臂結于肘。上繞臑外廉。上肩走頸。合手太陽。其支者。當曲頰入繫舌本。其支者。上曲牙。循耳前。屬目外眥。上乘頷。結于角。其病當所過者。即支轉筋。舌卷。治在燔鍼劫刺。以知為數。以痛為輸。名曰。季夏痹也。

手陽明之筋。起于大指次指之端。結于腕。上循臂。上結于肘外。上臑。結于髃。其支者。繞肩胛。挾脊。直者。從肩髃上頸。其支者。上頰。結于頄。直者。上出手太陽之前。上左角。絡頭。下右頷。其病當所過者。支痛及轉筋。肩不舉。頸不可左右視。治在燔鍼劫刺。以知為數。以痛為輸。名曰。孟夏痺也。

手太陰之筋。起于大指之上。循指上行。結于魚後。行寸口外側。上循臂。結肘中。上臑內廉。入腋下。出缺盆。結肩前髃。上結缺盆。下結胸裏。散貫賁。合賁下。抵季脅。其病當所過者。支轉筋痛。甚成息賁。脅急吐血。治在燔鍼劫刺。以知為數。以痛為輸。名曰。仲冬痺也。

手心主之筋。起于中指。與太陰之筋並行。結于肘內廉。上臂陰。結腋下。下散前。後挾脅。其支者。入腋散胸中。結于臂。其病當所過者。支轉筋前。及胸痛息賁。治在膕鍼劫刺。以知為數。以痛為輸。名曰。孟冬痺也。

手少陰之筋。起于小指之內側。結于銳骨。上結肘內廉。上入腋。交太陰。挾乳裏。結于胸中。循臂下。繫于臍。其病內急。心承伏梁。下為肘網。其病當所過者。支轉筋。筋痛。治在燔鍼劫刺。以知為數。以痛為輸。其成伏梁唾血膿者。死不治。經筋之病。寒則反折筋急。熱則筋弛縱不收。陰痿不用。陽急則反折。陰急則俛不伸。焠刺者。刺寒急也。熱則筋縱不收。無用燔鍼。名曰。季冬痺也。

足之陽明。手之太陽。筋急則口目為噼。眥急不能卒視。治皆如右方也。

黃帝內經靈樞卷四·骨度第十四

黃帝問于伯高曰。脈度。言經脈之長短。何以立之。

伯高曰。先度其骨節之大小。廣狹。長短。而脈度定矣。

黄帝曰。願聞衆人之度。人長七尺五寸者。其骨節之大小。長短各幾何。

伯高曰。頭之大骨圍。二尺六寸。胸圍四尺五寸。腰圍四尺二寸。髮所覆者。顱至項。尺二寸。髮以下至頤。長一尺。君子終折。結喉以下至缺盆中。長四寸。缺盆以下至髑骬。長九寸。過則肺大。不滿則肺小。髑骬以下至天樞。長八寸。過則胃大。不及則胃小。天樞以下至横骨。長六寸半。過則迴腸廣長。不滿則狹短。横骨。長六寸半。横骨上廉以下以至内輔之上廉。長一尺八寸。内輔之上廉以下至下廉。長三寸半。内輔下廉下至内踝。長一尺三寸。内踝以下至地。長三寸。膝膕以下至跗屬。長一尺六寸。跗屬以下至地。長三寸。故骨圍大則太過。小則不及。角以下至柱骨。長一尺。行腋中不見者。長四寸。腋以下至季脅。長一尺二寸。季脅以下至髀樞。長六寸。髀樞以下至膝中。長一尺九寸。膝以下至外踝。長一尺六寸。外踝以下至京骨。長三寸。京骨以下至地。長一寸。耳後當完骨者。廣九寸。耳前當耳門者。廣一尺三寸。兩顴之間。相去七寸。兩乳之間。廣九寸半。兩髀之間。廣六寸半。足。長一尺二寸。廣四寸半。肩至肘。長一尺七寸。肘至腕。長一尺二寸半。腕至中指本節。長四寸。本節至其末。長四寸半。項髮以下至背骨。長二寸半。膂骨以下至尾骶二十一節。長三尺。上節。長一寸四分分之一。奇分在下。故上七節至于膂骨。九寸八分分之七。此衆人骨之度也。所以立經脈之長短也。是故。視其經脈之在于身也。其見浮而堅。其見明而大者。多血。細而沈者。多氣也。

黃帝內經靈樞卷四・五十營第十五

黃帝曰。余願聞五十營奈何。

歧伯荅曰。天周二十八宿。宿三十六分。人氣行一周。千八分。日行二十八宿。人經脈上下。左右。前後二十八脈。周身十六丈二尺。以應二十八宿。漏水下百刻。以分晝夜。故人一呼。脈再動。氣行三寸。一吸。脈亦再動。氣行三寸。呼吸定息。氣行六寸。十息。氣行六尺。日行二分。二百七十息。氣行十六丈二尺。氣行交通于中。一周于身。下水二刻。日行二十五分。五百四十息。氣行再周于身。下水四刻。日行四十分。二千七百息。氣行十周于身。下水二十刻。日行五宿二十分。一萬三千五百息。氣行五十營于身。水下百刻。日行二十八宿。漏水皆盡。脈終矣。所謂交通者。并行一數也。故五十營備。得盡天地之壽矣。凡行八百一十丈也。

黃帝內經靈樞卷四・營氣第十六

黃帝曰。營氣之道。內穀為寶。穀入于胃。乃傳之肺。流溢于中。布散于外。精專者。行于經隧。常營無已。終而復始。是謂天地之紀。故氣從太陰出。注手陽明。上行。注足陽明。下行至跗上。注大指間。與太陰合。上行抵髀。從脾注心中。循手少陰出腋中臂。注小指。合手太陽。上行。乘腋出䪼內。注目內眥。上巔下項。合足太陽。循脊下尻。下行。注小指之端。循足心注足少陰。上行注腎。從腎注心。外散于胸中。循心主脈出腋下臂。出兩筋之間。入掌中。出中指之端。還注小指次指之端。合手少陽。上行注膻中。散于三焦。從三焦注膽。出脅。注足少陽。下行至跗上。復從跗注大指間。合足厥陰。上行至肝。從肝上注肺。上循喉嚨。入頏顙之竅。究于畜門。其支別者。上額循巔下項中。循脊入骶。是督脈也。絡陰器。上過毛中。入臍中。上循腹裏。入缺盆。下注肺中。復出太陰。此營氣之所行也。逆順之常也。

黃帝內經靈樞卷四・脈度第十七

黃帝曰。願聞脈度。

歧伯荅曰。手之六陽。從手至頭。長五尺。五六三丈。手之六陰。從手至胸中。三尺五寸。三六一丈八尺。五六三尺。合二丈一尺。足之六陽。從足上至頭。八尺。六八四丈八尺。足之六陰。從足至胸中。六尺五寸。六六三丈六尺。五六三尺。合三丈九尺。蹻脈從足至目。七尺五寸。二七一丈四尺。二五一尺。合一丈五尺。督脈。任脈各四尺五寸。二四八尺。二五一尺。合九尺。凡都合一十六丈二尺。此氣之大經隧也。經脈為裏。支而橫者。為絡。絡之別者。為孫盛。而血者。疾誅之。盛者。寫之。虛者。飲藥以補之。五藏常內閱于上七竅也。故肺氣通於鼻。肺和則鼻能知臭香矣。心氣通于舌。心和則舌能知五味矣。肝氣通于目。肝和則目能辨五色矣。脾氣通於口。脾和則口能知五穀矣。腎氣通于耳。腎和則耳能聞五音矣。五藏不和則七竅不通。六府不和則留為癰。故邪在府則陽脈不和。陽脈不和則氣留之。氣留之則陽氣盛矣。陽氣太盛則陰不利。陰脈不利則血留之。血留之則陰氣盛矣。陰氣太盛。則陽氣不能榮也。故曰。關。陽氣太盛。則陰氣弗能榮也。故曰。格。陰陽俱盛。不得相榮。故曰。關格。關格者。不得盡期而死也。

黃帝曰。蹻脈安起安止。何氣榮水。

岐伯答曰。蹻脈者。少陰之別。起于然骨之後。上內踝之上。直上循陰股入陰。上循胸裏入缺盆。上出人迎之前。入頄屬目內眥。合于太陽。陽蹻而上行。氣并相還則為濡目。氣不榮則目不合。

黃帝曰。氣獨行五藏。不榮六府。何也。

岐伯答曰。氣之不得無行也。如水之流。如日月之行不休。故陰脈榮其藏。陽脈榮其府。如環之無端。莫知其紀。終而復始。其流溢之氣。內溉藏府。外濡腠理。

黃帝曰。蹻脈有陰陽。何脈當其數。

岐伯答曰。男子數其陽。女子數其陰。當數者。為經。其不當數者。為絡也。

黃帝內經靈樞卷四・營衛生會第十八

黃帝問於岐伯曰。人焉受氣。陰陽焉會。何氣為營。何氣為衛。營安從生。衛于焉會。老壯不同氣。陰陽異位。願聞其會。

岐伯答曰。人受氣于穀。穀入于胃。以傳與肺。五藏六府。皆以受氣。其清者為營。濁者為衛。營在脈中。衛在脈外。營周不休。五十而復大會。陰陽相貫。如環無端。衛氣行于陰二十五度。行于陽二十五度。分為晝夜。故氣。至陽而起。至陰而止。故曰。日中而陽隴為重陽。夜半而陰隴為重陰。故太陰主內。太陽主外。各行二十五度。分為晝夜。夜半為陰隴。夜半後而為陽衰。平旦陰盡而陽受氣矣。日中而陽隴。日西而陽衰。日入陽盡而陰受氣矣。夜半而大會。萬民皆臥。命曰。合陰。平旦陰盡而陽受氣。如是無已。與天地同紀。

黃帝曰。老人之不夜瞑者。何氣使然。少壯之人不晝瞑者。何氣使然。

岐伯答曰。壯者之氣血盛。其肌肉滑。氣道通。營衛之行。不失其常。故晝精而夜瞑。老者之氣血衰。其肌肉枯。氣道濇。五藏之氣相搏。其營氣衰少而衛氣內伐。故晝不精。夜不瞑。

黃帝曰。願聞營衛之所行。皆何道從來。

岐伯荅曰。營出于中焦。衛出于下焦。

黃帝曰。願聞三焦之所出。

岐伯荅曰。上焦出于胃上口。竝咽以上貫膈而布胸中。走腋。循太陰之分而行。還至陽明。上至舌。下足陽明。常與營俱行于陽二十五度。行于陰亦二十五度。一周也。故五十度而復大會于手太陰矣。

黃帝曰。人有熱。飲食下胃。其氣未定。汗則出。或出于面。或出于背。或出于身半。其不循衛氣之道而出。何也。

岐伯曰。此外傷于風。內開腠理。毛蒸理泄。衛氣走之。固不得循其道。此氣慓悍滑疾。見開而出。故不得從其道。故命曰。漏泄。

黃帝曰。願聞中焦之所出。

岐伯答曰。中焦亦並胃中。出上焦之後。此所受氣者。泌糟粕。蒸津液。化其精微。上注于肺脈。乃化而為血。以奉生身。莫貴于此。故獨得行于經隧。命曰。營氣。

黃帝曰。夫血之與氣。異名同類。何謂也。

岐伯答曰。營衛者。精氣也。血者。神氣也。故血之與氣。異名同類焉。故奪血者。無汗。奪汗者。無血。故人生有兩死。而無兩生。

黃帝曰。願聞下焦之所出。

岐伯答曰。下焦者。別迴腸。注于膀胱而滲入焉。故水穀者。常并居于胃中。成糟粕。而俱下于大腸。而成下焦。滲而俱下。濟泌別汁。循下焦而滲入膀胱焉。

黃帝曰。人飲酒。酒亦入胃。穀未熟而小便獨先下。何也。

岐伯答曰。酒者。熟穀之液也。其氣悍以清。故後穀而入。先穀而液出焉。

黃帝曰。善。余聞上焦如霧。中焦如漚。下焦如瀆。此之謂也。

異文上焦如霧。溉灌諸經。中焦如漚。腐熟水穀。下焦如瀆。膀胱潴水。元・張理・易象圖說外篇卷中

黃帝內經靈樞卷四・四時氣第十九

黃帝問于岐伯曰。夫四時之氣。各不同形。百病之起。皆有所生。灸刺之道。何者為定。

歧伯答曰。四時之氣。各有所在。灸刺之道。得氣穴為定。故春取經。血脈。分肉之間。甚者深刺之。間者淺刺之。夏取盛經。孫絡。取分間。絕皮膚。秋取經腧。邪在府。取之合。冬取井滎。必深以留之。溫瘧汗不出。為五十九痏。風㽷膚脹。為五十七痏。取皮膚之血者。盡取之。飧泄。補三陰之上。補陰陵泉。皆久留之。熱行乃止。轉筋于陽。治其陽。轉筋于陰。治其陰。皆卒刺之。徒㽷先。取環谷下三寸。以鈹鍼鍼之。已刺而筩之。而內之。入而復之。以盡其㽷。必堅。來緩則煩悗。來急則安靜。間日一刺之。㽷盡乃止。飲閉藥。方刺之時徒飲之。方飲無食。方食無飲。無食他食。百三十五日。著痺不去。久寒不已。卒取其三里。骨為幹。腸中不便。取三里。盛寫之。虛補之。癘風者。素刺其腫上。已刺。以銳鍼鍼其處。按出其惡氣。腫盡乃止。常食方食。無食他食。腹中常鳴。氣上衝胸。喘不能久立。邪在大腸。刺肓之原。巨虛上廉。三里。小腹控睪。引腰脊。上衝心。邪在小腸者。連睪系。屬于脊。貫肝肺。絡心系。氣盛則厥逆。上衝腸胃。燻肝。散于肓。結于臍。故取之肓原以散之。刺太陰以予之。取厥陰以下之。取巨虛下廉以去之。按其所過之經以調之。善嘔。嘔有苦。長太息。心中憺憺。恐人將捕之。邪在膽。逆在胃。膽液泄則口苦。胃氣逆則嘔苦。故曰。嘔膽。取三里以下。胃氣逆。則刺少陽血絡以閉膽逆。卻調其虛實。以去其邪。飲食不下。膈塞不通。邪在胃脘。在上脘。則刺抑而下之。在下脘。則散而去之。小腹痛腫。不得小便。邪在三焦約。取之太陽大絡。視其絡脈與厥陰小絡結而血者。腫上及胃脘。取三里。覩其色。察其以。知其散復者。視其目色。以知病之存亡也。一其形。聽其動靜者。持氣口人迎以視其脈。堅且盛且滑者。病日進。脈軟者。病將下。諸經實者。病三日已。氣口候陰。人迎候陽也。以上正文據叢書集成影印本

黃帝集卷三十

黃帝內經靈樞卷五・五邪第二十

邪在肺。則病皮膚痛。寒熱。上氣喘。汗出。欬動肩背。取之膺中外腧。背三節五藏之傍。以手疾按之。快然。乃刺之。取之缺盆中以越之。邪在肝。則兩脅中痛。寒中。惡血在內。行善掣。節時腳腫。取之行間以引脅下。補三里以溫胃中。取血脈以散惡血。取耳間青脈。以去其掣。邪在脾胃。則病肌肉痛。陽氣有餘。陰氣不足。則熱中善饑。陽氣不足。陰氣有餘。則寒中腸鳴腹痛。陰陽俱有餘。若俱不足。則有寒有熱。皆調于三里。邪在腎。則病骨痛陰痹。陰痹者。按之而不得。腹脹腰痛。大便難。肩背頸項痛。時眩。取之湧泉。崑崙。視有血者。盡取之。邪在心。則病心痛喜悲。時眩仆。視有餘不足而調之其輸也。

黃帝內經靈樞卷五・寒熱病第二十一

皮寒熱者。皮不可附席。毛髮焦。鼻槁腊不得汗。取三陽之絡。以補手太陰。肌寒熱者。肌痛。毛髮焦而唇槁腊。不得汗。取三陽于下以去其血者。補足太陰以出其汗。骨寒熱者。病無所安。汗注不休。齒未槁。取其少陰于陰股之絡。齒已槁。死不治。骨厥亦然。骨痹。舉節不用而痛。汗注煩心。取三陰之經。補之。身有所傷血出多。及中風寒。若有所墮墜。四支懈惰亦不收。名曰。體惰。取其小腹臍下三結交。三結交者。陽明。太陰也。臍下三寸關元也。厥痹者。厥氣上及腹。取陰陽之絡。

視主病也。寫陽補陰經也。頸側之動脈人迎。人迎。足陽明也。在嬰筋之前。嬰筋之後。手陽明也。名曰。扶突。次脈。手少陽脈也。名曰。天牖。次脈。足太陽也。名曰。天柱。腋下動脈。臂太陰也。名曰。天府。陽迎頭痛。胸滿不得息。取人迎。暴瘖氣鞕。取扶突與舌本出血。暴聾氣蒙。耳目不明。取天牖。暴攣癇眩。足不任身。取天柱。暴癉內逆。肝肺相搏。血溢鼻口。取天府。此為天牖五部。臂陽明有入頄偏齒者。名曰。大迎。下齒齲取之。臂惡寒補之。不惡寒寫之。足太陽有入頄偏齒者。名曰。角孫。上齒齲取之。在鼻與頄前。方病之時其脈盛。盛則寫之。虛則補之。一曰。取之出鼻外。足陽明有挾鼻入于面者。名曰。懸顱。屬口。對入繫目本。視有過者取之。損有餘。益不足。反者益其。足太陽有通項入于腦者。正屬目本。名曰。眼系。頭目苦痛取之。在項中兩筋間。入腦乃別。陰蹻陽蹻。陰陽相交。陽入陰出。陰陽交于目銳眥。陽氣盛則瞋目。陰氣盛則瞑目。熱厥取足太陰。少陽。皆留之。寒厥取陽明。少陰于足。皆留之。舌縱涎下。煩悗。取足少陰。振寒洒洒。鼓頷。不得汗出。腹脹煩悗。取手太陰。刺虛者。刺其去也。刺實者。刺其來也。春取絡脈。夏取分腠。秋取氣口。冬取經輸。凡此四時。各以時為齊。絡脈治皮膚。分腠治肌肉。氣口治筋脈。經輸治骨髓。五藏。身有五部。伏免一。腓二。腓者。腨也。背三。五藏之腧四。項五。此五部有癰疽者。死。病始手臂者。先取手陽明。太陰而汗出。病始頭首者。先取項太陽而汗出。病始足脛者。先取足陽明而汗出。臂太陰可汗出。足陽明可汗出。故取陰而汗出甚者。止之于陽。取陽而汗出甚者。止之于陰。凡刺之害。中而不去則精泄。不中而去則致氣。精泄則病甚而恇。致氣則生為癰疽也。

黃帝內經靈樞卷五・癲狂第二十二

目眥外決于面者。為銳眥。在內近鼻者。為內眥。上為外眥。下為內眥。癲疾始生。先不樂。頭重痛。視舉目赤。其作極已而煩心。候之于顏。取手太陽。陽明。太陰。血變而止。癲疾始作而引口啼呼喘悸者。候之手陽明。太陽左強者。攻其右。右強者。攻其左。血變而止。癲疾始作先反僵。因而脊痛。候之足太陽。陽明。太陰。手太陰。血變而止。治癲疾者。常與之居。察其所當取之處。病至。視之有過者。寫之。置其血于瓠壺之中。至其發時。血獨動矣。不動。灸窮骨二十壯。窮骨者。骶骨也。骨癲疾者。顑齒諸腧。分肉皆滿。而骨居。汗出煩悗。嘔多沃沫。氣下泄。不治。筋癲疾者。身倦攣急大。刺項大經之大杼脈。嘔多涎沫。氣下泄。不治。脈癲疾者。暴仆。四肢之脈皆脹而縱脈滿。盡刺之出血。不滿。灸之項太陽。灸帶脈于腰相去三寸。諸分肉本輸。嘔多涎沫。氣下泄。不治。癲疾者。疾發如狂者。死不治。狂始生。先自悲也。喜忘。苦怒。善恐者。得之憂饑。治之取手太陰。陽明。血變而止。及取足太陰。陽明。狂始發。少臥不飢。自高賢也。自辯智也。自尊貴也。善罵詈。日夜不休。治之取手陽明。太陽。太陰。舌下。少陰。視之盛者。皆取之。不盛。釋之也。狂言。驚。善笑。好歌樂。妄行不休者。得之大恐。治之取手陽明。太陽。太陰。狂。目妄見。耳妄聞。善呼者。少氣之所生也。治之取手太陽。太陰。陽明。足太陰。頭。兩顑。狂者多食。善見鬼神。善笑而不發于外者。得之有所大喜。治之取足太陰。太陽。陽明。後取手太陰。太陽。陽明。狂而新發。未應如此者。先取曲泉左右動脈。及盛者見血。有頃已。不已。以法取之。灸骨骶二十壯。風逆暴。四肢腫。身漯漯。唏然時寒。饑則煩。飽則善變。取手太陰表裏。足少陰。陽明之經。肉清取滎。骨清取井經也。厥逆為病也。足暴清。胸若將裂。腸若將以刀切之。煩而不能食。脈大小皆濇。暖取足少陰。清取足陽明。清則補之。溫則寫之。厥逆腹脹滿。腸鳴。胸滿不得息。取之下胸二脅。欬而動手者。與背腧。以手按之。立快者是也。內閉不得溲。刺足少陰。太陽與骶上以長鍼。氣逆則取其太陰。陽明。厥陰甚取少陰。陽明動者之經也。少氣。身漯漯也。言吸吸也。骨痠體重。懈惰不能動。補足少陰。短氣。息短不屬。動作氣索。補足少陰。去血絡也。

黃帝內經靈樞卷五·熱病第二十三

偏枯。身偏不用而痛。言不變。志不亂。病在分腠之間。巨鍼取之。益其不足。損其有餘。乃可復也。痱之為病也。身無痛者。四肢不收。智亂不甚。其言微知。可治。甚則不能言。不可治也。病先起于陽。後入于陰者。先取其陽。後取其陰。浮而取之。熱病三日。而氣口靜。人迎躁者。取之諸陽。五十九刺。以寫其熱而出其汗。實其陰以補其不足者。身熱甚。陰陽皆靜者。勿刺也。其可刺者。急取之。不汗出則泄。所謂勿刺者。有死徵也。熱病七日八日。脈口動喘而短者。急刺之。汗且自出。淺刺手大指間。熱病七日八日。脈微小。病者溲血。口中乾。一日半而死。脈代者。一日死。熱病已得汗出。而脈尚躁。喘且復熱。勿刺膚。喘甚者。死。熱病七日八日。脈不躁。躁不散數。後三日中有汗。三日不汗。四日死。未曾汗者。勿腠刺之。熱病先膚痛。窒鼻充面。取之皮。以第一鍼。五十九。苛軫鼻。索皮于肺。不得索之火。火者。心也。熱病先身濇。倚而熱。煩悗。乾脣口嗌。取之皮。以第一鍼。五十九。膚脹口乾。寒汗出。索脈于心。不得索之水。水者。腎也。熱病嗌乾多飲。善驚。臥不能起。取之膚肉。以第六鍼。五十九。目眥青。索肉于脾。不得索之木。木者。肝也。熱病面青腦痛。手足躁。取之筋間。以第四鍼。于四逆。筋躄目浸。索筋于肝。不得索之金。金者。肺也。熱病數驚。瘛瘲而狂。取之脈。以第四鍼。急寫有餘者。癲疾毛髮去。索血于心。不得索之水。水者。腎也。熱病身重骨痛。耳聾而好瞑。取之骨。以第四鍼。五十九刺。骨病不食。齧齒耳青。索骨于腎。不得索之土。土者。脾也。熱病不知所痛。耳聾不能自收。口乾。陽熱甚。陰頗有寒者。熱在髓。死不可治。熱病頭痛顳顬。目瘳脈痛。善衄。厥熱病也。取之以第三鍼。視有餘不足。寒熱痔。熱病體重。腸中熱。取之以第四鍼。於其腧。及下諸指間。索氣于胃。胳得氣也。熱病挾臍急痛。胸脅滿。取之湧泉與陰陵泉。取以第四鍼。鍼嗌裏。熱病而汗且出。及脈順可汗者。取之魚際。太淵。大都。太白。寫之則熱去。補之則汗出。汗出大甚。取內踝上橫脈以止之。熱病已得汗而脈尚躁盛。此陰脈之極也。死。其得汗而脈靜者。生。熱病脈尚盛躁而不得汗者。此陽脈之極也。死。脈盛躁得汗靜者。生。熱病不可刺者有九。一曰。汗不出。大顴發赤噦者。死。二曰。泄而腹滿甚者。死。三曰。目不明。熱不已者。死。四曰。老人嬰兒熱而腹滿者。死。五曰。汗不出嘔下血者。死。六曰。舌本爛。熱不已者。死。七曰。欬而衄。汗不出。出不至足者。死。八曰。髓熱者。死。九曰。熱而痓者。死。腰折。瘛瘲。齒噤齘也。凡此九者。不可刺也。所謂五十九刺者。兩手外內側各三。凡十二痏。五指間各一。凡八痏。足亦如是。頭入髮一寸傍三分各三。凡六痏。更入髮三寸邊五。凡十痏。耳前後口下者各一。項中一。凡六痏。巔上一。顖會一。髮際一。廉泉一。風池二。天柱二。氣滿胸中喘息。取足太陰大指之端。去爪甲如韭葉。寒則留之。熱則疾之。氣下乃止。心疝暴痛。取足太陰。厥陰。盡刺去其血絡。喉痹舌卷。口中乾。煩心心痛。臂內廉痛。不可及頭。取手小指次指爪甲下。去端如韭葉。目中赤痛。從內眥始。取之陰蹻。風痙身反折。先取足太陽及膕中及血絡出血。中有寒。取三里。癃。取之陰蹻及三毛上及血絡出血。男子如蠱。女子如怚。身體腰脊如解。不欲飲食。先取湧泉見血。視跗上盛者。盡見血也。

黃帝內經靈樞卷五·厥病第二十四

厥頭痛。面若腫起而煩心。取之足陽明。太陰。厥頭痛。頭脈痛。心悲。善泣。視頭動脈反盛者。刺盡去血。後調足厥陰。厥頭痛。貞貞頭重而痛。寫頭上五行。行五。先取手少陰。後取足少陰。厥頭痛。意善忘。按之不得。取頭面左右動脈。後取足太陰。厥頭痛。項先痛。腰脊為應。先取天柱。後取足太陽。厥頭痛。頭痛甚。耳前後脈湧有熱。寫出其血。後取足少陽。真頭痛。頭痛甚。腦盡痛。手足寒至節。死不治。頭痛不可取于腧者。有所擊墮。惡血在于內。若肉傷。痛未已。可則刺。不可遠取也。頭痛不可刺者。大痹為惡。日作者。可令少愈。不可已。頭半寒痛。先取手少陽。陽明。後取足少陽。陽明。厥心痛。與背相控。善瘛。如從後觸其心。傴僂者。腎心痛也。先取京骨。崑崙。發鍼不已。取然谷。厥心痛。腹脹胸滿。心尤痛甚。胃心痛也。取之大都。大白。厥心痛。痛如以錐鍼刺其心。心痛甚者。脾心痛也。取之然谷。大谿。厥心痛。色蒼蒼如死狀。終日不得太息。肝心痛也。取之行間。大衝。厥心痛。臥若徒居。心痛間。動作。痛益甚。色不變。肺心痛也。取之魚際。大淵。真心痛。手足清至節。心痛甚。日發夕死。夕發旦死。心痛不可刺者。中有盛聚。不可取于腧。腸中有蟲瘕及蛟蛕。皆不可取以小鍼。心腸痛。憹作痛腫聚。往來上下行。痛有休止。腹熱喜渴涎出者。是蛟蛕也。以手聚按而堅持之。無令得移。以大鍼刺之。久持之。蟲不動。乃出鍼也。恚腹憹痛。形中上者。耳聾無聞。取耳中。耳鳴。取耳前。動脈。耳痛不可刺者。耳中有膿。若有乾耵聹。耳無聞也。耳聾取手小指次指爪甲上與肉交者。先取手。後取足。耳鳴取手中指爪甲上。左取右。右取左。先取手。後取足。足髀不可舉。側而取之。在樞合中。以員利鍼。大鍼不可刺。病注下血。取曲泉。風痹淫濼。病不可已者。足如履冰。時如入涿中。股脛淫濼。煩心頭痛。時嘔時悗眩。已汗出。久則目眩。悲以喜恐。短氣不出三年。死也。

異文時如入湯中。

時嘔時悗眩。久則目眩。

短氣不樂。不出三年。死也。以上永樂大典卷一三八七九

黃帝內經靈樞卷五・病本第二十五

先病而後逆者。治其本。先逆而後病者。治其本。先寒而後生病者。治其本。先病而後生寒者。治其本。

先熱而後生病者。治其本。先泄而後生他病者。治其本。必且調之。乃治其他病。先病而後中滿者。治其標。先病後泄者。治其本。先中滿而後煩心者。治其本。有客氣。有同氣。大小便不利。治其標。大小便利。治其本。病發而有餘。本而標之。先治其本。後治其標。病發而不足。標而本之。先治其標。後治其本。謹詳察間甚。以意調之。間者并行。甚為獨行。先小大便不利而後生他病者。治其本也。

黄帝內經靈樞卷五·雜病第二十六

厥挾脊而痛者。至頂。頭沈沈然。目䀮䀮然。腰脊強。取足太陽。膕中血絡。厥胸滿面腫。脣漯漯。暴言難。甚則不能言。取足陽明。厥氣走喉而不能言。手足清。大便不利。取足少陰。厥而腹嚮嚮然。多寒氣。腹中穀穀。便溲難。取足太陰。嗌乾。口中熱如膠。取足少陰。膝中痛。取犢鼻。以員利鍼。發而間之。鍼大如氂。刺膝無疑。喉痹不能言。取足陽明。能言。取手陽明。瘧。不渴。間日而作。取足陽明。渴而日作。取手陽明。齒痛。不惡清飲。取足陽明。惡清飲。取手陽明。聾而不痛者。取足少陽。聾而痛者。取手陽明。衄而不止。衃血流。取足太陽。衃血。取手太陽。不已。刺宛骨下。不已。刺膕中出血。腰痛。痛上寒。取足太陽。陽明。痛上熱。取足厥陰。不可以俛仰。取足少陽。中熱而喘。取足少陰。膕中血絡。喜怒而不欲食。言益小。刺足太陰。怒而多言。刺足少陽。顑痛。刺手陽明與顑之盛脈出血。項痛不可俛仰。刺足太陽。不可以顧。刺手太陽也。小腹滿大。上走胃。至心。淅淅身時寒熱。小便不利。取足厥陰。腹滿。大便不利。腹大。亦上走胸嗌。喘息喝喝然。取足少陰。腹滿。食不化。腹嚮嚮然。不能大便。取足太陰。心痛引腰脊。欲嘔。取足少陰。心痛。腹脹。嗇嗇然。大便不利。取足太陰。心痛引背。不得息。刺足少陰。不已。取手少陽。心痛引小腹滿。上下無常處。便溲難。刺足厥陰。心痛。但短氣不足以息。刺手太陰。心痛。當九節刺之。按已。刺按之。立已。不已。上下求之。得之立已。顑痛。刺足陽明。曲周動脈見血。立已。不已。按人迎于經。立已。氣逆上。刺膺中陷者與下胸動脈。腹痛。刺臍左右動脈。已刺按之。立已。不已。刺氣街。已刺按之。立已。痿厥為四末束悗。乃疾解之。日二。不仁者。十日而知。無休。病已止。歲以草刺鼻。嚔嚔而已。無息而疾迎引之。立已。大驚之。亦可已。

黃帝內經靈樞卷五・周痹第二十七

黃帝問于岐伯曰。周痹之在身也。上下移徙。隨脈上下。左右相應。間不容空。願聞此痛。在血脈之中邪。將在分肉之間乎。何以致是。其痛之移也。間不及下鍼。其慉痛之時。不及定治。而痛已止矣。何道使然。願聞其故。

岐伯答曰。此眾痹也。非周痹也。

黃帝曰。願聞眾痹。

岐伯對曰。此各在其處。更發更止。更居更起。以右應左。以左應右。非能周也。更發更休也。

黃帝曰。善。刺之奈何。

岐伯對曰。刺此者。痛雖已止。必刺其處。勿令復起。

帝曰。善。願聞周痹何如。

岐伯對曰。周痹者。在于血脈之中。隨脈以上。隨脈以下。不能左右。各當其所。

黃帝曰。刺之奈何。

岐伯對曰。痛從上下者。先刺其下以過之。後刺其上以脫之。痛從下上者。先刺其上以過之。後刺其下以脫之。

黃帝曰。善。此痛安生。何因而有名。

岐伯對曰。風寒溼氣。客于外分肉之間。迫切而為沫。沫得寒則聚。聚則排分肉而分裂也。分裂則痛。痛則神歸之。神歸之則熱。熱則痛解。痛解則厥。厥則他痹發。發則如是。

帝曰。善。余已得其意矣。此內不在藏。而外未發于皮。獨居分肉之間。真氣不能周。故名曰。周痹。故刺痹者。必先切循其下之六經。視其虛實。及大絡之血結而不通。及虛而脈陷空者而調之。熨而通之。其瘛堅。轉引而行之。

黃帝曰。善。余已得其意矣。亦得其事也。九者經巽之。理十二經脈陰陽之病也。

黃帝內經靈樞卷五・口問第二十八

黃帝閑居。辟左右而問于岐伯曰。餘已聞九鍼之經。論陰陽逆順。六經已畢。願得口問。

岐伯避席再拜曰。善乎哉問也。此先師之所口傳也。

黃帝曰。願聞口傳。

岐伯答曰。夫百病之始生也。皆生于風雨寒暑。陰陽喜怒。飲食居處。大驚卒恐。則血氣分離。陰陽破散。經絡厥絕。脈道不通。陰陽相逆。衛氣稽留。經脈虛空。血氣不次。乃失其常。論不在經者。請道其方。

黃帝曰。人之欠者。何氣使然。

岐伯答曰。衛氣晝日行於陽。夜半則行於陰。陰者主夜。夜者臥。陽者主上。陰者主下。故陰氣積于下。陽氣未盡。陽引而上。陰引而下。陰陽相引。故數欠。陽氣盡。陰氣盛。則目瞑。陰氣盡而陽氣盛。則寤矣。寫足少陰。補足太陽。

黃帝曰。人之噦者。何氣使然。

岐伯曰。穀入于胃。胃氣上注于肺。今有故寒氣與新谷氣。俱還入于胃。新故相亂。真邪相攻。氣并相逆。復出于胃。故為噦。補手太陰。寫足少陰。

黃帝曰。人之唏者。何氣使然。

岐伯曰。此陰氣盛而陽氣虛。陰氣疾而陽氣徐。陰氣盛而陽氣絕。故為唏。補足太陽。寫足少陰。

黃帝曰。人之振寒者。何氣使然。

岐伯曰。寒氣客于皮膚。陰氣盛。陽氣虛。故為振寒寒慄。補諸陽。

黃帝曰。人之噫者。何氣使然。

岐伯曰。寒氣客于胃。厥逆從下上散。復出于胃。故為噫。補足太陰。陽明。一曰。補眉本也。

黃帝曰。人之嚏者。何氣使然。

岐伯曰。陽氣和利。滿于心。出于鼻。故為嚏。補足太陽。榮眉本。一曰。眉上也。

黃帝曰。人之嚲者。何氣使然。

岐伯曰。胃不實則諸脈虛。諸脈虛則筋脈懈惰。筋脈懈惰則行陰用力。氣不能復。故為嚲。因其所在。補分肉間。

黃帝曰。人之哀而泣涕出者。何氣使然。

岐伯曰。心者。五藏六府之主也。目者。宗脈之所聚也。上液之道也。口鼻者。氣之門戶也。故悲哀愁憂則心動。心動則五藏六府皆搖。搖則宗脈感。宗脈感則液道開。液道開。故泣涕出焉。液者。所以灌精濡空竅者也。故上液之道開則泣。泣不止則液竭。液竭則精不灌。精不灌則目無所見矣。故命曰。奪精。補天柱經。俠頸。

黃帝曰。人之太息者。何氣使然。

岐伯曰。憂思則心系急。心系急則氣道約。約則不利。故太息以伸出之。補手少陰。心主。足少陽。留之也。

黃帝曰。人之涎下者。何氣使然。

岐伯曰。飲食者。皆入于胃。胃中有熱則蟲動。蟲動則胃緩。胃緩則廉泉開。故涎下。補足少陰。

黃帝曰。人之耳中鳴者。何氣使然。

岐伯曰。耳者。宗脈之所聚也。故胃中空則宗脈虛。虛則下。溜脈有所竭者。故耳鳴。補客主人。手大指爪甲上與肉交者也。

黃帝曰。人之自齧舌者。何氣使然。

此厥逆走上。脈氣輩至也。少陰氣至則齧舌。少陽氣至則齧頰。陽明氣至則齧脣矣。視主病者。則補之。凡此十二邪者。皆奇邪之走空竅者也。故邪之所在。皆為不足。故上氣不足。腦為之不滿。耳為之苦鳴。頭為之苦傾。目為之眩。中氣不足。溲便為之變。腸為之苦鳴。下氣不足。則乃為痿厥心悗。補足外踝下留之。

黃帝曰。治之奈何。

岐伯曰。腎主為欠。取足少陰。肺主為噦。取手太陰。足少陰。唏者。陰與陽絕。故補足太陽。寫足少陰。振寒者。補諸陽。噫者。補足太陰。陽明。嚏者。補足太陽。眉本。嚲。因其所在。補分肉間。泣出。補天柱經。俠頸。俠頸者。頭中分也。太息。補手少陰。心主。足少陽。留之。涎下。補足少陰。耳鳴。補客主人。手大指爪甲上與肉交者。自齧舌。視主病者。則補之。目眩頭傾。補足外踝下留之。痿厥心悗。刺足大指間上二寸留之。一曰。足外踝下留之。以上正文據叢書集成影印本

黃帝集卷三十一

黃帝內經靈樞卷六・師傳第二十九

黃帝曰。余聞先師。有所心藏。弗著于方。余願聞而藏之。則而行之。上以治民。下以治身。使百姓無病。上下和親。德澤下流。子孫無憂。傳于後世。無有終時。可得聞乎。

歧伯曰。遠乎哉問也。夫治民與自治。治彼與治此。治小與治大。治國與治家。未有逆而能治之也。夫惟順而已矣。順者。非獨陰陽脈論氣之逆順也。百姓人民。皆欲順其志也。

黃帝曰。順之奈何。

歧伯曰。入國問俗。入家問諱。上堂問禮。臨病人問所便。

黃帝曰。便病人奈何。

歧伯曰。夫中熱消癉則便寒。寒中之屬則便熱。胃中熱則消穀。令人懸心善饑。臍以上皮熱。腸中熱則出黃如糜。臍以下皮寒。胃中寒。則腹脹。腸中寒。則腸鳴飧泄。胃中寒。腸中熱則脹而且泄。胃中熱。腸中寒則疾饑。小腹痛脹。

黃帝曰。胃欲寒饑。腸欲熱飲。兩者相逆。便之奈何。且夫王公大人。血食之君。驕恣從欲。輕人而無能禁之。禁之則逆其志。順之則加其病。便之奈何。治之何先。

歧伯曰。人之情。莫不惡死而樂生。告之以其敗。語之以其善。導之以其所便。開之以其所苦。雖有無道之人。惡有不聽者乎。

黃帝曰。治之奈何。

岐伯曰。春夏先治其標。後治其本。秋冬先治其本。後治其標。

黃帝曰。便其相逆者。奈何。

岐伯曰。便此者。食飲衣服。亦欲適寒溫。寒無悽愴。暑無出汗。食飲者。熱無灼灼。寒無滄滄。寒溫中適。故氣將持。乃不致邪僻也。

黃帝曰。本藏以身形。支節。䐃肉。候五藏六府之小大焉。今夫王公大人。臨朝即位之君而問焉。誰可捫循之而後答乎。

岐伯曰。身形支節者。藏府之蓋也。非面部之閱也。

黃帝曰。五藏之氣。閱于面者。余已知之矣。以肢節知而閱之奈何。

岐伯曰。五藏六府者。肺為之蓋。巨肩陷咽。候見其外。

黃帝曰。善。

岐伯曰。五藏六府。心為之主。缺盆為之道。骷骨有餘。以候髑骬。

黃帝曰。善。

岐伯曰。肝者。主為將。使之候外。欲知堅固。視目小大。

黃帝曰。善。

岐伯曰。脾者。主為衛。使之迎糧。視脣舌好惡。以知吉凶。

黃帝曰。善。

岐伯曰。腎者。主為外。使之遠聽。視耳好惡。以知其性。

黃帝曰。善。願聞六府之候。

岐伯曰。六府者。胃為之海。廣骸。大頸。張胸。五穀乃容。鼻隧以長。以候大腸。脣厚。人中長。以候小腸。目下果大。其膽乃横。鼻孔在外。膀胱漏泄。鼻柱中央起。三焦乃約。此所以候六府者也。上下三等。藏安且良矣。

黃帝內經靈樞卷六・決氣第三十

黃帝曰。余聞人有精。氣。津。液。血。脈。余意以為一氣耳。今乃辨為六名。余不知其所以然。

岐伯曰。兩神相搏。合而成形。常先身生。是謂精。

何謂氣。

岐伯曰。上焦開發。宣五穀味。熏膚充身澤毛。若霧露之溉。是謂氣。

何謂津。

岐伯曰。腠理髮泄。汗出溱溱。是謂津。

何謂液。

岐伯曰。穀入氣滿。淖澤注于骨。骨屬屈伸。洩澤補益腦髓。皮膚潤澤。是謂液。

何謂血。

岐伯曰。中焦受氣取汁。變化而赤。是謂血。

何謂脈。

岐伯曰。壅遏營氣。令無所避。是謂脈。

黃帝曰。六氣者。有餘不足。氣之多少。腦髓之虛實。血脈之清濁。何以知之。

岐伯曰。精脫者。耳聾。氣脫者。目不明。津脫者。腠理開。汗大泄。液脫者。骨屬屈伸不利。色夭。腦髓消。脛痠。耳數鳴。血脫者。色白。夭然不澤。其脈空虛。此其候也。

黃帝曰。六氣者。貴賤何如。

岐伯曰。六氣者。各有部主也。其貴賤善惡。可為常主。然五谷與胃為大海也。

黃帝內經靈樞卷六・腸胃第三十一

黃帝問于伯高曰。余願聞六府傳穀者。腸胃之小大長短。受穀之多少奈何。

伯高曰。請盡言之。穀所從出。入淺深。遠近。長短之度。脣至齒長九分。口廣二寸半。齒以後至會厭。深三寸半。大容五合。舌重十兩。長七寸。廣二寸半。咽門重十兩。廣一寸半。至胃長一尺六寸。胃紆曲屈。伸之。長二尺六寸。大一尺五寸。徑五寸。大容三斗五升。小腸後附脊。左環迴周疊積。其注于迴腸者。外附于臍上。迴運環十六曲。大二寸半。徑八分分之少半。長三丈三尺。迴腸當臍。左環迴周葉積而下。迴運還反十六曲。大四寸。徑一寸寸之少半。長二丈一尺。廣腸傳脊。以受迴腸。左環葉脊上下。辟大八寸。徑二寸寸之大半。長二尺八寸。腸胃所入至所出。長六丈四寸四分。迴曲環反。三十二曲也。

黄帝內經靈樞卷六・平人絕穀第三十二

黄帝曰。願聞人之不食。七日而死。何也。

伯高曰。臣請言其故。胃大一尺五寸。徑五寸。長二尺六寸。橫屈受水穀三斗五升。其中之穀。常留二斗。水一斗五升而滿。上焦泄氣。出其精微。慓悍滑疾。下焦下溉諸腸。小腸大二寸半。徑八分分之少半。長三丈二尺。受穀二斗四升。水六升三合合之大半。迴腸大四寸。徑一寸寸之少半。長二丈一尺。受穀一斗。水七升半。廣腸大八寸。徑二寸寸之大半。長二尺八寸。受穀九升三合八分合之一。腸胃之長。凡五丈八尺四寸。受水穀九斗二升一合合之大半。此腸胃所受水穀之數也。平人則不然。胃滿則腸虛。腸滿則胃虛。更虛更滿。故氣得上下。五藏安定。血脈和利。精神乃居。故神者。水穀之精氣也。故腸胃之中。常留穀二斗。水一斗五升。故平人日再後。後二升半。一日中五升。七日五七三斗五升。而留水穀盡矣。故平人不食飲七日而死者。水穀。精氣。津液皆盡故也。

黃帝內經靈樞卷六・海論第三十三

黃帝問於歧伯曰。余聞刺法于夫子。夫子之所言。不離于營衛血氣。夫十二經脈者。內屬于府藏。外絡于肢節。夫子乃合之于四海乎。

歧伯答曰。人亦有四海。十二經水。經水者。皆注于海。海有東西南北。命曰。四海。

黃帝曰。以人應之奈何。

歧伯曰。人有髓海。有血海。有氣海。有水穀之海。凡此四者。以應四海也。

黃帝曰。遠乎哉。夫子之合人天地四海也。願聞應之奈何。

歧伯答曰。必先明知陰陽表裏滎輸所在。四海定矣。

黃帝曰。定之奈何。

歧伯曰。胃者。水穀之海。其輸上在氣街。下至三里。衝脈者。為十二經之海。其輸上在于大杼。下出于巨虛之上下廉。膻中者。為氣之海。其輸上在于柱骨之上下。前在于人迎。腦為髓之海。其輸上在于其蓋。下在風府。

黃帝曰。凡此四海者。何利何害。何生何敗。

歧伯曰。得順者生。得逆者敗。知調者利。不知調者害。

黃帝曰。四海之逆順奈何。

歧伯曰。氣海有餘者。氣滿胸中。悗息面赤。氣海不足。則氣少不足以言。血海有餘。則常想其身大。

佛然不知其所病。血海不足。亦常想其身小。狹然不知其所病。水穀之海有餘。則腹滿。水穀之海不足。則饑不受穀食。髓海有餘。則輕勁多力。自過其度。髓海不足。則腦轉耳鳴。脛痠眩冒。目無所見。懈怠安臥。

黃帝曰。余已聞逆順。調之奈何。

歧伯曰。審守其輸。而調其虛實。無犯其害。順者得復。逆者必敗。

黃帝曰。善。

黃帝內經靈樞卷六・五亂第三十四

黃帝曰。經脈十二者。別為五行。分為四時。何失而亂。何得而治。

歧伯曰。五行有序。四時有分。相順則治。相逆則亂。

黃帝曰。何謂相順。

歧伯曰。經脈十二者。以應十二月。十二月者。分為四時。四時者。春秋冬夏。其氣各異。營衛相隨。陰陽已和。清濁不相干。如是則順之而治。

黃帝曰。何謂逆而亂。

歧伯曰。清氣在陰。濁氣在陽。營氣順脈。衛氣逆行。清濁相干。亂于胸中。是謂大悗。故氣亂于心。則煩心密嘿。俛首靜伏。亂于肺。則俛仰喘喝。接手以呼。亂于腸胃。是為霍亂。亂于臂脛。則為四厥。亂于頭。則為厥逆。頭重眩仆。

黃帝曰。五亂者。刺之有道乎。

歧伯曰。有道以來。有道以去。審知其道。是謂身寶。

黃帝曰。善。願聞其道。

歧伯曰。氣在于心者。取之手少陰。心主之輸。氣在于肺者。取之手太陰滎。足少陰輸。氣在于腸胃者。取之足太陰。陽明。不下者。取之三里。氣在于頭者。取之天柱。大杼。不知。取足太陽滎輸。氣在于臂足。取之先去血脈。後取其陽明。少陽之滎輸。

黃帝曰。補寫奈何。

歧伯曰。徐入徐出。謂之導氣。補寫無形。謂之同精。是非有餘不足也。亂氣之相逆也。

黃帝曰。允乎哉道。明乎哉論。請著之玉版。命曰。治亂也。

黃帝內經靈樞卷六・脹論第三十五

黃帝曰。脈之應于寸口。如何而脹。

歧伯曰。其脈大堅以濇者。脹也。

黃帝曰。何以知藏府之脹也。

歧伯曰。陰為藏。陽為府。

黃帝曰。夫氣之令人脹也。在於血脈之中邪。藏府之內乎。

歧伯曰。三者皆存焉。然非脹之舍也。

黃帝曰。願聞脹之舍。

歧伯曰。夫脹者。皆在于藏府之外。排藏府而郭胸脅。脹皮膚。故命曰。脹。

黃帝曰。藏府之在胸脅腹裏之內也。若匣匱之藏禁器也。各有次舍。異名而同處。一域之中。其氣各異。願聞其故。

黃帝曰。未解其意。再問。

歧伯曰。夫胸腹。藏府之郭也。膻中者。心主之宮城也。胃者。太倉也。咽喉小腸者。傳送也。胃之五竅者。閭里門戶也。廉泉玉英者。津液之道也。故五藏六府者。各有畔界。其病各有形狀。營氣循脈。衛氣逆為脈脹。衛氣並脈。循分為膚脹。三里而寫。近者一下。遠者三下。無問虛實。工在疾寫。

黃帝曰。願聞脹形。

歧伯曰。夫心脹者。煩心短氣。臥不安。肺脹者。虛滿而喘欬。肝脹者。脅下滿而痛引小腹。脾脹者。善噦。四肢煩悗。體重不能勝衣。臥不安。腎脹者。腹滿引背央央然。腰髀痛。六府脹。胃脹者。腹滿。胃脘痛。鼻聞焦臭。妨于食。大便難。大腸脹者。腸鳴而痛濯濯。冬日重感于寒。則飧泄不化。小腸脹者。少腹䐜脹。引腰而痛。膀胱脹者。小腹滿而氣癃。三焦脹者。氣滿于皮膚中。輕輕然而不堅。膽脹者。脅下痛脹。口中苦。善太息。凡此諸脹者。其道在一。明知逆順。鍼數不失。寫虛補實。

神去其室。致邪失正。真不可定。粗之所敗。謂之天命。補虛寫實。神歸其室。久塞其空。謂之良工。

黃帝曰。脹者焉生。何因而有。

歧伯曰。衛氣之在身也。常然並脈。循分肉。行有逆順。陰陽相隨。乃得天和。五藏更始。四時循序。五穀乃化。然後厥氣在下。營衛留止。寒氣逆上。真邪相攻。兩氣相搏。乃合為脹也。

黃帝曰。善。何以解惑。

歧伯曰。合之于真。三合而得。

帝曰。善。黃帝問于歧伯曰。脹論言。無問虛實。工在疾寫。近者一下。遠者三下。今有其三而不下者。其過焉在。

歧伯對曰。此言陷于肉肓而中氣穴者也。不中氣穴。則氣內閉。鍼不陷肓。則氣不行。上越中肉。則衛氣相亂。陰陽相逐。其于脹也。當寫不寫。氣故不下。三而不下。必更其道。氣下乃止。不下復始。可以萬全。烏有殆者乎。其于脹也。必審其胗。當寫則寫。當補則補。如鼓應桴。惡有不下者乎。

黃帝內經靈樞卷六·五癃津液別第三十六

黃帝問于歧伯曰。水穀入于口。輸于腸胃。其液別為五。天寒衣薄。則為溺與氣。天熱衣厚則為汗。悲哀氣并則為泣。中熱胃緩則為唾。邪氣內逆。則氣為之閉塞而不行。不行則為水脹。余知其然也。不知其何由生。願聞其道。

岐伯曰。水穀皆入于口。其味有五。各注其海。津液各走其道。故三焦出氣。以溫肌肉。充皮膚。為其津。其流而不行者為液。天暑衣厚則腠理開。故汗出。寒留于分肉之間。聚沫則為痛。天寒則腠理閉。氣溼不行。水下留于膀胱。則為溺與氣。五藏六府。心為之主。耳為之聽。目為之候。肺為之相。肝為之將。脾為之衛。腎為之主外。故五藏六府之津液。盡上滲于目。心悲氣并。則心系急。心系急。則肺舉。肺舉。則液上溢。夫心系與肺。不能常舉。乍上乍下。故欬而泣出矣。中熱則胃中消穀。消穀則蟲上下作。腸胃充郭。故胃緩。胃緩則氣逆。故唾出。五穀之津液。和合而為膏者。內滲入于骨空。補益腦髓。而下流于陰股。陰陽不和。則使液溢而下流于陰。髓液皆減而下。下過度則虛。虛故腰背痛而脛痠。陰陽氣道不通。四海塞閉。三焦不寫。津液不化。水穀并行腸胃之中。別于迴腸。留于下焦。不得滲膀胱。則下焦脹。水溢則為水脹。此津液五別之逆順也。

黄帝內經靈樞卷六·五閱五使第三十七

黄帝問于岐伯曰。餘聞刺有五官五閱。以觀五氣。五氣者。五藏之使也。五時之副也。願聞其五使當安出。

岐伯曰。五官者。五藏之閱也。

黄帝曰。願聞其所出。令可為常。

岐伯曰。脈出于氣口。色見于明堂。五色更出。以應五時。各如其常。經氣入藏。必當治裏。

帝曰。善。五色獨決于明堂乎。
岐伯曰。五官已辨。闕庭必張。乃立明堂。明堂廣大。蕃蔽見外。方壁高基。引垂居外。五色乃治。平博廣大。壽中百歲。見此者。刺之必已。如是之人者。血氣有餘。肌肉堅緻。故可苦以鍼。
黄帝曰。願聞五官。
岐伯曰。鼻者。肺之官也。目者。肝之官也。口脣者。脾之官也。舌者。心之官也。耳者。腎之官也。
黄帝曰。以官何候。
岐伯曰。以候五藏。故肺病者。喘息鼻張。肝病者。眥青。脾病者。脣黄。心病者。舌卷短。顴赤。腎病者。顴與顏黑。
黄帝曰。五脉安出。五色安見。其常色殆者。如何。
岐伯曰。五官不辨。闕庭不張。小其明堂。蕃蔽不見。又埤其墻。墻下無基。垂角去外。如是者。雖平常殆。況加疾哉。
黄帝曰。五色之見于明堂。以觀五藏之氣。左右高下。各有形乎。
岐伯曰。藏府之在中也。各以次舍。左右上下。各如其度也。

黄帝內經靈樞卷六・逆順肥瘦第三十八

黄帝問于岐伯曰。余聞鍼道于夫子。衆多畢悉矣。夫子之道。應若失。而據未有堅然者也。夫子之問學熟乎。將審察于物而心生之乎。

岐伯曰。聖人之為道者。上合于天。下合于地。中合于人事。必有明法。以起度數。法式檢押。乃後可傳焉。故匠人不能釋尺寸而意短長。廢繩墨而起平水也。工人不能置規而為員。去矩而為方。知用此者。固自然之物。易用之教。逆順之常也。

黄帝曰。願聞自然奈何。

岐伯曰。臨深決水。不用功力。而水可竭也。循掘決衝。而經可通也。此言氣之滑澀。血之清濁。行之逆順也。

黄帝曰。願聞人之白黑。肥瘦。少長。各有數乎。

岐伯曰。年質壯大。血氣充盈。膚革堅固。因加以邪。刺此者。深而留之。此肥人也。廣肩腋。項肉薄。厚皮而黑色。脣臨臨然。其血黑以濁。其氣濇以遲。其為人也。貪于取與。刺此者。深而留之。多益其數也。

黄帝曰。刺瘦人奈何。

岐伯曰。瘦人者。皮薄色少。肉廉廉然。薄脣輕言。其血清氣滑。易脫于氣。易損于血。刺此者。淺而疾之。

黄帝曰。刺常人奈何。

岐伯曰。視其白黑。各為調之。其端正敦厚者。其血氣和調。刺此者。無失常數也。

黄帝曰。刺壯士真骨者。奈何。
歧伯曰。刺壯士真骨。堅肉緩節監監然。此人重則氣濇血濁。刺此者。深而留之。多益其數。勁則氣滑血清。刺此者。淺而疾之。
黄帝曰。刺嬰兒奈何。
歧伯曰。嬰兒者。其肉脆。血少氣弱。刺此者。以豪鍼。淺刺而疾發鍼。日再可也。
黄帝曰。臨深決水奈何。
歧伯曰。血清氣濁。疾寫之。則氣竭焉。
黄帝曰。循掘決衝奈何。
歧伯曰。血濁氣濇。疾寫之。則經可通也。
黄帝曰。脈行之逆順奈何。
歧伯曰。手之三陰。從藏走手。手之三陽。從手走頭。足之三陽。從頭走足。足之三陰。從足走腹。
黄帝曰。少陰之脈獨下行。何也。
歧伯曰。不然。夫衝脈者。五藏六府之海也。五藏六府皆稟焉。其上者。出於頏顙。滲諸陽。灌諸精。其下者。注少陰之大絡。出于氣街。循陰股內廉。入膕中。伏行骭骨內。下至內踝之後屬而別。其下者。並于少陰之經。滲三陰。其前者。伏行出跗屬。下循跗。入大指間。滲諸絡而溫肌肉。故別絡結則跗上不動。不動則厥。厥則寒矣。

黄帝曰。何以明之。

歧伯曰。五官導之。切而驗之。其非必動。然後乃可明逆順之行也。

黄帝曰。窘乎哉。聖人之為道也。明于日月。微于毫釐。其非夫子。孰能道之也。

黄帝內經靈樞卷六・血絡論第三十九

黄帝曰。願聞其奇邪而不在經者。

歧伯曰。血絡是也。

黄帝曰。刺血絡而仆者。何也。血出而射者。何也。血出黑而濁者。何也。血出清而半為汁者。何也。發鍼而腫者。何也。血出若多若少而面色蒼蒼者。何也。發鍼而面色不變而煩悗者。何也。多出血而不動搖者。何也。願問其故。

歧伯曰。脈氣甚而血虛者。刺之則脫氣。脫氣則仆。血氣俱盛而陰氣多者。其血滑。刺之則射。陽氣蓄積。久留而不寫者。其血黑以濁。故不能射。新飲而液滲于絡。而未合和于血也。故血出而汁別焉。其不新飲者。身中有水。久則為腫。陰氣積于陽。其氣因于絡。故刺之血未出而氣先行。故腫。陰陽之氣。其新相得而未和合。因而寫之。則陰陽俱脫。表裏相離。故脫色而蒼蒼然。刺之血出多。色不變而煩悗者。刺絡而虛經。虛經之屬于陰者。陰脫。故煩悗。陰陽相得而合為痹者。此為內溢于經。外注于絡。如是者。陰陽俱有餘。雖多出血而弗能虛也。

黃帝曰。相之奈何。
岐伯曰。血脈者。盛堅橫以赤。上下無常處。小者如鍼。大者如筯。則而寫之萬全也。故無失數矣。失數而反。各如其度。
黃帝曰。鍼入而肉著者。何也。
岐伯曰。熱氣因于鍼。則鍼熱。熱則肉著于鍼。故堅焉。

黃帝內經靈樞卷六・陰陽清濁第四十

黃帝曰。余聞十二經脈。以應十二經水者。其五色各異。清濁不同。人之血氣若一。應之奈何。
岐伯曰。人之血氣。苟能若一。則天下為一矣。惡有亂者乎。
黃帝曰。余聞一人。非問天下之眾。
岐伯曰。夫一人者。亦有亂氣。天下之眾。亦有亂人。其合為一耳。
黃帝曰。願聞人氣之清濁。
岐伯曰。受穀者濁。受氣者清。清者注陰。濁者注陽。濁而清者。上出于咽。清而濁者。則下行。清濁相干。命曰。亂氣。
黃帝曰。夫陰清而陽濁。濁者有清。清者有濁。清濁別之奈何。
岐伯曰。氣之大別。清者上注於肺。濁者下走於胃。胃之清氣。上出于口。肺之濁氣。下注于經。內積于海。

黄帝曰。諸陽皆濁。何陽濁甚乎。

岐伯曰。手太陽獨受陽之濁。手太陰獨受陰之清。其清者上走空竅。其濁者下行諸經。諸陰皆清。足太陰獨受其濁。

黄帝曰。治之奈何。

岐伯曰。清者其氣滑。濁者其氣濇。此氣之常也。故刺陰者。深而留之。刺陽者。淺而疾之。清濁相干者。以數調之也。（以上正文據叢書集成影印本）

黃帝集卷三十二

黃帝內經靈樞卷七・陰陽繫日月第四十一

黃帝曰。余聞天為陽。地為陰。日為陽。月為陰。其合之于人。奈何。

岐伯曰。腰以上為天。腰以下為地。故天為陽。地為陰。故足之十二經脈。以應十二月。月生於水。故在下者為陰。手之十指。以應十日。日主火。故在上者為陽。

黃帝曰。合之于脈。奈何。

岐伯曰。寅者。正月之生陽也。主左足之少陽。未者。六月。主右足之少陽。卯者。二月。主左足之太陽。午者。五月。主右足之太陽。辰者。三月。主左足之陽明。巳者。四月。主右足之陽明。此兩陽合于前。故曰。陽明。申者。七月之生陰也。主右足之少陰。丑者。十二月。主左足之少陰。酉者。八月。主右足之太陰。子者。十一月。主左足之太陰。戌者。九月。主右足之厥陰。亥者。十月。主左足之厥陰。此兩陰交盡。故曰。厥陰。甲主左手之少陽。己主右手之少陽。乙主左手之太陽。戊主右手之太陽。丙主左手之陽明。丁主右手之陽明。此兩火并合。故為陽明。庚主右手之少陰。癸主左手之少陰。辛主右手之太陰。壬主左手之太陰。故足之陽者。陰中之少陽也。足之陰者。陰中之太陰也。手之陽者。陽中之太陽也。手之陰者。陽中之少陰也。腰以上者為陽。腰以下者為陰。其於五藏也。心為陽中之太陽。肺為陽中之少陰。肝為陰中之少陽。脾為陰中之至陰。腎為陰中之太陰。

黃帝曰。以治奈何。

歧伯曰。正月。二月。三月。人氣在左。無刺左足之陽。四月。五月。六月。人氣在右。無刺右足之陽。七月。八月。九月。人氣在右。無刺右足之陰。十月。十一月。十二月。人氣在左。無刺左足之陰。

黃帝曰。五行以東方甲乙木王春。春者。蒼色。主肝。肝者。足厥陰也。今乃以甲為左手之少陽。不合于數。何也。

歧伯曰。此天地之陰陽也。非四時五行之以次行也。且夫陰陽者。有名而無形。故數之可十。離之可百。散之可千。推之可萬。此之謂也。

黃帝內經靈樞卷七・病傳第四十二

黃帝曰。余受九鍼于夫子。而私覽於諸方。或有導引行氣。喬摩。灸。熨。刺。焫。飲藥之一者。可獨守耶。將盡行之乎。

歧伯曰。諸方者。眾人之方也。非一人之所盡行也。

黃帝曰。此乃所謂守一勿失。萬物畢者也。今余已聞陰陽之要。虛實之理。傾移之過。可治之屬。願聞病之變化。淫傳絕敗而不可治者。可得聞乎。

岐伯曰。要乎哉問。道。昭乎其如日醒。窘乎其如夜瞑。能被而服之。神與俱成。畢將服之。神自得之。生神之理。可著于竹帛。不可傳于子孫。

黃帝曰。何謂日醒。

岐伯曰。明於陰陽。如惑之解。如醉之醒。

黃帝曰。何謂夜瞑。

岐伯曰。瘖乎其無聲。漠乎其無形。折毛發理。正氣橫傾。婬邪泮衍。血脈傳溜。大氣入藏。腹痛下淫。可以致死。不可以致生。

黃帝曰。大氣入藏。奈何。

岐伯曰。病先發于心。一日而之肺。三日而之肝。五日而之脾。三日不已。死。冬夜半。夏日中。病先發于肺。三日而之肝。一日而之脾。五日而之胃。十日不已。死。冬日入。夏日出。病先發于肝。三日而之脾。五日而之胃。三日而之腎。三日不已。死。冬日入。夏蚤食。病先發于脾。一日而之胃。二日而之腎。三日而之膂。膀胱。十日不已。死。冬人定。夏晏食。病先發于胃。五日而之腎。三日而之膂。膀胱。五日而上之心。二日不已。死。冬夜半。夏日昳。病先發于腎。三日而之膂。膀胱。三日而上之心。三日而之小腸。三日不已。死。冬大晨。夏早晡。病先發于膀胱。五日而之腎。一日而之小腸。一日而之心。二日不已。死。冬雞鳴。夏下晡。諸病以次相傳。如是者。皆有死期。不可刺也。間一藏。及二。三。四藏者。乃可刺。

黄帝內經靈樞卷七・淫邪發夢第四十三

黄帝曰。願聞婬邪泮衍。奈何。

歧伯曰。正邪從外襲內。而未有定舍。反淫于藏。不得定處。與營衛俱行。而與魂魄飛揚。使人臥不得安而喜夢。氣淫于府。則有餘于外。不足于內。氣淫于藏。則有餘于內。不足于外。

黄帝曰。有餘不足。有形乎。

歧伯曰。陰氣盛。則夢涉大水而恐懼。陽氣盛。則夢大火而燔焫。陰陽俱盛。則夢相殺。上盛則夢飛。下盛則夢墮。甚饑則夢取。甚飽則夢予。肝氣盛。則夢怒。肺氣盛。則夢恐懼。哭泣。飛揚。心氣盛。則夢善笑。恐畏。脾氣盛。則夢歌樂。身體重不舉。腎氣盛。則夢腰脊兩解不屬。凡此十二盛者。至而寫之。立已。厥氣客于心。則夢見邱山煙火。客于肺。則夢飛揚。見金鐵之奇物。客于肝。則夢山林樹木。客于脾。則夢見邱陵大澤。壞屋風雨。客于腎。則夢臨淵。沒居水中。客于膀胱。則夢遊行。客于胃。則夢飲食。客于大腸。則夢田野。客于小腸。則夢聚邑衝衢。客于膽。則夢鬬訟自刳。客于陰器。則夢接內。客于項。則夢斬首。客于脛。則夢行走而不能前。及居深地窌苑中。客于股肱。則夢禮節拜起。客于胞脑。則夢溲便。凡此十五不足者。至而補之。立已也。

黄帝內經靈樞卷七・順氣一日分為四時第四十四

黄帝曰。夫百病之所始生者。必起于燥溼。寒暑。風雨。陰陽喜怒。飲食居處。氣合而有形。得藏而有名。余知其然也。夫百病者。多以旦慧。晝安。夕加。夜甚。何也。
岐伯曰。四時之氣使然。
黄帝曰。願聞四時之氣。
岐伯曰。春生。夏長。秋收。冬藏。是氣之常也。人亦應之。以一日分為四時。朝則為春。日中為夏。日入為秋。夜半為冬。朝則人氣始生。病氣衰。故旦慧。日中人氣長。長則勝邪。故安。夕則人氣始衰。邪氣始生。故加。夜半人氣入藏。邪氣獨居於身。故甚也。
黄帝曰。有時有反者。何也。
岐伯曰。是不應四時之氣。藏獨主其病者。是必以藏氣之所不勝時者。甚。以其所勝時者。起也。
黄帝曰。治之奈何。
岐伯曰。順天之時。而病可與期。順者為工。逆者為粗。
黄帝曰。善。余聞刺有五變。以主五輸。願聞其數。
岐伯曰。人有五藏。五藏有五變。五變有五輸。故五五二十五輸。以應五時。
黄帝曰。願聞五變。
岐伯曰。肝為牡藏。其色青。其時春。其音角。其味酸。其日甲乙。心為牡藏。其色赤。其時夏。其日丙丁。其音徵。其味苦。脾為牝藏。其色黄。其時長夏。其日戊巳。其音宫。其味甘。肺為牝藏。其色白。其音商。其時秋。其日庚辛。其味辛。腎為牝藏。其色黑。其時冬。其日壬癸。其音羽。其味鹹。是為五變。

黃帝曰。以主五輸。奈何。

藏主冬。冬刺非。色主春。春刺滎。時主夏。夏刺輸。音主長夏。長夏刺經。味主秋。秋刺合。是謂五變以主五輸。

黃帝曰。諸原安合。以致六輸。

岐伯曰。原獨不應五時。以經合之。以應其數。故六六三十六輸。

黃帝曰。何謂藏主冬。時主夏。音主長夏。味主秋。色主春。願聞其故。

岐伯曰。病在藏者。取之井。病變于色者。取之滎。病時間時甚者。取之輸。病變于音者。取之經。經滿而血者。病在胃及以飲食不節得病者。取之於合。故命曰。味主合。是謂五變也。

黃帝內經靈樞卷七・外揣第四十五

黃帝曰。余聞九鍼九篇。余親授其調。頗得其意。夫九鍼者。始于一而終於九。然未得其要道也。夫九鍼者。小之則無內。大之則無外。深不可為下。高不可為蓋。恍惚無窮。流溢無極。余知其合于天道。人事。四時之變也。然余願襍之毫毛。渾束為一。可乎。

岐伯曰。明乎哉問也。非獨鍼道焉。夫治國亦然。

黃帝曰。余願聞鍼道。非國事也。

岐伯曰。夫治國者。夫惟道焉。非道。何可小大。深淺。襍合為一乎。

黃帝曰。願卒聞之。

岐伯曰。日與月焉。水與鏡焉。鼓與響焉。夫日月之明。不失其影。水鏡之察。不失其形。鼓響之應。不後其聲。動搖則應和。盡得其情。

黃帝曰。窘乎哉。昭昭之明不可蔽。其不可蔽。不失陰陽也。合而察之。切而驗之。見而得之。若清水明鏡之不失其形也。五音不彰。五色不明。五藏波蕩。若是。則外內相襲。若鼓之應桴。響之應聲。影之似形。故遠者。司外揣內。近者。司內揣外。是謂陰陽之極。天地之蓋。請藏之靈蘭之室。弗敢使泄也。

黃帝內經靈樞卷七・五變第四十六

黃帝問於少俞曰。余聞百疾之始期也。必生於風雨寒暑。循毫毛而入腠理。或復還。或留止。或為風腫汗出。或為消癉。或為寒熱。或為留痺。或為積聚。奇邪淫溢。不可勝數。願聞其故。夫同時得病。或病此。或病彼。意者。天之為人生風乎。何其異也。

少俞曰。夫天之風者。非以私百姓也。其行公平正直。犯者得之。避者得無。殆非求人而人自犯之。

黃帝曰。一時遇風。同時得病。其病各異。願聞其故。

少俞曰。善乎哉問。請論以比匠人。匠人磨斧斤。礪刀削。斲材木。木之陰陽。尚有堅脆。堅者不入。脆者皮弛。至其交節。而缺斤斧焉。夫一木之中。堅脆不同。堅者則剛。脆者易傷。況其材木之不同。皮之厚薄。汁之多少。而各異邪。夫木之蚤花。先生葉者。遇春霜烈風。則花落而葉萎。久曝大旱。則脆木薄皮者。枝條汁少而葉萎。久陰淫雨。則薄皮多汁者。皮潰而漉。卒風暴起。則剛脆之木。枝折杌傷。秋霜疾風。則剛脆之木。根搖而葉落。凡此五者。各有所傷。況於人乎。

黃帝曰。以人應木。奈何。

少俞答曰。木之所傷也。皆傷其枝。枝之剛脆而堅。未成傷也。人之有常病也。亦因其骨節。皮膚。腠理之不堅固者。邪之所舍也。故常為病也。

黃帝曰。人之善病風厥漉汗者。何以候之。

少俞答曰。肉不堅。腠理疏。則善病風。

黃帝曰。何以候肉之不堅也。

少俞答曰。膕肉不堅。而無分理。理者。粗理。粗理而皮不緻者。腠理疏。此言其渾然者。

黃帝曰。人之善病消癉者。何以候之。

少俞答曰。五藏皆柔弱者。善病消癉。

黃帝曰。何以知五藏之柔弱也。

少俞答曰。夫柔弱者。必有剛強。剛強多怒。柔者易傷也。

黃帝曰。何以候柔弱之與剛強。

少俞答曰。此人薄皮膚。而目堅固以深者。長衝直揚。其心剛。剛則多怒。怒則氣上逆。胸中畜積。

血氣逆留。臗皮充肌。血脈不行。轉而為熱。熱則消肌膚。故為消癉。此言其人暴剛而肌肉弱者也。

黃帝曰。人之善病寒熱者。何以候之。

少俞答曰。小骨弱肉者。善病寒熱。

黃帝曰。何以候骨之大小。肉之堅脆。色之不一也。

少俞答曰。顴骨者。骨之本也。顴大則骨大。顴小則骨小。皮膚薄而其肉無䐃。其臂懦懦然。其地色殆然。不與其天同色。污然獨異。此其候也。然後臂薄者。其髓不滿。故善病寒熱也。

黃帝曰。何以候人之善病痹者。

少俞答曰。粗理而肉不堅者。善病痹。

黃帝曰。痹之高下有處乎。

少俞答曰。欲知其高下者。各視其部。

黃帝曰。人之善病腸中積聚者。何以候之。

少俞答曰。皮膚薄而不澤。肉不堅而淖澤。如此。腸胃惡。惡則邪氣留止。積聚乃傷。脾胃之間。寒溫不次。邪氣稍至。稸積留止。大聚乃起。

黃帝曰。余聞病形。已知之矣。願聞其時。

少俞答曰。先立其年。以知其時。時高則起。時下則殆。雖不陷下。當年有衝通。其病必起。是謂因形而生病。五變之紀也。

黃帝內經靈樞卷七・本藏第四十七

黃帝問於岐伯曰。人之血氣精神者。所以奉生而周于性命者也。經脈者。所以行血氣而營陰陽。濡筋骨。利關節者也。衛氣者。所以溫分肉。充皮膚。肥腠理。司關闔者也。志意者。所以御精神。收魂魄。適寒溫。和喜怒者也。是故血和則經脈流行。營覆陰陽。筋骨勁強。關節清利矣。衛氣和則分肉解利。皮膚調柔。腠理緻密矣。志意和則精神專直。魂魄不散。悔怒不起。五藏不受邪矣。寒溫和則六府化穀。風痹不作。經脈通利。肢節得安矣。此人之常平也。五藏者。所以藏精神。血氣。魂魄者也。六府者。所以化水穀而行津液者也。此人之所以具受于天也。無愚智賢不肖。無以相倚也。然有其獨盡天壽。而無邪僻之病。百年不衰。雖犯風雨。卒寒大暑。猶有弗能害也。有其不離屏蔽室內。無怵惕之恐。然猶不免於病。何也。願聞其故。

岐伯曰。窘乎哉問也。五藏者。所以參天地。副陰陽。而連四時。化五節者也。五藏者。故有小大。高下。堅脆。端正。偏傾者。六府亦有小大。長短。厚薄。結直。緩急。凡此二十五者。各不同。或善或惡。或吉或凶。請言其方。

心小則安。邪弗能傷。易傷以憂。心大則憂不能傷。易傷于邪。心高則滿于肺中。悗而善忘。難開以言。心下則藏外。易傷于寒。易恐以言。心堅則藏安守固。心脆則善病消癉熱中。心端正。則和利難傷。心偏傾則操持不一。無守司也。

肺小則少飲。不病喘喝。肺大則多飲。善病胸痹。喉痹。逆氣。肺高則上氣。肩息欬。肺下則居賁迫肺。善脅下痛。肺堅則不病欬上氣。肺脆則苦病消癉易傷。肺端正則和利難傷。肺偏傾則胸偏痛也。

肝小則藏安。無脅下之病。肝大則逼胃迫咽。則苦膈中。且脅下痛。肝高則上支賁。切脅悗。為息賁。肝下則逼胃。脅下空。脅下空則易受邪。肝堅則藏安難傷。肝脆則善病消癉易傷。肝端正則和利難傷。肝偏傾則脅下痛也。

脾小則藏安。難傷於邪也。脾大則苦湊䏚而痛。不能疾行。脾高則䏚引季脅而痛。脾下則下加于大腸。下加于大腸。則藏苦受邪。脾堅則藏安難傷。脾脆則善病消癉易傷。脾端正則和利難傷。脾偏傾則善滿。善脹也。

腎小則藏安難傷。腎大則善病腰痛。不可以俛仰。易傷以邪。腎高則苦背膂痛。不可以俛仰。腎下則腰尻痛。不可以俛仰。為狐疝。腎堅則不病腰背痛。腎脆則苦病消癉易傷。腎端正則和利難傷。腎偏傾則苦腰尻痛也。凡此二十五變者。人之所苦常病。

黃帝曰。何以知其然也。

歧伯曰。赤色小理者。心小。粗理者。心大。無髑骬者。心高。髑骬小短舉者。心下。髑骬長者。心下堅。髑骬弱小以薄者。心脆。髑骬直下不舉者。心端正。髑骬倚一方者。心偏傾也。

白色小理者。肺小。粗理者。肺大。巨肩反膺陷喉者。肺高。合腋張脅者。肺下。好肩背厚者。肺堅。肩背薄者。肺脆。背膺厚者。肺端正。脅偏疏者。肺偏傾也。

青色小理者。肝小。粗理者。肝大。廣胸反骹者。肝高。合脅兔骹者。肝下。胸脅好者。肝堅。脅骨弱者。肝脆。膺腹好相得者。肝端正。脅骨偏舉者。肝偏傾也。

黄色小理者。脾小。粗理者。脾大。揭脣者。脾高。脣下縱者。脾下。脣堅者。脾堅。脣大而不堅者。脾脆。脣上下好者。脾端正。脣偏舉者。脾偏傾也。

黑色小理者。腎小。粗理者。腎大。高耳者。腎高。耳後陷者。腎下。耳堅者。腎堅。耳薄而堅者。腎脆。耳好前居牙車者。腎端正。耳偏高者。腎偏傾也。凡此諸變者。持則安。減則病也。

帝曰。善。然非余之所問也。願聞人之有不可病者。至盡天壽。雖有深憂大恐。怵惕之志。猶不能減也。甚寒大熱。不能傷也。其有不離屏蔽室內。又無怵惕之恐。然不免於病者。何也。願聞其故。

岐伯曰。五藏六府。邪之舍也。請言其故。五藏皆小者。少病。苦燋心。大愁憂。五藏皆大者。緩于事。難使以憂。五藏皆高者。好高舉措。五藏皆下者。好出人下。五藏皆堅者。無病。五藏皆脆者。不離于病。五藏皆端正者。和利得人心。五藏皆偏傾者。邪心而善盜。不可以為人平。反覆言語也。

黄帝曰。願聞六府之應。

岐伯答曰。肺合大腸。大腸者。皮其應。心合小腸。小腸者。脈其應。肝合膽。膽者。筋其應。脾合胃。胃者。肉其應。腎合三焦膀胱。三焦膀胱者。腠理毫毛其應。

黄帝曰。應之奈何。

岐伯曰。肺應皮。皮厚者。大腸厚。皮薄者。大腸薄。皮緩。腹裏大者。大腸大而長。皮急者。大腸急而短。皮滑者。大腸直。皮肉不相離者。大腸結。

心應脈。皮厚者。脈厚。脈厚者。小腸厚。皮薄者。脈薄。脈薄者。小腸薄。皮緩者。脈緩。脈緩者。小腸大而長。皮薄而脈沖小者。小腸小而短。諸陽經脈皆多紆屈者。小腸結。

脾應肉。肉䐃堅大者。胃厚。肉䐃麼者。胃薄。肉䐃小而麼者。胃不堅。肉䐃不稱身者。胃下。胃下者。下管約不利。肉䐃不堅者。胃緩。肉䐃無小裏累者。胃急。肉䐃多少裏累者。胃結。胃結者。上管約不利也。

肝應爪。爪厚色黃者。膽厚。爪薄色紅者。膽薄。爪堅色青者。膽急。爪濡色赤者。膽緩。爪直色白無約者。膽直。爪惡色黑多紋者。膽結也。

異文爪直色白者。膽直。爪惡色黑者。膽結。本草綱目卷五十二·人之一·爪甲

腎應骨。密理厚皮者。三焦。膀胱厚。粗理薄皮者。三焦。膀胱薄。疏腠理者。三焦。膀胱緩。皮急而無毫毛者。三焦。膀胱急。毫毛美而粗者。三焦。膀胱直。稀毫毛者。三焦。膀胱結也。

黃帝曰。厚薄美惡皆有形。願聞其所病。

岐伯答曰。視其外應。以知其內藏。則知所病矣。以上正文據叢書集成影印本

黃帝集卷三十三

黃帝內經靈樞卷八・禁服第四十八

雷公問於黃帝曰。細子得受業。通於九鍼六十篇。旦暮勤服之。近者編絕。久者簡垢。然尚諷誦弗置。未盡解於意矣。外揣言渾束為一。未知所謂也。夫大則無外。小則無內。大小無極。高下無度。束之奈何。士之才力。或有厚薄。智慮褊淺。不能博大深奧。自強于學若細子。細子恐其散于後世。絕于子孫。敢問約之奈何。

黃帝曰。善乎哉問也。此先師之所禁。坐私傳之也。割臂歃血之盟也。子若欲得之。何不齋乎。

雷公再拜而起曰。請聞命于是也。乃齋宿三日而請曰。敢問今日正陽。細子願以受盟。

黃帝乃與俱入齋室。割臂歃血。黃帝親祝曰。今日正陽。歃血傳方。有敢背此言者。反受其殃。

雷公再拜曰。細子受之。

黃帝乃左握其手。右授之書。曰。慎之慎之。吾為子言之。凡刺之理。經脈為始。營其所行。知其度量。內刺五藏。外刺六府。審察衛氣。為百病母。調諸虛實。虛實乃止。寫其血絡。血盡不殆矣。

雷公曰。此皆細子之所以通。未知其所約也。

黃帝曰。夫約方者。猶約囊也。囊滿而弗約。則輸泄。方成弗約。則神與弗俱。

雷公曰。願為下材者。勿滿而約之。

黃帝曰。未滿而知約之。以為工。不可以為天下師。

雷公曰。願聞為工。

黃帝曰。寸口主中。人迎主外。兩者相應。俱往俱來。若引繩大小齊等。春夏人迎微大。秋冬寸口微大。如是者。名曰。平人。人迎大一倍于寸口。病在足少陽。一倍而躁。在手少陽。人迎二倍。病在足太陽。二倍而躁。病在手太陽。人迎三倍。病在足陽明。三倍而躁。病在手陽明。盛則為熱。虛則為寒。緊則為痛痹。代則乍甚乍間。盛則寫之。虛則補之。緊痛則取之分肉。代則取血絡具飲藥。陷下則灸之。不盛不虛。以經取之。名曰。經刺。人迎四倍者。且大且數。名曰。溢陽。溢陽為外格。死不治。必審按其本末。察其寒熱。以驗其藏府之病。寸口大于人迎一倍。病在足厥陰。一倍而躁。在手心主。寸口二倍。病在足少陰。二倍而躁。在手少陰。寸口三倍。病在足太陰。三倍而躁。在手太陰。盛則脹滿。寒中食不化。虛則熱中。出糜。少氣。溺色變。緊則痛痹。代則乍痛乍止。盛則寫之。虛則補之。緊則先刺而後灸之。代則取血絡而後調之。陷下則徒灸之。陷下者。脈血結于中。中有著血。血寒。故宜灸之。不盛不虛。以經取之。寸口四倍者。名曰。內關。內關者。且大且數。死不治。必審察其本末之寒溫。以驗其藏府之病。通其營輸。乃可傳于大數。大數曰。盛則徒寫之。虛則徒補之。緊則灸刺且飲藥。陷下則徒灸之。不盛不虛。以經取之。所謂經治者。飲藥。亦曰。灸刺。脈急則引。脈大以弱。則欲安靜。用力無勞也。

黄帝內經靈樞卷八・五色第四十九

雷公問於黄帝曰。五色獨決于明堂乎。小子未知其所謂也。

黄帝曰。明堂者。鼻也。闕者。眉間也。庭者。顏也。蕃者。頰側也。蔽者。耳門也。其間欲方大。去之十步。皆見于外。如是者。壽必中百歲。

雷公曰。五官之辨。奈何。

黄帝曰。明堂骨高以起。平以直。五藏次于中央。六府挾其兩側。首面上于闕庭。王宮在于下極。五藏安于胸中。真色以致。病色不見。明堂潤澤以清。五官惡得無辨乎。

雷公曰。其不辨者。可得聞乎。

黄帝曰。五色之見也。各出其色部。部骨陷者。必不免於病矣。其色部乘襲者。雖病甚。不死矣。

雷公曰。官五色奈何。

黄帝曰。青黑為痛。黄赤為熱。白為寒。是謂五官。

雷公曰。病之益甚。與其方衰。如何。

黄帝曰。外內皆在焉。切其脈口。滑小緊以沈者。病益甚。在中。人迎氣大緊以浮者。其病益甚。在外。其脈口浮滑者。病日進。人迎沈而滑者。病日損。其脈口滑以沈者。病日進。在內。其人迎脈滑盛以浮者。其病日進。在外。脈之浮沈及人迎與寸口氣小大等者。病難已。病之在藏。沈而大者。易已。小為逆。病在府。浮而大者。其病易已。人迎盛堅者。傷於寒。氣口甚堅者。傷於食。

雷公曰。以色言病之間甚。奈何。

黃帝曰。其色麤以明。沈夭者為甚。其色上行者。病益甚。其色下行如雲徹散者。病方已。五色各有藏部。有外部。有內部也。色從外部走內部者。其病從外走內。其色從內走外者。其病從內走外。病生於內者。先治其陰。後治其陽。反者益甚。其病生於陽者。先治其外。後治其內。反者益甚。其脈滑大以代而長者。病從外來。目有所見。志有所惡。此陽氣之并也。可變而已。

雷公曰。小子聞風者。百病之始也。厥逆者。寒溼之起也。別之奈何。

黃帝曰。常候闕中。薄澤為風。沖濁為痹。在地為厥。此其常也。各以其色言其病。

雷公曰。人不病卒死。何以知之。

黃帝曰。大氣入于藏府者。不病而卒死矣。

雷公曰。病小愈而卒死者。何以知之。

黃帝曰。赤色出兩顴。大如母指者。病雖小愈。必卒死。黑色出於庭。大如母指。必不病而卒死。

雷公再拜曰。善哉。其死有期乎。

黃帝曰。察色以言其時。

雷公曰。善乎。願卒聞之。

黃帝曰。庭者。首面也。闕上者。咽喉也。闕中者。肺也。下極者。心也。直下者。肝也。肝左者。膽也。下者。脾也。方上者。胃也。中央者。大腸也。挾大腸者。腎也。當腎者。臍也。面王以上者。小腸也。面王以下者。膀胱子處也。顴者。肩也。顴後者。臂也。臂下者。手也。目內眥上者。膺乳也。挾繩而上者。背也。循牙車以下者。股也。中央者。膝也。膝以下者。脛也。當脛以下者。足也。巨分者。股裏也。巨屈者。膝臏也。此五藏六府肢節之部也。各有部分。有部分。用陰和陽。用陽和陰。當明部分。萬舉萬當。能別左右。是謂大道。男女異位。故曰。陰陽。審察澤夭。謂之良工。沈濁為內。浮澤為外。黄赤為風。青黑為痛。白為寒。黄而膏潤為膿。赤甚者為血。痛甚為攣。寒甚為皮不仁。五色各見其部。察其浮沈。以知淺深。察其澤夭。以觀成敗。察其散搏。以知遠近。視色上下。以知病處。積神於心。以知往今。故相氣不微。不知是非。屬意勿去。乃知新故。色明不麤。沉夭為甚。不明不澤。其病不甚。其色散。駒駒然。未有聚。其病散而氣痛。聚未成也。腎乘心。心先病。腎為應。色皆如是。男子色在于面王。為小腹痛。下為卵痛。其圜直為莖痛。高為本。下為首。狐疝㿉陰之屬也。女子在于面王。為膀胱。子處之病。散為痛。搏為聚。方員左右。各如其色形。其隨而下至胝。為淫。有潤如膏狀。為暴食不潔。左為左。右為右。其色有邪。聚散而不端。面色所指者也。色者。青黑赤白黄。皆端滿有別鄉。別鄉赤者。其色亦大如榆莢。在面王為不日。其色上鋭。首空上向。下鋭下向。在左右如法。以五色命藏。青為肝。赤為心。白為肺。黄為脾。黑為腎。肝合筋。心合脈。肺合皮。脾合肉。腎合骨也。

黃帝內經靈樞卷八・論勇第五十

黃帝問於少俞曰。有人於此。竝行竝立。其年之長少等也。衣之厚薄均也。卒然遇烈風暴雨。或病或不病。或皆病。或皆不病。其故何也。

少俞曰。帝問何急。

黃帝曰。願盡聞之。

少俞曰。春青風。夏陽風。秋涼風。冬寒風。凡此四時之風者。其所病各不同形。

黃帝曰。四時之風。病人如何。

少俞曰。黃色薄皮弱肉者。不勝春之虛風。白色薄皮弱肉者。不勝夏之虛風。青色薄皮弱肉。不勝秋之虛風。赤色薄皮弱肉。不勝冬之虛風也。

黃帝曰。黑色不病乎。

少俞曰。黑色而皮厚肉堅。固不傷於四時之風。其皮薄而肉不堅。色不一者。長夏至而有虛風者。病矣。其皮厚而肌肉堅者。長夏至而有虛風。不病矣。其皮厚而肌肉堅者。必重感于寒。外內皆然。乃病。

黃帝曰。善。

黃帝曰。夫人之忍痛與不忍痛者。非勇怯之分也。夫勇士之不忍痛者。見難則前。見痛則止。夫怯士之忍痛者。聞難則恐。遇痛不動。夫勇士之忍痛者。見難不恐。遇痛不動。夫怯士之不忍痛者。見難與痛。目轉面盻。恐不能言。失氣驚。顏色變化。乍死乍生。余見其然也。不知其何由。願聞其故。
少俞曰。夫忍痛與不忍痛者。皮膚之薄厚。肌肉之堅脆緩急之分也。非勇怯之謂也。
黃帝曰。願聞勇怯之所由然。
少俞曰。勇士者。目深以固。長衡直揚。三焦理橫。其心端直。其肝大以堅。其膽滿以傍。怒則氣盛而胸張。肝舉而膽橫。眥裂而目揚。毛起而面蒼。此勇士之由然者也。
黃帝曰。願聞怯士之所由然。
少俞曰。怯士者。目大而不減。陰陽相失。其焦理縱。䯏骬短而小。肝系緩。其膽不滿而縱。腸胃挺。脅下空。雖方大怒。氣不能滿其胸。肝肺雖舉。氣衰復下。故不能久怒。此怯士之所由然者也。
黃帝曰。怯士之得酒。怒不避勇士者。何藏使然。
少俞曰。酒者。水穀之精。熟穀之液也。其氣慓悍。其入于胃中。則胃脹。氣上逆。滿於胸中。肝浮膽橫。當是之時。固比于勇士。氣衰則悔。與勇士同類。不知避之。名曰。酒悖也。

黃帝內經靈樞卷八・背腧第五十一

黃帝問於歧伯曰。願聞五藏之腧。出於背者。
歧伯曰。胸中大腧在杼骨之端。肺腧在三焦之間。心腧在五焦之間。膈腧在七焦之間。肝腧在九焦之間。脾腧在十一焦之間。腎腧在十四焦之間。皆挾脊相去三寸所。則欲得而驗之。按其處。應在中而痛解。乃其腧也。灸之則可。刺之則不可。氣盛則寫之。虛則補之。以火補者。毋吹其火。須自滅也。以火寫者。疾吹其火。傳其艾。須其火滅也。

黃帝內經靈樞卷八・衛氣第五十二

黃帝曰。五藏者。所以藏精神魂魄者也。六府者。所以受水穀而行化物者也。其氣內干五藏。而外絡肢節。其浮氣之不循經者。為衛氣。其精氣之行于經者。為營氣。陰陽相隨。外內相貫。如環之無端。亭亭淳淳乎。孰能窮之。然其分別陰陽。皆有標本虛實所離之處。能別陰陽十二經者。知病之所生。候虛實之所在者。能得病之高下。知六府之氣街者。能知解結契紹于門戶。能知虛實之堅軟者。知補寫之所在。能知六經之標本者。可以無惑于天下。

歧伯曰。博哉聖帝之論。臣請盡意悉言之。足太陽之本。在跟以上五寸中。標在兩絡命門。命門者。目也。足少陽之本。在竅陰之間。標在窗籠之前。窗籠者。耳也。足少陰之本。在內踝下上三寸中。標在背腧與舌下兩脈也。足厥陰之本。在行間上五寸所。標在背腧也。足陽明之本。在厲兌。標在人迎頰挾頏顙也。足太陰之本。在中封前上四寸之中。標在背腧與舌本也。手太陽之本。在外踝之後。標在命門之上一寸也。手少陽之本。在小指次指之間上二寸。標在耳後上角下外眥也。手陽明之本。在肘骨中。上至別陽。標在顏下合鉗上也。手太陰之本。在寸口之中。標在腋內動也。手少陰之本。在銳骨之端。標在背腧也。手心主之本。在掌後兩筋之間二寸中。標在腋下下三寸也。凡候此者。下虛則厥。下盛則熱。上虛則眩。上盛則熱痛。故實者。絕而止之。虛者。引而起之。請言氣街。胸氣有街。腹氣有街。頭氣有街。脛氣有街。故氣在頭者。止之于腦。氣在胸者。止之膺與背腧。氣在腹者。止之背腧。與衝脈于臍左右之動脈者。氣在脛者。止之于氣街與承山。踝上以下。取此者用毫鍼。必先按而在久應於手。乃刺而予之。所治者。頭痛。眩仆。腹痛。中滿暴脹。及有新積。痛可移者。易已也。積不痛。難已也。

黄帝內經靈樞卷八・論痛第五十三

黄帝問於少俞曰。筋骨之強弱。肌肉之堅脆。皮膚之厚薄。腠理之疏密。各不同。其于鍼石火焫之痛何如。腸胃之厚薄堅脆亦不等。其於毒藥何如。願盡聞之。

少俞曰。人之骨強筋弱肉緩皮膚厚者。耐痛。其于鍼石之痛。火焫亦然。

黄帝曰。其耐火焫者。何以知之。

少俞答曰。加以黑色而美骨者。耐火焫。

黄帝曰。其不耐鍼石之痛者。何以知之。

少俞曰。堅肉薄皮者。不耐鍼石之痛。于火焫亦然。

黄帝曰。人之病。或同時而傷。或易已。或難已。其故何如。

少俞曰。同時而傷。其身多熱者。易已。多寒者。難已。

黃帝曰。人之勝毒。何以知之。

少俞曰。胃厚。色黑。大骨及肥者。皆勝毒。故其瘦而薄胃者。皆不勝毒也。

黃帝內經靈樞卷八・天年第五十四

黃帝問於歧伯曰。願聞人之始生。何氣築為基。何立而為楯。何失而死。何得而生。

歧伯曰。以母為基。以父為楯。失神者死。得神者生也。

黃帝曰。何者為神。

歧伯曰。血氣已和。榮衛已通。五藏已成。神氣舍心。魂魄畢具。乃成為人。

黃帝曰。人之壽夭各不同。或夭壽。或卒死。或病久。願聞其道。

歧伯曰。五藏堅固。血脈和調。肌肉解利。皮膚緻密。營衛之行。不失其常。呼吸微徐。氣以度行。六府化穀。津液布揚。各如其常。故能長久。

黃帝曰。人之壽。百歲而死。何以致之。

歧伯曰。使道隊以長。基牆高以方。通調營衛。三部三里起。骨高肉滿。百歲乃得終。

黃帝曰。其氣之盛衰。以至其死。可得聞乎。

歧伯曰。人生十歲。五藏始定。血氣已通。其氣在下。故好走。二十歲。血氣始盛。肌肉方長。故好趨。三十歲。五藏大定。肌肉堅固。血脈盛滿。故好步。四十歲。五藏六府十二經脈。皆大盛以平定。腠理始疏。榮華頽落。髮頗斑白。平盛不搖。故好坐。五十歲。肝氣始衰。肝葉始薄。膽汁始減。目始不明。六十歲。心氣始衰。若憂悲。血氣懈惰。故好臥。七十歲。脾氣虛。皮膚枯。八十歲。肺氣衰。魄離。故言善悞。九十歲。腎氣焦。四藏經脈空虛。百歲。五藏皆虛。神氣皆去。形骸獨居而終矣。

黄帝曰。其不能終壽而死者。何如。

岐伯曰。其五藏皆不堅。使道不長。空外以張。喘息暴疾。又卑基牆薄。脈少血。其肉不實。數中風寒。血氣虛。脈不通。真邪相攻。亂而相引。故中壽而盡也。

黄帝内經靈樞卷八・逆順第五十五

黄帝問於伯高曰。余聞氣有逆順。脈有盛衰。刺有大約。可得聞乎。

伯高曰。氣之逆順者。所以應天地。陰陽。四時。五行也。脈之盛衰者。所以候血氣之虛實。有餘。不足。刺之大約者。必明知病之可刺。與其未可刺。與其已不可刺也。

黄帝曰。候之奈何。

伯高曰。兵法曰。無迎逢逢之氣。無擊堂堂之陳。刺法曰。無刺熇熇之熱。無刺漉漉之汗。無刺渾渾之脈。無刺病與脈相逆者。

黄帝曰。候其可刺。奈何。

伯高曰。上工。刺其未生者也。其次。刺其未盛者也。其次。刺其已衰者也。下工。刺其方襲者也。與其形之盛者也。與其病之與脈相逆者也。故曰。方其盛也。勿敢毀傷。刺其已衰。事必大昌。故曰。上工治未病。不治已病。此之謂也。

黄帝內經靈樞卷八・五味第五十六

黄帝曰。願聞穀氣有五味。其入五藏。分別奈何。
伯高曰。胃者。五藏六府之海也。水穀皆入于胃。五藏六府皆稟氣于胃。五味各走其所喜。穀味酸。先走肝。穀味苦。先走心。穀味甘。先走脾。穀味辛。先走肺。穀味鹹。先走腎。穀氣津液已行。營衛大通。乃化糟粕。以次傳下。
黄帝曰。營衛之行。奈何。
伯高曰。穀始入于胃。其精微者。先出于胃之兩焦。以溉五藏。別出兩行。營衛之道。其大氣之摶而不行者。積于胸中。命曰。氣海。出于肺。循喉咽。故呼則出。吸則入。天地之精氣。其大數常出三入一。故穀不入。半日則氣衰。一日則氣少矣。
黄帝曰。穀之五味。可得聞乎。
伯高曰。請盡言之。五穀。秔米甘。麻酸。大豆鹹。麥苦。黄黍辛。五果。棗甘。李酸。栗鹹。杏苦。桃辛。五畜。牛甘。犬酸。豬鹹。羊苦。雞辛。五菜。葵甘。韭酸。藿鹹。薤苦。蔥辛。五色。黄色宜甘。青色宜酸。黑色宜鹹。赤色宜苦。白色宜辛。凡此五者。各有所宜。五宜。所言五色者。脾病者。宜食秔米飯。牛肉。棗。葵。心病者。宜食麥。羊肉。杏。薤。腎病者。宜食大豆。黄卷。豬肉。栗。藿。肝病者。宜食麻。犬肉。李。韭。肺病者。宜食黄。黍。雞肉。桃。葱。五禁。肝病禁辛。心病禁鹹。脾病禁酸。腎病禁甘。肺病禁苦。肝色青。宜食甘。秔米飯。牛肉。棗。葵皆甘。心色赤。宜食酸。犬肉。麻。李。韭皆酸。脾色黄。宜食鹹。大豆。豕肉。栗。藿皆鹹。肺色白。宜食苦。麥。羊肉。杏。薤皆苦。腎色黑。宜食辛。黄。黍。雞肉。桃。葱皆辛。以上正文據叢書集成影印本

黃帝集卷三十四

黃帝內經靈樞卷九・水脹第五十七

黃帝問於岐伯曰。水與膚脹。鼓脹。腸覃。石瘕。石水。何以別之。

岐伯答曰。水始起也。目窠上微腫。如新臥起之狀。其頸脈動。時欬。陰股間寒。足脛瘇。腹乃大。其水已成矣。以手按其腹。隨手而起。如裹水之狀。此其候也。

黃帝曰。膚脹。何以候之。

岐伯曰。膚脹者。寒氣客于皮膚之間。鼕鼕然不堅。腹大。身盡腫。皮厚。按其腹。窅而不起。腹色不變。此其候也。

鼓脹何如。

岐伯曰。腹脹身皆大。大與膚脹等也。色蒼黃。腹筋起。此其候也。

腸覃何如。

岐伯曰。寒氣客于腸外。與衛氣相搏。氣不得營。因有所繫。癖而內著。惡氣乃起。瘜肉乃生。其始生也。大如雞卵。稍以益大。至其成也。如懷子之狀。久者離歲。按之則堅。推之則移。月事以時下。此其候也。

異文氣不得榮。永樂大典卷一四九四八石瘕何如。

岐伯曰。石瘕生于胞中。寒氣客于子門。子門閉塞。氣不得通。惡血當寫不寫。衃以留止。日以益大。狀如懷子。月事不以時下。皆生于女子。可導而下。

黃帝曰。膚脹。鼓脹可刺邪。

岐伯曰。先寫其脹之血絡。後調其經。刺去其血絡也。

黃帝內經靈樞卷九・賊風第五十八

黃帝曰。夫子言賊風邪氣之傷人也。令人病焉。今有其不離屏蔽。不出室穴之中。卒然病者。非不離賊風邪氣。其故何也。

岐伯曰。此皆嘗有所傷。于溼氣藏于血脈之中。分肉之間。久留而不去。若有所墮墜。惡血在內而不去。卒然喜怒不節。飲食不適。寒溫不時。腠理閉而不通。其開而遇風寒。則血氣凝結。與故邪相襲。則為寒痹。其有熱則汗出。汗出則受風。雖不遇賊風邪氣。必有因加而發焉。

黃帝曰。今夫子之所言者。皆病人之所自知也。其毋所遇邪氣。又毋怵惕之所志。卒然而病者。其故何也。唯有因鬼神之事乎。

岐伯曰。此亦有故邪留而未發。因而志有所惡。及有所慕。血氣內亂。兩氣相搏。其所從來者微。視之不見。聽而不聞。故似鬼神。

黄帝曰。其祝而已者。其故何也。
歧伯曰。先巫者。因知百病之勝。先知其病之所從生者。可祝而已也。

黄帝內經靈樞卷九・衛氣失常第五十九

黄帝曰。衛氣之留於腹中。稸積不行。苑蘊不得常所。使人肢脅胃中滿。喘呼逆息者。何以去之。
伯高曰。其氣積于胸中者。上取之。積于腹中者。下取之。上下皆滿者。旁取之。
黄帝曰。取之奈何。
伯高對曰。積于上。寫大迎。天突。喉中。積于下者。寫三里與氣街。上下皆滿者。上下取之。與季脅之下一寸。重者。雞足取之。診視其脈大而弦急。及絕不至者。及腹皮急甚者。不可刺也。
黄帝曰。善。黄帝問於伯高曰。何以知皮。肉。氣。血。筋。骨之病也。
伯高曰。色起兩眉薄澤者。病在皮。脣色青黄赤白黑者。病在肌肉。營氣霈然者。病在血氣。目色青黄赤白黑者。病在筋。耳焦枯受塵垢。病在骨。
黄帝曰。病形何如。取之奈何。
伯高曰。夫百病變化。不可勝數。然皮有部。肉有柱。血氣有輸。骨有屬。
黄帝曰。願聞其故。
伯高曰。皮之部。輸于四末。肉之柱。在臂脛諸陽分肉之間與足少陰分間。血氣之輸。輸于諸絡。氣血留居。則盛而起。筋部無陰無陽。無左無右。候病所在。骨之屬者。骨空之所以受益而益腦髓者也。

黃帝曰。取之奈何。

伯高曰。夫病變化。浮沈深淺。不可勝窮。各在其處。病間者。淺之。甚者。深之。間者。小之。甚者。眾之。隨變而調氣。故曰。上工。

黃帝問于伯高曰。人之肥瘦。大小。寒溫。有老。壯。少。小。別之奈何。

伯高對曰。人年五十已上為老。三十已上為壯。十八已上為少。六歲已上為小。

黃帝曰。何以度知其肥瘦。

伯高曰。人有肥。有膏。有肉。

黃帝曰。別此奈何。

伯高曰。膕肉堅。皮滿者。肥。膕肉不堅。皮緩者。膏。皮肉不相離者。肉。

黃帝曰。身之寒溫何如。

伯高曰。膏者其肉淖。而粗理者。身寒。細理者。身熱。脂者。其肉堅。細理者。熱。粗理者。寒。

黃帝曰。其肥瘦大小。奈何。

伯高曰。膏者。多氣而皮縱緩。故能縱腹垂腴。肉者。身體容大。脂者。其身收小。

黃帝曰。三者之氣血多少何如。

伯高曰。膏者多氣。多氣者熱。熱者耐寒。肉者多血則充形。充形則平。脂者。其血清。氣滑少。故不能大。此別于衆人者也。

黃帝曰。衆人奈何。

伯高曰。衆人皮肉脂膏不相相加也。血與氣。不能相多。故其形不小不大。各自稱其身。命曰。衆人。

黃帝曰。善。治之奈何。

伯高曰。必先別其三形。血之多少。氣之清濁。而後調之。治無失常經。是故膏人。縱腹垂腴。肉人者。上下容大。脂人者。雖脂不能大者。

黃帝內經靈樞卷九·玉版第六十

黃帝曰。余以小鍼為細物也。夫子乃言上合之于天。下合之于地。中合之于人。余以為過鍼之意矣。願聞其故。

歧伯曰。何物大於天乎。夫大于鍼者。惟五兵者焉。五兵者。死之備也。非生之具。且夫人者。天地之鎮也。其不可不參乎。夫治民者。亦唯鍼焉。夫鍼之與五兵。其孰小乎。

黃帝曰。病之生時。有喜怒不測。飲食不節。陰氣不足。陽氣有餘。營氣不行。乃發為癰疽。陰陽不通。兩熱相搏。乃化為膿。小鍼能取之乎。

歧伯曰。聖人不能使化者。為之邪不可留也。故兩軍相當。旗幟相望。白刃陳于中野者。此非一日之謀也。能使其民。令行禁止。士卒無白刃之難者。非一日之教也。須臾之得也。夫至使身被癰疽之病。膿血之聚者。不亦離道遠乎。夫癰疽之生。膿血之成也。不從天下。不從地出。積微之所生也。

故聖人自治于未有形也。愚者遭其已成也。

黃帝曰。其已形。不予遭。膿已成。不予見。為之奈何。

歧伯曰。膿已成。十死一生。故聖人弗使已成。而明為良方。著之竹帛。使能者踵而傳之後世。無有終時者。為其不予遭也。

黃帝曰。其已有膿血而後遭乎。不導之以小鍼治乎。

歧伯曰。以小治小者其功小。以大治大者多害。故其已成膿血者。其唯砭石鈹鋒之所取也。

黃帝曰。多害者其不可全乎。

歧伯曰。其在逆順焉。

黃帝曰。願聞逆順。

歧伯曰。以為傷者。其白眼青黑。眼小。是一逆也。內藥而嘔。是二逆也。腹痛。渴甚。是三逆也。肩項中不便。是四逆也。音嘶色脫。是五逆也。除此五者為順矣。

黃帝曰。諸病皆有逆順。可得聞乎。

歧伯曰。腹脹。身熱。脈大。是一逆也。腹鳴而滿。四肢清泄。其脈大。是二逆也。衄而不止。脈大。是三逆也。咳且溲血脫形。其脈小勁。是四逆也。欬。脫形身熱。脈小以疾。是謂五逆也。如是者。不過十五日而死矣。其腹大脹。四末清。脫形。泄甚。是一逆也。腹脹便血。其脈大。時絕。是二逆也。欬。溲血。形內脫。脈摶。是三逆也。嘔血。胸滿引背。脈小而疾。是四逆也。欬嘔腹脹。且飧泄。其脈絕。是五逆也。如是者。不及一時而死矣。工不察此者而刺之。是謂逆治。

黃帝曰。夫子之言鍼甚駿。以配天地。上數天文。下度地紀。內別五藏。外次六府。經脈二十八會。盡有周紀。能殺生人。不能起死者。子能反之乎。

岐伯曰。能殺生人。不能起死者也。

黃帝曰。余聞之則為不仁。然願聞其道。弗行於人。

岐伯曰。是明道也。其必然也。其如刀劍之可以殺人。如飲酒使人醉也。雖勿診。猶可知矣。

黃帝曰。願卒聞之。

岐伯曰。人之所受氣者。穀也。穀之所注者。胃也。胃者。水穀氣血之海也。海之所行雲氣者。天下也。胃之所出氣血者。經隧也。而隧者。五藏六府之大絡也。迎而奪之而已矣。

黃帝曰。上下有數乎。

岐伯曰。迎之五里。中道而止。五至而已。五往而藏之氣盡矣。故五五二十五而竭其輸矣。此所謂奪其天氣者也。非能絕其命而傾其壽者也。

黃帝曰。願卒聞之。

岐伯曰。闚門而刺之者。死于家中。入門而刺之者。死于堂上。

黃帝曰。善乎方。明哉道。請著之玉版。以為重寶。傳之後世。以為刺禁。令民勿敢犯也。

黃帝內經靈樞卷九・五禁第六十一

黃帝問于歧伯曰。余聞刺有五禁。何謂五禁。

歧伯曰。禁其不可刺也。

黃帝曰。余聞刺有五奪。

歧伯曰。無寫其不可奪者也。

黃帝曰。余聞刺有五過。

歧伯曰。補寫無過其度。

黃帝曰。余聞刺有五逆。

歧伯曰。病與脈相逆。命曰。五逆。

黃帝曰。余聞刺有九宜。

歧伯曰。明知九鍼之論。是謂九宜。

黃帝曰。何謂五禁。願聞其不可刺之時。

歧伯曰。甲乙日自乘。無刺頭。無發矇于耳內。丙丁日自乘。無振埃于肩喉廉泉。戊己日自乘。四季無刺腹去爪寫水。庚辛日自乘。無刺關節于股膝。壬癸日自乘。無刺足脛。是謂五禁。

黃帝曰。何謂五奪。

歧伯曰。形肉已奪。是一奪也。大奪血之後。是二奪也。大汗出之後。是三奪也。大泄之後。是四奪也。新產及大血之後。是五奪也。此皆不可寫。

黃帝曰。何謂五逆。

歧伯曰。熱病脈靜。汗已出。脈盛躁。是一逆也。病泄。脈洪大。是二逆也。著痹不移。䐃肉破。身熱。脈偏絕。是三逆也。淫而奪形身熱。色夭然白。及後下血衃。血衃篤重。是謂四逆也。寒熱奪形。脈堅搏。是謂五逆也。

黃帝內經靈樞卷九·動腧第六十二

黃帝曰。經脈十二。而手太陰。足少陰。陽明。獨動不休。何也。

歧伯曰。是明胃脉也。胃為五藏六府之海。其清氣上注于肺。肺氣從太陰而行之。其行也。以息往來。故人一呼脈再動。一吸脈亦再動。呼吸不已。故動而不止。

黃帝曰。氣之過于寸口也。上十焉息。下八焉伏。何道從還。不知其極。

歧伯曰。氣之離藏也。卒然如弓弩之發。如水之下岸。上于魚以反衰。其餘氣衰散以逆上。故其行微。

黃帝曰。足之陽明。何因而動。

歧伯曰。胃氣上注于肺。其悍氣上衝頭者。循咽。上走空竅。循眼系。入絡腦。出顑。下客主人。循牙車。合陽明。并下人迎。此胃氣別走于陽明者也。故陰陽上下。其動也若一。故陽病而陽脈小者。為逆。陰病而陰脈大者。為逆。故陰陽俱靜俱動。若引繩。相傾者。病。

黄帝曰。足少陰。何因而動。

歧伯曰。衝脉者。十二經之海也。與少陰之大絡。起于腎下。出于氣街。循陰股内廉。邪入膕中。循脛骨内廉。並少陰之經。下入内踝之後。入足下。其别者。邪入踝。出屬。跗上。入大指之間。注諸絡。以溫足脛。此脈之常動者也。

黄帝曰。營衛之行也。上下相貫。如環之無端。今有其卒然遇邪風。及逢大寒。手足懈惰。其脈陰陽之道。相輸之會。行相失也。氣何由還。

歧伯曰。夫四末陰陽之會者。此氣之大絡也。四街者。氣之經路也。故絡絶則徑通。四末解則氣從合。相輸如環。

黄帝曰。善。此所謂如環無端。莫知其紀。終而復始。此之謂也。

黄帝内經靈樞卷九·五味論第六十三

黄帝問于少俞曰。五味入于口也。各有所走。各有所病。酸走筋。多食之。令人癃。鹹走血。多食之。令人渴。辛走氣。多食之。令人洞心。苦走骨。多食之。令人變嘔。甘走肉。多食之。令人悗心。余知其然也。不知其何由。願聞其故。

少俞答曰。酸入于胃。其氣澀以收。上之兩焦。弗能出入也。不出即留于胃中。胃中和溫。則下注膀胱。膀胱之胞薄以懦。得酸則縮綣。約而不通。水道不行。故癃。陰者。積筋之所終也。故酸入而走筋矣。

異文上走兩焦。兩焦之氣澀不能出入。不出即流於胃中。膀胱走胞。胞薄以軟。陰者。積筋之所終聚也。酸入胃。走於筋也。（以上孫真人備急千金要方卷七十九）

黃帝曰。鹹走血。多食之。令人渴。何也。

少俞曰。鹹入于胃。其氣上走中焦。注于脈。則血氣走之。血與鹹相得則凝。凝則胃中汁注之。注之則胃中竭。竭則咽路焦。故舌本乾而善渴。血脈者。中焦之道也。故鹹入而走血矣。

黃帝曰。辛走氣。多食之。令人洞心。何也。

少俞曰。辛入于胃。其氣走于上焦。上焦者。受氣而營諸陽者也。薑韭之氣薰之。營衛之氣不時受之。久留心下。故洞心。辛與氣俱行。故辛入而與汗俱出。

黃帝曰。苦走骨。多食之。令人變嘔。何也。

少俞曰。苦入于胃。五穀之氣。皆不能勝苦。苦入下脘。三焦之道皆閉而不通。故變嘔。齒者。骨之所終也。故苦入而走骨。故入而復出。知其走骨也。

黃帝曰。甘走肉。多食之。令人悗心。何也。

少俞曰。甘入于胃。其氣弱小。不能上至于上焦。而與穀留于胃中者。令人柔潤者也。胃柔則緩。緩則蟲動。蟲動則令人悗心。其氣外通於肉。故甘走肉。

黄帝內經靈樞卷九・陰陽二十五人第六十四

黄帝曰。余聞陰陽之人何如。

伯高曰。天地之間。六合之內。不離于五。人亦應之。故五五二十五人之政。而陰陽之人不與焉。其態又不合于衆者五。

余已知之矣。願聞二十五人之形。血氣之所生。別而以候。從外知內何如。

歧伯曰。悉乎哉問也。此先師之祕也。雖伯高猶不能明之也。

黄帝避席遵循而卻曰。余聞之。得其人弗教。是謂重失。得而洩之。天將厭之。余願得而明之。金匱藏之。不敢揚之。

歧伯曰。先立五形金木水火土。別其五色。異其五形之人。而二十五人具矣。

黄帝曰。願卒聞之。

歧伯曰。慎之慎之。臣請言之。木形之人。比於上角。似於蒼帝。其為人蒼色。小頭。長面。大肩背。直身。小手足。好有才。勞心。少力。多憂勞於事。能春夏不能秋冬。感而病生。足厥陰佗佗然。大角之人。比於左足少陽。少陽之上遺遺然。左角之人。比於右足少陽。少陽之下隨隨然。釱角之人。比於右足少陽。少陽之上推推然。判角之人。比於左足少陽。少陽之下括括然。火形之人。比於上徵。似於赤帝。其為人赤色。廣䏶脫面小頭。好肩背髀腹。小手足。行安地。疾心。行搖。肩背肉滿。有氣輕財。少信。多慮。見事明。好顏。急心。不壽暴死。能春夏不能秋冬。秋冬感而病生。手少陰核核然。質徵之人。比於左手太陽。太陽之上肌肌然。少徵之人。比於右手太陽。太陽之下慆慆然。右徵之人。比於右手太陽。太陽之上鮫鮫然。質判之人。比於左手太陽。太陽之下支支頤頤然。土形之人。比於上宮。似於上古黃帝。其為人黃色。圓面。大頭。美肩背。大腹。美股脛。小手足。多肉。上下相稱。行安地。舉足浮。安心。好利人。不喜權勢。善附人也。能秋冬不能春夏。春夏感而病生。足太陰敦敦然。大宮之人。比於左足陽明。陽明之上婉婉然。加宮之人。比於左足陽明。陽明之下坎坎然。少宮之人比於右足陽明。陽明之上樞樞然。左宮之人。比於右足陽明。陽明之下兀兀然。金形之人。比於上商。似於白帝。其為人方面。白色。小頭。小肩背。小腹。小手足。如骨發踵外。骨輕。身清廉。急心。靜悍。善為吏。能秋冬不能春夏。春夏感而病生。手太陰敦敦然。釱商之人。比於左手陽明。陽明之上廉廉然。右商之人。比於左手陽明。陽明之下脫脫然。左商之人。比於右手陽明。陽明之上監監然。少商之人。比於右手陽明。陽明之下嚴嚴然。水形之人。比於上羽。似於黑帝。其為人黑色。面不平。大頭。廣頤。小肩。大腹。動手足。發行搖身。下尻長。背延延然。不敬畏。善欺紿人。戮死。能秋冬不能春夏。春夏感而病生。足少陰汗汗然。大羽之人。比於右足太陽。太陽之上頰頰然。小羽之人。比於左足太陽。太陽之下紆紆然。眾之為人。比於右足太陽。太陽之下絜絜然。桎之為人。比於左足太陽。太陽之上安安然。是故五形之人二十五變者。眾之所以相欺者。是也。

黃帝曰。得其形。不得其色。何如。

岐伯曰。形勝色。色勝形者。至其勝時年加。感則病行。失則憂矣。形色相得者。富貴大樂。

黃帝曰。其形色相勝之時。年加可知乎。

岐伯曰。凡年忌下。上之人大忌。常加七歲。十六歲。二十五歲。三十四歲。四十三歲。五十二歲。六十一歲。皆人之大忌。不可不自安也。感則病行。失則憂矣。當此之時。無為姦事。是謂年忌。

黃帝曰。夫子之言。脈之上下。血氣之候。以知形氣。奈何。

岐伯曰。足陽明之上。血氣盛則髯美長。血少氣多則髯短。故氣少血多則髯少。血氣皆少則無髯。兩吻多畫。足陽明之下。血氣盛則下毛美長至胸。血多氣少則下毛美短至臍。行則善高舉足。足指少肉。足善寒。血少氣多則肉而善瘃。血氣皆少則無毛。有則稀枯悴。善痿厥足痹。足少陽之上。氣血盛則通髯美長。血多氣少則通髯美短。血少氣多則少髯。血氣皆少則無鬚。感於寒溼則善痹。骨痛爪枯也。足少陽之下。血氣盛則脛毛美長。外踝肥。血多氣少則脛毛美短。外踝皮堅而厚。血少氣多則胻毛少。外踝皮薄而軟。血氣皆少則無毛。外踝瘦無肉。足太陽之上。血氣盛則美眉。眉有毫毛。血多氣少則惡眉。面多小理。血少氣多則面多肉。血氣和則美色。足太陽之下。血氣盛則跟肉滿。踵堅。氣少血多則瘦。跟空。血氣皆少則喜轉筋。踵下痛。手陽明之上。血氣盛則髭美。血少氣多則髭惡。血氣皆少則無髭。手陽明之下。血氣盛則腋下毛美。手魚肉以溫。氣血皆少則手瘦以寒。手少陽之上。血氣盛則眉美以長。耳色美。血氣皆少則耳焦惡色。手少陽之下。血氣盛則手捲多肉以溫。血氣皆少則寒以瘦。氣少血多則瘦以多脈。手太陽之上。血氣盛則口多鬚。面多肉以平。血氣皆少則面瘦惡色。手太陽之下。血氣盛則掌肉充滿。血氣皆少則掌瘦以寒。

黃帝曰。二十五人者。刺之有約乎。

歧伯曰。美眉者。足太陽之脈氣血多。惡眉者。血氣少。其肥而澤者。血氣有餘。肥而不澤者。氣有餘。血不足。瘦而無澤者。氣血俱不足。審察其形氣有餘不足而調之。可以知逆順矣。

黃帝曰。刺其諸陰陽。奈何。

歧伯曰。按其寸口。人迎。以調陰陽。切循其經絡之凝濇。結而不通者。此於身皆為痛痹。甚則不行。故凝濇。凝濇者。致氣以溫之。血和乃止。其結絡者。脈結血不和。決之乃行。故曰。氣有餘於上者。導而下之。氣不足於上者。推而休之。其稽留不至者。因而迎之。必明於經隧。乃能持之。寒與熱爭者。導而行之。其宛陳血不結者。側而予之。必先明知二十五人則血氣之所在。左右上下。刺約畢也。以上正文據叢書集成影印本

黃帝集卷三十五

黃帝內經靈樞卷十・五音五味第六十五

右徵與少徵。調右手太陽上。左商與左徵。調左手陽明上。少徵與大宮。調左手陽明上。右角與大角。調右足少陽下。大徵與少徵。調左手太陽上。眾羽與少羽。調右足太陽下。少商與右商。調右手太陽下。桎羽與眾羽。調右足太陽下。少宮與大宮。調右足陽明下。判角與少角。調右足少陽下。釱商與上商。調右足陽明下。釱商與上角。調左足太陽下。上徵與右徵同。穀麥。畜羊。果杏。手少陰。藏心。色赤。味苦。時夏。上羽與大羽同。穀大豆。畜彘。果栗。足少陰。藏腎。色黑。味鹹。時冬。上宮與大宮同。穀稷。畜牛。果棗。足太陰。藏脾。色黃。味甘。時季夏。上商與右商同。穀黍。畜雞。果桃。手太陰。藏肺。色白。味辛。時秋。上角與大角同。穀麻。畜犬。果李。足厥陰。藏肝。色青。味酸。時春。大宮與上角同。右足陽明上。左角與大角同。左足陽明上。少羽與大羽同。右足太陽下。左商與右商同。左手陽明上。加宮與大宮同。左足少陽上。質判與大宮同。左手太陽下。判角與大角同。左足少陽下。大羽與大角同。右足太陽上。大角與大宮同。右足少陽上。右徵。少徵。質徵。上徵。判徵。右角。釱角。上角。大角。判角。右商。少商。釱大商。上商。左商。少宮。上宮。大宮。加宮。左宮。眾羽。桎羽。上羽。大羽。少羽。

黃帝曰。婦人無鬚者。無血氣乎。

岐伯曰。衝脈。任脈皆起于胞中。上循背裏。為經絡之海。其浮而外者。循腹右上行。會於咽喉。別而絡脣口。血氣盛則充膚熱肉。血獨盛則澹滲皮膚。生毫毛。今婦人之生。有餘於氣。不足於血。以其數脫血也。衝任之脈。不榮口脣。故鬚不生焉。

黃帝曰。士人有傷於陰。陰氣絕而不起。陰不用。然其鬚不去。其故何也。宦者獨去何也。願聞其故。

岐伯曰。宦者去其宗筋。傷其衝脈。血寫不復。皮膚內結。脣口不榮。故鬚不生。

黃帝曰。其有天宦者。未嘗被傷。不脫於血。然其鬚不生。其故何也。

岐伯曰。此天之所不足也。其任衝不盛。宗筋不成。有氣無血。脣口不榮。故鬚不生。

黃帝曰。善乎哉。聖人之通萬物也。若日月之光影。音聲鼓響。聞其聲而知其形。其非夫子。孰能明萬物之精。是故聖人視其顏色。黃赤者多熱氣。青白者少熱氣。黑色者多血少氣。美眉者太陽多血。通髯極鬚者少陽多血。美鬚者陽明多血。此其時然也。夫人之常數。太陽常多血少氣。少陽常多氣少血。陽明常多血多氣。厥陰常多氣少血。少陰常多血少氣。太陰常多血少氣。此天之常數也。

黃帝內經靈樞卷十·百病始生第六十六

黃帝問於岐伯曰。夫百病之始生也。皆生於風雨寒暑。清溼喜怒。喜怒不節則傷藏。風雨則傷上。清溼則傷下。三部之氣。所傷異類。願聞其會。

岐伯曰。三部之氣各不同。或起於陰。或起於陽。請言其方。喜怒不節。則傷藏。藏傷則病起於陰也。清淫襲虛。則病起於下。風雨襲虛。則病起於上。是謂三部。至於其淫泆。不可勝數。

黃帝曰。余固不能數。故問先師。願卒聞其道。

歧伯曰。風雨寒熱。不得虛。邪不能獨傷人。卒然逢疾風暴雨而不病者。蓋無虛。故邪不能獨傷人。此必因虛邪之風。與其身形。兩虛相得。乃客其形。兩實相逢。眾人肉堅。其中於虛邪也。因於天時。與其身形。參以虛實。大病乃成。氣有定舍。因處為名。上下中外。分為三員。是故虛邪之中人也。始於皮膚。皮膚緩則腠理開。開則邪從毛髮入。入則抵深。深則毛髮立。毛髮立則淅然。故皮膚痛。留而不去。則傳舍於絡脈。在絡之時。痛於肌肉。其痛之時息。大經乃代。留而不去。傳舍於經。在經之時。洒淅喜驚。留而不去。傳舍於輸。在輸之時。六經不通。四肢則肢節痛。腰脊乃強。留而不去。傳舍於伏衝之脈。在伏衝之時。體重身痛。留而不去。傳舍於腸胃。在腸胃之時。賁響腹脹。多寒則腸鳴飧泄。食不化。多熱則溏出糜。留而不去。傳舍於腸胃之外。募原之間。留著於脈。稽留而不去。息而成積。或著孫脈。或著絡脈。或著經脈。或著腧脈。或著於伏衝之脈。或著於膂筋。或著於腸胃之募原。上連於緩筋。邪氣淫泆。不可勝論。

黃帝曰。願盡聞其所由然。

歧伯曰。其著孫絡之脈而成積者。其積往來上下。臂手孫絡之居也。浮而緩。不能句積而止之。故往來移行腸胃之間。水湊滲注灌。濯濯有音。有寒則䐜滿雷引。故時切痛。其著於陽明之經。則挾臍而居。飽食則益大。饑則益小。其著於緩筋也。似陽明之積。飽食則痛。饑則安。其著於腸胃之募原也。痛而外連於緩筋。飽食則安。饑則痛。其著於伏衝之脈者。揣之應手而動。發手則熱氣下於兩股。如湯沃之狀。其著於膂筋。在腸後右。饑則積見。飽則積不見。按之不得。其著於輸之脈者。閉塞不通。津液不下。孔竅乾壅。此邪氣之從外入內。從上下也。

黃帝曰。積之始生。至其已成。奈何。

歧伯曰。積之始生。得寒乃生。厥乃成積也。

黃帝曰。其成積奈何。

歧伯曰。厥氣生足悗。悗生脛寒。脛寒則血脈凝濇。血脈凝濇則寒氣上入於腸胃。入於腸胃則䐜脹。䐜脹則腸外之汁沫迫聚不得散。日以成積。卒然多食飲。則腸滿。起居不節。用力過度。則絡脈傷。陽絡傷則血外溢。血外溢則衄血。陰絡傷則血內溢。血內溢則後血。腸胃之絡傷。則血溢於腸外。腸外有寒。汁沫與血相搏。則并合凝聚不得散而積成矣。卒然外中於寒。若內傷於憂怒。則氣上逆。氣上逆則六輸不通。溫氣不行。凝血蘊裹而不散。津液濇滲。著而不去。而積皆成矣。

黃帝曰。其生於陰者。奈何。

歧伯曰。憂思傷心。重寒傷肺。忿怒傷肝。醉以入房。汗出當風傷脾。用力過度。若入房汗出浴。則傷腎。此內外三部之所生病者也。

黃帝曰。善。治之奈何。

歧伯答曰。察其所痛。以知其應。有餘不足。當補則補。當寫則寫。毋逆天時。是謂至治。

黃帝內經靈樞卷十・行鍼第六十七

黃帝問於歧伯曰。余聞九鍼於夫子。而行之於百姓。百姓之血氣各不同形。或神動而氣先鍼行。或氣與鍼相逢。或鍼已出氣獨行。或數刺乃知。或發鍼而氣逆。或數刺病益劇。凡此六者。各不同形。願聞其方。

歧伯曰。重陽之人。其神易動。其氣易往也。

黃帝曰。何謂重陽之人。

歧伯曰。重陽之人。熇熇高高。言語善疾。舉足善高。心肺之藏氣有餘。陽氣滑盛而揚。故神動而氣先行。

黃帝曰。重陽之人而神不先行者。何也。

歧伯曰。此人頗有陰者也。

黃帝曰。何以知其頗有陰者也。

歧伯曰。多陽者多喜。多陰者多怒。數怒者易解。故曰。頗有陰。其陰陽之離合難。故其神不能先行也。

黃帝曰。其氣與鍼相逢。奈何。

歧伯曰。陰陽和調而血氣淖澤滑利。故鍼入而氣出。疾而相逢也。

黃帝曰。鍼已出而氣獨行者。何氣使然。

岐伯曰。其陰氣多而陽氣少。陰氣沈而陽氣浮者。內藏。故鍼已出。氣乃隨其後。故獨行也。

黃帝曰。數刺乃知。何氣使然。

岐伯曰。此人之多陰而少陽。其氣沈而氣往難。故數刺乃知也。

黃帝曰。鍼入而氣逆者。何氣使然。

岐伯曰。其氣逆與其數刺病益甚者。非陰陽之氣。浮沈之勢也。此皆粗之所敗。工之所失。其形氣無過焉。

黃帝內經靈樞卷十・上膈第六十八

黃帝曰。氣為上膈者。食飲入而還出。余已知之矣。蟲為下膈。下膈者。食晬時乃出。余未得其意。願卒聞之。

岐伯曰。喜怒不適。食飲不節。寒溫不時。則寒汁流於腸中。流於腸中則蟲寒。蟲寒則積聚。守於下管。則腸胃充郭。衛氣不營。邪氣居之。人食則蟲上食。蟲上食則下管虛。下管虛則邪氣勝之。積聚已留。留則癰成。癰成則下管約。其癰在管內者。即而痛深。其癰在外者。則癰外而痛浮。癰上皮熱。

黃帝曰。刺之奈何。

岐伯曰。微按其癰。視氣所行。先淺刺其傍。稍內益深。還而刺之。無過三行。察其沈浮。以為深淺。已刺必熨。令熱入中。日使熱內。邪氣益衰。大癰乃潰。伍以參禁。以除其內。恬憺無為。乃能行氣。後以鹹苦。化穀乃下矣。

黄帝內經靈樞卷十・憂恚無言第六十九

黄帝問於少師曰。人之卒然憂恚。而言無音者。何道之塞。何氣出行。使音不彰。願聞其方。

少師荅曰。咽喉者。水穀之道也。喉嚨者。氣之所以上下者也。會厭者。音聲之戶也。口脣者。音聲之扇也。舌者。音聲之機也。懸雍垂者。音聲之關也。頏顙者。分氣之所泄也。横骨者。神氣所使。主發舌者也。故人之鼻洞涕出不收者。頏顙不開。分氣失也。是故厭小而疾薄。則發氣疾。其開闔利。其出氣易。其厭大而厚。則開闔難。其氣出遲。故重言也。人卒然無音者。寒氣客于厭。則厭不能發。發不能下。至其開闔不致。故無音。

黄帝曰。刺之奈何。

岐伯曰。足之少陰。上繫於舌。絡於横骨。終於會厭。兩寫其血脈。濁氣乃辟。會厭之脈。上絡任脈。取之天突。其厭乃發也。

黄帝內經靈樞卷十・寒熱第七十

黄帝問于岐伯曰。寒熱瘰癧在于頸腋者。皆何氣使生。

岐伯曰。此皆鼠瘻寒熱之毒氣也。留於脈而不去者也。

黃帝曰。去之奈何。

岐伯曰。鼠瘻之本。皆在於藏。其末上出於頸腋之間。其浮於脈中。而未內著於肌肉。而外為膿血者。易去也。

黃帝曰。去之奈何。

岐伯曰。請從其本引其末。可使衰去。而絕其寒熱。審按其道以予之。徐往徐來以去之。其小如麥者。一刺知。三刺而已。

黃帝曰。決其生死奈何。

岐伯曰。反其目視之。其中有赤脈。上下貫瞳子。見一脈。一歲死。見一脈半。一歲半死。見二脈。二歲死。見二脈半。二歲半死。見三脈。三歲而死。見赤脈。不下貫瞳子。可治也。

黃帝內經靈樞卷十・邪客第七十一

黃帝問於伯高曰。夫邪氣之客人也。或令人目不瞑不臥出者。何氣使然。

伯高曰。五穀入于胃也。其糟粕。津液。宗氣分為三隧。故宗氣積于胸中。出于喉嚨。以貫心脈。而行呼吸焉。營氣者。泌其津液。注之于脈。化以為血。以榮四末。內注五藏六府。以應刻數焉。衛氣者。出其悍氣之慓疾。而先行於四末。分肉。皮膚之間。而不休者也。晝日行於陽。夜行於陰。常從足少陰之分間。行於五藏六府。今厥氣客于五藏六府。則衛氣獨衛其外。行於陽。不得入於陰。行於陽則陽氣盛。陽氣盛則陽蹻陷。不得入於陰。陰虛。故目不瞑。

伯高曰。補其不足。寫其有餘。調其虛實。以通其道。而去其邪。飲以半夏湯一劑。陰陽已通。其臥立至。

黃帝曰。善。治之奈何。

伯高曰。其湯大以流水千里以外者八升。揚之萬遍。取其清五升。煮之。炊以葦薪火。沸置秫米一升。治半夏五合。徐炊。令竭為一升半。去其滓。飲汁一小杯。日三稍益。以知為度。故其病新發者。覆杯則臥。汗出則已矣。久者。三飲而已也。

黃帝曰。善。此所謂決瀆壅塞。經絡大通。陰陽和得者也。願聞其方。

黃帝問於伯高曰。願聞人之肢節。以應天地奈何。

伯高答曰。天圓地方。人頭圓足方以應之。天有日月。人有兩目。地有九州。人有九竅。天有風雨。人有喜怒。天有雷電。人有音聲。天有四時。人有四肢。天有五音。人有五藏。天有六律。人有六府。天有冬夏。人有寒熱。天有十日。人有手十指。辰有十二。人有足十指。莖垂以應之。女子不足二節。以抱人形。天有陰陽。人有夫妻。歲有三百六十五日。人有三百六十節。地有高山。人有肩膝。地有深谷。人有腋膕。地有十二經水。人有十二經脈。地有泉脈。人有衛氣。地有草蓂。人有毫毛。天有晝夜。人有臥起。天有列星。人有牙齒。地有小山。人有小節。地有山石。人有高骨。地有林木。人有募筋。地有聚邑。人有䐃肉。歲有十二月。人有十二節。地有四時不生草。人有無子。此人與天地相應者也。

黃帝問于歧伯曰。余願聞持鍼之數。內鍼之理。縱舍之意。扞皮開腠理。奈何。脈之屈折。出入之處。焉至而出。焉至而止。焉至而徐。焉至而疾。焉至而入。六府之輸於身者。余願盡聞少序。別離之處。離而入陰。別而入陽。此何道而從行。願盡聞其方。

歧伯曰。帝之所問。鍼道畢矣。

黃帝曰。願卒聞之。

歧伯曰。手太陰之脈。出於大指之端。內屈。循白肉際。至本節之後大淵。留以澹外屈。上於本節下。內屈。與陰諸絡會於魚際。數脈并注。其氣滑利。伏行壅骨之下。外屈出於寸口而行。上至於肘內廉。入於大筋之下。內屈。上行臑陰。入腋下。內屈走肺。此順行逆數之屈折也。心主之脈。出於中指之端。內屈。循中指內廉以上。留於掌中。伏行兩骨之間。外屈。出兩筋之間。骨肉之際。其氣滑利。上二寸。外屈出行兩筋之間。上至肘內廉。入於小筋之下。留兩骨之會。上入於胸中。內絡於心脈。

黃帝曰。手少陰之脈獨無腧。何也。

歧伯曰。少陰。心脈也。心者。五藏六府之大主也。精神之所舍也。其藏堅固。邪弗能容也。容之則心傷。心傷則神去。神去則死矣。故諸邪之在於心者。皆在於心之包絡。包絡者。心主之脈也。故獨無腧焉。

黃帝曰。少陰獨無腧者。不病乎。

岐伯曰。其外經病而藏不病。故獨取其經於掌後銳骨之端。其餘脈出入屈折。其行之徐疾。皆如手少陰心主之脈行也。故本腧者。皆因其氣之虛實疾徐以取之。是謂因衝而寫。因衰而補。如是者。邪氣得去。真氣堅固。是謂因天之序。

黃帝曰。持鍼縱舍。奈何。

岐伯曰。必先明知十二經脈之本末。皮膚之寒熱。脈之盛衰滑濇。其脈滑而盛者。病日進。虛而細者。久以持。大以濇者。為痛痹。陰陽如一者。病難治。其本末尚熱者。病尚在。其熱已衰者。其病亦去矣。持其尺。察其肉之堅脆。小大。滑濇。寒溫。燥溼。因視目之五色。以知五藏。而決死生。視其血脈。察其色。以知其寒熱痛痹。

黃帝曰。持鍼縱舍。余未得其意也。

岐伯曰。持鍼之道。欲端以正。安以靜。先知虛實而行疾徐。左手執骨。右手循之。無與肉果。寫欲端以正。補必閉膚。輔鍼導氣。邪得淫泆。真氣得居。

黃帝曰。扞皮開腠理。奈何。

岐伯曰。因其分肉。左別其膚。微內而徐端之。適神不散。邪氣得去。

黃帝問於岐伯曰。人有八虛。各何以候。

岐伯答曰。以候五藏。

黃帝曰。候之奈何。

歧伯曰。肺心有邪。其氣留於兩肘。肝有邪。其氣留于兩腋。脾有邪。其氣留于兩髀。腎有邪。其氣留于兩膕。凡此八虛者。皆機關之室。真氣之所過。血絡之所遊。邪氣惡血。固不得住留。住留則傷筋絡骨節。機關不得屈伸。故病攣也。

黃帝內經靈樞卷十・通天第七十二

黃帝問於少師曰。余嘗聞人有陰陽。何謂陰人。何謂陽人。

少師曰。天地之間。六合之內。不離於五。人亦應之。非徒一陰一陽而已也。而略言耳。口弗能徧明也。

黃帝曰。願略聞其意。有賢人聖人。心能備而行之乎。

少師曰。蓋有太陰之人。少陰之人。太陽之人。少陽之人。陰陽和平之人。凡五人者。其態不同。其筋骨氣血各不等。

黃帝曰。其不等者。可得聞乎。

少師曰。太陰之人。貪而不仁。下齊湛湛。好內而惡出。心和而不發。不務於時。動而後之。此太陰之人也。少陰之人。小貪而賊心。見人有亡。常若有得。好傷好害。見人有榮。乃反慍怒。心疾而無恩。此少陰之人也。太陽之人。居處于于。好言大事。無能而虛說。志發于四野。舉措不顧是非。為事如常自用。事雖敗而常無悔。此太陽之人也。少陽之人。諟諦好自貴。有小小官。則高自宜。好為外交。而不內附。此少陽之人也。陰陽和平之人。居處安靜。無為懼懼。無為欣欣。婉然從物。或與不爭。與時變化。尊則謙謙。譚而不治。是謂至治。古之善用鍼艾者。視人五態乃治之。盛者寫之。虛者補之。

黃帝曰。治人之五態。奈何。

少師曰。太陰之人。多陰而無陽。其陰血濁。其衛氣濇。陰陽不和。緩筋而厚皮。不之疾寫。不能移之。少陰之人。多陰而少陽。小胃而大腸。六府不調。其陽明脈小。而太陽脈大。必審調之。其血易脫。其氣易敗也。太陽之人。多陽而少陰。必謹調之。無脫其陰。而寫其陽。陽重脫者。易狂。陰陽皆脫者。暴死不知人也。少陽之人。多陽少陰。經小而絡大。血在中而氣外。實陰而虛陽。獨寫其絡脈則強。氣脫而疾。中氣不足。病不起也。陰陽和平之人。其陰陽之氣和。血脈調。謹診其陰陽。視其邪正。安容儀。審有餘不足。盛則寫之。虛則補之。不盛不虛。以經取之。此所以調陰陽。別五態之人者也。

黃帝曰。夫五態之人者。相與無故。卒然新會。未知其行也。何以別之。

少師答曰。眾人之屬。不知五態之人者。故五五二十五人。而五態之人不與焉。五態之人。尤不合於眾者也。

黃帝曰。別五態之人。奈何。

少師曰。太陰之人。其狀黮黮然黑色。念然下意。臨臨然長大。膕然未僂。此太陰之人也。少陰之人。其狀清然竊然。固以陰賊。立而躁嶮。行而似伏。此少陰之人也。太陽之人。其狀軒軒儲儲。反身折膕。此太陽之人也。少陽之人。其狀立則好仰。行則好搖。其兩臂兩肘。則常出於背。此少陽之人也。陰陽和平之人。其狀委委然。隨隨然。顒顒然。愉愉然。暶暶然。豆豆然。衆人皆曰。君子。此陰陽和平之人也。以上正文據叢書集成影印本

黄帝集卷三十六

黄帝內經靈樞卷十一・官能第七十三

黄帝問于歧伯曰。余聞九鍼於夫子衆多矣。不可勝數。余推而論之。以為一紀。餘司誦之。子聽其理。非則語余。請正其道。令可久傳。後世無患。得其人乃傳。非其人勿言。

歧伯稽首再拜曰。請聽聖王之道。

黄帝曰。用鍼之理。必知形氣之所在。左右上下。陰陽表裏。血氣多少。行之逆順。出入之合。謀伐有過。知解結。知補虛寫實。上下氣門。明通於四海。審其所在。寒熱淋露以輸異處。審於調氣。明於經隧。左右肢絡。盡知其會。寒與熱爭。能合而調之。虛與實鄰。知決而通之。左右不調。把而行之。明於逆順。乃知可治。陰陽不奇。故知起時。審於本末。察其寒熱。得邪所在。萬刺不殆。知官九鍼。刺道畢矣。明於五輸。徐疾所在。屈伸出入。皆有條理。言陰與陽。合於五行。五藏六府。亦有所藏。四時八風。盡有陰陽。各得其位。合於明堂。各處色部。五藏六府。察其所痛。左右上下。知其寒溫。何經所在。審皮膚之寒溫滑濇。知其所苦。膈有上下。知其氣所在。先得其道。稀而疏之。稍深以留。故能徐入之。大熱在上。推而下之。從上下者。引而去之。視前痛者。常先取之。大寒在外。留而補之。入於中者。從合寫之。鍼所不為。灸之所宜。上氣不足。推而揚之。下氣不足。積而從之。陰陽皆虛。火自當之。厥而寒甚。骨廉陷下。寒過於膝。下陵三里。陰絡所過。得之留止。寒入於中。推而行之。經陷下者。火則當之。結絡堅下。火所治之。不知所苦。兩蹻之下。男陰女陽。良工所禁。鍼論畢矣。用鍼之服。必有法則。上視天光。下司八正。以辟奇邪。而觀百姓。審於虛實。無犯其邪。是得天之露。遇歲之虛。救而不勝。反受其殃。故曰。必知天忌。乃言鍼意。法於往古。驗於來今。觀於窈冥。通於無窮。麤之所不見。良工之所貴。莫知其形。若神髣髴。邪氣之中人也。洒淅動形。正邪之中人也。微先見於色。不知於其身。若有若無。若亡若存。有形無形。莫知其情。是故。上工之取氣。乃救其萌芽。下工守其已成。因敗其形。是故。工之用鍼也。知氣之所在。而守其門戶。明於調氣。補寫所在。徐疾之意。所取之處。寫必用員。切而轉之。其氣乃行。疾而徐出。邪氣乃出。伸而迎之。遙大其穴。氣出乃疾。補必用方。外引其皮。令當其門。左引其樞。右推其膚。微旋而徐推之。必端以正。安以靜。堅心無解。欲微以留。氣下而疾出之。推其皮。蓋其外門。真氣乃存。用鍼之要。無忘其神。

雷公問於黃帝曰。鍼論曰。得其人乃傳。非其人勿言。何以知其可傳。

黃帝曰。各得其人。任之其能。故能明其事。

雷公曰。願聞官能奈何。

黃帝曰。明目者。可使視色。聰耳者。可使聽音。捷疾辭語者。可使傳論。語徐而安靜。手巧而心審諦者。可使行鍼艾。理血氣而調諸逆順。察陰陽而兼諸方。緩節柔筋而心和調者。可使導引行氣。疾毒言語輕人者。可使唾癰咒病。爪苦手毒。為事善傷者。可使按積抑痹。各得其能。方乃可行。其名乃彰。不得其人。其功不成。其師無名。故曰。得其人乃言。非其人勿傳。此之謂也。手毒者。可使試按龜。置龜於器下。而按其上。五十日而死矣。手甘者。復生如故也。

黃帝內經靈樞卷十一・論疾診尺第七十四

黃帝問于歧伯曰。余欲無視色持脈。獨調其尺。以言其病。從外知內。為之奈何。

歧伯曰。審其尺之緩急。小大。滑濇。肉之堅脆。而病形定矣。視人之目窠上微癰。如新臥起狀。其頸脈動。時欬。按其手足上。窅而不起者。風水膚脹也。尺膚滑。其淖澤者。風也。尺肉弱者。解㑊。安臥脫肉者。寒熱不治。尺膚滑而澤脂者。風也。尺膚濇者。風痺也。尺膚麤如枯魚之鱗者。水泆飲也。尺膚熱甚。脈盛躁者。病溫也。其脈盛而滑者。病且出也。尺膚寒。其脈小者。泄。少氣。尺膚炬然。先熱後寒者。寒熱也。尺膚先寒。久。大之而熱者。亦寒熱也。肘所獨熱者。腰以上熱。手所獨熱者。腰以下熱。肘前獨熱者。膺前熱。肘後獨熱者。肩背熱。臂中獨熱者。腰腹熱。肘後麤以下三四寸熱者。腸中有蟲。掌中熱者。腹中熱。掌中寒者。腹中寒。魚上白肉有青血脈者。胃中有寒。尺炬然熱。人迎大者。當奪血。尺堅大。脈小甚。少氣。悗有加。立死。目赤色者。病在心。白在肺。青在肝。黃在脾。黑在腎。黃色不可名者。病在胸中。診目痛。赤脈從上下者。太陽病。從下上者。陽明病。從外走內者。少陽病。診寒熱。赤脈上下至瞳子。見一脈。一歲死。見一脈半。一歲半死。見二脈。二歲死。見二脈半。二歲半死。見三脈。三歲死。診齲齒痛。按其陽之來。有過者獨熱。在左左熱。在右右熱。在上上熱。在下下熱。診血脈者。多赤多熱。多青多痛。多黑為久痹。多赤。多黑。多青。皆見者。寒熱。身痛而色微黃。齒垢黃。爪甲上黃。黃疸也。安臥。小便黃赤。脈小而濇者。不嗜食。人病。其寸口之脈。與人迎之脈小大等。及其浮沈等者。病難已也。女子手少陰脈動甚者。妊子。嬰兒病。其頭毛皆逆上者。必死。耳間青脈起者。掣痛。大便赤辦飧泄。脈小者。手足寒。難已。飧泄。脈小。手足溫。泄易已。四時之變。寒暑之勝。重陰必陽。重陽必陰。故陰主寒。陽主熱。故寒甚則熱。熱甚則寒。故曰。寒生熱。熱生寒。此陰陽之變也。故曰。冬傷於寒。春生癉熱。春傷於風。夏生飧泄腸澼。夏傷於暑。秋生痎瘧。秋傷於溼。冬生咳嗽。是謂四時之序也。

黃帝內經靈樞卷十一・刺節真邪第七十五

黃帝問于歧伯曰。余聞刺有五節。奈何。

歧伯曰。固有五節。一曰振埃。二曰發矇。三曰去爪。四曰徹衣。五曰解惑。

黃帝曰。夫子言五節。余未知其意。

歧伯曰。振埃者。刺外去陽病也。發矇者。刺府輸。去府病也。去爪者。刺關節肢絡也。徹衣者。盡刺諸陽之奇輸也。解惑者。盡知調陰陽。補寫有餘不足。相傾移也。

黃帝曰。刺節言振埃。夫子乃言刺外經。去陽病。余不知其所謂也。願卒聞之。

歧伯曰。振埃者。陽氣大逆。上滿於胸中。憤䐜肩息。大氣逆上。喘喝坐伏。病惡埃煙。䭇不得息。

請言振埃。尚疾於振埃。

黃帝曰。善。取之何如。

岐伯曰。取之天容。

黃帝曰。其欬上氣。窮詘胸痛者。取之奈何。

岐伯曰。取之廉泉。

黃帝曰。取之有數乎。

岐伯曰。取天容者。無過一里。取廉泉者。血變而止。

帝曰。善哉。

黃帝曰。刺節言發矇。余不得其意。夫發矇者。耳無所聞。目無所見。夫子乃言刺府輸。去府病。何輸使然。願聞其故。

岐伯曰。妙乎哉問也。此刺之大約。鍼之極也。神明之類也。口說書卷。猶不能及也。請言發矇耳。尚疾於發矇也。

黃帝曰。善。願卒聞之。

岐伯曰。刺此者。必於日中。刺其聽宮。中其眸子。聲聞於耳。此其輸也。

黃帝曰。善。何謂聲聞於耳。

岐伯曰。刺邪以手堅按其兩鼻竅而疾偃。其聲必應於鍼也。

黃帝曰。善。此所謂弗見為之。而無目視。見而取之。神明相得者也。

黃帝曰。刺節言去爪。夫子乃言刺關節肢絡。願卒聞之。

歧伯曰。腰脊者。身之大關節也。肢脛者。人之管以趨翔也。莖垂者。身中之機。陰精之候。津液之道也。故飲食不節。喜怒不時。津液內溢。乃下留於睾。血道不通。日大不休。俛仰不便。趨翔不能。此病滎然有水。不上不下。鈹石所取。形不可匿。常不得蔽。故命曰。去爪。

帝曰。善。

黃帝曰。刺節言徹衣。夫子乃言盡刺諸陽之奇輸。未有常處也。願卒聞之。

歧伯曰。是陽氣有餘。而陰氣不足。陰氣不足則內熱。陽氣有餘則外熱。內熱相搏。熱於懷炭。外畏綿帛近。不可近身。又不可近席。腠理閉塞。則汗不出。舌焦脣槁腊乾嗌燥。飲食不讓美惡。

黃帝曰。善。取之奈何。

歧伯曰。或之於其天府。太杼三痏。又刺中膂。以去其熱。補足手太陰。以去其汗。熱去汗稀。疾於徹衣。

黃帝曰。善。

黃帝曰。刺節言解惑。夫子乃言盡知調陰陽。補寫有餘不足。相傾移也。惑何以解之。

歧伯曰。大風在身。血脈偏虛。虛者不足。實者有餘。輕重不得。傾側宛伏。不知東西。不知南北。乍上乍下。乍反乍覆。顛倒無常。甚於迷惑。

黃帝曰。善。取之奈何。

歧伯曰。寫其有餘。補其不足。陰陽平復。用鍼若此。疾於解惑。

黃帝曰。善。請藏之靈蘭之室。不敢妄出也。

歧伯曰。病有持癰者。有容大者。有狹小者。有熱者。有寒者。是謂五邪。

黃帝曰。刺五邪奈何。

歧伯曰。凡刺五邪之方。不過五章。痹熱消滅。腫聚散亡。寒痹益溫。小者益陽。大者必去。請道其方。凡刺癰邪。無迎隴。易俗移性。不得膿。脆道更行。去其鄉。不安處所乃散亡。諸陰陽過癰者。取之其輸寫之。凡刺大邪日以小。泄奪其有餘。乃益虛。剽其通。鍼其邪。肌肉親。視之毋有。反其真。刺諸陽分肉間。凡刺小邪日以大。補其不足。乃無害。視其所在迎之界。遠近盡至。其不得外。侵而行之。乃自費。刺分肉間。凡刺熱邪。越而蒼。出遊不歸。乃無病。為開通。闢門戶。使邪得出。病乃已。凡刺寒邪日以溫。徐往徐來。致其神。門戶已閉。氣不分。虛實得調。其氣存也。

黃帝曰。官鍼奈何。

歧伯曰。刺癰者用鈹鍼。刺大者用鋒鍼。刺小者用員利鍼。刺熱者用鑱鍼。刺寒者用毫鍼也。請言解論。與天地相應。與四時相副。人參天地。故可為解。下有漸洳。上生葦蒲。此所以知形氣之多少也。陰陽者。寒暑也。熱則滋雨而在上。根荄少汁。人氣在外。皮膚緩。腠理開。血氣減。汗大泄。皮淖澤。寒則地凍水冰。人氣在中。皮膚緻。腠理閉。汗不出。血氣強。肉堅濇。當是之時。善行水者。不能往冰。善穿地者。不能鑿凍。善用鍼者。亦不能取四厥。血脈凝結。堅搏不往來者。亦未可即柔。故行水者。必待天溫冰釋。凍解。而水可行。地可穿也。人脈猶是也。治厥者。必先熨調和其經。掌與腋。肘與腳。項與脊以調之。火氣已通。血脈乃行。然後視其病。脈淖澤者。刺而平之。堅緊者。破而散之。氣下乃止。此所謂以解結者也。用鍼之類。在於調氣。氣積於胃。以通營衛。各行其道。宗氣留於海。其下者注於氣街。其上者走於息道。故厥在於足。宗氣不下。脈中之血。凝而留止。弗之火調。弗能取之。用鍼者。必先察其經絡之實虛。切而循之。按而彈之。視其應動者。乃後取之而下之。六經調者。謂之不病。雖病。謂之自已也。一經上實下虛而不通者。此必有橫絡盛加于大經。令之不通。視而寫之。此所謂解結也。上寒下熱。先刺其項太陽。久留之。已刺則熨項與肩胛。令熱下合乃止。此所謂推而上之者也。上熱下寒。視其虛脈而陷之於經絡者取之。氣下乃止。此所謂引而下之者也。大熱偏身。狂而妄見。妄聞。妄言。視足陽明及大絡取之。虛者補之。血而實者寫之。因其偃臥。居其頭前。以兩手四指挾按頸動脈。久持之。卷而切推。下至缺盆中。而復止如前。熱去乃止。此所謂推而散之者也。

黃帝曰。有一脈生數十病者。或痛。或癰。或熱。或寒。或痒。或痹。或不仁。變化無窮。其故何也。

岐伯曰。此皆邪氣之所生也。

黃帝曰。餘聞氣者。有真氣。有正氣。有邪氣。何謂真氣。

岐伯曰。真氣者。所受於天。與穀氣并而充身也。正氣者。正風也。從一方來。非實風。又非虛風也。邪氣者。虛風之賊傷人也。其中人也深。不能自去。正風者。其中人也淺。合而自去。其氣來柔弱。不能勝真氣。故自去。虛邪之中人也。洒淅動形。起毫毛而發腠理。其入深。內搏於骨。則為骨痹。搏於筋。則為筋攣。搏於脈中。則為血閉。不通則為癰。搏於肉。與衛氣相搏。陽勝者則為熱。陰勝者則為寒。寒則真氣去。去則虛。虛則寒。搏於皮膚之間。其氣外發。腠理開。毫毛搖。氣往來行。則為痒。留而不去。則痹。衛氣不行。則為不仁。虛邪偏容於身半。其入深。內居營衛。營衛稍衰。則真氣去。邪氣獨留。發為偏枯。其邪氣淺者。脈偏痛。虛邪之入於身也深。寒與熱相搏。久留而內著。寒勝其熱。則骨疼肉枯。熱勝其寒。則爛肉腐肌為膿。內傷骨。內傷骨為骨蝕。有所疾。前筋。筋屈不得伸。邪氣居其間而不反。發於筋溜。有所結。氣歸之。衛氣留之。不得反津。液久留。合而為腸溜。久者。數歲乃成。以手按之柔。已有所結。氣歸之。津液留之。邪氣中之。凝結日以易甚。連以聚居。為昔瘤。以手按之堅。有所結。深中骨。氣因於骨。骨與氣并。日以益大。則為骨疽。有所結。中於肉。宗氣歸之。邪留而不去。有熱則化而為膿。無熱則為肉疽。凡此數氣者。其發無常處。而有常名也。

黄帝內經靈樞卷十一・衛氣行第七十六

黄帝問於歧伯曰。願聞衛氣之行。出入之合。何如。伯高曰。歲有十二月。日有十二辰。子午為經。卯酉為緯。天周二十八宿。而一面七星。四七二十八星。房昴為緯。虛張為經。是故。房至畢為陽。昴至心為陰。陽主晝。陰主夜。故衛氣之行。一日一夜五十周於身。晝日行於陽二十五周。夜行於陰二十五周。周於五歲。是故。平旦陰盡。陽氣出於目。目張則氣上行於頭。循項下足太陽。循背下至小指之端。其散者。別於目銳眥。下手太陽。下至手小指之間外側。其散者。別於目銳眥。下足少陽。注小指次指之間。以上循手少陽之分。側下至小指之間。別者以上至耳前。合於頷脈。注足陽明。以下行至跗上。入五指之間。其散者。從耳下下手陽明。入大指之間。入掌中。其至於足也。入足心。出內踝下行陰分。復合於目。故為一周。是故。日行一舍。人氣行一周與十分身之八。日行二舍。人氣行三周於身與十分身之六。日行三舍。人氣行於身五周與十分身之四。日行四舍。人氣行於身七周與十分身之二。日行五舍。人氣行於身九周。日行六舍。人氣行於身十周與十分身之八。日行七舍。人氣行於身十二周在身與十分身之六。日行十四舍。人氣二十五周於身有奇分與十分身之二。陽盡於陰。陰受氣矣。其始入於陰。當從足少陰注於腎。腎注於心。心注於肺。肺注於肝。肝注於脾。脾復注于腎為周。是故。夜行一舍。人氣行於陰藏一周與十分藏之八。亦如陽行之二十五周。而復合於目。陰陽一日一夜。合有奇分十分身之二。與十分藏之二。是故。人之所以臥起之時有早晏者。奇分不盡故也。

黃帝曰。衛氣之在於身也。上下往來不以期。候氣而刺之。奈何。

伯高曰。分有多少。日有長短。春秋冬夏。各有分理。然後常以平旦為紀。以夜盡為始。是故。一日一夜。水下百刻。二十五刻者。半日之度也。常如是毋已。日入而止。隨日之長短。各以為紀而刺之。謹候其時。病可與期。失時反候者。百病不治。故曰。刺實者。刺其來也。刺虛者。刺其去也。此言氣存亡之時。以候虛實而刺之。是故謹候氣之所在而刺之。是謂逢時。在於三陽。必候其氣在於陽而刺之。病在於三陰。必候其氣在陰分而刺之。水下一刻。人氣在太陽。水下二刻。人氣在少陽。水下三刻。人氣在陽明。水下四刻。人氣在陰分。水下五刻。人氣在太陽。水下六刻。人氣在少陽。水下七刻。人氣在陽明。水下八刻。人氣在陰分。水下九刻。人氣在太陽。水下十刻。人氣在少陽。水下十一刻。人氣在陽明。水下十二刻。人氣在陰分。水下十三刻。人氣在太陽。水下十四刻。人氣在少陽。水下十五刻。人氣在陽明。水下十六刻。人氣在陰分。水下十七刻。人氣在太陽。水下十八刻。人氣在少陽。水下十九刻。人氣在陽明。水下二十刻。人氣在陰分。水下二十一刻。人氣在太陽。水下二十二刻。人氣在少陽。水下二十三刻。人氣在陽明。水下二十四刻。人氣在陰分。水下二十五刻。人氣在太陽。此半日之度也。從房至畢一十四。舍水下五十刻。日行半度。迴行一舍。水下三刻與七分刻之四。大要曰。常以日之如於宿上也。人氣在太陽。是故。日行一舍。人氣行三陽行與陰分。常如是無已。天與地同紀。紛紛盼盼。終而復始。一日一夜水下百刻而盡矣。

合八風虛實邪正

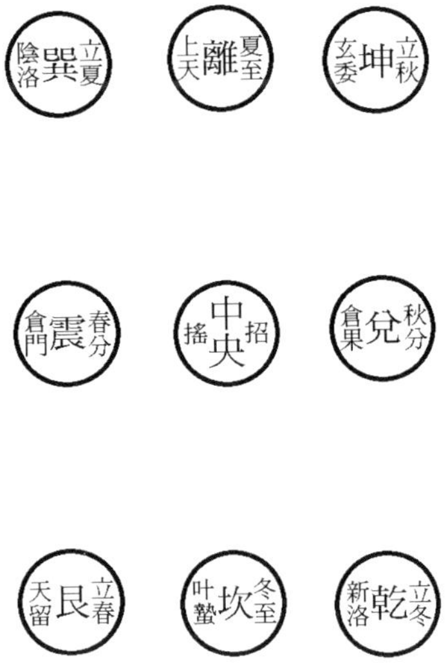

立秋二玄委西南方	秋分七倉果西方	立冬六新洛西北方
夏至九上天南方	招搖中央	冬至一叶蟄北方
立夏四陰洛東南方	春分三倉門東方	立春八天留東北方

太一常以冬至之日。居叶蟄之宮四十六日。明日居天留四十六日。明日居倉門四十六日。明日居陰洛四十五日。明日居天宮四十六日。明日居玄委四十六日。明日居倉果四十六日。明日居新洛四十五日。明日復居叶蟄之宮。曰。冬至矣。太一日游。以冬至之日。居叶蟄之宮。數所在日。從一處至九

日。復反於一。常如是無已。終而復始。太一移日。天必應之以風雨。以其日風雨則吉。歲美民安少病矣。先之則多雨。後之則多汗。太一在冬至之日有變。占在君。太一在春分之日有變。占在相。太一在中宮之日有變。占在吏。太一在秋分之日有變。占在將。太一在夏至之日有變。占在百姓。所謂有變者。太一居五宮之日。病風折樹木。揚沙石。各以其所主。占貴賤因視風所來而占之。風從其所居之鄉來為實風。主生長養萬物。從其衝後來為虛風。傷人者也。主殺。主害者。謹候虛風而避之。故聖人日避虛邪之道。如避矢石然。邪弗能害。此之謂也。是故。太一入徙立於中宮。乃朝八風。以占吉凶也。風從南方來。名曰。大弱風。其傷人也。內舍於心。外在於脈。氣主熱。風從西南方來。名曰。謀風。其傷人也。內舍於脾。外在於肌。其氣主為弱。風從西方來。名曰。剛風。其傷人也。內舍於肺。外在於皮膚。其氣主為燥。風從西北方來。名曰。折風。其傷人也。內舍於小腸。外在於手太陽脈。脈絕則溢。脈閉則結不通。善暴死。風從北方來。名曰。大剛風。其傷人也。內舍於腎。外在於骨與肩背之膂筋。其氣主為寒也。風從東北方來。名曰。凶風。其傷人也。內舍於大腸。外在於兩脅腋骨下及肢節。風從東方來。名曰。嬰兒風。其傷人也。內舍於肝。外在於筋紐。其氣主為身溼。風從東南方來。名曰。弱風。其傷人也。內舍於胃。外在肌肉。其氣主體重。此八風皆從其虛之鄉來。乃能病人。三虛相搏。則為暴病卒死。兩實一虛。病則為淋露寒熱。犯其兩溼之地。則為痿。故聖人避風如避矢石焉。其有三虛而偏中於邪風。則為擊骨偏枯矣。以上正文據叢書集成影印本

黃帝集卷三十七

黃帝內經靈樞卷十二・九鍼論第七十八

黃帝曰。余聞九鍼於夫子。衆多博大矣。余猶不能寤。敢問九鍼焉生。何因而有名。

岐伯曰。九鍼者。天地之大數也。始於一而終於九。故曰。一以法天。二以法地。三以法人。四以法時。五以法音。六以法律。七以法星。八以法風。九以法野。

黃帝曰。以鍼應九之數。奈何。

岐伯曰。夫聖人之起天地之數也。一而九之。故以立九野。九而九之。九九八十一。以起黃鍾數焉。以鍼應數也。一者。天也。天者。陽也。五藏之應天者。肺。肺者。五藏六府之蓋也。皮者。肺之合也。人之陽也。故為之治鍼。必以大其頭而銳其末。令無得深入而陽氣出。二者。地也。人之所以應土者。肉也。故為之治鍼。必筩其身而員其末。令無得傷肉分。傷則氣得竭。三者。人也。人之所以成生者。血脈也。故為之治鍼。必大其身而員其末。令可以按脈勿陷。以致其氣。令邪氣獨出。四者。時也。時者。四時八風之客于經絡之中。為瘤病者也。故為之治鍼。必筩其身而鋭其末。令可以寫熱出血。而痼病竭。五者。音也。音者。冬夏之分。分於子午。陰與陽別。寒與熱爭。兩氣相搏。合為癰膿者也。故為之治鍼。必令其末如劍鋒。可以取大膿。六者。律也。律者。調陰陽四時而合十二經脈。虛邪客於經絡而為暴痹者也。故為之治鍼。必令尖如氂。且員且銳。中身微大。以取暴氣。

七者。星也。星者。人之七竅。邪之所客於經。而為痛痹。合於經絡者也。故為之治鍼。令尖如蝱喙。靜以徐往。微以久留。正氣因之。真邪俱往。出鍼而養者也。八者。風也。風者。人之股肱八節也。八正之虛風。八風傷人。內舍於骨解腰脊節腠理之間。為深痹也。故為之治鍼。必長其身。鋒其末。可以取深邪遠痹。九者。野也。野者。人之節解皮膚之間也。淫邪流溢於身。如風水之狀。而溜不能過於機關大節者也。故為之治鍼。令小大如挺。其鋒微員。以取大氣之不能過於關節者也。

黄帝曰。鍼之長短有數乎。

岐伯曰。一曰鑱鍼者。取法於巾鍼。去末寸半。卒銳之。長一寸六分。主熱在頭身也。二曰員鍼。取法於絮鍼。筩其身而卵其鋒。長一寸六分。主治分肉間氣。三曰鍉鍼。取法於黍粟之銳。長三寸半。主按脈取氣。令邪出。四曰鋒鍼。取法於絮鍼。筩其身。鋒其末。長一寸六分。主癰熱出血。五曰鈹鍼。取法於劍鋒。廣二分半。長四寸。主大癰膿。兩熱爭者也。六曰員利鍼。取法於氂鍼。微大其末。反小其身。令可深內也。長一寸六分。主取癰痹者也。七曰毫鍼。取法於毫毛。長一寸六分。主寒熱痛痹在絡者也。八曰長鍼。取法於綦鍼。長七寸。主取深邪遠痹者也。九曰大鍼。取法於鋒鍼。其鋒微員。長四寸。主取大氣不出關節者也。鍼形畢矣。此九鍼大小長短法也。

黄帝曰。願聞身形應九野奈何。

岐伯曰。請言身形之應九野也。左足應立春。其日戊寅己丑。左脅應春分。其日乙卯。左手應立夏。其日戊辰己巳。膺喉首頭應夏至。其日丙午。右手應立秋。其中戊申己未。右脅應秋分。其日辛酉。

右足應立冬。其日戊戌己亥。腰尻下竅應冬至。其日壬子。六府膈下三藏應中州。其大禁。大禁太乙所在之日。及諸戊己。凡此九者。善候八正所在之處。所主左右上下身體有癰腫者。欲治之。無以其所直之日潰治之。是謂天忌日也。形樂志苦。病生於脈。治之於灸刺。形苦志樂。病生於筋。治之以熨引。形樂志樂。病生於肉。治之以鍼石。形苦志苦。病生於咽喝。治之以甘藥。形數驚恐。筋脈不通。病生於不仁。治之以按摩醪藥。是謂形。五藏氣。心主噫。肺主欬。肝主語。脾主吞。腎主欠。六府氣。膽為怒。胃為氣逆噦。大腸小腸為泄。膀胱不約為遺溺。下焦溢為水。五味。酸入肝。辛入肺。苦入心。甘入脾。鹹入腎。淡入胃。是謂五味。五并。精氣并肝則憂。并心則喜。并肺則悲。并腎則恐。并脾則畏。是謂五精之氣并於藏也。五惡。肝惡風。心惡熱。肺惡寒。腎惡燥。脾惡溼。此五藏氣所惡也。五液。心主汗。肝主泣。肺主涕。腎主唾。脾主涎。此五液所出也。五勞。久視傷血。久卧傷氣。久坐傷肉。久立傷骨。久行傷筋。此五久勞所病也。五走。酸走筋。辛走氣。苦走血。鹹走骨。甘走肉。是謂五走也。五裁。病在筋。無食酸。病在氣。無食辛。病在骨。無食鹹。病在血。無食苦。病在肉。無食甘。口嗜而欲食之。不可多矣。必自裁也。命曰。五裁。五發。陰病發於骨。陽病發於血。陰病發於肉。陽病發於冬。陰病發於夏。五邪。邪入于陽。則為狂。邪入于陰。則為血痹。邪入于陽。摶則為癲疾。邪入于陰。轉則為瘖。陽入之于陰。病靜。陰出之于陽。病喜怒。五藏。心藏神。肺藏魄。肝藏魂。脾藏意。腎藏精志也。五主。心主脈。肺主皮。肝主筋。脾主肌。腎主骨。陽明多血多氣。太陽多血少氣。少陽多氣少血。太陰多血少氣。厥陰多血少氣。少陰多氣少血。故曰。刺陽明出血氣。刺太陽出血惡氣。刺少陽出氣惡血。刺太陰出血惡氣。刺厥陰出血惡氣。刺少陰出氣惡血也。足陽明太陰為表裏。少陽厥陰為表裏。太陽少陰為表裏。是謂足之陰陽也。手陽明太陰為表裏。少陽心主為表裏。太陽少陰為表裏。是謂手之陰陽也。

黄帝內經靈樞卷十二・歲露論第七十九

黄帝問于歧伯曰。經言夏日傷暑。秋病瘧。瘧之發以時。其故何也。

歧伯對曰。邪客于風府。病循膂而下。衛氣一日一夜。常大會于風府。其明日。日下一節。故其日作晏。此其先客于脊背也。故每至於風府則腠理開。腠理開則邪氣入。邪氣入則病作。此所以日作尚晏也。衛氣之行風府。日下一節。二十一日。下至尾底。二十二日入脊內。注于伏衝之脉。其行九日。出于缺盆之中。其氣上行。故其病稍益至。其內搏於五藏。横連募原。其道遠。其氣深。其行遲。不能日作。故次日乃畜。畜積而作焉。

黄帝曰。衛氣每至於風府。腠理乃發。發則邪入焉。其衛氣日下一節。則不當風府。奈何。

歧伯曰。風府無常。衛氣之所應。必開其腠理。氣之所舍節。則其府也。

黄帝曰。善。夫風之與瘧也。相與同類。而風常在。而瘧特以時休。何也。

歧伯曰。風氣留其處。瘧氣隨經絡沈以內搏。故衛氣應乃作也。

帝曰。善。

黃帝問於少師曰。余聞四時八風之中人也。故有寒暑。寒則皮膚急而腠理閉。暑則皮膚緩而腠理開。賊風邪氣因得以入乎。將必須八正虛邪。乃能傷人乎。

少師答曰。不然。賊風邪氣之中人也。不得以時。然必因其開也。其入深。其內極病。其病人也。卒暴。因其閉也。其入淺以留。其病也。徐以遲。

黃帝曰。有寒溫和適。腠理不開。然有卒病者。其故何也。

少師答曰。帝弗知邪入乎。雖平居。其腠理開閉緩急。其故常有時也。

黃帝曰。可得聞乎。

少師曰。人與天地相參也。與日月相應也。故月滿則海水西盛。人血氣積。肌肉充。皮膚緻。毛髮堅。腠理郄。煙垢著。當是之時。雖遇賊風。其入淺不深。至其月郭空。則海水東盛。人氣血虛。其衛氣去。形獨居。肌肉減。皮膚縱。腠理開。毛髮殘。膲理薄。煙垢落。當是之時。遇賊風則其入深。其病人也卒暴。

黃帝曰。其有卒然暴死暴病者。何也。

少師答曰。三虛者。其死暴疾也。得三實者。邪不能傷人也。

黃帝曰。願聞三虛。

少師曰。乘年之衰。逢月之空。失時之和。因為賊風所傷。是謂三虛。故論不知三虛。工反為麤。

帝曰。願聞三實。

少師曰。逢年之盛。遇月之滿。得時之和。雖有賊風邪氣。不能危之也。命曰。三實。

黃帝曰。善乎哉論。明乎哉道。請藏之金匱。然此一夫之論也。

黃帝曰。願聞歲之所以皆同病者。何因而然。

少師曰。此八正之候也。

黃帝曰。候之奈何。

少師曰。候此者。常以冬至之日。太一立於叶蟄之宮。其至者。天必應之以風雨者矣。風雨從南方來者。為虛風。賊傷人者也。其以夜半至也。萬民皆臥而弗犯也。故其歲民少病。其以晝至者。萬民懈惰而皆中於虛風。故萬民多病。虛邪入客於骨而不發於外。至其立春。陽氣大發。腠理開。因立春之日。風從西方來。萬民又皆中於虛風。此兩邪相搏。經氣結代者矣。故諸逢其風而遇其雨者。命曰。遇歲露焉。因歲之和。而少賊風者。民少病而少死。歲多賊風邪氣。寒溫不和。則民多病而多死矣。

黃帝曰。虛邪之風。其所傷貴賤何如。候之奈何。

少師答曰。正月朔日。太一居天留之宮。其日西北風。不雨。人多死矣。正月朔日。平旦北風。春。民多死。正月朔日。平旦北風行。民病多者。十有三也。正月朔日。日中北風。夏。民多死。正月朔日。夕時北風。秋。民多死。終日北風。大病死者十有六。正月朔日。風從南方來。命曰。旱鄉。從西方來。命曰。白骨。將國有殃。人多死亡。正月朔日。風從東方來。發屋。揚沙石。國有大災也。正月朔日。風從東南方行。春有死亡。正月朔日。天利溫不風。糴賤。民不病。天寒而風。糴貴。民多病。此所謂候歲之風。䟡傷人者也。二月丑不風。民多心腹病。三月戌不溫。民多寒熱。四月巳不暑。民多癉病。十月申不寒。民多暴死。諸所謂風者。皆發屋。折樹木。揚沙石。起毫毛。發腠理者也。

黃帝內經靈樞卷十二・大惑論第八十

黃帝問于歧伯曰。余嘗上於清泠之臺。中階而顧。匍匐而前。則惑。余私異之。竊內怪之。獨瞑獨視。安心定氣。久而不解。獨博獨眩。被髮長跪。俛而視之。後久之不已也。卒然自上。何氣使然。歧伯對曰。五藏六府之精氣。皆上注於目而為之精。精之窠為眼。骨之精為瞳子。筋之精為黑眼。血之精為絡。其窠氣之精為白眼。肌肉之精為約束。裹擷筋骨血氣之精而與脈并為系。上屬於腦。後出於項中。故邪中於項。因逢其身之虛。其入深。則隨眼系以入於腦。入於腦則腦轉。腦轉則引目系急。目系急則目眩以轉矣。邪其精。其精所中不相比也則精散。精散則視歧。視歧見兩物。目者。五藏六府之精也。營衛魂魄之所常營也。神氣之所生也。故神勞則魂魄散。志意亂。是故瞳子黑眼法於陰。白眼赤脈法於陽也。故陰陽合傳而精明也。目者。心使也。心者。神之舍也。故神精亂而不轉。卒然見非常處。精神魂魄。散不相得。故曰。惑也。

黃帝曰。余疑其然。余每之東苑。未曾不惑。去之則復。余唯獨為東苑勞神乎。何其異也。

歧伯曰。不然也。心有所喜。神有所惡。卒然相感。則精氣亂。視誤。故惑。神移乃復。是故。間者為迷。甚者為惑。

黄帝曰。人之善忘者。何氣使然。

岐伯曰。上氣不足。下氣有餘。腸胃實而心肺虛。虛則營衛留於下。久之。不以時上。故善忘也。

黄帝曰。人之善饑而不嗜食者。何氣使然。

岐伯曰。精氣并於脾。熱氣留於胃。胃熱則消穀。穀消故善饑。胃氣逆上。則胃脘寒。故不嗜食也。

黄帝曰。病而不得臥者。何氣使然。

岐伯曰。衛氣不得入於陰。常留於陽。留於陽則陽氣滿。陽氣滿則陽蹻盛。不得入於陰則陰氣虛。故目不得瞑矣。

黄帝曰。病目而不得視者。何氣使然。

岐伯曰。衛氣留於陰。不得行於陽。留於陰則陰氣盛。陰氣盛則陰蹻滿。不得入於陽則陽氣虛。故目閉也。

黄帝曰。人之多臥者。何氣使然。

岐伯曰。此人腸胃大而皮膚澀。而分肉不解焉。腸胃大則衛氣留久。皮膚澀則分肉不解。其行遲。夫衛氣者。晝日常行於陽。夜行於陰。故陽氣盡則臥。陰氣盡則寤。故腸胃大。則衛氣行留久。皮膚澀。分肉不解。則行遲。留於陰也久。其氣不清。則欲瞑。故多臥矣。其腸胃小。皮膚滑以緩。分肉解利。衛氣之留於陽也久。故少瞑焉。

黄帝曰。其非常經也。卒然多臥者。何氣使然。

岐伯曰。邪氣留於上焦。上焦閉而不通。已食若飲湯。衛氣留久於陰而不行。故卒然多臥焉。

黃帝曰。善。治此諸邪。奈何。

岐伯曰。先其藏府。誅其小過。後調其氣。盛者寫之。虛者補之。必先明知其形志之苦樂。定乃取之。

黃帝內經靈樞卷十二・癰疽第八十一

黃帝曰。余聞腸胃受穀。上焦出氣。以溫分肉。而養骨節。通腠理。中焦出氣如露。上注谿谷。而滲孫脈。津液和調。變化而赤為血。血和則孫脈先滿溢。乃注於絡脈皆盈。乃注於經脈。陰陽已張。因息乃行。行有經紀。周有道理。與天合同。不得休止。切而調之。從虛去實。寫則不足。疾則氣減。留則先後。從虛去虛。補則有餘。血氣已調。形氣乃持。余已知血氣之平與不平。未知癰疽之所從生。成敗之時。死生之期。有遠近。何以度之。可得聞乎。

岐伯曰。經脈留行不止。與天同度。與地合紀。故天宿失度。日月薄蝕。地經失紀。水道流溢。草萱不成。五穀不殖。徑路不通。民不往來。巷聚邑居。則別離異處。血氣猶然。請言其故。夫血脈營衛。周流不休。上應星宿。下應經數。寒邪客於經絡之中。則血泣。血泣則不通。不通則衛氣歸之。不得復反。故癰腫。寒氣化為熱。熱勝則腐肉。肉腐則為膿。膿不寫則爛筋。筋爛則傷骨。骨傷則髓消。不當骨空。不得泄寫。血枯空虛。則筋骨肌肉不相榮。經脈敗漏。薰於五藏。藏傷故死矣。

黃帝曰。願盡聞癰疽之形與忌曰名。

歧伯曰。癰發於嗌中。名曰。猛疽。猛疽不治。化為膿。膿不寫。塞咽。半日死。其化為膿者。寫則合豕膏。冷食。三日而已。發於頸。名曰。天疽。其癰大以赤黑。不急治。則熱氣下入淵腋。前傷任脈。內薰肝肺。薰肝肺。十餘日而死矣。陽留大發。消腦留項。名曰。腦爍。其色不樂。項痛而如刺以鍼。煩心者。死不可治。發於肩及臑。名曰。疵癰。其狀赤黑。急治之。此令人汗出至足。不害五藏。癰發四五日。逞焫之。發於腋下赤堅者。名曰。米疽。治之以砭石。欲細而長。疏砭之。塗已豕膏。六日已。勿裹之。其癰堅而不潰者。為馬刀挾纓。急治之。發於胸。名曰。井疽。其狀如大豆。三四日起。不早治。下入腹。不治。七日死矣。發於膺。名曰。甘疽。色青。其狀如穀實菰薽。常苦寒熱。急治之。去其寒熱。十歲死。死後出膿。發於脅。名曰。敗疵。敗疵者。女子之病也。灸之。其病大癰膿。治之。其中乃有生肉。大如赤小豆。剉蔆。藭草根各一升。以水一斗六升煮之。竭為取三升。則強飲厚衣。坐於釜上。令汗出至足已。發於股脛。名曰。股脛疽。其狀不甚變。而癰膿搏骨。不急治。三十日死矣。發於尻。名曰。銳疽。其狀赤堅大。急治之。不治。三十日死矣。發於股陰。名曰。赤施。不急治。六十日死。在兩股之內。不治。十日而當死。發於膝。名曰。疵癰。其狀大癰。色不變。寒熱如堅石。勿石。石之者。死。須其柔。乃石之者。生。諸癰疽之發於節而相應者。不可治也。發於陽者。百日死。發於陰者。三十日死。發於脛。名曰。兔齧。其狀赤至骨。急治之。不治害人也。發於內踝。名曰。走緩。其狀癰也。色不變。數石其輸。而止其寒熱。不死。發於足上下。名曰。四淫。其狀大癰。急治之。百日死。發於足傍。名曰。厲癰。其狀不大。初如小指。

發。急治之。去其黑者。不消輒益。不治。百日死。發於足指。名。脫癰。其狀赤黑。死不治。不赤黑。不死。不衰。急斬之。不則死矣。

黃帝曰。夫子言癰疽。何以別之。

岐伯曰。營衛稽留於經脈之中。則血泣而不行。不行則衛氣從之而不通。壅遏而不得行。故熱。大熱不止。熱勝則肉腐。肉腐則為膿。然不能陷於骨髓。不為焦枯。五藏不為傷。故命曰。癰。

黃帝曰。何謂疽。

岐伯曰。熱氣淳盛。下陷肌膚。筋髓枯。內連五藏。血氣竭。當其癰下。筋骨良肉皆無餘。故命曰。疽。疽者。上之皮夭以堅。上如牛領之皮。癰者。其皮上薄以澤。此其候也。以上正文據叢書集成影印本

附錄：黃帝陰符經

黃帝陰符經・神仙抱一演道章上

觀天之道。執天之行。盡矣。天有五賊。見之者昌。五賊在心。施行於天。宇宙在乎手。萬化生乎身。天性。人也。人心。機也。立天之道。以定人也。天發殺機。移星易宿。地發殺機。龍蛇起陸。人發殺機。天地反覆。天人合發。萬變定基。性有巧拙。可以伏藏。九竅之邪。在乎三要。可以動靜。火生於木。禍發必剋。姦生於國。時動必潰。知之修鍊。謂之聖人。天生天殺。道之理也。

黃帝陰符經・富國安民演法章中

天地。萬物之盜。萬物。人之盜。人。萬物之盜。三盜既宜。三才既安。故曰。食其時。百骸理。動其機。萬化安。人知其神而神。不知不神而所以神也。日月有數。大小有定。聖功生焉。神明出焉。其盜機也。天下莫能見。莫能知。君子得之固躬。小人得之輕命。

黃帝陰符經・強兵戰勝演術章下

瞽者善聽。聾者善視。絕利一源。用師十倍。三反晝夜。用師萬倍。心生於物。死於物。機在目。天之無恩而大恩生。迅雷烈風。莫不蠢然。至樂性餘。至靜性廉。天之至私。用之至公。禽之制在氣。生者。死之根。死者。生之根。恩生於害。害生於恩。愚人以天地文理聖。我以時物文理哲。人以虞愚。我以不愚聖。人以期其聖。我以不期其聖。故以沉水入火。自取滅亡。自然之道靜。故天地萬物生。天地之道浸。故陰陽勝。陰陽相推而變化順矣。是故聖人知自然之道不可違。因而制之。至靜之道。律曆所不能契。爰有奇器。是生萬象。八卦甲子。神機鬼藏。陰陽相勝之術。昭昭乎進乎象矣。（正統道藏）

參考書目

黃帝內經十八卷　外經三十七卷漢書卷三十・藝文志第十

黃帝素問八卷　署全元起注隋書卷三十四・志第二十九　舊唐書卷四十七・志第二十七　宋史卷二百七・志第一百六十　崇文總目卷七

黃帝素問入試祕寶七卷　署馬昌運宋史卷二百七・志第一百六十

黃帝靈樞經九卷宋史卷二百七・志第一百六十　文獻通考卷二二二・經籍考

黃帝內經明堂十三卷舊唐書卷四十七・志第二十七

黃帝明堂經三卷　署楊玄孫撰注舊唐書卷四十七・志第二十七

黃帝明堂經三卷舊唐書卷四十七・志第二十七

黃帝泰素二十篇漢書卷三十・藝文志第十

黃帝內經太素三十卷　署楊上善撰舊唐書卷四十七・志第二十七

黃帝十二經明堂偃側人圖十二卷舊唐書卷四十七・志第二十七

黃帝五藏論一卷宋史卷二百七・志第一百六十　崇文總目卷七

黃帝甲乙經十卷隋書卷三十四・志第二十九

黃帝三部針經十三卷　署皇甫謐撰舊唐書卷四十七・志第二十七

黃帝三部鍼灸經十二卷即甲乙經　署皇甫謐宋史卷二百七・志第一百六十

黃帝素問九卷隋書卷三十四・志第二十九

黃帝內經靈樞略一卷宋史卷二百五・志第一百五十八

黃帝內經明堂類成十三卷　署楊上善撰舊唐書卷四十七・志第二十七

黃帝十二經脈明堂五藏人圖一卷隋書卷三十四・志第二十九

黃帝明堂偃人圖十二卷隋書卷三十四・志第二十九

黃帝太素經三卷　署楊上善注宋史卷二百七・志第一百六十

黃帝十二經脈明堂五藏圖一卷舊唐書卷四十七・志第二十七

黃帝九虛內經五卷宋史卷二百七・志第一百六十

黃帝甲乙經十二卷隋書卷三十四・志第二十九

黃帝三部鍼灸經十二卷　署林億宋史卷二百七·志第一百六十·
黃帝鍼經九卷隋書卷三十四·志第二十九 宋史卷二百七·志第一百六十
黃帝針經十卷舊唐書卷四十七·志第二十七
黃帝灸經明堂三卷宋史卷二百七·志第一百六十
黃帝雜注針經一卷舊唐書卷四十七·志第二十七
黃帝問岐伯灸經一卷宋史卷二百七·志第一百六十
黃帝問答疾狀一卷宋史卷二百七·志第一百六十
黃帝脈經一卷宋史卷二百七·志第一百六十
黃帝脈經指下祕訣一卷　署徐氏宋史卷二百七·志第一百六十
黃帝脈訣一卷崇文總目卷七
黃帝八十一難經一卷　署秦越人撰舊唐書卷四十七·志第二十七
黃帝雜飲食忌二卷隋書卷三十四·志第二十九
黃帝養胎經一卷隋書卷三十四·志第二十九
黃帝岐伯按摩十卷漢書卷三十·藝文志第十
黃帝陰陽二十五卷漢書卷三十·藝文志第十
泰始黃帝扁鵲俞拊方二十三卷漢書卷三十·藝文志第十

黃帝鍼經一卷崇文總目卷七
黃帝鍼灸經十二卷隋書卷三十四·志第二十九 舊唐書卷四十七·志第二十七
明堂針灸圖三卷文獻通考卷二二二·經籍考引晁氏曰。題曰黃帝。
黃帝鍼灸蝦蟇忌一卷隋書卷三十四·志第二十九
黃帝岐伯論鍼灸要訣一卷崇文總目卷七
黃帝流注脈經一卷隋書卷三十四·志第二十九
脈經三卷文獻通考卷二二二·經籍考引晁氏曰。題云黃帝撰。
黃帝八十一難二卷隋書卷三十四·志第二十九 崇文總目卷七
黃帝眾難經一卷　署呂博望注隋書卷三十四·志第二十九
黃帝素問女胎一卷隋書卷三十四·志第二十九
黃帝三王養陽方二十卷漢書卷三十·藝文志第十
黃帝十六篇漢書卷三十·藝文志第十
黃帝諸子論陰陽二十五卷漢書卷三十·藝文志第十
黃帝雜子步引十二卷漢書卷三十·藝文志第十

黃帝雜子芝菌十八卷（漢書卷三十・藝文志第十）

黃帝兵法孤虛雜記一卷（隋書卷三十四・志第二十九　新唐書卷五十九・藝文志第四十九）

黃帝問玄女兵法三卷（隋書卷三十四・志第二十九　舊唐書卷四十七・志第二十七　新唐書卷五十九・藝文志第四十九）

黃帝問玄女兵法四卷（隋書卷三十四・志第二十九）

黃帝用兵法訣一卷（新唐書卷五十九・藝文志第四十九）

黃帝太公三宮法要訣一卷（舊唐書卷四十七・志第二十七　新唐書卷五十九・藝文志第四十九）

黃帝出軍雜用決十二卷　署太史令吳範撰（隋書卷三十四・志第二十九）

黃帝出軍遁甲式法一卷（隋書卷三十四・志第二十九）

黃帝蚩尤兵法一卷（隋書卷三十四・志第二十九）

黃帝銘六篇（漢書卷三十・藝文志第十）

黃帝君臣十篇（漢書卷三十・藝文志第十）

黃帝四經四篇（漢書卷三十・藝文志第十）

黃帝四部九宮五卷（隋書卷三十四・志第二十九）

黃帝太一雜書十六卷（隋書卷三十四・志第二十九）

黃帝集靈三卷（隋書卷三十四・志第二十九　新唐書卷五十九・藝文志第四十九）

黃帝朔書一卷（崇文總目卷八）

黃帝雜子十九家方二十一卷（漢書卷三十・藝文志第十）

黃帝太公兵法三卷（宋史卷二百七・志第一百六十）

黃帝兵法雜要決一卷（隋書卷三十四・志第二十九）

黃帝軍出大師年命立成一卷（隋書卷三十四・志第二十九）

黃帝複姓符二卷　署許昉撰（隋書卷三十四・志第二十九）

黃帝蚩尤風后行軍祕術二卷（隋書卷三十四・志第二十九）

黃帝說四十篇（漢書卷三十・藝文志第十）

雜黃帝五十八篇（漢書卷三十・藝文志第十）

黃帝九宮經一卷（隋書卷三十四・志第二十九）

黃帝九靈經十二卷　署靈寶注（舊唐書卷四十七・志第二十七）

黃帝太一度厄祕術八卷（隋書卷三十四・志第二十九）

黃帝降國一卷（新唐書卷五十九・藝文志第四十九）

黃帝朔書一卷　署東方朔撰（宋史卷二百六・志第一百五十九）

黃帝龍首經一卷 宋史卷二百六・志第一百五十九

黃帝式經三十六用一卷 署曹氏 隋書卷三十四・志第二十九 新唐書卷五十九・藝文志第四十九

黃帝式用當陽經二卷 隋書卷三十四・志第二十九

黃帝寶藏經三卷 署曹植 宋史卷二百六・志第一百五十九

黃帝陰符經一卷 署驪山老母注李筌撰 宋史卷二百五・志第一百五十八 正統道藏

黃帝內傳一卷 籛鏗得於石室 宋史卷二百五・志第一百五十八 文獻通考卷一九八・經籍考

太丹黃帝陰符經一卷 崇文總目卷九

黃帝八宅經一卷 宋史卷二百六・志第一百五十九

黃帝九章筭經細草九卷 署賈憲 宋史卷二百七・志第一百六十

黃帝神光經一卷 崇文總目卷八

黃帝聖記經 正統道藏・太白經

黃帝四序堪輿二卷 署殷紹撰 舊唐書卷四十七・志第二十七 新唐書卷五十九・藝文志第四十九作一卷

八五經一卷 文獻通考卷二二十・經籍考引晁氏曰。序云黃帝書。又曰。相墓書也。

黃帝陰陽遁甲六卷 隋書卷三十四・志第二十九

仙人務子傳神通黃帝登壇經一卷 隋書卷三十四・志第二十九

黃帝九鼎神丹經訣二十卷 正統道藏

黃帝龍首經二卷 隋書卷三十四・志第二十九 新唐書卷五十九・藝文志第四十九 正統道藏

黃帝式用常陽經一卷 新唐書卷五十九・藝文志第四十九・

黃帝天輔經一卷 宋史卷二百六・志第一百五十九・

黃帝金匱玉衡經一卷 叢書集成

黃帝宅經二卷 叢書集成

黃帝授三子玄女經一卷 正統道藏

黃帝四序堪輿經一卷 宋史卷二百六・志第一百五十九 崇文總目卷八

中誡經一卷 文獻通考卷二二四・經籍考引陳氏曰。稱黃帝赤松子問答。蓋假託也。

黃帝九元遁甲一卷 署王琛撰 隋書卷三十四・志第二十九

師曠擇日法一卷 假黃帝問答 宋史卷二百六・志第一百五十九・

黃帝內丹訣一卷 宋史卷二百五・志第一百五十八・

黃帝丹訣玉函秘文一卷文獻通考卷二二五・經籍考

黃帝三陽經五明乾贏坤巴訣一卷宋史卷二百五・志第一百五十八

黃帝玉房秘訣一卷崇文總目卷九

黃帝太乙八門入式訣二卷正統道藏

黃帝太一八門逆順生死訣一卷正統道藏

軒轅黃帝水經藥法一卷正統道藏

黃帝五家曆三十三卷漢書卷三十・藝文志第十

黃帝地曆一卷隋書卷三十四・志第二十九

黃帝太一兵歷一卷隋書卷三十四・志第二十九　新唐書卷五十九・藝文志第四十九

黃帝飛鳥曆一卷　署張衡撰隋書卷三十四・志第二十九　新唐書卷五十九・藝文志第四十九　舊唐書卷四十七・志第二十七

黃帝長柳占夢十一卷漢書卷三十・藝文志第十

黃帝五星占一卷隋書卷三十四・志第二十九

黃帝葬山圖四卷隋書卷三十四・志第二十九

黃帝奄心圖一卷隋書卷三十四・志第二十九

黃帝奇門遁甲圖一卷四庫全書總目卷一一一

黃帝九鼎神丹經訣十卷宋史卷二百五・志第一百五十八　崇文總目卷十

黃帝玉櫃訣一卷崇文總目卷九

黃帝太一八門入式秘訣一卷正統道藏

黃帝演禽七元三傳法一卷四庫全書總目卷一一一

軒轅黃帝導引法一卷崇文總目卷九

黃帝四神曆一卷　署吳範撰隋書卷三十四・志第二十九

黃帝斗曆一卷隋書卷三十四・志第二十九　新唐書卷五十九・藝文志第四十九

黃帝飛鳥曆一卷隋書卷三十四・志第二十九

黃帝夏氏占氣六卷隋書卷三十四・志第二十九

黃帝太一雜占十卷隋書卷三十四・志第二十九

黃帝絳圖一卷隋書卷三十四・志第二十九

黃帝八卦真形圖一卷崇文總目卷十